The Best

텔레마케팅관리사

2차 실기

실무

시대에듀

1차 시험에 비해 2차 시험이 너무 어렵다.

'1차 시험에 비해 2차 시험이 너무 어렵다.'라고 텔레마케팅관리사 자격증을 준비하는 수험생들이 입을 모아 말합니다. 왜 그럴까요? 객관식으로 진행되는 1차 시험은 반복 학습으로 상대적으로 수월하게 준비할 수 있지만, 주관식(필답형)으로 진행되는 2차 시험은 이론을 암기하고 답안을 직접 작성해야 하므로 학습을 하기도 전에 부담스럽게 느끼기 때문입니다.

주관식이라는 특성상 1차 시험보다는 2차 시험을 준비하는 것이 더 어렵게 느껴지겠지만, 2차 시험 역시 학습의 원칙과 방법이 있으므로 꼼꼼하게 준비한다면 좋은 결과를 얻을 수 있을 것입니다. 2차 시험 준비에 도움이 되도록 이번 개정판은 다음 다섯 가지 사항에 중점을 두어 만들어졌습니다.

❶ 국가직무능력표준(NCS)에 맞추어 출제 기준이 변경되었습니다. 이에 따라 수험생들이 새로운 내용을 잘 이해할 수 있도록 국가직무능력표준의 내용을 벗어나지 않으면서도 텔레마케팅관리사의 핵심 내용을 알기 쉽게 제시하였습니다.

❷ 자주 출제된 주요 내용들을 키워드 형식으로 최대한 쉽게 표현하였습니다.

❸ 꼭 알아야 할 핵심 이론만 정리하여 효율적으로 학습할 수 있도록 하였습니다.

❹ 10개년 기출문제의 모범 답안을 최근 출제 경향을 반영하여 제시하였습니다. 두 번 이상 출제된 문제에는 ★표시를 해 두었으니, 학습하실 때 참고하세요.

❺ 기출문제와 동일한 유형의 실전 모의고사를 수록하여 실제 시험에 완벽하게 대비할 수 있도록 하였습니다.

2차 시험을 준비하는 수험생들에게 몇 가지 당부의 말씀을 드리고 싶습니다. 먼저, 사전에 시험의 주의사항을 반드시 확인해야 합니다. 이는 시험 방식이나 시간 배분 등이 생소하여 시험장에서 당황하는 것을 피하기 위함입니다. 또한 주관식 답안 작성을 평소에 미리 연습해 두는 것이 좋습니다. 중요 키워드를 정리한 뒤, 개념을 분명히 잡고 써 본다거나 기출문제를 중심으로 모범 답안을 숙지해 두는 것도 도움이 될 것입니다.

텔레마케팅관리사 실무에 있어서 이 책 한 권만으로 시험 대비가 충분하도록 최선을 다하여 준비하였습니다. 시험을 준비하는 모든 수험생에게 좋은 결과가 있기를 바랍니다.

편저자 일동

텔레마케팅관리사 안내

개요

전문 지식을 바탕으로 컴퓨터를 결합한 정보통신 기술을 활용하여 고객에게 필요한 정보를 즉시 제공하고 신상품 소개, 고객의 고충사항 처리, 시장조사, 인바운드와 아웃바운드 등 다양한 기능을 수행하는 숙련된 기능 인력을 양성하기 위해 텔레마케팅관리사 자격 제도를 제정하였다.

수행 직무

통신수단을 이용하여 상품 또는 서비스 판매 및 고객 관리 업무를 수행한다. 주요 업무로는 시장환경 분석, 상품개발기획, 전략 수립, 조직운영 관리, 성과 관리, 고객관계 관리, 판매 관리, 인 · 아웃바운드 마케팅, 텔레마케팅 시스템 운용 등이 있다.

시험 구성

구분	1차 필기시험	2차 실기시험
시험 과목	1. 고객 관리 2. 시장환경조사 3. 마케팅 관리 4. 조직운영 및 성과 관리	실무
검정 방법	객관식(CBT 방식)	주관식
문항 수	과목당 25문항(총 100문항)	20~25문항
시험 시간	2시간 30분	2시간 30분
합격 기준	100점을 만점으로 하여 과목당 40점 이상, 전과목 평균 60점 이상	100점을 만점으로 하여 60점 이상

응시 자격

제한 없음

시행처

한국산업인력공단(www.q-net.or.kr)

텔레마케팅관리사 안내

1차 필기시험 현황

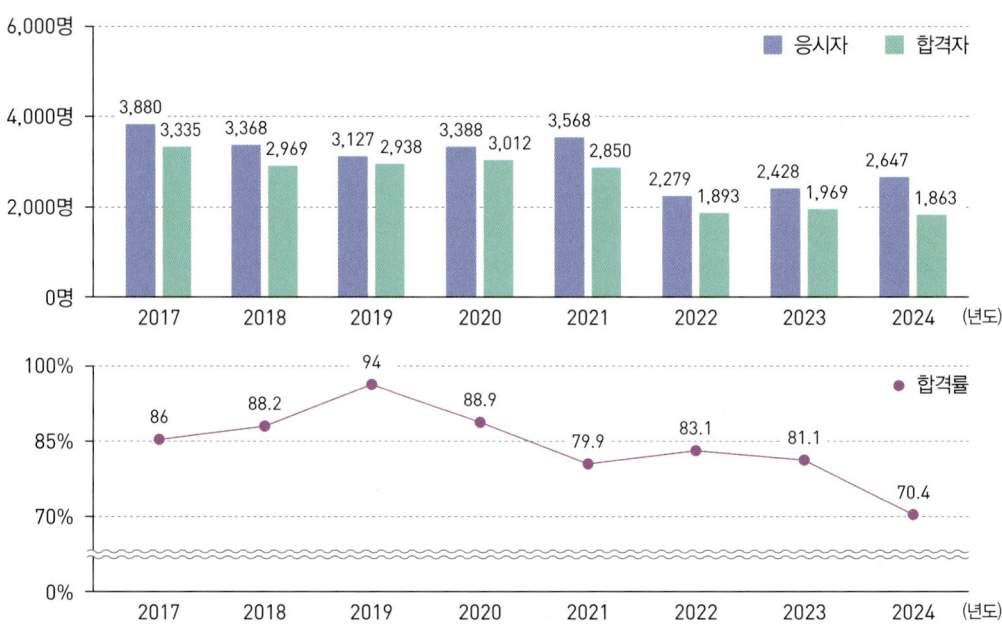

2차 실기시험 현황

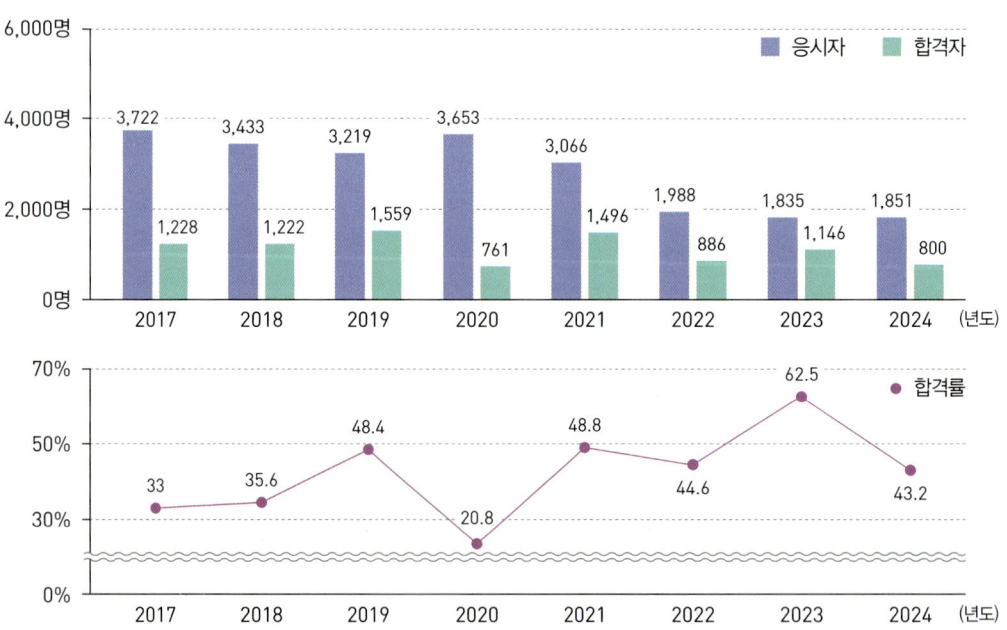

시험 응시 유의사항

🔒 기본 유의사항

❶ 시험 시작 시간 이후에는 입실 및 응시가 불가합니다.

❷ 수험표 및 접수 내역을 사전에 확인하여 시험장 위치와 시험장 입실가능 시간을 숙지하시기 바랍니다.

❸ 공단 인정 신분증과 수험표를 반드시 지참하시기 바랍니다.

❹ 시험 중 다음과 같은 행위를 하는 자는 국가기술자격법 제10조 제6항의 규정에 따라 당해 검정을 중지 또는 무효로 하고 3년간 국가기술자격법에 의한 검정을 받을 자격이 정지됩니다.

> • 다른 수험자와 시험과 관련된 대화를 하거나 답안지를 교환하는 행위
> • 다른 수험자의 답안지 또는 문제지를 엿보고 답안을 작성하거나 작품을 제작하는 행위
> • 다른 수험자를 위하여 답안을 알려 주거나 엿보게 하는 행위
> • 문제 내용과 관련된 물건을 휴대하여 사용하거나 이를 주고받는 행위
> • 시험장 내외의 자로부터 도움을 받아 답안지를 작성하거나 작품을 제작하는 행위
> • 다른 수험자와 성명 또는 수험 번호를 바꾸어 제출하는 행위
> • 대리 시험을 치르거나 치르게 하는 행위
> • 전자 · 통신기기를 사용하여 답안지를 작성하거나 다른 수험자를 위하여 답안을 송신하는 행위
> • 그 밖에 부정한 방법 또는 불공정한 방법으로 시험을 치르는 행위

❺ 시험 중 전자 · 통신기기를 비롯한 불허물품 소지가 적발되는 경우 퇴실 조치되며 당해 시험은 무효 처리됩니다.

🔒 CBT 유의사항

❶ CBT(Computer Based Test)란 인쇄물 기반 시험인 PBT와 달리 컴퓨터 화면에 문제가 표시되어 응시자가 마우스를 이용해 풀어 나가는 컴퓨터 기반의 시험을 말합니다.

❷ 입실 전 반드시 본인의 좌석을 확인한 뒤 착석하시기 바랍니다.

❸ 전산으로 진행되므로 안정적인 운영을 위해 입실 후 감독위원 안내에 적극 협조하여 응시해 주시기 바랍니다.

❹ 최종 답안을 제출한 뒤에는 수정이 절대 불가하오니 충분히 검토한 뒤 제출하시기 바랍니다.

❺ 답안 제출 후 본인의 점수를 확인한 뒤에 퇴실하시기 바랍니다.

❻ 필요시 계산용 연습지를 배부하나 퇴실 시 제출해야 합니다.

❼ CBT 문제는 비공개를 원칙으로 하며, 문제나 본인이 작성한 답안을 수험표 등에 옮겨 적을 수 없습니다.

※ 유의사항은 변경될 수 있습니다. 정확한 내용은 한국산업인력공단으로 문의하시기 바랍니다.

텔레마케팅관리사 Q&A

Q **2차 시험의 출제 기준이 바뀌었다는데 어떻게 바뀌었나요?**

A NCS를 기반으로 과목명, 주요 항목들이 변경되었습니다. 주요 항목이 13개로 나누어지며, 그 내용은 다음과 같습니다.

> 판매 채널 운영 관리, 통신판매 시스템 운용, 통신판매 고객관계 관리, 통신판매 고객 상담, 영업 고객 불만 관리, 고객 분석과 데이터 관리, 고객 지원과 고객 관리 실행, 고객 필요정보 제공, 통신판매 성과 관리, 통신판매 조직 운영 관리, 통신판매 환경 분석, STP 전략 수립, 마케팅믹스 전략 수립

출제 기준이 변경되었으므로 예전 기출문제로만 공부해서는 시험에서 좋은 성적을 거둘 수 없습니다. 바뀐 출제 기준을 중심으로 새로운 개념을 확실히 이해한 뒤, 문제를 풀어 봄으로써 이론을 내 것으로 만들어야 합니다.

Q **2차 시험은 1차 시험과 많이 다른가요?**

A 1차 시험은 객관식이고 2차 시험은 주관식입니다. 2차 시험의 범위는 1차 시험의 범위와 일부 겹치므로 엄밀히 말하면 1차 시험과 2차 시험이 완전히 다른 것은 아닙니다. 그러나 객관식으로 묻느냐, 주관식으로 묻느냐의 차이가 있으므로 2차 시험을 준비할 때는 공부 방법이 달라져야 합니다.

Q **텔레마케팅관리사 2차 시험은 어려워서 떨어지는 사람이 많다고 들었어요. 저도 합격할 수 있을까요?**

A 2차 시험은 전부 주관식으로 출제되어 수험생들이 부담을 많이 느끼는 편입니다. 실제로도 텔레마케팅관리사 1차 시험은 합격률이 평균 약 85.3%인 반면, 2차 시험 합격률은 평균 약 36.9%로 차이가 크게 납니다. 2차 시험의 합격률이 낮긴 해도 시대에듀의 도서로 차근차근 공부한다면 충분히 실력을 쌓을 수 있으니 걱정 마세요.

Q **2차 시험은 어떻게 공부하면 될까요?**

A 주관식으로 진행되는 2차 시험은 기본 개념을 외우지 않으면 시험에 합격하기 어렵습니다. 텔레마케팅관리사는 관련 이론이 방대하므로 기본 개념과 이론을 효율적으로 공부하여 문제 풀이를 할 시간을 최대한 확보해야 합니다. 또한 최근 새로운 유형의 문제가 출제되는 경우가 많으므로 더더욱 기본 개념을 중심으로 공부해야 합니다. 그래야 어떤 문제가 나오더라도 개념을 적용해 문제를 풀 수 있습니다. 《텔레마케팅관리사 2차 실기 실무》를 통해 중요한 이론 위주로 학습한 후, 최근 기출문제부터 순서대로 문제를 가능한 한 많이 풀어 보시기를 권해 드립니다.

Q **기간을 얼마나 잡고 공부하면 좋을까요?**

A 수험생마다 상황이 달라서 '최소한 얼마 동안 공부해야 합니다.'라고 단언하기는 어렵습니다. 학교나 직장을 다니면서 공부하는 분들도 계시고, 오직 공부에만 전념할 수 있는 분도 계시기 때문입니다. 일반적으로 길게는 한 달, 짧게는 2주 정도 공부하는 경우가 많습니다.

기출문제 공부 TIP

TIP 1 | 기출문제를 볼 때는 최근 기출문제부터

2025년 제3회 기출문제 ➜ 2025년 제2회 기출문제 ➜ 2025년 제1회 기출문제 ➜ 2024년 제3회 기출문제 ➜ 2024년 제2회 기출문제 ➜ 2024년 제1회 기출문제 … 최근 기출문제부터 꼼꼼히 살펴보며 실무의 기출 동향을 익히는 것이 중요합니다.

TIP 2 | 실제 시험처럼 문제를 푼 뒤, 해설을 보며 이론 암기

기출문제를 최근에 출제된 순으로 차근히 푼 뒤, 답안과 해설을 찾아 정리해 보세요. 이 책의 답안에는 실제 시험에서 요구하는 답안의 가짓수보다 더 많은 내용을 수록하여, 학습자들이 학습할 때 보다 많은 답안을 기억할 수 있도록 구성하였습니다. 또한, 학습에 도움이 될 내용을 해설로 달아 참고할 수 있도록 하였습니다.

만약 1차 시험을 준비할 때 《텔레마케팅관리사 한권으로 끝내기》로 공부했다면, 다시 한번 도서를 펼쳐 보는 것도 권해 드립니다. 《텔레마케팅관리사 2차 실기 실무》는 2차 시험을 위해 제작된 도서로서, 텔레마케팅관리사 1차 시험을 준비하며 전체적인 이론을 학습하였음을 전제로 하여 한 번 더 핵심적인 내용을 뽑아 축약한 도서입니다. 도서의 핵심 이론과 답안 외에도 주변부 이론을 함께 연결 지어 학습하고 싶을 때에는 《텔레마케팅관리사 한권으로 끝내기》가 도움이 될 것입니다.

TIP 3 | 반복해서 출제되는 문제는 반드시 숙지

기출문제를 공부하다 보면 반복적으로 출제된 문제들이 있습니다. 이러한 문제는 다시 출제될 확률이 높으니 반드시 알아 두세요. 예를 들어 2020년 1회에서 1차 자료와 2차 자료의 차이점을 묻는 문제가 출제되었는데, 2025년 1회에서도 같은 문제가 출제되었습니다. 그리고 2018년 2회에서 고객 충성도 촉진 방안을 묻는 문제가 출제되었는데, 2025년 3회에서도 유사한 문제가 출제되었습니다. 이렇게 텔레마케팅관리사 시험은 기출문제가 반복 출제되는 경향이 있습니다. 자주 출제되는 문제와 이론은 체크하고 반드시 외워 두세요.

※ PART 3의 10개년 기출문제 모아보기에서는 두 번 이상 출제된 문제에 ★표시를 해 두었습니다. ★표가 있는 문제는 반복 학습하여 시험에서 놓치지 않도록 하세요.

이 책의 구성과 특징

제 1 장 과목별 실무 용어 정리

용어와 그 개념을 빠짐없이 기억해 두는 것은 실기시험 준비에 있어서 기본 중의 기본. 단어를 들으면 즉시 내용이, 내용을 들으면 즉시 단어가 떠오르도록 반복적으로 익혀 봅시다.

01 인·아웃바운드 판매 채널 운영 관리

❖ 격상 판매(Up-selling)
고객이 어떤 상품 또는 서비스를 구매할 때 업그레이드된 상품 또는 서비스를 권유하여 매출액을 증대시키는 판매 방법이다.

❖ 교차 판매(Cross-selling)
고객이 어떤 상품 또는 서비스를 구매할 때 또는 구매 후에 연관이 있는 상품을 추가로 구매하도록 유도하여 매출액을 증대시키는 판매 방법이다.

❖ 데이터마이닝(Data mining)
축적된 고객 관련 데이터베이스에서 이전에 알려지지 않은, 마케팅 활동에 활용될 수 있는 숨겨진 패턴이나 규칙을 발견하여 가능성 있는 정보를 도출해 내는 것이다.

❖ B to B telemarketing(기업 간 텔레마케팅, Business to Business telemarketing)
기업체를 대상으로 제품이나 서비스를 판매하거나, 판매 경로와 상권을 도모하기 위한 텔레마케팅 기법이다.

❖ 고객 점유율
한 고객이 소비하는 서비스나 제품군 중에서 특정 기업의 상품을 구매하는 한다. 다르게 표현하면 고객 지갑의 점유율 또는 지출 금액의 점유율이라고

❖ 판별 분석법
집단 간의 차이가 어떠한 변수에 영향을 받는가를 분석하는 방법이다.

제 1 장 인·아웃바운드 판매 채널 운영 관리

☑ 출제 Keyword
- 텔레마케팅의 분류
- 인·아웃바운드 스크립트
- 인바운드 채널의 종류와 개념
- 스크립트 작성의 목적
- 고객정보 수집방법의 종류

01 텔레마케팅

1. 텔레마케팅의 개요
(1) 텔레마케팅의 정의
기업이나 그 밖의 이용 주체가 마케팅 활동(판매 전·판매·판매 후 활동)을 할 때 컴퓨터를 이용하여 데이터베이스를 구축하고, 전화와 인터넷을 중심으로 정보통신 시스템을 효과적으로 활용함으로써 비용은 절약하고 매출액은 증가시키면서 기업의 이미지를 제고하는 총체적인 활동이다.

CHECK POINT

마케팅 개념의 단계
생산 지향적 마케팅 → 제품 지향적 마케팅 → 판매 지향적 마케팅 → 소비자 지향적 마케팅 → 사회 지향적 마케팅

마케팅의 발전 단계
제품중심 마케팅 → 직접 마케팅 → 데이터베이스 마케팅 → 고객관계 마케팅

(2) 텔레마케팅의 분류
① 전화 방향에 따른 분류
㉠ 인바운드 텔레마케팅: 고객이 기업의 광고나 카탈로그에 직접 반응하여 기업에 전화하는 고객 주도형 텔레마케팅 기법이다.
㉡ 아웃바운드 텔레마케팅
- 기업이 잠재 고객이나 기존 고객에게 전화를 걸어 마케팅 활동을 펼치는 기업 주도형 텔레마케팅 기법으로 능동적이고 목표 지향적이다.
- 고객데이터베이스에 의존하여 제품이나 서비스를 판매하고 가치를 설득시키는 적극적인 마케팅 기법이다.

제1장 인·아웃바운드 판매 채널 운영 관리 **29**

PART 1
용어 정리 특강

자주 출제되는 실무 용어만 정리하였습니다. 학습 전 익혀 두고 시험에 대한 감을 잡아 보세요.

PART 2
핵심 이론 특강

방대한 실무 이론에서 핵심 이론만 추려 정리하였습니다. 학습한 내용은 출제 예상문제를 풀어 보며 정리해 보세요.

2025년
제 **3** 회 기출문제

※ 실제 시험에 나왔던 기출문제입니다. 문제가 주어졌을 때 얼마나 빨리 풀 수 있을지, 문제의 유형은 어떤 식으로 출제되고 있는지 확인해 보세요.
※ ★표로 표시한 문제는 2회 이상 출제된 문제이므로 반드시 익히고 넘어가도록 합니다.

01 인바운드 콜센터의 성과지표에 해당하는 것을 〈보기〉에서 세 가지 골라 쓰시오.

─〈보기〉─
| 평균 통화시간 | 콜 처리율 | 평균 후처리시간 | 1인당 매출액 | 콜 접촉률 |

★
02 고객의 충성도 촉진방안을 네 가지 쓰시오.

★
03 소비자가 서비스 품질을 평가하는 요소 다섯 가지를 쓰시오.

490 PART 3 10개년 기출문제 모아 보기

제 **1** 회 정답 및 해설

01
• 신규 사업 진출에 유리하며 기존 고객 중 우수 고객을 발굴할 수 있다.
• 텔레마케팅과 같은 다양한 마케팅 기법을 활용한다.
• 고객 지향적인 마케팅을 구사한다.

02
• 장점
 – 시간과 비용을 절약할 수 있다.
 – 수집 과정이 용이하다.
• 단점
 – 자료를 수집한 목적이 달라 자료의 유용성 및 실효성이 제한될 수 있다.
 – 의사결정에서 요구하는 대로 정리되어 있지 않은 경우가 많아 자료의 적합성, 타당성, 신뢰성 등을 신중하게 검토해야 한다.

03
라포(Rapport)

04
A: 개방형, B: 폐쇄형

05
• 최근 구매일
• 구매 빈도
• 구매 금액

06
A: 전문품, B: 편의품, C: 선매품

07
A: 문헌조사, B: 사례조사

08
• 차별화 마케팅: 두 개 혹은 그 이상의 시장 부문에 진출할 것을 결정하고 각 시장 부문별로 별개의 제품 또는 마케팅 프로그램을 세우는 전략이다.
• 비차별화 마케팅: 대량 마케팅이라고도 하며, 기업이 하나의 제품이나 서비스를 가지고 시장 전체에 진출하여 가능한 한 다수의 고객을 유치하려는 전략이다.

09
• 성숙기
• 마케팅 전략: 시장 점유율 방어와 이윤 유지, 상표 재활성화, 경쟁사 대응에 대한 방어적 가격, 광범위한 유통망 구축

10
• 광고
• 홍보
• 인적 판매

11
• 제품이나 서비스의 문제점을 조기에 발견하여 문제가 확산되기 전에 신속히 처리할 수 있다.
• 고객이 부정적 경험을 지인에게 확산시키는 것을 막아 기업 이미지에 주는 타격을 줄일 수 있다.
• 제품에 대한 불편 사항을 개선해 새로운 제품을 탄생시킬 수 있는 아이디어를 얻을 수 있다.
• 고객 불만을 만족스럽게 처리한 경우, 고객과의 관계를 강화하고 충성도를 높일 기회를 얻을 수 있다.

12
집중화 마케팅

13
교육훈련

14
표적집단면접조사(FGI: Focus Group Interview)

512 특별 부록 실전 모의고사

이 책의 목차

특별 부록 **실전 모의고사**

2주 완성 플래너

Day	학습 내용	쪽수	완료
Day 1	PART 1 제1장~제2장	3~25쪽	
	PART 2 제1장~제2장	29~60쪽	
Day 2	PART 2 제3장~제7장	61~143쪽	
Day 3	PART 2 제8장~제12장	144~216쪽	
Day 4	PART 2 제13장	217~236쪽	
	PART 3 2016년 제1회~제3회	239~260쪽	
Day 5	PART 3 2017년 제1회~제3회	261~281쪽	
Day 6	PART 3 2018년 제1회~제3회	282~302쪽	
Day 7	PART 3 2019년 제1회~제3회	303~323쪽	
Day 8	PART 3 2020년 제1회~제4회	324~352쪽	
Day 9	PART 3 2021년 제1회~제3회	353~373쪽	
Day 10	PART 3 2022년 제1회~제3회	374~404쪽	
Day 11	PART 3 2023년 제1회~제3회	405~435쪽	
Day 12	PART 3 2024년 제1회~제3회	436~467쪽	
Day 13	PART 3 2025년 제1회~제3회	468~499쪽	
Day 14	특별 부록 제1회~제2회	503~524쪽	
	전체 복습	3~524쪽	

PART 1

용어 정리 특강

중요한 실무 용어 한데 모아 외우기!

지식에 대한 투자가 가장 이윤이
많이 남는 법이다.

– 벤자민 프랭클린 –

제1장 과목별 실무 용어 정리

용어와 그 개념을 빠짐없이 기억해 두는 것은 실기시험 준비에 있어서 기본 중의 기본. 단어를 들으면 즉시 내용이, 내용을 들으면 즉시 단어가 떠오르도록 반복적으로 익혀 봅시다.

01 인·아웃바운드 판매 채널 운영 관리

❖ **격상 판매(Up-selling)**

고객이 어떤 상품 또는 서비스를 구매할 때 업그레이드된 상품 또는 서비스를 권유하여 매출액을 증대시키는 판매 방법이다.

❖ **교차 판매(Cross-selling)**

고객이 어떤 상품 또는 서비스를 구매할 때 또는 구매 후에 연관이 있는 상품을 추가로 구매하도록 유도하여 매출액을 증대시키는 판매 방법이다.

❖ **데이터마이닝(Data mining)**

축적된 고객 관련 데이터베이스에서 이전에 알려지지 않은, 마케팅 활동에 활용될 수 있는 숨겨진 패턴이나 규칙을 발견하여 가능성 있는 정보를 도출해 내는 것이다.

❖ **B to B telemarketing(기업 간 텔레마케팅, Business to Business telemarketing)**

기업체를 대상으로 제품이나 서비스를 판매하거나, 판매 경로와 상권을 도모하기 위한 텔레마케팅 기법이다.

❖ **고객 점유율**

한 고객이 소비하는 서비스나 제품군 중에서 특정 기업의 상품을 구매하는 데 이용하는 금액의 비율을 의미한다. 다르게 표현하면 고객 지갑의 점유율 또는 지출 금액의 점유율이라고도 할 수 있다.

❖ **판별 분석법**

집단 간의 차이가 어떠한 변수에 영향을 받는가를 분석하는 방법이다.

❖ 군집 분석법

여러 대상을 몇 개의 변수를 기준으로 하여 비슷한 것끼리 묶는 분석 방법이다.

❖ 리스트 클리닝(List cleaning)

일정 기간 반응이 없는 고객리스트나 입수한 지 상당 기간이 지난 고객리스트의 데이터(주소, 이름, 전화번호 등의 고정 데이터와 변동 데이터)를 체계적으로 추리고 최신 데이터로 업데이트하는 것이다.

❖ 인바운드 마케팅

인바운드 텔레마케팅을 포함하여 고객이 필요에 의해 기업에 주도적으로 먼저 접근하도록 유도하는 마케팅이다.

❖ 인바운드 스크립트

고객으로부터 전화가 걸려 왔을 때 고객의 다양한 니즈를 순발력 있게 해결할 수 있도록 예상 질문과 답변을 미리 작성해 놓은 대화의 대본이다.

❖ 아웃바운드 스크립트

고객과 접촉 이전에 전화 목적과 전달 내용을 명확히 전달하기 위해 작성해 놓은 대화의 대본이다. 완성도 있는 스크립트는 업무 성과에 좋은 영향을 미칠 수 있다.

❖ 스크립트의 역할

고객과의 실제 상담 상황을 준비할 수 있는 대응력을 향상시키고 상담사의 상담 역량을 향상시키는 것이다.

❖ 역할연기(롤플레잉, Role-playing)

고객과 상담사로 각자의 역할을 정해 스크립트를 활용하여 실전 연습을 하는 것이다.

02   통신판매 시스템 운용

❖ 대량콜 처리시스템

많은 지역에서 많은 수의 사람과 전화 통화를 해야 하는 상황에 있는 적정 규모 이상의 기업에서 필요한 시스템으로, 이 시스템을 통해 방대한 내용의 의사소통을 많은 고객과 신속하게 진행하여 일을 처리할 수 있다.

❖ 콜로드 예측 시 필요한 네 가지 주요 수치

통화시간, 마무리시간(통화 후 업무시간), 평균 처리시간, 통화 업무량

❖ ACD(Automatic Call Distributor)

고객으로부터 걸려 오는 전화를 해당 시점에서 전화를 받고 있지 않는 상담원에게 순차적으로 균등하게 자동 분배해 주는 시스템이다.

❖ CTI(Computer Telephony Integration)

전화의 통신 기능과 컴퓨터의 지능화된 기능을 통합하여 다양한 통신 서비스를 제공하는 시스템이다.

❖ IVR(Interactive Voice Response)

외부에서 전화가 걸려 오면 고객번호 또는 주민등록번호와 비밀번호를 확인하여 호스트에서 해당 자료를 검색하고 ACD 기능에서 지정한 상담사에게 전송하는 시스템이다.

03 통신판매 고객관계 관리

❖ VOC(Voice Of Customer, 고객의 소리)

기업에 대한 고객의 문의, A/S 요청, 상담, 불만 그리고 칭찬과 제안 등을 의미하며 고객의 소리함, 전화, 인터넷, 이메일, 팩스, SMS 등 고객의 소리가 접수될 수 있는 다양한 비대면 채널을 통해 이루어진다.

❖ RFM 분석

고객이 가장 최근에 구매한 일자(Recency), 고객이 구매한 빈도(Frequency), 고객이 구매한 총금액 (Monetary) 등의 세 가지 고객정보를 통해서 고객의 가치를 계량화하여 평가하는 것을 의미한다.

❖ 고객생애가치(고객평생가치, LTV)

한 고객이 특정 기업의 상품 또는 서비스를 최초로 구매한 시점부터 마지막으로 구매할 것으로 예상되는 시점까지의 누적액의 평가 가치이다. 현재까지 누적된 수익가치뿐만 아니라 미래의 평생가치에 대한 예측분까지 합산한 고객의 총평생가치 개념이다.

❖ CRM(고객관계 관리, Customer Relationship Management)

고객 데이터와 정보를 분석·통합하여 개별 고객의 특성에 기초한 마케팅 활동을 계획하고 지원하여 평가하는 과정으로 시장 점유율보다 고객 점유율에, 고객 획득보다 고객 유지에, 제품 판매보다 고객과의 관계에 중점을 둔다.

❖ 고객 충성도

고객이 특정 기업이나 브랜드, 상품 등을 지속적으로 재구매하고, 타인에게 추천하거나, 구매를 권유하는 등의 우호적인 행동을 보이는 애착 정도를 의미한다.

❖ 우수 고객 프로그램

고객의 기여도 기준에 따라 우수 고객을 선정하고, 선정된 우수 고객을 대상으로 다양한 금전적 및 비금전적 혜택을 제공하는 프로그램을 의미한다.

❖ 우수 고객 관리의 중요성

높은 고객 충성도는 직접적으로는 장기간에 걸쳐 수익을 가져오고, 간접적으로는 주변 사람들에게 제품이 전파되도록 도우므로 기업이 신규 고객을 확보할 때 마케팅 기회 포착이 용이하고 유지비가 저렴하여 효율적으로 예산을 지출할 수 있다.

❖ 보상 프로그램

반복적으로 구매하는 우량 고객에게 마일리지, 포인트, 경품 등 여러 가지 인센티브를 제공하여 고객 충성도를 향상시키고, 지속적인 커뮤니케이션을 통해 고객과의 정서적 관계를 형성하고 강화해 나가고자 하는 마케팅 전략이다.

❖ 보상 프로그램의 특징

특별우대서비스 등과 같이 긍정적인 감정을 제고시키기 위한 프로그램이다. 금전적인 혜택을 부여하여 반복적 구매를 유도하며 고객초청행사, 고객경진대회 등의 단발성 프로그램과 구분된다. 사전에 정해진 운영 지침에 따라 계속적으로 이루어지며 프로그램의 내용은 홈페이지 등을 통해 공개된다.

❖ 포인트 프로그램

구매 금액에 따라 포인트를 적립시키고, 적립된 포인트에 따라 마일리지, 캐시백 포인트, 가격 할인, 상품 증정 등의 여러 가지 금전적 혜택을 제공하는 프로그램을 의미한다.

04　통신판매 고객 상담

❖ 고객 접점(MOT ; Moments Of Truth)

고객이 처음 기업과 접촉해서 서비스가 마무리될 때까지의 전 과정을 의미하는 것으로, 고객이 기업과 만나는 모든 장면에서 기업에 대한 고객의 경험과 인지에 영향을 미치는 결정적인 순간을 의미한다.

❖ MOT의 법칙

곱셈의 법칙, 100−1=0의 법칙, 통나무 물통의 법칙

❖ 비대면 커뮤니케이션

전화나 인터넷(컴퓨터 또는 스마트폰을 이용)으로 처리하는 업무를 비대면 커뮤니케이션이라 말한다.

❖ 비대면 채널의 특징

비대면 채널에는 고객과 직접적인 대면 접촉을 하지 않는 전화, 우편(DM), 팩스, 인터넷, 이메일, SMS/MMS, 키오스크(Kiosk)와 같은 무인 단말기 등이 있다. 대면 채널과는 달리 운영에 있어서 시간과 공간의 제약이 거의 없으며, 초기 구축 비용 이외의 운영 비용도 상대적으로 낮다.

❖ 전화 상담

고객 문제가 발생했을 때 언제, 어디서나 즉시 상담할 수 있고, 문제 해결 방안을 신속하게 얻을 수 있다. 그러나 소비자 상담의 내용이 복잡한 경우에는 전화 상담으로 이해시키거나 설득하기가 쉽지 않고, 상담이 많을 경우에는 통화 연결이 어렵다.

❖ 채팅 상담

상담원과 소비자가 대화방이라는 가상의 상담실에서 만나 대화를 주고받으며 상담하며 인터넷 공간에서 진행된다는 점에서 기존의 대면 상담과 거의 동일하다.

❖ 이메일 상담

컴퓨터를 활용한 통신으로 편지를 주고받으며 진행되는 상담이다. 소비자가 인터넷 상담원에게 소비자 문제를 적어서 메일을 보내면 상담원이 소비자에게 답장을 보내는 방식으로 이루어진다. 다른 사람에게 공개되지 않아 익명성이 보장되고, 상담사도 소비자의 생각을 여러 차례 읽고 다양한 답변을 제공할 수 있다. 그러나 익명성 보장으로 인해 상대방의 인적 사항을 파악하기 어렵고 왜곡된 정보를 받을 가능성도 있다.

❖ 라포(Rapport)

고객과 응대자 사이에 형성되는 공감대를 의미하며, 고객에게 관심을 갖고 고객의 욕구를 파악함으로써, 친밀감을 형성하여 고객이 신뢰감을 느끼도록 하는 기법이다.

❖ 라포의 형성

상담을 성공적으로 이끌어가기 위하여 라포 형성은 매우 중요하며, 상담사가 따뜻한 관심을 가지고 상대방을 대할 때 라포가 형성될 수 있다.

❖ 경청

귀를 기울여 듣는 것을 의미한다. 고객의 말을 끝까지 경청해서 듣는 것과 고객의 말에 적절한 호응어를 사용하는 것 외에도 재질문, 재진술, 효과적인 니즈 탐색 질문이 모두 경청 능력이라 할 수 있다.

❖ 효과적인 경청 기법

- 고객이 언급한 내용을 재확인 · 재질문 · 명료화한다.
- 비판하거나 평가하지 않는다.
- 편견을 갖지 않고 고객의 입장에서 듣는다.
- 고객의 말을 가로막지 않는다.

- 고객에게 주의 깊게 집중하고 듣는다.
- 고객에게 계속적인 반응을 보인다.
- 요점을 기록한다.
- 적절한 질문으로 고객의 니즈를 정확히 파악한다.
- 고객의 대화상 실수를 너그럽게 이해한다.
- 고객의 이야기에 대한 관심을 구체적으로 표현하고 고객에게 적극적인 응대를 한다.
- 편안한 마음 상태로 듣는다.
- 고객이 말하는 객관적인 사실뿐만 아니라 고객의 감정이나 정서적 상태도 고려한다.
- 고객과의 공통 관심 영역을 찾는다.
- 고객의 의견을 진지하게 경청한다.

❖ 개방형 질문

문제 해결에 도움을 줄 수 있는 방법을 구상하면서 고객의 욕구를 파악하는 질문법으로, 고객이 마음속에 생각하고 있는 여러 가지 요구사항을 가급적 많이 알아내려는 질문이다.

❖ 폐쇄형 질문

간단한 답변, 즉 '예/아니요' 등의 단답을 이끌어 내는 질문법이다. 정보 확인하기, 주문 체결하기, 동의 얻기, 정보를 명확히 하기 등의 목적을 가진다.

❖ FABE 기법

상품을 Feature(특징), Advantage(장점), Benefit(이점), Evidence(증거)순으로 설명함으로써 고객을 설득시키는 화법이다.

❖ Yes, but 화법

일단 상대의 의견을 긍정하고 난 후에 그와 반대되는 자신의 의견을 제시하는 화법이다.

❖ 아론슨 화법

단점을 장점으로 전환하고자 할 때 활용하는 화법으로 고객의 반론에 효율적으로 대처한다.

❖ 레어드 화법

질문 형식으로 말하여 고객이 선택할 수 있도록 요청하거나 고객에게 선택을 유도하는 기술이다.

05 영업 고객 불만 관리

❖ **고객 불만**

고객의 기대와 평가 간의 차이로 고객이 기대하는 수준보다 실제 평가가 낮은 경우 발생한다.

❖ **고객이 불평 행동을 하는 이유**

보상의 획득, 분노의 표출, 서비스 개선에 기여, 다른 고객을 위한 배려

❖ **불만의 발생 주체에 따른 불만 원인**
- 기업 원인(제품 및 서비스 품질의 미흡, 표시상의 결함 또는 광고 문제 등)
- 직원 원인(상품 및 업무 지식 결여, 서비스 마인드 결여, 약속 불이행 등)
- 소비자 원인(고객의 지나친 기대, 고객의 기억 착오 또는 오해로 인한 마찰, 고객의 고압적 태도, 고객의 부주의 등)
- 불가피한 상황과 관련된 원인(천재지변으로 인한 서비스 제공의 실패 등)

❖ **고객 불만 처리 절차**

불만 접수 · 응대 → 처리 작업 → 담당 부서 분배 → 담당 부서 접수 · 이관 → 불만 처리 → 완료

❖ **고객 만족도 측정의 3원칙**

정확성의 원칙, 정량성의 원칙, 지속성의 원칙

06 고객 분석과 데이터 관리

❖ **잠재 고객**

자사 상품을 구매할 능력이 있는 모든 사람으로, 자사 상품을 이용할 것인지의 여부가 불확실한 상태의 고객이다.

❖ **신규 고객**

잠재 고객들 중 처음으로 구매를 하고 난 후의 고객이다.

❖ **기존 고객**

신규 고객들 중 어느 정도 반복적으로 상품을 구매하는 고객들로, 안정화 단계에 들어선 고객이다.

❖ **충성 고객(옹호 고객, 핵심 고객)**

기업의 상품에 지속적으로 만족하여 해당 상품을 반복적으로 구입할 뿐만 아니라 다른 사람에게 적극적으로 사용을 권유하여 간접적인 광고 효과를 발생시키는 고객이다.

❖ **이탈 고객**

더 이상 해당 기업의 상품을 구입하지 않는 고객이다.

❖ **데이터 웨어하우스(DW; Data Warehouse)**

데이터베이스에 저장되어 있는 데이터 가운데 의사결정에 필요한 데이터를 추출한 후, 이를 통일된 형식으로 변환하여 저장해 놓은 데이터베이스이다.

❖ **데이터 웨어하우스의 특징**

주제 지향성, 통합성, 시계열성, 비소멸성

❖ **OLAP(On-Line Analytical Processing)**

사용자가 정보에 직접 접근하여 대화 형태로 정보를 분석하고 의사결정에 활용하는 것이다.

❖ **OLAP의 특징**

다차원 데이터베이스, 직접 접근 가능, 대화식 분석

❖ **내부 고객**

조직 내부에 소속되어 있는 직원이다. 전달자 역할을 하면서 자사 제품을 소비하는 소비자 역할도 하므로 마케팅의 대상이 되기도 한다.

❖ **외부 고객**

조직 내부에 소속되어 있지 않은 외부의 고객을 말한다.

07 고객 지원과 고객 관리 실행

❖ **고객 만족(CS; Customer Satisfaction)**

기업이 제공하는 제품이나 서비스가 고객의 기대를 최대한 충족하는 것으로, 고객 만족은 고객에게 신뢰감을 주는 중요한 요소이며 제품과 서비스에 대한 연속적인 구매로 이어진다.

❖ **소비자가 서비스 품질을 평가하는 요소(SERVQUAL 모형)**

신뢰성, 확신성, 유형성, 공감성, 대응성

❖ 고객 응대의 원칙
신속성의 원칙, 공평성의 원칙, 고객 중심의 원칙

❖ 전화 응대의 기본 원칙
신속, 정확, 친절

08 고객 필요정보 제공

❖ 대중 매체
불특정 다수의 소비자들에게 상품 또는 서비스에 대한 정보를 공개적으로 전달할 수 있으며, 대중 매체의 유형에는 신문, 잡지, 라디오, 텔레비전, 옥외 광고, 인터넷, SNS, 모바일 광고 등이 있다.

❖ 인쇄 매체(신문, 잡지)
상세한 정보 전달이 가능하고, 특정 매체의 구독자를 타깃으로 상품 정보를 전달할 수 있다. 그러나 다른 매체에 비해 전달 속도가 느리다.

❖ 라디오
휴대성이 용이하여 텔레비전보다 쉽게 고객에게 상품 정보를 전달할 수 있다. 그러나 상품 정보를 청각적으로만 표현할 수 있고, 전달 시간이 짧다.

❖ 텔레비전
광범위하게 상품 정보를 전달할 수 있지만 비용이 많이 들고, 상품 정보의 전달 시간이 짧다.

❖ 옥외 광고
지속적이고 반복적으로 상품 정보를 노출할 수 있다. 그러나 설치하기에 좋은 위치를 확보하기가 쉽지 않고, 일반적으로 옥외 광고를 보는 시간이 짧다.

❖ 인터넷 및 모바일
시간적·공간적 제약이 없고, 상품에 대한 고객의 반응을 빠르게 알 수 있다. 그러나 인터넷 사용이 능숙하지 못한 연령층에는 상품 정보 전달이 용이하지 않다.

❖ 통합 마케팅 커뮤니케이션(IMC; Integrated Marketing Communication)
다양한 마케팅 커뮤니케이션 도구를 효과적으로 결합하여 고객들에게 상품 또는 기업의 일관된 이미지를 제공하는 고객과의 의사소통 방법이다.

❖ 기업 중심의 마케팅믹스 구성 요소(4P)

Product(제품), Price(가격), Place(유통), Promotion(촉진)

❖ 고객 중심의 마케팅믹스 구성 요소(4C)

Customer(고객), Cost(비용), Convenience(편의성), Communication(소통)

09 통신판매 성과 관리

❖ 목표 관리(MBO; Management By Objectives)

상사와 부하가 상호 협의하에 공동 목표를 확인하고, 각 개인의 중요한 책임 영역을 각 개인에게 기대되는 성과로 환산하여 확정하고, 이러한 목적을 달성하기 위한 지침을 설정하여 실시하며, 성과를 평가하고 활용하는 과정이다.

❖ 목표 관리의 효과

목표 몰입, 내적인 동기부여, 시스템 만족

❖ 업적평가

조직구성원의 능력 개발, 업적의 향상, 동기의 유발 등의 목적을 달성하기 위해 실시하며, 평가 과정을 통해 조직구성원들이 자신의 직무를 보다 더 잘 수행할 수 있는 메커니즘을 제공한다.

❖ 업적평가의 기능

업적평가의 결과는 조직구성원에게 동기를 일으키고 자기개발에 영향을 미치며, 조직에서는 이를 근거로 임금과 승진 등 보상을 결정한다. 즉, 업적평가는 조직 계획 수립과 주요 의사결정에 영향을 미친다.

❖ 역량평가

조직구성원의 역량 측정을 위해 평가 대상자의 핵심역량을 중심으로 평가자가 복수의 평가 기법을 활용해서 평가하는 것으로, 조직구성원이 조직의 성과를 올리기 위해 발휘하는 능력을 평가하는 것이다.

❖ 역량평가의 목적

조직구성원의 자발적인 역량 개발을 유도하고, 전문성을 확보하여, 업무수행과정에서 역량을 적극 발휘하게 하여 조직역량을 향상시키고 조직의 전략목표를 달성하게 하는 것이 목적이다.

❖ 핵심 성과지표(KPI; Key Performance Indicator)

목표를 성공적으로 달성하기 위하여 핵심적으로 관리해야 하는 요소들에 대한 성과지표를 말한다.

❖ KPI의 목적

기업이 원하는 방향으로 구성원들이 가도록 동기를 부여하는 데 있다.

❖ 개인평가

조직에서 각 직무를 수행하는 조직구성원 개개인에 대한 평가를 말하며 업적평가, 역량평가, 다면평가 등이 있다.

❖ 조직평가

각 조직별로 설정된 목표와 KPI의 결과를 평가 기준에 따라 평가하는 것으로 계량 지표, 비계량 지표, 가감점 지표로 구성된다.

❖ 상대평가

타인과 비교하여 평가하는 것으로 현실적으로 조직 내 자신의 위치를 파악하는 데 도움을 줄 수 있다.

❖ 절대평가

기준을 정해 놓고 평가하는 것으로 피평가자에게 객관적 평가에 따른 장단점을 피드백하여 의욕을 향상시키고 자기개발을 하도록 유도할 수 있다.

❖ 정성평가

정량평가와 대비되는 것으로 품질, 태도 등 계수화하기 어려운 평가를 말한다.

❖ 다면평가

상사, 동료, 부하 직원, 고객 등 다양한 사람이 여러 각도로 평가하는 것을 말한다.

❖ 인센티브

사람들의 어떤 행동을 인정·장려함으로써 그 행동을 계속 유지하게 하여 기대한 만큼의 효과를 얻는 것이다.

❖ 인센티브의 효과

- 긍정적인 효과: 동기 유발, 사기 진작, 경쟁 유발, 생산성 증진 등
- 부정적인 효과: 처벌의 효과, 인간관계의 훼손, 원인 규명 곤란, 모험 억제, 흥미 상실 등

❖ 동기부여

일반적으로 어떤 사람을 자극하는 행동을 불러일으키거나 바람직한 행동을 수행하도록 이끄는 것이다.

❖ 동기부여 이론

매슬로우(Maslow)의 욕구 단계 이론, ERG 이론, 허즈버그(Herzberg)의 동기-위생 이론

❖ 모니터링

고객센터의 통화품질을 향상시키기 위해 고객과 텔레마케터 간의 실제 통화 내용 샘플을 듣는 것이다.

❖ 모니터링의 목적

통화품질 향상, 상담원의 통화 능력 체크, 상담원 예절 및 친절성 체크, 상담원 발음의 정확성 체크, 상담원 평가를 통한 코칭

❖ 모니터링 실행 과정

계획 수립 → 녹음 및 청취 → 평가 → 사후 점검 및 코칭

❖ 통화품질 관리(QA; Quality Assurance)

기업과 고객 간 통화의 총체적인 품질의 정도를 말한다. 또한 통화와 관계되는 하드웨어 및 소프트웨어적 통화 수단과 통화 방법의 측정과 평가, 커뮤니케이션의 품격 정도와 내·외부 모니터링 실시를 통해 생성되는 통화품질 종합평가와 분석과 관리, 교육 지도, 사후 관리를 종합적으로 수행하는 업무를 말한다.

❖ 손익 분기점(BEP)

매출액과 비용의 차이가 제로(0)가 되는 점으로, 비용은 고정비와 변동비의 합계를 말한다.

❖ 업무 점유율

근무시간 중 상담원이 실제 콜처리 업무를 위해 사용한 시간의 비율이다.

10 통신판매 조직운영 관리

❖ 직무 분석

특정 직무 내용, 자격요건을 밝히는 과정으로, 효과적인 인력 배치의 기준이 된다.

❖ 직무 분석의 절차

구체적인 목표 설정 → 분석대상 직무 선정 → 자료 수집 → 분석 및 처리

❖ 직무평가

객관적인 직무의 내용을 평가하는 것으로, 직무평가의 최종결과물은 임금 체계 등 인사제도의 여러 방면에 활용할 수 있다. 직무평가는 임금을 합리적으로 결정하고 직무 체계를 확립하는 기초자료를 얻는 것을 목적으로 한다.

❖ **내부 모집(사내 모집)**

기존 종업원을 대상으로 하여 필요한 인적 자원을 모으는 방법이다. 사내 공모제도, 종업원 추천제, 인력전환배치, 승진 등이 있다.

❖ **외부 모집(사외 모집)**

외부에서 필요한 인적 자원을 모으는 방법이다. 인터넷 모집, 리크루터를 통한 모집, 인턴십을 통한 모집, 기존 종업원의 추천, 대학 등 교육기관의 추천, 자발적 지원, 채용 알선 전문기업 홈페이지를 활용한 모집 등이 있다.

❖ **구조적 면접**

미리 준비된 질문 항목에 따라 순차적으로 질문하는 방법으로, 유도적 면접이라고도 한다.

❖ **비구조적 면접**

면접자가 질문을 하면 지원자가 형식에 구애 받지 않고 자유로이 자신의 의사를 표현하는 것이다. 지원자에 대한 광범위한 정보를 얻을 수 있는 방법으로, 비유도적 면접이라고도 한다.

❖ **교육훈련의 목적**
- 신입 종업원의 조직과 직무에 대한 이해를 돕는다.
- 종업원들의 원활한 직무 수행을 도와준다.
- 종업원들의 미래직무에 대한 기회를 제공한다.
- 조직의 변화에 대한 정보를 종업원들에게 제공한다.
- 종업원 개인의 발전을 위한 기회를 제공한다.

❖ **복리후생**

임금이나 근로조건과 무관하게 종업원의 편익을 제공하기 위해 기업이 추가적으로 제공하는 간접보상이다.

11 통신판매 환경 분석

❖ **SWOT 분석**

자사의 강점(Strength)과 약점(Weakness)을 분석하고, 기업 외부에서 일어나고 있는 환경 변화를 종합적으로 정리하여 자사가 처한 기회(Opportunity)와 위협(Threat) 요인들을 파악하는 것이다.

❖ **PEST 분석**

대표적인 산업환경 분석 모델로, 해당 기업이 속한 산업 또는 시장을 둘러싼 거시적 산업환경에 영향을 미칠 수 있는 주요 요인들을 도출하고, 그 내용을 분석하는 것이다.

❖ **마이클 포터의 5 Force Model**

다섯 가지의 관점에서 현상을 분석하는 기법이다. 산업(시장) 내 경쟁 강도, 새로운 기업의 잠재적 진출력, 대체품의 대체력, 공급업체의 협상력, 구매자의 협상력으로 구분되는 산업의 다섯 가지 요소가 해당 산업의 수익률을 결정하며, 이들 요소가 많고 세력이 강할수록 해당 산업의 평균 수익률은 낮아진다.

❖ **BCG 매트릭스**

자금의 투입, 산출 측면에서 사업(전략 사업 단위)이 현재 처해 있는 상황을 파악하여 상황에 맞는 처방을 내리기 위한 분석 도구이다. X축(수평축)을 시장 점유율로 하고, Y축(수직축)을 시장 성장률로 하여, 미래가 불투명한 사업을 물음표(Question mark), 점유율과 성장성이 모두 좋은 사업을 별(Star), 투자에 비해 수익이 월등한 사업을 현금 젖소(Cash cow), 점유율과 성장률이 둘 다 낮은 사업을 개(Dog)로 구분했다.

12 STP 전략 수립

❖ **STP 전략**

시장을 세분화하고(Segmentation), 목표시장을 선정하며(Targeting), 제품의 위상을 정립하는 것(Positioning)을 말한다.

❖ **시장 세분화**

자사가 경쟁 우위를 차지할 수 있는 유리한 시장을 찾기 위하여 시장을 일정한 기준을 통해 몇 개의 소비자 집단으로 나누는 작업이다.

❖ **세분시장(Segment market)**

세분화를 통해 나눈 시장으로, 기업의 마케팅믹스 전략에 유사하게 반응하는 동질성을 보인다.

❖ **시장 세분화를 하기 위한 변수**

시장 세분화를 하기 위한 조건을 갖춘 시장에서 어떤 기준으로 세분화할 것인지를 파악하는 것이다.

❖ **매스(대량) 마케팅**

판매업자가 모든 구매자를 대상으로 하나의 제품을 대량 생산하여 대량 유통하고, 대량 촉진하는 형태이다.

❖ **심비오틱 마케팅**

두 개 이상의 독립된 기업이 제품 개발, 시장 개척, 경로 개발, 판매원 채용과 훈련 등 마케팅으로 계획과 자원을 공동으로 추진하고 활용하는 형태이다. 기업이 개별적으로 하기 어려운 것을 공동으로 하는 데서 이익을 얻고, 마케팅 문제를 보다 쉽게 해결하며 마케팅 관리를 효율적으로 수행할 수 있다.

❖ **목표시장**

시장 세분화를 통해 나눈 시장 중에서 자사의 경쟁 상황을 고려했을 때 자사에 가장 좋은 기회를 제공할 수 있는 특화된 시장으로, 핵심 고객에게 집중적으로 마케팅을 펼쳐, 보다 효과적인 성과를 이루기 위한 것이다.

❖ **비차별화 마케팅**

무차별적 마케팅이라고도 하며, 기업이 하나의 제품이나 서비스를 가지고 시장 전체에 진출하여 가능한 한 다수의 고객을 유치하려는 전략으로 시장 세분화가 필요하지 않다.

❖ **차별화 마케팅**

두 개 혹은 그 이상의 시장 부문에 진출할 것을 결정하고 각 시장 부문별로 별개의 제품 또는 마케팅 프로그램을 세우는 것이다.

❖ **집중화 마케팅**

한 개 또는 몇 개의 시장 부문에서 집중적으로 시장을 점유하려는 전략으로, 기업의 자원이 한정되어 있을 때 이용하는 전략이다.

❖ **포지셔닝(Positioning)**

목표 소비자의 마음속에서 자사 제품을 경쟁 제품 대비 유리한 위치(Position)에 정립시키는 것이다.

❖ **포지셔닝 선정**

세분화된 고객들의 유형과 선정된 목표 고객 및 경쟁사의 위치를 고려하여 자사의 상품을 어느 위치에 놓아야 경쟁 우위를 확보할 수 있는지를 결정하는 것으로, 제품의 특장점 · 활용도 및 속성, 고객 유형 등에 따라 제품의 위치를 선정한다.

❖ **제품의 지각도**

소비자 지각의 분포도 내지 지각도를 작성하는 기법으로, 각 상표에 대한 지각과 이상적 상표와의 차이를 나타내는 것이다.

❖ **포지셔닝 맵**

소비자들의 구매의사결정이 마음속에서 이루어짐에 따라 여러 브랜드에 대한 소비자의 인식, 즉 경쟁 및 자사 브랜드의 속성 수준이나 브랜드 간 상대적 위상을 2차원 또는 3차원의 도표에 일목요연하게 나타낸 것을 말한다.

❖ **재포지셔닝**

소비자 욕구의 변화, 상권 내 역학 구조의 변화, 소매 기업 내 각종 상황의 변화 등의 요인에 의하여 그동안 유지해 왔던 마케팅믹스 및 영업 방법상의 특징을 본질적으로 변화시킴으로써 상권의 범위와 내용, 목표 소비자를 새롭게 조정하는 활동이다.

❖ **제품의 수명주기(PLC; Product Life Cycle)**

신제품이 시장에 도입되어 쇠퇴할 때까지의 기간을 의미한다.

❖ **도입기(Introduction)**

경쟁자가 거의 없으며, 원가가 높다. 혁신적인 고객이 제품을 산다.

❖ **성장기(Growth)**

제품이 확대되고 시장 수용이 급속하게 이루어져 판매와 이익이 현저히 증가한다.

❖ **성숙기(Maturity)**

판매가 절정에 이르렀다가 감소를 시작하며, 도입기나 성장기보다 오랫동안 지속된다.

❖ **쇠퇴기(Decline)**

대체품의 출현으로 점차 쇠퇴하며, 판매량과 이익이 매우 낮다.

❖ **가격결정 요인**

마케팅 목표, 마케팅믹스 전략, 원가, 조직의 특성, 기업의 가격 정책, 수요 상황, 경쟁자의 상황, 법적·제도적 요인

❖ **소비자의 구매 습관에 의한 소비재의 분류**

편의품, 선매품, 전문품, 비탐색품

❖ **산업재**

조직적 구매자가 구매하거나 비즈니스 활동을 위해 구매하는 제품으로, 고객의 수는 적지만 대체로 거래 규모가 크며 일정한 양을 반복적으로 구매한다.

❖ **고가 전략의 조건**

- 시장 수요의 가격 탄력성이 낮을 때
- 시장에 경쟁자의 수가 적을 것으로 예상될 때
- 규모의 경제 효과를 통한 이득이 미미할 때
- 진입 장벽이 높아 경쟁 기업의 진입이 어려울 때
- 높은 품질로 새로운 소비자층을 유인하고자 할 때
- 품질 경쟁력이 있을 때

❖ **저가 전략의 조건**
- 시장 수요의 가격 탄력성이 높을 때
- 시장에 경쟁자의 수가 많을 것으로 예상될 때
- 소비자들의 본원적인 수요를 자극하고자 할 때
- 원가 우위를 확보하고 있어 경쟁 기업이 자사 제품의 가격만큼 낮추기 힘들 때
- 가격 경쟁력이 있을 때

❖ **상층흡수가격 정책(초기 고가격 정책)**
신제품을 시장에 도입하는 초기 단계에 고가로 출시했다가 점차 가격을 하락시켜 나가는 방법이다.

❖ **침투가격 정책**
신제품을 도입하는 초기 단계에 저가로 시작했다가 점차 가격을 높여 나가는 방법이다.

❖ **명성 가격결정법**
구매자가 가격으로 품질을 평가하는 경향이 강한 비교적 고급 품목에 대하여 가격을 결정하는 방법이다.

❖ **단수 가격결정법**
구매자에게 가능한 가격 중 가장 낮은 가격으로 결정되었다는 인상을 주기 위하여 고의로 단수를 붙여 가격을 결정하는 방법이다.

❖ **유통경로의 설계 과정**
고객 욕구 분석 → 유통경로의 목표 설정 → 주요 경로 대안의 식별 → 경로 대안의 평가

❖ **총거래수 최소화의 원칙**
중간상의 개입으로 거래의 총량이 감소하게 되어 제조업자와 소비자 양자에게 실질적인 비용 감소를 제공한다.

❖ **라인 확장 전략**
기존에 존재하는 브랜드명을 가지고, 동일 제품군 내에서 새로운 제품을 도입하는 전략이다.

❖ **브랜드 확장 전략**
한 제품 시장에서 성공을 거둔 기존 브랜드명을 다른 제품 범주의 신제품에도 사용하는 브랜드 전략이다.

❖ **풀(Pull) 전략**
제조업자가 최종 구매자들을 대상으로 하여 주로 광고와 PR 혹은 소비자를 대상으로 한 판매촉진 수단을 동원하여 촉진 활동을 하는 것이다.

❖ 푸시(Push) 전략

제조업자가 유통업자들을 대상으로 주로 판매촉진과 인적 판매 수단들을 동원하여 촉진 활동을 하는 것이다.

❖ 유통

생산과 소비를 이어주는 중간 기능으로서 생산품의 사회적 이동에 관계되는 모든 경제 활동을 말한다.

❖ 유통경로(Distribution channel)

제품이나 서비스가 생산자로부터 소비자에 이르기까지 거치게 되는 통로 또는 단계를 말한다

❖ 촉진

판매 활동을 원활하게 하며, 매출액을 증대시키기 위하여 실시하는 모든 마케팅 활동을 통틀어 촉진이라 할 수 있다.

제**2**장 유형별 키워드 정리

용어와 그 개념을 빠짐없이 기억해 두는 것은 실기시험 준비에 있어서 기본 중의 기본. 단어를 들으면 즉시 내용이, 내용을 들으면 즉시 단어가 떠오르도록 반복적으로 익혀 봅시다.

01 단계를 알아두어야 할 키워드

❖ **데이터마이닝의 과정**

문제 정의 → 리스트 선별 · 정제 · 보완 → 변환 → 데이터 분석 → 해석 및 평가 → 통합

❖ **제품수명주기**

도입기 → 성장기 → 성숙기 → 쇠퇴기

❖ **매슬로우의 욕구이론의 단계**

생리적 욕구 → 안정 욕구 → 사회적 욕구 → 존경 욕구 → 자아실현 욕구

❖ **포지셔닝 진행 절차**

시장 분석(소비자 분석 및 경쟁자 확인) → 경쟁 제품의 포지션 분석 → 자사 제품의 포지션 분석 → 포지션 개발 및 실행 → 포지셔닝의 확인 및 재포지셔닝

❖ **아웃바운드 상담 단계**

첫인사 및 자기소개 → 상대방 확인 및 전화 양해 → 전화를 건 목적 안내 → 정보 수집 및 니즈 탐색 → 상품, 서비스 제안(반론 극복) → 동의와 확인 → 종결

❖ **인바운드 상담 단계**

상담 준비 → 고객정보 확인 → 고객 니즈(문의 내용) 파악 → 정보 제공 및 문제 해결 → 동의와 확인 → 종결

❖ **아웃바운드 텔레마케팅의 전개**

첫인사 → 도입 → 상담 진행 → 반론 극복 → 마무리 및 끝인사

❖ **역할연기의 과정**

상황 설정 → 역할연기 대상자 선정 → 배역 지정 → 역할연기 실시 → 역할 내용 검토 및 평가 → 스크립트 및 매뉴얼 수정 → 반복 훈련 및 효과 체크

❖ **소비자의 구매의사결정 과정**

문제 인식 → 정보 탐색 → 대안의 평가 → 구매 → 구매 후 평가

02 유형이나 종류를 알아두어야 할 키워드

❖ **마케팅믹스의 구성 요소(4P)**

Product(제품), Place(유통), Promotion(촉진), Price(가격)

❖ **시장 세분화 변수**

지리적 변수, 인구통계학적 변수, 심리분석적 변수, 행동분석적 변수

❖ **시장 세분화 요건**

내부적 동질성과 외부적 이질성, 측정가능성, 접근가능성, 규모의 경제성(실질성, 유지가능성), 행동가능성

❖ **촉진 전략**

광고, 홍보, 판매촉진, 인적 판매

❖ **불만 고객 처리의 원칙**

피뢰침의 원칙, 책임 공감의 원칙, 감정 통제의 원칙, 언어 통제의 원칙, 역지사지의 원칙

❖ **아웃바운드 다이얼러 시스템**

Preview dialing, Predictive dialing, Progressive dialing

❖ **서비스의 특징**

무형성, 소멸성, 이질성, 동시성

❖ **수준별 제품의 분류(코틀러의 제품의 세 가지 수준)**

핵심 제품, 실체(유형) 제품, 확장(포괄) 제품

❖ **고객 가치 측정 기법의 유형**

RFM 분석, 고객생애가치, 고객 점유율

03 용어의 뜻을 알아두어야 할 키워드

❖ **고객 불평불만 처리 방법(MTP법)**

Man(사람을 변경한다.), Time(시간을 변경한다.), Place(장소를 변경한다.)

❖ **AIO**

Activity(활동), Interest(관심), Opinion(의견)을 기준으로 라이프스타일을 분석한다.

❖ **LTV(고객평생가치)**

Life Time Value

❖ **MOT(진실의 순간, 결정적 순간)**

Moments Of Truth

❖ **RFM**

Recency(구매 최근성), Frequency(구매 빈도), Monetary(총구매액)

❖ **SMART 성과목표**

• S(Specific): 구체적이어야 한다.
• M(Measurable): 측정할 수 있어야 한다.
• A(Achievable, Attainable): 달성가능한 지표여야 한다.
• R(Result-oriented): 전략 과제를 통해 구체적으로 달성하는 결과물이어야 한다.
• T(Timely, Time-bound): 일정한 시간 내에 달성 여부를 확인할 수 있어야 한다.

04 장점을 알아두어야 할 키워드

❖ **SWOT**

제품에 대한 내부 요인, 외부 요인을 정리하여 일목요연하게 파악할 수 있다.

❖ **1차 자료**

신뢰도, 타당도 면에서 연구 목적의 수행에 적합하고, 수집된 자료를 의사결정이 필요한 시기에 적절하게 이용할 수 있다.

❖ 2차 자료

신속하게 수집이 가능해 시간과 비용을 절약할 수 있다.

❖ 기술조사

- 상대적으로 많은 정보와 신뢰성 있는 정보를 얻을 수 있다.
- 조사 대상의 변화를 추적할 수 있다.

❖ 개방형 질문

- 자유로운 응답이 가능하다.
- 다양한 의견의 수렴이 가능하다.
- 자료를 모으는 데 효과적이다.
- 고객 상황에 대한 명확한 이해가 가능하다.
- 고객의 니즈 탐색이 가능하다.
- 상세한 정보 획득이 가능하다.
- 소규모 조사에 유리하다.
- 대답이 불명확하면 설명을 요구할 수 있어 오해가 제거되고 친밀감을 향상시킬 수 있다.

❖ 폐쇄형 질문

- 민감한 주제에 적합하다.
- 응답이 표준화되어 있어 비교가 가능하다.
- 시간과 경비의 절약이 가능하다.
- 전체 상담 시간 조절이 용이하다.
- 조사자가 유도하는 방향으로 고객을 리드하는 것이 용이하다.
- 응답 항목이 명확하고, 신속한 응답이 가능하다.
- 조사자의 편견이 개입되는 것을 방지할 수 있다.

❖ 전화조사

- 조사 비용이 저렴하다.
- 조사 기간이 짧다.
- 우편조사보다 응답률이 높다.
- 조사자 통제가 가능하다.

❖ 다면평가

- 편파적인 평가 의견을 견제함으로써 균형 있는 평가가 가능하다.
- 평가자 외의 다른 구성원들에게도 평가 참여 기회를 제공하여 참여감과 조직에 대한 일체감을 증진시킬 수 있다.
- 평가 결과의 익명성으로 인해 평가 대상에 대한 객관성을 제고할 수 있으며, 공정하고 합리적으로 평가할 수 있다.

05 단점을 알아두어야 할 키워드

❖ **표준화 면접**
- 면접 결과의 타당도가 낮다.
- 면접 상황에 대한 적응도가 낮다.
- 새로운 사실 및 아이디어의 발견 가능성이 낮다.

❖ **1차 자료**

자료 수집에 비용과 시간이 많이 소요되고, 조사 방법에 관한 지식과 기술이 필요하다.

❖ **2차 자료**

자료를 수집한 목적이 다르기 때문에 자료의 유용성 및 실효성에 제한을 받는 경우가 많다.

❖ **전화조사**
- 상세한 정보 획득이 어렵다.
- 전화 중단의 문제가 있다.
- 시간 제약의 문제가 있다.
- 보조 도구의 사용이 곤란하다.

❖ **폐쇄형 질문**
- 상세한 정보 획득이 어렵다.
- 응답자의 다양한 의견 반영이 어렵다.
- 응답 항목의 배열에 따라 응답이 달라질 수 있다.
- 설문지 작성 과정이 어렵다.

❖ **다면평가**
- 부하 직원들이 상사의 업무나 성과에 대한 지식이 부족할 경우 공정하고 객관적인 평가가 어렵다.
- 의견이 상충될 때 누구의 의견이 옳은지 판단하기 어렵다.
- 평가 결과에 대한 상사의 보복이 두려워 정확한 평가를 기대할 수 없다.
- 평가에 시간과 비용이 많이 든다.

PART 2

핵심 이론 특강

이론 · 문제로 한꺼번에 핵심 내용 파악하기!

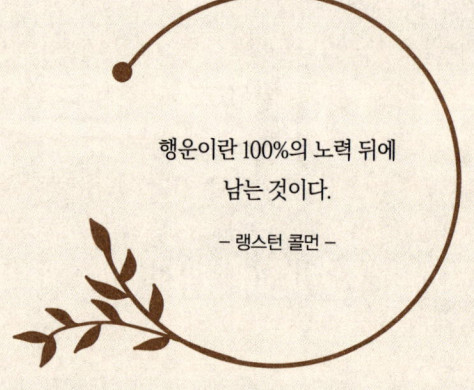

행운이란 100%의 노력 뒤에
남는 것이다.

－ 랭스턴 콜먼 －

제 1 장

인·아웃바운드 판매 채널 운영 관리

☑ **출제 Keyword**
- 텔레마케팅의 분류
- 인·아웃바운드 스크립트
- 인바운드 채널의 종류와 개념
- 스크립트 작성의 목적
- 고객정보 수집방법의 종류

01   텔레마케팅

1. 텔레마케팅의 개요

(1) 텔레마케팅의 정의

기업이나 그 밖의 이용 주체가 마케팅 활동(판매 전·판매·판매 후 활동)을 할 때 컴퓨터를 이용하여 데이터베이스를 구축하고, 전화와 인터넷을 중심으로 정보통신 시스템을 효과적으로 활용함으로써 비용은 절약하고 매출액은 증가시키면서 기업의 이미지를 제고하는 총체적인 활동이다.

CHECK POINT

마케팅 개념의 단계
생산 지향적 마케팅 → 제품 지향적 마케팅 → 판매 지향적 마케팅 → 소비자 지향적 마케팅 → 사회 지향적 마케팅

마케팅의 발전 단계
제품중심 마케팅 → 직접 마케팅 → 데이터베이스 마케팅 → 고객관계 마케팅

---

(2) 텔레마케팅의 분류

① 전화 방향에 따른 분류

㉠ 인바운드 텔레마케팅 : 고객이 기업의 광고나 카탈로그에 직접 반응하여 기업에 전화하는 고객 주도형 텔레마케팅 기법이다.

㉡ 아웃바운드 텔레마케팅

- 기업이 잠재 고객이나 기존 고객에게 전화를 걸어 마케팅 활동을 펼치는 기업 주도형 텔레마케팅 기법으로 능동적이고 목표 지향적이다.
- 고객데이터베이스에 의존하여 제품이나 서비스를 판매하고 가치를 설득시키는 적극적인 마케팅 기법이다.

② 수행 주체(운영 방식)에 따른 분류

    ⊙ B to B telemarketing(기업 간 텔레마케팅, Business to Business telemarketing): 기업체를 대상으로 제품이나 서비스를 판매하거나, 판매 경로와 상권을 도모하기 위한 텔레마케팅 기법이다.

    ○ B to C telemarketing(소비자 텔레마케팅, Business to Consumer telemarketing): 일반 소비자를 대상으로 제품이나 서비스의 판매를 촉진하거나 서비스 향상, 시장 조사 등을 목적으로 이루어지는 텔레마케팅 기법이다.

③ 운영 주체에 따른 분류

    ⊙ 자체 운영(인하우스 텔레마케팅, In-house telemarketing)

        • 기업 내에 콜센터 설비를 직접 구축하고, 필요한 인원을 배치하여 기업의 모든 텔레마케팅 활동을 계획하고 실행하는 기법이다.

        • 초기 투자 비용이 많이 들고, 시스템 구축이 어렵다.

        • 직접 직원을 관리 · 통제할 수 있고, 텔레마케팅 노하우를 축적할 수 있다.

        • 인력을 고정적으로 고용하는 데에 투자 비용이 든다.

    ○ 대행 운영(Agency telemarketing)

        • 텔레마케팅 전문 용역업체에 위탁하여 기획에서부터 운영 및 관리까지 용역업체가 진행하는 텔레마케팅 기법이다.

        • 초기 투자비가 적게 들고, 초기 진행 시 리스크를 최소화할 수 있다.

2. 텔레마케팅의 등장 배경

(1) 기업의 거시적 환경

① 인구통계적 환경

    ⊙ 소득의 증가로 인해 고객의 욕구가 점점 다양해지고 고급화되었다.

    ○ 맞벌이 부부 및 독신자, 딩크족, 노령 인구의 증가 등으로 24시간 상품을 구매하거나 서비스를 받아야 할 필요성이 대두되었다.

    © 획일적인 대규모 시장에서 직업, 연령, 라이프스타일 등에 의해 차별화된 소규모 시장으로 분리되면서 이러한 시장에 적합한 마케팅 방법이 필요하게 되었다.

② 경제적 환경

    ⊙ 정보의 경제적 가치가 증가하였다.

    ○ 금융, 보험, 여행, 레저 등 서비스 산업이 발달하였다.

    © 소득 증가로 인한 지출 내용이 다양화되었다.

    ② 신용카드의 사용이 확대되었다.

    ⑩ 국가 간의 무역 마찰에 따른 규제 완화로 기업이 국제적인 경쟁 환경을 맞이하게 되었다.

③ 기술적 환경

    ⊙ 통신 기술에 급속한 변화와 혁신이 있었다.

    ○ 전화 보급이 확대되었다.

© 정보통신 기술이 발달하였다.

② 데이터베이스가 발달하였다.

④ **사회문화적 환경**

⑦ 소비자 욕구가 변화되면서 산업 사회의 대량 마케팅으로부터 소외감을 느꼈던 소비자들은 자신의 존재가 인정받기를 원하였다.

ⓛ 소비자는 획일적인 상품 기능 추구로부터 자신의 개성을 추구하는 것으로 변화하였다.

© 소비자의 태도가 수동적이며 소극적인 태도에서 능동적이고 적극적인 태도로 변화되었다.

② 편리성과 시간의 가치가 증대되면서 편하고 신속하게 이루어지는 것을 추구하게 되었다.

(2) 기업의 미시적 환경

① **기업 내적 환경**

⑦ 광고비, 인건비, 일반 판매비 등 영업 비용이 증가하였다.

ⓛ 보다 밀착된 서비스 제공을 통한 경쟁력 향상의 필요성이 대두되었다.

© 효과적인 고객 관리 방법을 필요로 하게 되었다.

② **기업 외적 환경**

⑦ 유통 구조의 복잡화와 관리의 어려움으로 인해 유통 비용 절감 및 시간 단축이 필요하게 되었다.

ⓛ 고객 욕구가 다양화되고 증가되면서 고객을 체계적으로 관리할 수 있는 방법이 필요하게 되었다.

02 인바운드 채널 활용하기

1. 인바운드 채널 중요

(1) 인바운드 마케팅의 개념

인바운드 텔레마케팅을 포함하여 고객이 필요에 의해 기업에 주도적으로 먼저 접근하도록 유도하는 마케팅이다.

(2) 인바운드 채널의 종류

① **전화(TM; Telemarketing)**

⑦ 독립적인 이용보다는 다른 채널로 마케팅을 접한 고객이 기업과 연결하는 수단으로 이용되는 경우가 더 많다.

ⓛ 방송과 카탈로그 채널은 전화를 이용한 고객의 연결 비중이 매우 크다.

② **방송(TV · CATV · 위성)**: TV 홈쇼핑 방송이 가장 대표적이며 전화, 인터넷 등 별도의 고객 접근 채널을 병행하고 있다.

③ **인터넷(EC; Electronic Commerce)**: 인터넷을 통한 전자상거래를 의미하며 보통 거래와 결제까지 독립적으로 진행하지만, 다른 채널들과 병행하여 활용하기도 한다.

④ 모바일(MC; Mobile Commerce)
  ㉠ 휴대가 편리한 스마트폰의 장점과 인터넷 채널의 장점을 다양한 방법으로 마케팅 활동에 활용할 수 있다.
  ㉡ 스마트폰이 대중화되면서 가장 크게 성장한 채널이지만 소비자 보호를 위한 법제의 보완을 필요로 한다.

(3) 인바운드 텔레마케팅의 특징
  ① 상품의 판매나 주문으로 결부시켜 가는 것이 비교적 쉽다.
  ② 기업의 이미지 형성 및 고객만족 향상에 크게 공헌할 수 있다.
  ③ 인바운드 스크립트는 주어진 상황을 잘 반영해야 한다.
  ④ 고객이 주도하는 고객 주도형 텔레마케팅이다.
  ⑤ 고객들의 질문에 응답하기 위한 Q&A 시트를 많이 활용한다.

2. 고객 특성 파악과 적합한 정보 제공

(1) 고객 특성과 대응 전략 중요
  ① 단호한 유형
    ㉠ 특성
      • 승부욕이 강하다.
      • 성격이 급하고 행동이나 생각이 빠르다.
      • 자기주장이 강한 편이다.
      • 결과 중심적이며, 빠른 결과와 즉각적인 욕구 충족을 원한다.
      • 자신감이 강하고, 경우에 따라서는 거만하게 보인다.
      • 대답이 짧고 직선적인 표현을 사용한다.
      • 듣기보다 말하기를 좋아하고, 토론을 좋아한다.
      • 권위적으로 보이길 원하고, 권력을 내세우고자 상징을 활용하길 좋아한다.
    ㉡ 대응 전략
      • 고객의 요구사항을 빠르게 파악하는 것이 가장 중요하므로 고객 니즈에 초점을 맞춘다.
      • 변명은 절대 하지 않으며, 결과 중심적인 간결한 설명으로 해결안을 제시한다.
      • 고객 질문에 간결하고, 직접적으로 대답한다.
      • 상담의 목표를 염두에 두고 상담을 진행하되 시간을 낭비하지 않도록 한다.
      • 대안을 제시할 때 너무 많은 대안을 제공하지 않도록 주의한다.
      • 말하기를 좋아하므로 충분히 말할 수 있도록 기회를 제공한다.
      • 고객과 상담 전에 정보와 필요한 양식, 세부적인 사항 등을 준비한다.
      • 근거가 있는 대안을 제공하되, 문제 해결안이 고객의 돈과 시간, 노력에 직접적으로 미치는 영향을 설명한다.

② 호기심 많은 유형

  ㉠ 특성

　　• 자신의 감정 표현이 거의 없다.

　　• 대면이나 전화 같은 직접적인 접촉보다는 메신저, 우편, 이메일 같은 매체를 통한 간접적 교류를 선호한다.

　　• 이름보다는 직업과 관련된 상징적인 칭호를 선호한다.

　　• 업무 처리와 관련 있는 질문을 구체적으로 하는 편이다.

　　• 질문에 대한 명확한 답을 얻고자 하는 경우에는 긴 대화를 필요로 한다.

　　• 자신의 주장을 관철시키기 위해 날짜, 시간, 객관적 사실 정보를 많이 언급한다.

　　• 시간 약속을 매우 중요하게 생각한다.

  ㉡ 대응 전략

　　• 정확성과 효율성을 중요하게 생각하므로 제품이나 서비스가 제공되는 단계, 과정, 상세 내용 등의 개요를 구체적으로 말하며, 고객의 욕구에 초점을 맞춘다.

　　• 감정에의 호소보다 사실과 증거를 기반으로 하는 상담을 한다.

　　• 정중하고 사무적인 매너로 접촉하여야 하며, 특히 호칭 사용 시 고객의 직위와 관련이 있는 정확한 호칭을 사용한다.

　　• 미리 고객정보를 파악하고 세부 사항을 준비하여 대응한다.

　　• 고객의 경험을 구체적으로 질문한다.

　　• 품질의 우수성, 장점, 신뢰성, 가치 등을 연속적으로 제시하며, 고객이 얻을 수 있는 객관화된 효익을 안내하여 해결책을 제시한다.

　　• 결정은 고객이 스스로 하도록 하며, 강요하지 않는다.

　　• 고객이 단점을 지적하거나 고객과 토론을 하게 될 경우를 준비한다.

　　• 주장에 대한 근거 자료를 충분히 갖추어 둔다.

③ 합리적인 유형

  ㉠ 특성

　　• 화가 나는 상황에도 불평 없이 한참 동안 기다린다.

　　• 관계 중심적인 1:1 또는 소규모 집단을 선호한다.

　　• 자신의 의견을 말하기보다는 주로 듣고 관찰하며, 질문을 한다.

　　• 자신의 질문에 대한 구체적이고 완전한 설명을 원한다.

　　• 자신의 상황에 타인이 관심을 가지는 것을 싫어한다.

　　• 경직되어 있는 분위기보다는 편안한 분위기에서 상담하길 원한다.

　　• 갈등 상황을 회피하고 화를 내지 않는다.

  ㉡ 대응 전략

　　• 안전하고 호감을 줄 수 있는 상담에 초점을 맞춘다.

　　• 제품이나 서비스를 권유할 때는 신중하게 설명한다.

　　• 논리적인 연속성이 있도록 정보를 준비하여 자료를 제공한다.

　　• 고객의 의견과 관심 내용에 진심으로 관심을 보인다.

- 고객의 관계와 시스템의 단순화에 도움을 주는 제품과 서비스를 중심으로 설명한다.
- 안정감을 중요시하는 고객이므로 위험부담이 적고 이익이 있음을 강조하며, 보증·보장·이용 가능한 지원시스템을 설명한다.
- 의견을 존중하는 사람과 같이 확인해 보도록 권유한다.
- 변화가 생길 때 고객이 적응할 시간을 주고 변화가 필요한 이유를 설명한다.

④ 표현적인 유형

　ⓒ 특성
- 활발하게 사람을 대하며, 말할 때 제스처가 큰 편이다.
- 사람들과 관계를 맺을 수 있는 교류 방법 또는 기회를 찾는다.
- 말하기를 좋아한다.
- 미소를 잘 지으며, 타인에게 개방적인 몸짓을 사용한다.
- 말할 때 가깝게 접근하려 하며, 스킨십을 좋아한다.
- 친근하게 다가오며, 전반적으로 긍정적인 태도를 보인다.

　ⓒ 대응 전략
- 고객의 감정에 호소하며, 고객의 욕구가 선호되고 받아들여지는 것에 초점을 맞춘다.
- 고객의 이야기를 듣고 자신의 이야기를 재미있게 한다.
- 고객에게 개방형 질문으로 친숙하게 접근한다. **예** 이 제품(서비스)을 어떤 면에서 좋아하세요?
- 고객의 생각을 인정하고 긍정적으로 피드백을 한다.
- 제품의 세부사항은 최소한으로 제공한다.
- 의사결정을 촉진할 혜택을 제공한다.
- 고객의 관계에 대한 영향이라는 관점에서 해결책과 제안 내용을 설명한다.

(2) 고객 불만의 유형별 대응 전략

① 불만족한 고객

　ⓒ 심리 상태
- 자신의 구매행위 실수에 대한 자책감이 있다.
- 관련된 법규를 찾아보거나 전문가와 상의한 후 상담을 요구하는 경우가 많다.
- 보상 거절에 대한 불안 심리가 있다.
- 상담원이 자신의 문제를 해결할 것이라고 믿는다.
- 금전적 손해를 보상받기를 원한다.
- 즉각 화를 내기도 한다.

　ⓒ 대응 전략
- 고객이 만족할 수 있는 방법을 제시한다.
- 전문기관을 알선한다.
- 개방형 질문을 한다.
- 고객을 충분히 배려한다.
- 원하는 보상을 파악하여 A안, B안의 대안을 준비한다.

- 공감하면서 경청한다(상대방의 화난 상태를 공감하고 이해하는 마음으로 듣는다).

② 무리한 보상을 요구하는 고객

ㄱ 심리 상태
- 때로는 고의적으로 문제를 제기하고 고액의 보상을 요구하는 경우도 있다.
- 고의적으로 소란을 피운다.
- 제품의 문제점과 약점을 잘 알고 있다.
- 큰소리치는 경우가 많다.
- 신문, TV, 고발센터에 고발을 하겠다고 공갈성 협박을 하는 경우가 있다.
- 검찰청이라면서 전화 내용을 녹취하겠다는 협박성도 있다.
- 형사고발 등 법적 대응하겠다는 엄포형이 많다.

ㄴ 대응 전략
- 불만 내용을 주의 깊게 메모하면서 경청한다.
- 소비자를 존중하면서 응대한다.
- 문제 해결과 관련된 전문지식을 준비한다.
- 과거의 유사한 피해보상 사례를 수집해 검토한다.
- 문제에 대한 해당 분야 전문가의 조언을 받아 대안을 준비한다.
- 소비자에게 대안을 제시하고 협의를 구한다.
- 충분히 사과하고 이해시키고, 서로 양보하는 선에서 합의를 도출한다.

③ 화난 고객

ㄱ 심리 상태
- 전화를 걸자마자 화부터 내거나 욕설을 퍼붓는다.
- 화를 표출한 후에는 허전해 하거나 후회하는 경향이 있다.
- 문제 해결이 잘못되면 대표이사를 찾거나 매스컴에 고발하는 등 문제를 확대시키려는 경우가 많다.
- 문서 상담에서도 불쾌한 표현, 결례가 되는 어휘를 사용한다.

ㄴ 대응 전략
- 자사의 제품에 대한 불만을 토로하거나 화를 내더라도 같이 화를 내서는 안 된다.
- Yes, but 화법으로 정중히 사과하며 침착하게 대응한다.
- 화내는 이야기에 공감하면서 경청한다.
- 원인을 정확하게 분석 · 규명하고 질문과 불만을 종합적으로 분석하여 책임 소재를 파악한다.
- 긍정적 자세로 소비자를 안심시키도록 노력한다.
- 고객을 너무 오래 기다리게 하지 않는다.

④ 우유부단형 고객

ㄱ 심리 상태
- 어떻게 조치해야 할지 궁금한 상태에 있다.
- 피해보상 요구에서도 A안과 B안 중 어느 것이 유리한지에 대한 결단력이 부족하다.
- 어떤 것을 선택하는 것이 유리한지 망설인다.
- 제품이나 서비스를 구매하는 데 필요한 정보가 부족한 상태이다.

ⓛ 대응 전략
- 상담 경험적인 통계로 더 유리한 안건을 제시한다.
- 인내심을 가지고 경청한다.
- 소비자 스스로 의사결정을 하도록 돕는다.
- 문제를 분석한 후 선택에 필요한 정보를 제시한다.
- 상대방을 먼저 칭찬하면서 주의 깊게 경청한다.

03 아웃바운드 캠페인 실행하기

1. 기업 접촉 채널을 활용한 고객정보 수집

(1) 고객 정보 수집 방법의 종류

① 기존 고객 정보 수집: 기존 고객의 통합 데이터베이스 구축 시, A/S 신청 시, 컴플레인 접수 시, 서비스 문의 시 기존 고객의 정보를 수집한다.

② 신규 고객 정보 수집: 고객 카드 작성 시, 홈페이지 회원 가입 시, 박람회 등의 컨퍼런스 참석 시, 고객이 기업 이벤트에 참여 시, 프로모션 활동에 참여 시 신규 고객의 정보를 수집한다.

③ 외부 고객 정보 수집: 시장조사 시 설문지 작성, 체험단 모집, 모니터링 요원 모집 등을 통하여 외부 고객의 정보 등을 수집하며, 주로 고객 니즈 파악을 위한 마케팅조사 시 많이 활용된다.

④ 타사 고객 정보 수집: 제휴업체와의 계약 체결을 통하여 타 기업의 고객정보를 제공받아 활용할 수 있다. 단, 제휴사 고객의 경우 고객정보 활용 사전동의를 받는 것이 매우 중요한데, 이는 민원성 컴플레인으로 연결될 수 있기 때문이다.

CHECK POINT

기업이 고객의 정보를 수집할 수 있는 접촉 시점
- 고객이 회원가입 카드를 작성할 때
- 고객이 홈페이지에서 회원가입을 할 때
- 고객이 기업의 이벤트에 참여할 때
- 고객이 예약 및 구매를 위해 콜센터에 접촉할 때
- 고객의 니즈 파악을 위해 시장조사를 할 때
- 제휴사의 정보, 고객 클레임을 접수할 때
- 제품 A/S를 신청할 때
- 만족도 조사 또는 해피콜을 위해 접촉할 때

---

(2) 고객정보 항목 결정

수집하려는 고객정보는 기업의 취급 상품이나 서비스에 따라 결정한다. 예 은행은 고객 기본정보, 금융 거래정보, 소득 수준 등을 수집하고, 통신사는 고객 핸드폰 기종, 통신사, 구입 시기 등을 수집한다.

2. 캠페인의 특성

(1) 기존 고객의 경우 `중요`

① 격상 판매(Up-selling, 업셀링): 고객이 어떤 상품 또는 서비스를 구매할 때 업그레이드된 상품 또는 서비스를 권유하여 매출액을 증대시키는 판매 방법이다. 일반 고객의 이용 활성화와 휴면 고객의 이용 활성화를 목적으로 한다. `예` 쿠폰 행사를 통한 이용 활성화, 각종 부가서비스 가입, 옵션 업그레이드, 구매 상품 범주 내에서 최신 상품으로 구매 등

② 교차 판매(Cross-selling, 크로스셀링): 하나의 제품이나 서비스 제공 과정에서 고객이 자사의 다른 제품이나 서비스를 추가적으로 구매하도록 유도하는 마케팅 기법으로, 자사의 매출 증대나 고객과의 관계 강화를 위해 쓰이는 방식이다. `예` 카드 교체 또는 추가 발급, 자동차 종합보험 가입 시 운전자보험 추가 가입, 정장 구매 시 와이셔츠 또는 넥타이 추가 구매, 운동복 구매 시 다른 운동화 추가 구매 등

(2) 신규 고객의 경우

① 신규 발급과 신규 가입을 안내하는 마케팅 활동을 한다. `예` 카드 신규 발급, 각종 신규 가입 권유 활동 등

② 고객정보가 정확해야 고객 세분화가 적합하게 이루어져서 고객별 맞춤형 캠페인을 실행할 수 있다. 만약 고객정보가 정상적인 방법으로 수집되지 않았거나 고객 정확도를 신뢰할 수 없을 경우 마케팅 활동 자체의 위법 여부가 대두될 수 있으며, 불특정 다수를 향한 마케팅으로 비용 대비 성과도 기대하기 어렵다. 또한 고객의 불만을 야기할 수 있으며, 이로 인해 기업의 이미지 실추를 가져올 수도 있다.

CHECK POINT

Cold call(콜드콜)
이전에 일체의 접촉이 없었던 고객과의 첫 통화를 나타내며, 고객이 텔레마케터의 전화를 냉담하게 받는 것을 가리키는 말이다. 이런 경우에는 텔레마케터가 부드럽고 진지하게 대화를 유도함으로써 소비자의 주의를 끌어 소비자가 관심을 갖도록 해야 한다.

---

3. 고객의 특성 분석

(1) 데이터마이닝(Data mining)

① 개념: 축적된 고객 관련 데이터베이스에서 이전에 알려지지 않았으나 마케팅 활동에 활용될 수 있는 숨겨진 패턴이나 규칙을 발견하여 가능성 있는 정보를 도출해 내는 것을 의미한다.

② 과정

문제 정의 → 리스트 선별 · 정제 · 보완 → 변환 → 데이터 분석 → 해석 및 평가 → 통합

CHECK POINT

텍스트 마이닝(Text mining)
비정형 데이터인 텍스트에서 유의미한 정보를 추출하는 기술로, 뉴스 기사, 웹사이트, 리뷰 등의 방대한 양의 텍스트 데이터를 분석한다. 기업은 이를 통해 소비자의 니즈와 감정을 파악하고, 마케팅 전략이나 의사결정에 활용할 수 있다.

---

(2) 고객 가치 측정 기법

① **RFM 분석**: 고객의 성향을 분석하여 고객을 등급화하기 위한 방법이다.

② **고객생애가치(LTV; Life Time Value)**: 한 고객이 특정 기업의 상품 또는 서비스를 최초로 구매한 시점부터 마지막으로 구매할 것으로 예상되는 시점까지의 누적액의 평가 가치이다.

③ **고객 점유율** 중요: 한 고객이 소비하는 서비스나 제품군 중에서 특정 기업의 상품을 구매하는 데 이용하는 금액의 비율을 의미한다. 다른 표현으로 고객 지갑의 점유율 또는 지출 금액의 점유율이라고 할 수 있다.

④ **컨조인트 분석**: 어떠한 제품이나 서비스, 매장 등의 여러 가지 대안을 만들었을 때 소비자들의 선호도를 측정하여 소비자가 각 속성에 부여하는 상대적 중요도와 각 속성 수준의 효용을 추정하는 분석 방법이다.

(3) 데이터베이스(DB) 분석 기법 중요

① **회귀 분석**: 영향을 주는 변수와 영향을 받는 변수가 서로 선형 관계에 있다고 가정하여 이루어지는 분석 방법이다.

② **판별 분석**: 집단 간의 차이가 어떠한 변수에 의해 영향을 받는가를 분석하는 방법이다.

③ **군집 분석**: 여러 대상을 몇 개의 변수를 기초로 서로 비슷한 것끼리 묶는 분석 방법이다.

(4) 리스트 클리닝(List cleaning)

일정 기간 반응이 없는 고객리스트나 입수한 지 상당 기간이 지난 고객리스트의 데이터(주소, 이름, 전화번호 등의 고정 데이터와 변동 데이터)를 체계적으로 추리고 최신 데이터를 체크·관리하는 것이다.

(5) 리스트 스크리닝(List screening)

기존 고객리스트 중에서 판매 목적에 맞는 우량(가망) 고객만을 추출하는 것으로, 리스트 스크리닝을 통해 정확하고 정밀하게 가망 고객을 선별하고, 보다 생산적인 접근을 할 수 있다.

(6) 데이터 시트

고객들과의 통화 내용 및 상담 내용 등을 정확하게 기록하는 노트이다.

04 　인·아웃바운드 스크립트 활용

1. 인·아웃바운드 스크립트 개념

(1) 인바운드 스크립트 중요

① 인바운드 스크립트는 고객으로부터 전화가 걸려 왔을 때 고객의 다양한 니즈를 순발력 있게 해결할 수 있도록 예상 질문과 답변을 미리 작성해 놓은 대화의 대본이다.

② 고객의 문의나 질문에 정확·신속하게 대응해야 하므로 업무별 기본 스크립트에 Q&A 형태를 취하는 것이 효과적이다.

(2) 아웃바운드 스크립트

① 아웃바운드 스크립트는 고객과 접촉 이전에 전화 목적과 전달 내용을 명확히 전달하기 위해 작성해 놓은 대화의 대본이다. 완성도 있는 스크립트는 업무 성과에 좋은 영향을 미칠 수 있다.

② 기본 스크립트부터 고객 상황별 또는 고객 유형별 반론 극복 스크립트까지 다양하게 작성하여 활용할 수 있다.

(3) 스크립트의 역할과 특징

① 고객과의 실제 상담 상황을 준비할 수 있도록 대응력을 향상시킨다.

② 상담사의 상담 역량을 일정 수준 이상이 되도록 향상시킨다.

③ 고객의 상황이나 상품 및 서비스의 특징에 적합하게 수시로 수정할 수 있다.

(4) 스크립트 작성이 중요한 이유(스크립트 작성의 목적) 중요

① 상담원들이 표준화된 언어 표현과 상담 방법으로 모든 고객을 대할 수 있도록 도와줄 수 있다.

② 콜센터 내의 생산성 관리를 도와줄 수 있다.

③ 상담원들이 고객에게 전화 목적을 효율적으로 전달할 수 있으며, 논리적인 상담을 진행할 수 있다.

④ 상담원 스킬 향상에 많은 영향을 미친다.

⑤ 텔레마케팅 전문가의 경험과 지식을 활용할 수 있다.

⑥ 텔레마케터 간의 상담 능력 차이를 좁혀 일관성 있는 업무를 수행할 수 있다.

⑦ 텔레마케터의 능력을 일정 수준 이상으로 유지 · 관리할 수 있다.

(5) 스크립트 작성 시 유의 사항(4C)

- 이해하기 쉽게 작성되어야 한다(Clear).
- 간결 · 명료하게 작성되어야 한다(Concise).
- 논리적으로 설득력 있게 작성되어야 한다(Convincing).
- 회화체로 작성되어야 한다(Conversational).

2. 인 · 아웃바운드 스크립트 작성

(1) 스크립트의 구성 단계

① 인바운드 스크립트 구성

㉠ 도입부: 인사 및 자기 소개, 문의 내용 파악, 상대방 확인(고객 본인 확인, 기존 고객은 정해진 기준에 따라 확인)

㉡ 상담 진행: 문의 내용 재확인, 문의 내용 해결 및 제안, 고객 반론 시 반론 극복 또는 대안 제시

㉢ 동의 및 상담 내용 재확인: 상담 내용 재확인, 처리 내용 재확인

㉣ 종결부: 추가 문의 내용 확인, 감사 인사 및 끝인사(자기소개와 인사말)

② 아웃바운드 스크립트 구성

㉠ 도입부: 첫인사 및 자기소개, 상대방 확인 및 의사결정권자 확인(본인 여부 확인), 전화 용건 전달 및 통화 가능 여부 확인, 본인 고객 부재 시 대응

       ⓛ 상담 진행: 니즈 파악을 위한 탐색 질문, 상품 서비스 제안, 고객 반론 제기 시 반론 극복 또는 대
         안 제시

       ⓒ 종결부: 고객 의사결정 재확인 및 내용 재확인, 이용활성화 요청, 마무리 및 끝인사(자기소개와 인
         사말)

       ⓔ 데이터베이스 정리

(2) 인바운드 스크립트 작성과 아웃바운드 스크립트 작성의 공통점

    ① 첫인사와 자기소개를 한다.

    ② 고객 확인을 한다.

    ③ 상담을 한 뒤, 동의와 확인 작업을 거친다.

    ④ 상담 종료 시 소속과 성명을 밝히고 감사 표현을 한다.

(3) 스크립트 작성 방법의 유형

    ① **차트식**: '예/아니오'에 따라 다음 질문이나 설명이 뒤따르도록 작성하는 방식이다.

    ② **회화식**: 상대방과 대화하면서 말의 흐름에 맞추어 그대로 작성하는 방식이다.

    ③ **혼합식**: 차트식과 회화식을 혼합하여 작성하는 방식이다.

CHECK POINT

스크립트의 4단계

도입 → 상담 진행 → 마무리 및 감사 → 데이터베이스 정리

---

3. 인 · 아웃바운드 스크립트 활용

(1) 역할연기(롤플레잉, Role-playing)

    ① 개념: 고객과 상담사로 각자의 역할을 정해 스크립트를 활용하여 실전 연습을 하는 것이다.

    ② 실시 순서

        상황 설정 → 역할연기 대상자 선정 → 배역 지정 → 역할연기 실시 → 역할 내용 검토 및 평가 → 스크립트 수
        정 → 반복 훈련 및 효과 체크

    ③ 역할연기 시 고려 사항

       ⓐ 역할연기 시 서로 배역을 바꾸어서 반복적으로 실시한다.

       ⓑ 녹음을 활용하여 역할연기가 진행되는 과정을 재확인하고, 부족한 부분을 향상시키기 위해 노력해
         야 한다.

       ⓒ 1:1 방식 또는 관찰자를 포함한 1:1:1의 방식으로 실시하는 것이 효과적이다.

       ⓓ 스크립트 내용을 적절하게 수정하여 반복한다.

(2) 역할연기를 통한 인·아웃바운드 스크립트의 활용 **중요**

① 역할연기(Role-playing)는 고객과의 실제 상황을 가정하고 연습을 하는 과정으로 스크립트를 보면서 진행된다.

② 역할연기를 통해 스크립트를 명확하게 이해하고 활용할 수 있으며, 고객 응대 시 높은 수준의 상담 능력을 발휘할 수 있다.

③ 역할연기 시 고객 역할의 대상자는 상담 시 부족한 부분을 고객 입장에서 피드백해 주는 중요한 역할을 한다.

④ 고객 입장에서의 피드백을 통해 고객 중심의 서비스 품질 향상을 달성할 수 있다.

⑤ 고객 역할 대상자가 피드백해야 하는 항목

첫인사	• 첫인사에 밝은 미소가 담겨 있으며 호감이 느껴지는가? • 자기소개 시 신뢰감이 가도록 이름이 명확하게 들리는가?
음성품질	• 상담 전반적으로 미소가 느껴지는가? • 전체적인 목소리 속도가 적절한가? • 전체적인 상담 내용이 명확하게 들리는 정확한 발음인가?
경청 능력	• 고객을 진심으로 존중하고 있다는 느낌이 드는가? • 고객 말을 중간에 자르거나 고객 말과 겹쳐 말하지 않아서 고객이 의견을 충분히 말할 수 있는가? • 고객 말에 호응어를 적절히 사용하는 등의 배려하는 마음이 느껴지는가?
언어표현	• 말투에 정중함이 느껴지는가? • 알아듣기 쉬운 표현을 사용하는가?
마무리	• 끝인사는 정성이 느껴지는가? • 이름이 명확하게 들리는가?

4. 고객 상황과 유형에 따른 반론 극복

(1) 상황별 반론 극복

① 고객과 상담 시 고객의 돌발 질문이나 상담사의 제안 내용에 대한 고객의 거부 의사의 표현을 반론이라고 하며, 고객이 상황을 만들어 제기하는 것을 상황별 반론이라고 한다.

② 고객의 상황별 반론을 잘 극복하여 고객을 설득하는 과정을 상황별 반론 극복이라고 한다.

③ 고객의 상황별 반론에는 "좀 더 생각해 보고 결정할게요.", "이미 다 가입했어요.", "아내와 의논해야 해요.", "돈 내는 거면 안 할래요." 등이 있다.

(2) 유형별 반론 극복

① 고객의 성향이나 연령대에 따른 반론 극복을 말한다.

② 똑같은 반론이라도 연령대에 따라 반론 극복 내용이 다르게 적용되어야 하며, 고객 성향에 따라서도 상담 내용이 달라야 한다. 예를 들어 고객이 "다음에 할게요."라고 똑같이 답변하더라도 고객이 20~30대일 경우와 40~50대일 경우의 상담 내용이 달라야 한다.

CHECK POINT

아웃바운드 업무 처리의 순서

도입 → 니즈 탐색 → 가치 설득 → 반론 극복 → 종결 → 사후 관리

실제 기출문제를 토대로, 출제될만한 내용을 분석하여 출제예상문제를 수록하였습니다. 실제 시험이라 생각하고 연습해 보세요. 답안을 영어 단어로 쓸 경우 철자를 정확하게 써야 하는 것도 잊지 마세요!

01 인바운드 마케팅의 개념을 설명하시오.

02 인바운드 채널의 종류 중 독립적으로 이용되기보다 다른 채널의 마케팅을 접한 고객이 기업에 접촉하는 수단으로 이용되는 경우가 더 많은 채널은 무엇인지 쓰시오.

03 인바운드 채널의 종류를 세 가지 이상 쓰시오.

04 스마트폰의 대중화로 가장 크게 성장한 인바운드 채널은 무엇이고, 그 채널에서 필요로 하는 점은 무엇인지 쓰시오.

05 인하우스 텔레마케팅(In-house telemarketing)이 무엇인지 간단하게 설명하시오.

06 Cross-selling(교차 판매)의 의미는 무엇인지 쓰시오.

정답★해설

01 인바운드 마케팅은 인바운드 텔레마케팅을 포함하여 고객이 필요에 의해 기업에 주도적으로 먼저 접근하도록 유도하는 마케팅이다.

02 전화(TM)

03 전화(TM), 방송(TV·CATV·위성), 인터넷(EC), 양방향 텔레비전(TC), 모바일(MC) 등

04 모바일(MC; Mobile Commerce)은 스마트폰의 대중화로 가장 크게 성장한 채널이며, 소비자 보호를 위한 법제의 보완을 필요로 한다.

05 기업 내에 콜센터 설비를 직접 구축하고, 필요한 인원을 배치하여 기업의 모든 텔레마케팅 활동을 계획하고 실행하는 방법이다.

06 하나의 제품이나 서비스 제공 과정에서 고객이 자사의 다른 제품이나 서비스를 추가적으로 구매하도록 유도하는 마케팅 기법으로, 자사의 매출 증대나 고객에 대한 관계를 강화하기 위해 쓰이는 방식이다.

07 고객의 행동 유형별 특징에서 호기심 많은 유형의 일반적인 행동 경향을 세 가지 이상 쓰시오.

08 사람 지향적이고 사람들과의 교류하는 것을 원하는 고객 유형에 대한 대응 전략을 네 가지 이상 쓰시오.

09 고객 카드 작성 시, 홈페이지 회원 가입 시, 박람회 등의 컨퍼런스 참석 시, 고객의 기업 이벤트 참여 시, 프로모션 활동 참여 시 고객정보를 수집하는 것은 어떤 고객의 정보를 수집하는 것인지 쓰시오.

10 기업 접촉 채널을 활용한 고객정보 수집에서 기존 고객의 정보 수집 방법을 네 가지 쓰시오.

11 기존 고객을 대상으로 하는 캠페인 특성 중 격상 판매의 예를 두 가지 이상 쓰시오.

---

12 빈칸에 들어갈 알맞은 말을 쓰시오. (※ 답안의 순서는 상관없음)

> 데이터마이닝 시 또는 데이터 분석이 필요한 경우 활용할 수 있는 데이터베이스 분석 방법으로는 (   ),
> (   ), (   ), (   ) 등이 있다.

정답★해설

07 • 자신의 감정 표현이 거의 없다.
• 대면이나 전화 같은 직접적인 접촉보다는 메신저, 우편, 이메일 같은 매체를 통한 간접적 교류를 선호한다.
• 이름보다는 직업과 관련된 상징적인 칭호를 선호한다.
• 업무 처리와 관련 있는 질문을 구체적으로 하는 편이다.
• 질문에 대한 명확한 답을 얻고자 하는 경우 긴 대화를 필요로 한다.
• 자신의 주장을 관철시키기 위해 날짜, 시간, 객관적 사실 정보를 많이 언급한다.
• 시간 약속을 매우 중요하게 생각한다.

08 • 고객의 감정에 호소한다.
• 의사결정을 촉진할 혜택을 제공한다.
• 제품의 세부사항은 최소한으로 제공한다.
• 고객의 이야기를 듣고 자신의 이야기를 재미있게 한다.
• 고객의 욕구가 선호되고 받아들여지는 것에 초점을 맞춘다.

• 고객의 생각을 인정하고 긍정적인 피드백을 한다.
• 고객의 관계에 대한 영향이라는 관점에서 해결책과 제안 내용을 설명한다.
• 고객에게 개방형 질문으로 친숙하게 접근한다. 예 "이 제품이나 서비스를 어떤 면에서 좋아하시는지요?"

09 신규 고객

10 • 기존 고객의 통합 데이터베이스를 구축할 때
• 고객이 A/S를 신청할 때
• 고객이 컴플레인을 접수할 때
• 고객이 서비스를 문의할 때

11 • 쿠폰 행사를 통한 이용 활성화
• 각종 부가서비스의 가입
• 옵션의 업그레이드
• 구매 상품 범주 내에서 최신 상품을 구매

12 회귀 분석, 판별 분석, 군집 분석, 컨조인트 분석

13 다음은 고객의 특성을 분석할 수 있는 데이터마이닝 과정이다. 빈칸 A와 B에 들어갈 내용을 〈보기〉에서 찾아 쓰시오.

문제 정의 → (A) → 변환 → (B) → 해석 및 평가 → 통합

〈보기〉
리스트 선별 · 정제 · 보완   데이터 분석

14 데이터베이스 분석 기법 중 '영향을 주는 변수와 영향을 받는 변수가 서로 선형 관계에 있다고 가정하여 이루어지는 분석 방법'은 무엇인지 쓰시오.

15 리스트 클리닝(List cleaning)의 정의를 쓰시오.

16 스크립트의 역할을 두 가지 쓰시오.

17 보유하고 있는 기존의 고객 리스트 중에서 우량 고객만을 추출해 내는 방법을 무엇이라고 하는지 쓰시오.

---

18 인바운드 스크립트 작성과 아웃바운드 스크립트 작성의 공통점을 세 가지 쓰시오.

정답★해설

13 A: 리스트 선별 · 정제 · 보완, B: 데이터 분석

14 회귀 분석

15 일정 기간 반응이 없는 고객리스트나 입수한 지 상당 기간이 지난 고객리스트의 데이터를 체계적으로 추리고 최신 데이터로 업데이트하는 것이다.

16 • 고객과의 실제 상담 상황을 준비할 수 있도록 대응력을 향상시킨다.
　　• 상담사의 상담 역량을 일정 수준 이상이 되도록 향상시킨다.

17 리스트 스크리닝(List screening)

18 • 첫인사와 자기소개를 한다.
　　• 고객을 확인한다.
　　• 상담을 한 뒤 동의와 확인 작업을 거친다.
　　• 상담 종료 시, 소속과 성명을 밝히고 감사 표현을 한다.

19 역할연기 시 고객 역할의 대상자가 다음 내용과 같이 상담사에게 피드백해야 하는 항목은 무엇인지 〈보기〉에서 골라 쓰시오.

- 고객을 진심으로 존중하고 있다는 느낌이 드는가?
- 고객 말을 중간에 자르거나 고객 말과 겹쳐 말하지 않아서 고객이 의견을 충분히 말할 수 있는가?
- 고객 말에 호응어를 적절히 사용하는 등의 배려하는 마음이 느껴지는가?

〈보기〉

첫인사   음성품질   경청 능력   언어표현   마무리

---

20 작성된 스크립트를 바탕으로 고객과 상담사로 각자의 역할을 정해 실전 연습을 하는 것을 무엇이라고 하는지 쓰시오.

정답★해설

19 경청 능력	**20** 역할연기(Role-playing)

통신판매 시스템 운용

☑ **출제 Keyword**
- 대량콜 처리시스템
- 콜센터의 역할
- CTI
- 다이얼러 시스템
- 콜센터의 구성
- 고객 데이터베이스(DB)의 분배

01   인바운드 시스템 활용하기

1. 대량콜 처리시스템의 개념과 용도

(1) 대량콜 처리시스템의 개념

① 많은 지역에서 많은 수의 사람과 전화통화를 해야 하는 상황에 있는 적정 규모 이상의 기업에서 필요한 시스템이다.

② 이 시스템을 통해 방대한 내용의 의사소통을 많은 고객과 신속하게 진행하여 일을 처리할 수 있다.

(2) 대량콜 처리시스템의 용도

① **저비용 고효율의 의사소통시스템**: 기업에서 다수의 고객과 효율적인 양방향 의사소통을 해야 할 경우에 사용한다. 많은 수의 고객과 효율적으로 소통하기 위해서는 방대한 고객데이터를 기준으로 필요한 정보를 찾아내야 하며, 이를 통해 고객 만족을 극대화할 수 있다.

② **생산성 증대**: 자동화시스템을 통해 기업이 고객에게 다량의 정보를 신속·정확하게 전달할 수 있고, 고객도 자신의 의견을 기업에 전달하거나 문의할 수 있다.

2. CTI(컴퓨터통신통합체계)

(1) CTI의 개념 중요

① CTI(Computer Telephony Integration)는 컴퓨터와 전화를 통합한 시스템으로, 인바운드 전화의 분류·처리·관리 등의 기능을 컴퓨터를 통해 이뤄지게 한다.

② 콜센터 상담원은 전화를 건 고객의 모든 정보를 실시간으로 볼 수 있으며, 이를 통해 통화시간을 단축하고 정보를 열람하여 실시간 고객 응대도 가능하게 한다.

(2) CTI 콜 시스템

① 보유한 DB를 활용하여 고객에게 각종 편의를 제공하고 기업의 업무 효율화를 증대시키기 위하여 도입되는 시스템으로 평균 통화 시간, 통화 포기율, 서비스 레벨, 콜 대기시간 등을 측정할 수 있다.

② 관련 용어 **중요**

ⓐ 대기 호(Queue): 고객 센터에 먼저 인입된 콜을 우선 처리함에 따라 대기하고 있는 콜의 상태이다.

ⓑ 포기 호(Abandoned call): 회선 수 부족으로 인해 상담원이 응답하기 전에 고객이 전화를 기다리다 끊는 것이다.

ⓒ 통화 포기율(Abandon rate): 포기 호가 차지하는 비율이다.

ⓓ 고객 콜 대기시간(Queue time): 고객이 상담원과 연결되기까지 기다린 시간이다.

ⓔ 서비스 레벨(Service level)

- 고객 센터 내에 인입된 콜 중에서 정해진 시간 내에 받아서 처리한 달성 내용을 백분율로 나타낸 것이다.
- 구하는 공식: (Y초 내 응답 콜 수+Y초 내 포기 콜 수)/(응답 콜 수+포기 콜 수)

ⓕ 평균 마무리처리시간(Wrap-up): 상담원이 고객과의 통화를 마친 후 일을 마무리처리하는 데 필요한 시간이다.

(3) CTI 시스템 기능

① IVR(Interactive Voice Response): 외부에서 전화가 걸려 오면 자동으로 응답하고 서비스를 시작하는 기능이다. 이는 고객 전화 중에서 단순한 문의 등은 ARS 등으로 해결하는 시스템으로, 상담원의 업무 효율성을 높여준다.

② ACD(Auto Call Distributor): 인입된 고객의 전화를 현재 시점에서 전화를 받고 있지 않는 상담원에게 순차적으로 자동 분배해 주는 기능이다.

③ ANI(Automatic Number Identification): 외부에서 걸려 온 전화번호를 추적하는 기능이다.

④ VMS(Voice Mail Service): 전화가 폭주하여 상담원이 직접 처리를 할 수 없을 때 메시지 접수를 받는 기능이다.

3. 콜로드 예측

(1) 콜로드(Call load) 예측의 개요

① 콜로드(Call load)는 콜 처리량을 뜻한다. 콜로드를 예측함으로써 향후 발생하는 자원의 투입 문제를 해결할 수 있고, 이를 통해 좀 더 정확하게 자원을 배분할 수 있다.

② 콜로드 예측에는 과거 데이터가 필요한데 이 데이터에는 과거에 얼마나 많은 인바운드 업무를 받았었고 그것들을 처리하는 데 얼마나 걸렸는지 등의 내용이 포함된다.

(2) 콜로드 예측 시 필요한 네 가지 주요 수치

① **통화시간**: 첫인사부터 마지막 인사까지 모든 통화가 수행되는 데 걸리는 시간이다.

② 마무리시간(통화 후 업무시간): 상담사가 통화를 종료하며 고객에게 마지막 인사를 한 후 업무를 완료하기 위해 쓰는 시간이다.

③ 평균 처리시간: 평균 통화시간과 평균 마무리시간의 합이다.

④ 통화 업무량: 주어진 시간 동안의 인입콜량에 평균 처리시간을 곱하는 것이다. 콜량과 평균 처리시간 수치를 각각 추정하더라도 예측을 위해서는 궁극적으로 두 수치들을 같이 사용해야 한다.

(3) 콜량 예측

① 점 추정법: 예측의 가장 단순한 접근법으로서, 과거의 데이터를 현재의 데이터로 그대로 복사해서 쓰는 방법이다. 점 추정 방식은 콜센터 예측에서 거의 쓰이지 않는다.

② 평균접근법: 점 추정법에서 발전된 방식으로, 하나의 데이터가 아닌 여러 개의 데이터를 사용하므로 잘못된 예측 방향의 가능성을 줄일 수 있다.

③ 회귀 분석: 미래의 콜량이 이벤트 혹은 과거의 어떠한 변수에 영향을 받는 경우에 진행하는 예측 방법으로, 회귀 분석은 독립 변수와 종속 변수 간의 숫자적인 관계를 찾아내는 방식이다.

④ 시계열 분석: 계절요인과 월마다 발생하는 트렌드(Trend)를 반영하여 콜센터 예측에 가장 정확하게 접근하는 방식이다. 대부분의 콜센터와 서비스에 제공하며 예측 모델의 기초가 되면서, 가장 폭넓게 사용하는 분석 방식이다.

02 아웃바운드 시스템 활용하기

1. 아웃바운드 처리시스템의 개요 [중요]

(1) 다이얼러 시스템(Dialer system)의 개념

① 다이얼러 시스템은 아웃바운드 콜센터에서 고객에게 전화를 걸어야 하는 상황에서 시간을 절약하고 정확성을 기하기 위해 사용하는 시스템이다. 이 시스템은 다음의 세 가지 종류를 모두 사용한다.

② 다이얼러 시스템의 종류

　㉠ Preview dialing: 상담사가 전화를 연결할 고객리스트를 화면 정렬한 후에 해당 전화번호의 콜번호만 누르면 자동으로 전화가 연결되는 기능이다.

　㉡ Progressive dialing: 자동연결 다이얼링이라고도 하며, 고객과의 통화가 종료된 이후에 통화 내용에 대한 후처리과정의 평균시간을 미리 입력하여 그 시간이 지난 후에는 자동으로 다음 고객에게 다이얼링을 하도록 하는 시스템이다. 상담사의 후처리작업이 완료된 동시에 다음 고객과 연결되므로 시간이 낭비되는 것을 줄여 준다.

　㉢ Predictive dialing: 가장 발전된 다이얼러시스템으로 예측기능과 콜탐지기능을 포함한다. 상담원이 통화를 하는 동안에도 시스템이 통계를 바탕으로 상담원의 통화가 끝나는 시기, 연결 가능한 콜 수 등을 예측하여 통화가 끝나면 자동으로 다음 콜을 연결한다.

(2) 다이얼러 시스템의 용도

① 자동화된 시스템을 통해 전화연결시간을 최대한 절약할 수 있다. 또한, 아웃바운드 콜센터의 다섯 가지 핵심 요소(통화시간, 후처리시간, 대기시간, 무효통화의 수, 포기통화의 수)를 최소화할 수 있다.

② 아웃바운드 콜센터 슈퍼바이저의 캠페인 전략 수립 및 실행을 지원한다.

③ 상담원들의 성과데이터 역시 자료데이터로 지원하고 있으므로 이를 통해 개선활동도 수행할 수 있다.

2. 아웃바운드 시스템을 활용한 데이터베이스(DB) 분배

(1) 고객 데이터베이스(DB)의 분배 `중요`

① 아웃바운드 텔레마케팅에서는 고객정보를 데이터베이스화하여 저장한 내용을 아웃바운드 상담사에게 분배하여 상담 전화를 걸도록 한다.

② 고객 데이터베이스는 고객의 신상정보 및 각종 이력 내역을 정리한 것으로 해당 고객과 관련된 모든 정보를 정리한 것이다.

③ 데이터베이스 분배는 아웃바운드 상담사에게 데이터베이스를 적절히 분배하여 아웃바운드의 성공 확률을 최대화하는 것이 최대 목적이다.

④ 데이터베이스 분배는 자동화시스템을 이용하여 아웃바운드 상담사의 경력, 스킬, 전문 분야 등에 따라 데이터베이스를 분배하여 상담할 수 있도록 진행된다.

⑤ 데이터베이스 분배 자동화시스템은 회사에서 보유한 다양한 채널에서 각각의 고객과 접촉하여 얻어진 각종 데이터 및 정보를 토대로 가동된다.

⑥ 데이터 및 정보는 최상으로 가공된 후에 최종적으로 아웃바운드 텔레마케팅을 통하여 고객에게 캠페인 또는 판촉 내용을 제안하거나 새로운 정보를 제공한다.

CHECK POINT

데이터를 활용한 아웃바운드 텔레마케팅 순서

고객 데이터 수집 · 분석 → 통화 준비 및 통화 시도 → 고객과의 통화 → 관련 데이터 처리 → 종료

---

(2) 데이터베이스 분배를 위한 시스템 장비 용어 `중요`

구분	장비명	개념
주요 장비	ACD (Automatic Call Distributor)	• 특정 상담사에게 집중되는 콜을 분배하여 상담사가 균등하게 업무를 처리할 수 있음 • 인입된 고객의 전화를 현재 시점에서 전화를 받고 있지 않는 상담원에게 순차적으로 자동 분배해 주는 기능
	CTI (Computer Telephony Integration)	• 전화의 통신기능과 컴퓨터의 지능화된 기능을 통합하여 다양한 통신서비스를 제공함 • 컴퓨터와 전화를 통합시켜 기존의 분리된 전화 업무와 컴퓨터 업무를 하나로 처리할 수 있게 구성된 지능형 통합전산기술
	IVR (Interactive Voice Response)	• 외부에서 전화가 걸려 오면 고객번호 또는 주민등록번호와 비밀번호를 요구하여 번호가 체크되면 호스트에서 해당 자료를 검색하고 ACD 기능에서 지정한 상담사에게 전송함 • 외부에서 전화가 걸려 오면 자동으로 응답하고 서비스를 시작하는 기능

	ANI (Automatic Number Identification)	• 전화를 건 사람의 전화번호를 수신자 측에 나타내 주는 장치 • 외부에서 걸려 온 전화번호를 추적하는 기능
기타 장비	ARS (Automatic Response Service)	외부에서 전화가 걸려 오면 자동으로 응답하는 기능
	VMS (Voice Mail System)	• 일정한 음성사서함을 미리 설정해 놓고 그 함에 음성을 녹음, 축척, 전송, 재생하는 기능 • 전화가 폭주하여 상담원이 직접 처리를 할 수 없을 때 메시지 접수를 받는 기능
	Transfer	상담원이 다른 상담원에게 콜을 전환할 때 통화 내용을 함께 전환하는 기능
	Call back	상담원이 고객에게 다시 전화하는 것
	Conference	상담원이 다른 상담원과 동시에 고객 상담을 원할 경우 3자 통화를 하는 기능
	Notification message	음성 메시지, 팩스 메시지, 이메일 등의 메시지가 도착하면 해당 상담원에게 통보하는 기능
	Visual call control	컴퓨터에서 마우스 조작으로 전화기를 제어하는 기능
	ACS (Auto Call Service)	컴퓨터가 자동으로 전화를 걸어 주는 기능
	녹취 서비스	통화하는 내용을 녹음하는 서비스
	예상대기시간 안내	고객이 서비스 상담을 위해 대기하는 예상시간을 안내하는 기능
	콜 블렌딩 (Call blending)	상담사가 담당 업무 외에 다른 업무도 조화롭게 진행하는 경우 예 아웃바운드 상담사가 인바운드의 업무를 지원해 주는 경우

03 콜센터

1. 콜센터 운용

(1) 콜센터의 역할

① 신규 고객을 확보한다.

② 기존 고객을 활성화한다.

③ 고객정보를 획득하고 시장조사 기능을 수행한다.

④ 기업 이미지를 제고시킨다.

⑤ 전화, 우편, 이메일 등 다양한 커뮤니케이션 채널을 이용하여 마케팅을 전개한다.

⑥ 고객정보를 축적하여 고객 맞춤형 서비스를 제공한다.

(2) 신규 콜센터 구축 시 고려사항

① 텔레마케팅의 목적과 목표

② 콜센터의 입지

③ 텔레 커뮤니케이션 기기의 적합성 및 운영 능력

④ 데이터베이스(DB) 구축 및 관리 능력

(3) 콜센터 운영 시 고려 사항

① 주요 대상 고객의 데이터 확보와 관리 방안

② 직원 채용 방법과 관리 방안 마련

③ 콜센터 운영에 따른 지속적 비용 관리

④ 콜센터 성과 관리 방안 마련

(4) Erlang C

① 1900년대 네덜란드 수학자 얼랑(Erlang)이 개발한 확률통계 모형으로, 고객이 서비스를 받기 위해 대기할 것으로 예측되는 평균 대기시간 또는 평균 대기자 수를 수학적으로 계산하고, 필요한 상담원 수를 계산할 때 많이 사용되는 방법이다.

② 상담원 수를 계산할 때 Erlang C에서 필요한 변수 `중요`

㉠ 평균 통화시간(ATT)

㉡ 평균 마무리시간

㉢ 예상 인입콜 수

㉣ 목표 서비스 레벨

(5) 콜센터 인력 산정 시 고려할 결손율(RSF)

① **결손율(RSF)**: 목표 서비스 레벨과 응답시간을 얻기 위해 필요한 기본 인력 이상으로 일정 동안 필요한 최소의 인력을 산출하는 지수로, 이직률, 휴가율(스케줄 준수율)이 포함된다.

② **결손율 계산 시 고려할 사항**: 갑작스러운 이직, 결근, 휴가, 휴식, 회의, 교육, 상담 외 잡무 시간 등이 있다.

2. 콜센터의 구성

(1) 텔레마케터(Telemarketer)

① 텔레마케팅의 실무자로서 고객 관리 및 고객 유치에 관련되는 일련의 고객 상담 업무를 수행한다.

② 고객과의 커뮤니케이션을 직접 수행하는 고객 관리 요원이다.

(2) 유니트 리더(Unit leader)

① 텔레마케터 10여 명 정도 소단위의 리더로서 업무를 수행한다.

② 일반 텔레마케터와 함께 고객 상담 업무를 수행한다.

③ 텔레마케터를 교육 및 모니터링하며 결과를 보고한다.

(3) 슈퍼바이저(Supervisor)

① 모니터링을 통해 텔레마케터의 성과를 분석한다.

② 텔레마케터의 능력 계발 요소를 분석한다.

③ 텔레마케터의 스케줄을 관리한다.

④ 텔레마케팅 스크립트를 작성 및 개선한다.

⑤ 현장에서 텔레마케터들을 교육 및 코칭한다.

(4) 매니저(Manager)

① 인터뷰와 상담, 인원 조정, 실적 등 텔레마케터를 관리한다.

② 고객리스트를 수집 및 평가한다.

③ 마케팅 목표 일정을 관리한다.

④ 마케팅 예산을 수립 및 관리한다.

(5) 코디네이터(Coordinator)

① 여러 프로젝트에 대하여 상담, 견적서 또는 제안서 제출부터 결과 보고까지 총괄적인 역할을 수행한다.

② 각 프로젝트의 업무 일정, 인원 실적 등의 사항을 조정하고, 프로젝트와 관련되는 고객과의 커뮤니케이션 및 업무를 조율한다.

CHECK POINT

콜센터 상담원이 재택근무를 할 경우의 장점
- 우수 직원을 유인하고 유지할 수 있다.
- 기상 악화 등으로 인한 위험 요소를 감소시킨다.
- 설비 비용을 절약할 수 있다.

CHECK POINT

콜센터 업무가 많아져 인력이 부족할 때 대처 방안
아웃바운드 · 인바운드 인원 조정, 초과 근무 확대, 시간제 근무 활용, 휴가 및 휴일 근무, 임시직의 활용 등

실제 기출문제를 토대로, 출제될만한 내용을 분석하여 출제예상문제를 수록하였습니다. 실제 시험이라 생각하고 연습해 보세요. 답안을 영어 단어로 쓸 경우 철자를 정확하게 써야 하는 것도 잊지 마세요!

01 회선 수 부족으로 인해 상담원이 응답하기 전에 고객이 전화를 기다리다 끊는 경우의 콜을 무엇이라고 하는지 쓰시오.

02 인입된 고객의 전화를 현재 시점에서 전화를 받고 있지 않은 상담원에게 순차적으로 자동 분배해 주는 기능을 무엇이라고 하는지 쓰시오.

03 고객 센터에 먼저 인입된 콜을 우선 처리함에 따라 대기하고 있는 콜의 상태를 무엇이라고 하는지 쓰시오.

04 콜센터 상담원이 전화를 건 고객의 모든 정보를 실시간으로 볼 수 있으며, 이를 통해 통화시간을 단축하고 정보를 열람하여 실시간 고객 응대도 가능한 시스템은 무엇인지 쓰시오.

05 다음 설명과 관련 있는 용어는 무엇인지 쓰시오.

> • 전화를 건 사람의 전화번호를 수신자 측에 나타내 주는 장치
> • 외부에서 걸려 온 전화번호를 추적하는 기능

06 텔레마케터의 성과 분석, 텔레마케터의 스케줄 관리, 스크립트 작성 및 개선 등 콜센터 내에서 가장 중추적인 역할을 담당하는 포지션은 무엇인지 쓰시오.

정답★해설

01 포기 호(Abandoned call)

02 ACD(자동 호 분배 시스템, Automatic Call Distributor)

03 대기 호(Queue)

04 CTI 시스템

05 ANI(Automatic Number Identification)

06 슈퍼바이저(Supervisor)

07 콜로드 예측 시 필요한 네 가지 주요 수치를 쓰시오.

08 콜량 예측 시 다음 내용에서 설명하는 예측 방법은 무엇인지 쓰시오.

> • 미래의 콜량이 이벤트나 과거의 어떤 변수에 영향을 받을 경우에 진행하는 예측 방법
> • 독립 변수와 종속 변수 간의 숫자적인 관계를 찾아내는 방식

09 다음 빈칸 A~C에 들어갈 알맞은 말을 〈보기〉에서 찾아 쓰시오.

> 다이얼러 시스템은 (A) 콜센터에서 기업의 마케팅 등의 필요로 고객에게 전화를 걸어야 하는 상황이기 때문에 (B) 및 (C)을/를 위해 사용되는 시스템이다.

─〈보기〉─
아웃바운드   정확성   시간 절약   인바운드   다양성

10 다이얼러 시스템의 세 종류에 대해 간략하게 설명하시오.

11 다이얼러 시스템 중 상담원 통화가 끝나는 시간을 예측하여 고객에게 전화를 걸어서 응답된 고객만을 연결시켜 주는 것은 무엇인지 쓰시오.

12 신규 콜센터 구축 시 고려사항을 세 가지 쓰시오.

정답★해설

07 • 통화시간: 첫인사부터 마지막 인사까지 모든 통화가 수행되는 데 걸리는 시간을 말한다.
• 마무리시간(통화 후 업무시간): 통화 완료 후에 상담사가 고객에게 마지막 인사를 한 후 업무를 완료하기 위해 쓴 시간이다.
• 평균 처리시간: 평균 통화시간과 평균 마무리시간의 합이다.
• 통화 업무량: 주어진 시간 동안의 인입콜량에 평균 처리시간을 곱하는 것이다.

08 회귀 분석

09 A: 아웃바운드, B: 시간 절약, C: 정확성(B와 C는 답안 순서 상관없음)

10 • Preview dialing: 상담사가 전화를 걸 고객리스트를 정렬한 후에 해당 전화번호의 콜번호만 누르면 자동으로 전화가 되는 기능이다.
• Progressive dialing: 후처리과정의 평균시간을 미리 입력하여 그 시간이 지난 후에는 자동으로 다음 고객에게 다이얼링을 하는 기능이다. 상담사의 후처리작업이 완료된 동시에 다음 고객과 연결되므로 시간이 낭비되는 것을 줄여 준다.
• Predictive dialing: 상담원이 통화를 하는 동안에도 시스템이 통계를 바탕으로 상담원의 통화가 끝나는 시기, 연결 가능한 콜 수 등을 예측하여 통화가 끝나면 자동으로 다음 콜을 연결하는 기능이다.

11 Predictive dialing

12 • 텔레마케팅의 목적과 목표
• 콜센터의 입지
• 텔레 커뮤니케이션 기기의 적합성 및 운영 능력
• 데이터베이스 구축 및 관리 능력

13 외부에서 전화가 걸려왔을 때 자동으로 응답하는 기능은 무엇인지 쓰시오.

14 상담사가 담당 업무 외에 다른 업무도 조화롭게 진행하는 경우, 예를 들어 인바운드와 아웃바운드의 작업이 조화를 이루도록 하는 것은 무엇인지 쓰시오.

15 텔레마케팅에서 서비스 레벨(Service level)의 의미는 무엇인지 쓰시오.

16 고객 센터에서 측정하는 지표 중 하나인 평균 마무리처리시간이란 무엇인지 쓰시오.

정답★해설

13 ARS(Automatic Response Service)

14 콜 블렌딩(Call blending)

15 고객 센터 내에 인입된 콜 중에서 정해진 시간 내에 받아서 처리한 달성 내용을 백분율로 나타낸 것이다.

16 상담원이 고객과의 통화를 마친 후 일을 마무리처리하는 데 필요한 평균적인 시간이다.

제**3**장 통신판매 고객관계 관리

☑ **출제 Keyword**

- CRM
- VOC 관리시스템
- 고객의 소리(VOC)
- 우수 고객 관리하기
- RFM 지수
- 고객 충성도
- 1차 자료와 2차 자료
- 자료 수집 방법

01 고객관계 관리

1. CRM(고객관계 관리, Customer Relationship Management)

(1) CRM의 의의

① 고객과의 관계 형성 · 유지 · 강화를 목적으로 하는 기업의 마케팅 활동을 의미한다.

② 고객 데이터와 정보를 분석 · 통합하여 개별 고객의 특성에 기초한 마케팅 활동을 계획하고 지원하여 평가하는 과정이다.

③ 고객정보를 수집하고 수집 · 분석한 후 효과적으로 활용함으로써 고객을 적극적으로 획득 및 유지하여 고객의 가치를 극대화하기 위한 과정이다.

④ 시장 점유율보다 고객 점유율에, 고객 획득보다 고객 유지에, 제품 판매보다 고객과의 관계에 중점을 둔다.

⑤ 고객 중심의 데이터베이스를 구축하고 고객의 구매 내역, 제품에 대한 평가 및 만족도 등을 분석하고 고객을 세분화하여 각각의 고객 유형에 맞는 마케팅 전략을 수립할 수 있다.

(2) CRM의 목적 중요

① 신규 고객 확보 및 기존 고객 유지를 통해 고객 수를 증대시키고 고객 이탈을 방지한다.

② 고객 가치를 증진하여 매출 및 고객 충성도를 향상시킨다.

③ 고객 운영 비용을 효율화하여 비용을 절감한다.

④ 고객 유지 비용의 최적화를 통하여 기업의 수익을 극대화한다.

(3) CRM의 특징 중요

① 고객과의 관계를 관리하는 데에 초점을 맞추는 고객 지향적, 고객 중심적인 마케팅 전략이다.

② 장기적으로 고객과의 관계를 유지함으로써 지속적인 기업의 이윤을 추구한다.

③ 기업과 고객 사이의 신뢰를 쌓고 고객과 평생 동안 거래를 하고자 한다.

④ 고객 맞춤형 마케팅 전략을 구사할 수 있다.

⑤ 고객의 요구사항을 자세히 파악할 수 있고 더욱 능동적으로 대처할 수 있다.

(4) CRM을 통해 기업이 얻는 긍정적인 효과 중요

① 고객 서비스 프로세스를 개선할 수 있다.

② 고객 DB를 적극적으로 활용할 수 있다.

③ 고객 이탈을 방지하여 장기적인 수익성 확보를 통해 이익을 증가시킬 수 있다.

④ 고객을 효율적으로 관리하여 운영비를 절감할 수 있다.

⑤ 충성 고객으로 인해 구전 광고의 효과를 얻을 수 있다.

(5) CRM의 등장 배경

① 고객의 기대와 요구가 개성화 · 다양화되었다.

② 소비자가 중심이 되는 구매자 중심의 시장(Buyer's market)으로 변화하였다.

③ 기술의 변화로 IT가 발전되었다.

④ 마케팅 커뮤니케이션의 변화로 매스 마케팅이 효율적이지 않게 되었다.

CHECK POINT

전통적 마케팅과 CRM 중심 마케팅의 차이점

- 전략 기반(제품 중심의 마케팅과 고객 중심의 마케팅)
  - 전통적 마케팅: 마케팅 전략과 구체적인 마케팅 활동이 제품을 기반으로 형성되므로 제품에 따라 전략과 활동이 달라진다.
  - CRM 중심 마케팅: 마케팅 전략과 활동이 고객을 기반으로 형성되므로 새로운 니즈를 가진 고객군의 발견에 따라 전략과 활동이 달라진다.
- 성과 지표(제품별 판매량과 고객별 순자산 가치)
  - 전통적 마케팅: 가격 중심의 제품별 판매량이나 매출액을 기준으로 삼는다.
  - CRM 중심 마케팅: 고객별 순자산 가치를 기준으로 삼는다. 그래서 비용이 많이 드는 신규 고객 확보보다는 기존 고객 대상 관계 유지에 집중한다.
- 이론적 기반(4P와 4R)
  - 전통적 마케팅: 어떤 제품(Product)을 판매할지 결정 후 가격(Price), 장소(Place), 판매촉진(Promotion)을 기획한다.
  - CRM 중심 마케팅: 적절한 관리 대상 고객(Right customer) 선정 후 적합한 제품(Right product), 적절한 시점(Right time), 적절한 채널(Right channel)을 고려한다.
- 기획 방식(소수에 의한 직감과 정보 및 체계에 의한 과학적 접근)
  - 전통적 마케팅: 주로 한 명 혹은 소수의 마케터의 직감에 의존하여 기업 전체의 마케팅 프로모션을 결정한다.
  - CRM 중심 마케팅: 명확한 분석 결과와 전략적 체계를 이용해 과학적 방법으로 마케팅을 기획한다.
- 실행 방식(부분 최적화와 전체 최적화)
  - 전통적 마케팅: 제품을 기반으로 하므로 사업단위별 혹은 제품단위별로 개별적인 마케팅 활동이 전개되어 특정 제품에 대해서만 부분 최적화된 활동이 이루어진다.
  - CRM 중심 마케팅: 고객을 기반으로 하므로 제품과 서비스를 포함한 기업의 모든 자원이 고객과의 관계 형성과 유지를 위해 전체 최적화된 마케팅 활동이 이루어진다.

---

(6) CRM의 발전 단계 중요

① **CRM 도입 준비**: 고객의 개성과 요구가 다양해지면서 기업에서는 CRM 도입 준비기를 맞았다.

② **CRM 도입**: CRM 도입 준비기를 거쳐 기업에서는 고객들을 하나의 집단으로 대하는 매스 마케팅 전략에서 벗어나 고객 지향적 CRM을 도입하게 되었다.

③ CRM 확산: 기술과 IT의 발전으로 고객정보를 효율적으로 관리할 수 있는 CRM 시스템이 구축되면서 CRM의 확산이 일어났다.

④ CRM 통합: 오늘날에는 CRM과 데이터베이스 마케팅 등 다양한 마케팅 전략들이 통합적으로 일어나고 있다.

(7) 프로세스 관점에 의한 CRM의 유형 분류 **중요**

① 운영적 CRM: CRM의 구체적인 실행을 지원하는 시스템이다. 기존의 전사적 자원 관리 시스템이 조직 내부 관리 효율화를 담당하는 시스템인 데에 반하여 운영 CRM은 조직과 고객 간의 관계 향상, 즉 전사적 자원 관리 시스템의 기능 중에서 고객 접촉과 관련된 기능을 강화하여 조직의 전방위 업무를 지원하는 시스템이다.

② 분석적 CRM: 데이터 웨어하우스나 데이터마트에서 나온 유용한 CRM 자료를 토대로 고객정보를 추출하고 이를 통해 고객들의 움직임이나 향후 동향을 모델링하고 분석하는 시스템이다.

③ 협업적 CRM: 운영적 CRM과 분석적 CRM을 통합하는 시스템이며, 고객과의 접점에서 기업과 고객이 상호작용을 통해 상호가치를 극대화할 수 있도록 한다. 고안된 메일링, 전자 커뮤니티 등의 서비스로 고객과의 지속적인 관계 유지를 가능하게 한다.

CHECK POINT

CRM 프로세스의 4단계

고객 선별 단계 → 고객 획득 단계 → 고객 개발 단계 → 고객 유지 단계

CRM 실행 시 전제 조건

• 고객 통합 데이터베이스 구축
• 고객 특성 분석을 위한 데이터마이닝 도구 준비
• 마케팅 활동 대비를 위한 캠페인 관리용 도구 필요

---

02 VOC 관리하기

1. VOC(Voice Of Customer, 고객의 소리)

(1) VOC(고객의 소리)

① 정의: 고객의 소리함, 전화, 인터넷, 이메일, 팩스, SMS 등 다양한 비대면 채널을 통해 접수되는, 기업에 대한 고객의 문의, A/S 요청, 상담, 불만 그리고 칭찬과 제안 등을 의미한다.

② 종류

㉠ 문제해결형 VOC: 고객이 제기하는 불만·클레임, 교환 및 환불, 서비스 요구, 단순 문의 등의 문제를 해결해 주는 VOC이다.

ⓛ 제안형 VOC: 직원 칭찬, 서비스 만족 등의 고객 만족도, 제안 및 의견 제시 등 장기적으로 브랜드 인지도 향상, 상품 개발 및 서비스 개선에 적용할 수 있는 VOC이다.

(2) VOC의 수집과 배분

① VOC 수집

㉠ 다양한 비대면 채널을 통해 VOC를 수집하고, 각 채널에서 수집된 정보를 통합하기 위해 VOC 관리시스템이 필요하다.

ⓛ VOC의 수집 채널

구분	전용 채널	범용 채널
전통적 방법	고객의 소리함, 엽서	전화, 팩스, 우편
인터넷	홈페이지, 고객 게시판	이메일
양방향 소통	–	블로그, 사회관계망서비스

② VOC 배분 방법

㉠ 자동 배분: VOC 관리시스템을 통하여 지정된 VOC 유형에 따라 업무 처리 담당자(또는 부서)에게 VOC가 배분된다.

ⓛ 수동 배분: 수동 식별 결과에 따라 업무 처리 담당자(또는 부서)에게 VOC가 배분된다.

2. VOC 관리

(1) VOC 관리시스템

① 신규 고객의 확보, 기존 고객의 유지 및 활성화, 우수 사례 선정 등 기업의 다양한 내부 업무지원 시스템과 연계하여 전사적으로 고객 중심의 경영을 지원한다.

② 고객의 소리를 적극적으로 수집하기 위해 고객센터, 고객상담실, 영업지점, 홈페이지, 게시판, 이메일 등과 같은 다양한 고객 접점 채널을 지원한다.

(2) VOC 관리를 통해 확보된 정보

① 정보 제공자의 관여도가 높다.

② 기업의 다양한 활동에 대한 고객의 반응을 매우 신속하게 파악할 수 있다.

③ 기업은 생생하고 현장 지향적인 정보를 확보할 수 있다.

④ 내용이 매우 다양하며 풍부하다.

⑤ 시계열적이다.

⑥ 비정형적이다.

(3) VOC를 통해 기업이 얻을 수 있는 효과

① VOC를 통해 자사의 서비스 및 제품의 문제점을 파악하고 향후 고객관리나 마케팅에 반영하면 2차, 3차로 발생될 수 있는 고객의 불만을 미연에 방지할 수 있다.

② VOC를 통해 불만 고객을 빠르고 효과적으로 응대하여 고객의 기업에 대한 기존의 생각들을 훨씬 긍정적으로 바꿀 수 있어, 불만 고객이 충성 고객으로 발전할 수 있다.

③ 기존 고객의 유지 비용보다는 새로운 고객 확보를 위해 드는 비용이 더 많다. 따라서 기존 고객 유지가 더욱 중요함을 알 수 있는데, 이는 VOC를 통해 해결할 수 있다.

03 우수 고객 관리하기

1. 우수 고객 관리 프로세스

(1) 우수 고객 관리의 필요성

① 신규 고객을 획득하는 데 드는 비용은 기존 고객을 유지하는 데 드는 비용에 비해 약 3~5배가 더 소요된다.

② 단골 고객은 매출의 많은 부분을 차지하는 중요한 변수가 되며, 관계가 오래 지속된 고객은 기업에 대한 친근감과 만족도가 높아 관계가 상대적으로 약한 신규 고객보다 재방문을 할 가능성이 높다.

③ 단골 고객은 입소문을 내므로, 고객의 데이터베이스를 구축하여 1:1 마케팅으로 집중 관리할 필요가 있다.

④ 우수 고객 관리는 매출 증대, 반복 구매율 증가라는 경제적 효과뿐만 아니라 구전 효과로 고객 만족도를 창출하고 충성 고객 유치 등의 부가적인 기대 효과를 얻을 수 있다.

2. RFM

(1) RFM 분석

보유 고객 자료를 토대로 가치 고객을 쉽게 선별하는 방법으로, 고객의 거래성향을 분석하여 고객을 등급화하기 위한 방법이다.

R(Recency)	고객이 가장 최근에 구매한 일자는 언제인가?
F(Frequency)	고객이 일정 기간 동안 구매한 빈도는 어떻게 되는가?
M(Monetary)	고객이 일정 기간 동안 구매한 총금액은 얼마가 되는가?

(2) RFM 활용

① 캠페인 대상 선정: 이메일, 카탈로그 등을 활용하여 캠페인을 할 때 구매 가능성이 높을 것으로 예상되는 고객집단을 선정한다.

② 세분고객별 차별화 마케팅: RFM 지수를 분석하는 과정에서 다양한 세분시장이 도출된다. 각각의 세분시장은 서로 다른 특성을 지니기 때문에 그 특성에 맞는 마케팅 전략을 수립하고 실행하여 기업의 매출을 높일 수 있다.

③ 고객의 가치 평가: RFM 지수를 산출하고 이를 기본으로 고객 가치를 측정한다.

3. 고객생애가치(고객평생가치, LTV ; Life Time Value)

(1) 고객생애가치의 개념

① 한 고객이 특정 기업의 상품 또는 서비스를 최초로 구매한 시점부터 마지막으로 구매할 것으로 예상되는 시점까지의 누적액의 평가 가치이다.

② 현재까지 누적된 수익가치뿐만 아니라 미래의 평생가치에 대한 예측분까지 합산한 고객의 총평생가치 개념이다.

(2) 고객생애가치에 영향을 미치는 요소 중요

① 고객 반응률

② 고객 신뢰도

③ 고객 기여도

④ 고객 성장률

CHECK POINT

고객생애주기(CLC ; Customer Life Cycle)의 3단계

인지(고객이 브랜드의 존재를 인식) → 고려(고객이 브랜드를 조사 및 평가) → 결정(고객이 구매 여부 결정)

---

4. 고객 충성도의 개요

(1) 고객 충성도(로열티)

① 개념: 한 기업의 상품 또는 서비스를 지속적으로 이용하고 경쟁사의 마케팅 활동에도 이탈하지 않으며 주변 사람들에게 추천하는 적극적인 태도로서, 기업에 대한 충성도를 의미한다.

② 유형

㉠ 행동적 충성도: 제품을 반복적으로 구매하거나 서비스를 재이용하는 등 고객이 실제로 반복적으로 구매하는 정도를 뜻한다.

㉡ 태도적 충성도: 고객이 브랜드에 대해 가지는 심리적 애착, 선호, 신뢰 등의 정도를 뜻한다.

③ 충성 고객의 특징

㉠ 해당 기업이나 브랜드의 제품과 서비스를 오랜 시간에 걸쳐 반복적으로 구매한다.

㉡ 해당 기업이나 브랜드의 제품 구매량을 늘리거나 상위 등급의 제품이나 서비스를 구매하는 등 구매 상품의 범위를 확대한다. 또한 주변 사람들에게 해당 기업이나 브랜드의 제품 또는 서비스를 소개하거나 구매를 권유한다.

㉢ 경쟁 기업의 브랜드에 쉽게 현혹되지 않는다.

㉣ 가격 변화를 수용하는 등 해당 브랜드를 항상 긍정적으로 평가한다.

④ 고객 충성도의 촉진 방안

㉠ 마일리지 또는 포인트의 누적 혜택을 제공한다.

㉡ 고객 등급화에 따른 혜택을 차등적으로 적용한다.

ⓒ 커뮤니티 활동을 지원한다.

ⓔ 우수 고객 이벤트를 진행한다.

⑤ **고객 충성도 형성에 영향을 주는 요소**

㉠ 구매 횟수

ⓛ 이용 기간 및 이용 실적

ⓒ 회사 기여도

ⓔ 주위 고객 추천 및 소개 정도

(2) 보상 프로그램

① **개념**: 고객관계 관리(CRM)의 일환으로 기업이 우량 고객에게 마일리지, 포인트, 경품 등의 여러 가지 인센티브를 제공하여 고객 충성도를 향상시키고 고객과의 정서적 관계를 강화해 나가려는 마케팅 전략이다.

② **종류**

㉠ 포인트 프로그램

- 정의: 제품·서비스 구매금액에 따라 포인트를 적립하고, 그 포인트에 따라 마일리지, 캐시백 포인트, 가격 할인, 상품 증정 등의 여러 가지 금전적 혜택을 제공하는 프로그램이다.
- 형태: 음식점, 커피전문점, 미용실 등 해당 점포에서만 적용되는 스탬프 기반의 단골 고객 프로그램뿐만 아니라 항공사의 마일리지, 유통업체의 멤버십 프로그램, 이동통신사의 멤버십 프로그램 등도 해당한다.

ⓛ 우수 고객 프로그램

- 정의: 회사에 대한 기여도를 기준으로 선정된 우수 고객을 대상으로 금전적 및 비금전적인 다양한 혜택을 제공하는 프로그램이다.
- 형태: 홈쇼핑, 인터넷 쇼핑몰 등의 VIP 고객을 대상으로 하는 전용 상담채널, 무료배송 및 교환, 현금쿠폰 지급 등이 해당한다.

③ **특징**

㉠ 금전적 혜택 부여를 통해 반복적 구매를 유도하고, 특별우대서비스 등의 긍정적인 감정을 제고하는 프로그램이다.

ⓛ 사전에 정해진 운영 지침에 따라 계속적으로 이루어진다.

ⓒ 보상 프로그램에 대한 내용은 홈페이지 등을 통해 공개된다.

04 정보 수집

1. 자료의 수집

(1) 1차 자료

① **개념**: 연구자가 문제 해결을 위해 조사 설계를 하고 그 설계에 근거하여 직접 수집하는 자료로서 시장 결정, 목표 고객의 결정, 의사결정 등 기업의 마케팅 목적의 수행을 위해 적절하게 이용할 수 있다.

② **종류**

㉠ 질적 자료: 계량화되지 않는 자료이다. **예** 상품 문의, 불만, 의견 제시 등

㉡ 양적 자료: 계량화할 수 있는 자료이다. **예** 구매 빈도, 구매 금액, 품명, 나이, 성별 등

(2) 2차 자료

① **개념**: 현재의 목적을 위해 조사자가 직접 수집한 자료가 아니라, 다른 조사 목적과 관련하여 조사 내부 혹은 외부의 특정한 조사 주체에 의해 기존에 이미 작성된 자료이다.

② **종류**: 신문, 잡지, 신디케이트 자료, 정부 기관 간행물, 편람, 각종 통계 자료집, 연구 보고서, 기업 내부 자료, 학문 분야의 전문 서적 등

③ **특정 및 한계점**: 신속하게 수집이 가능하여 시간과 비용의 절약이 가능하지만 자료를 수집한 목적이 다르기 때문에 자료의 유용성 및 실효성이 제한을 받는 경우가 많다.

2. 자료 수집 방법의 종류

(1) 관찰조사

① 가장 기본적인 시장조사 방법으로, 공개된 자료에서 필요한 정보만을 얻는다.

② 조사하고자 하는 대상물이나 행동을 계속 추적·관찰하는 방법으로, 관찰은 사람이 수행하거나 기계 장치를 이용하여 필요한 정보를 기록할 수 있다.

③ 기록 양식이 응답자에게 심리적인 영향을 미치지 않으므로 실험 작업자가 정보를 편리하게 기록할 수 있고, 정보를 적절히 식별할 수 있으며, 집계 작업을 편리하게 할 수 있다.

(2) 실험조사

① **개념**: 보편적으로 한 개 이상의 독립 변수와 한 개 이상의 종속 변수 간의 인과관계를 밝히는 고도의 연구 방법으로, 독립 변수를 조작하여 종속 변수에 대한 조작의 효과를 관찰하고 측정하는 방법이다.

② **장점**

㉠ 원인과 결과 변수를 구분하여 인과관계를 설정할 수 있다.

㉡ 통제가 가능하며 가외 변수의 통제로 오차를 줄일 수 있다.

㉢ 주요 변수를 분류할 수 있다.

㉣ 내적 타당도에서 유리하다.

③ 단점

  ㉠ 인위적인 연구로 진행되므로 일반화할 수 없다는 문제가 있다.

  ㉡ 연구자의 기대가 연구 결과에 영향을 미칠 수 있다.

  ㉢ 자연적 상황에서의 실험은 가외 변수들의 통제가 어렵다.

(3) 면접조사

  ① 개념

    ㉠ 조사 대상자를 대면하여 일련의 질문을 통해 자료를 수집하는 방법이다.

    ㉡ 다른 자료 수집 방법과의 중요한 차이는 면접 과정에서 응답자가 직접 참여한다는 점이다.

    ㉢ 조사 과정에서 조사원이 응답자에게 가장 많은 영향을 미칠 수 있는 조사 방법이다.

  ② 조사의 방법

    ㉠ 표준화 면접

      • 개념: 엄격히 정해진 면접조사표에 따라 면접을 하는 것이다.

      • 장점

        − 사전에 질문 내용, 순서, 형식이 정해져 있다.

        − 신뢰도가 높다.

        − 반복적인 면접이 가능하다.

        − 조사자의 행동이 통일성을 가지게 된다.

        − 면접 결과의 수치화가 용이하다.

      • 단점

        − 면접 결과의 타당도가 낮다.

        − 면접 상황에 대한 적응도가 낮다.

        − 새로운 사실 및 아이디어의 발견 가능성이 낮다.

    ㉡ 비표준화 면접

      • 개념

        − 조사가 연구 목적에 부합한다면 면접의 상황에 따라 다양한 방법으로 무엇이든지 질문해 볼 수 있는 방법이다.

        − 질문의 내용 및 그 순서가 미리 정해져 있지 않으며 면접 상황에 따라 임의로 질문을 변경할 수 있다.

      • 장점

        − 면접 상황에 대한 적응도가 높다.

        − 면접 결과의 타당도가 높다.

        − 새로운 사실 및 아이디어의 발견 가능성이 높다.

      • 단점

        − 조사자의 행동에 통일성을 기할 수 없다.

        − 반복적인 면접이 불가능하다.

        − 면접 결과의 수치화가 어렵다.

ⓒ 반표준화 면접
- 일정한 수의 중요한 질문을 표준화하고 그 외의 질문은 비표준화하는 방법이다.
- 표준화 면접과 비표준화 면접의 장단점을 중화한 것이다.
③ 종류
ⓐ 심층면접조사
- 진행에 앞서 수집할 정보를 미리 확정한 후 면접의 순서와 내용을 담은 면접 지침을 작성하고, 이에 따라 면접을 진행하면서 정보를 얻어낸다.
- 어떤 주제에 대한 응답자의 동기, 신념, 태도 등을 알아내기 위해 응답자가 자신의 느낌이나 믿음을 자세히 표현하거나 자유롭게 이야기하도록 유도하는 방법으로 심도 깊은 질문을 할 수 있다.
ⓑ 집단심층면접조사(FGI; Focus Group Interview, 표적집단면접조사)
- 6~12명의 소비자들을 모아 놓고 조사하고자 하는 주제에 대해 서로 토론하도록 하는 정성적 탐색 조사 방법이다.
- 심층면접조사와 집단심층면접조사는 모두 면접 진행자와 선발된 응답자들 간의 면접 방식을 취한다는 점에서는 동일하나 집단심층면접조사의 경우 여러 명의 응답자 간에 토론 형식을 취한다는 차이점이 있다.
④ 면접조사에서 이용되는 분석 기법
ⓐ 프로빙 기법: 응답자가 평상시에 인지하지 못했던 제품을 다양하게 생각해 볼 수 있도록 도와주어 응답자의 의견을 유도하는 방법이다.
ⓑ 래더링 기법: 심층면접과정에서 어떤 제품이나 브랜드가 제공하는 속성, 편익, 가치들이 어떻게 계층적으로 연결되어 있는지를 찾아내어 응답자의 니즈를 알아내는 방법이다.

(4) 전화조사
① 개념: 추출된 피조사자에게 전화를 걸어 질문 사항들을 읽어 준 후 응답자가 전화상으로 답변한 것을 조사자가 기록해 자료를 수집하는 방법이다.
② 장점
ⓐ 비용이 적게 든다.
ⓑ 신속한 조사가 가능하다.
ⓒ 우편조사에 비해 응답률이 높다.
ⓓ 거리 제약이 없다.
ⓔ 조사자의 편견을 통제할 수 있다.
ⓕ 면접 기피자에게도 조사가 가능하다.
ⓖ 응답자 측면에서 소요 시간이 짧고 대답이 간편하며, 거절이 용이하다.
③ 단점
ⓐ 전화번호가 정확하지 않을 수 있다.
ⓑ 상세한 정보 획득이 어렵다.
ⓒ 전화 중단의 문제가 있을 수 있다.
ⓓ 시간 제약의 문제가 있다.

ⓜ 보조 도구의 사용이 곤란하다.

ⓗ 간단한 질문 및 답변만 할 수 있다.

ⓐ 민감한 주제에 관해서는 응답을 꺼리는 경우가 많다.

④ **전화를 이용한 시장조사 시 유의할 점**

- 질문의 수를 줄이고 한 번에 두 개의 질문을 하지 않는다.

- 질문은 짧고 단순하게 구성한다.

- 다지선다형으로 질문할 경우 예문이 비슷하여 혼동되지 않게 해야 한다.

- 알기 쉬운 표현으로 질문해야 하며, 정중하게 말한다.

- 너무 늦은 시간 혹은 식사 시간에 전화하지 않는다.

(5) 우편조사

① **개념**: 조사자가 추출된 피조사자에게 질문지를 우송하면, 응답자는 스스로 응답하여 조사자에게 질문지를 다시 우송해 줌으로써 자료를 수집하는 방법이다.

② **장점**

㉠ 지역 · 직업 · 인종 · 국적 · 계층에 관계없이 응답자를 선정할 수 있다.

㉡ 개별면접법에 비해서 비용이 적게 든다.

㉢ 면접원이 없으므로 면접원들 사이의 차이에서 발생할 수 있는 편견적 오류가 나타나지 않는다.

㉣ 전국적 조사나 국제적 조사의 경우 시간 절약 효과를 볼 수 있다.

㉤ 조사자가 응답자를 직접 상대하지 않고 우편이라는 비대면 수단을 통해 자료를 수집하기 때문에 익명성이 높고, 응답자들로부터 솔직한 답변을 얻어 낼 수 있다.

㉥ 응답자가 자신에게 적당한 시간을 택할 수 있으므로 질문을 여유 있게 검토해서 대답할 수 있다.

③ **단점**

㉠ 모든 응답이 최종적이며 그 이상의 설명을 들을 기회가 없다.

㉡ 짧은 통화로 상세한 정보를 획득하기 어렵고, 응답률도 낮다.

㉢ 질문 문항이 단순해야 한다.

㉣ 응답이 맨 처음 추출된 조사 대상에 의해서 응답되었는지를 확인할 수 없다.

㉤ 질문의 독립성이 보장되기 어렵다. 응답자가 응답하기 전에 질문지의 모든 질문을 살펴볼 위험이 있기 때문이다.

㉥ 응답하지 않고 지나가는 질문들에 대답하도록 독려할 수 없다.

④ **우편조사의 회수율을 높이는 방법**

㉠ 조사의 목적과 활용과 관련해 공익성을 부각한다.

㉡ 질문지 발송 후 응답을 촉구하는 우편을 추가로 발송한다.

㉢ 응답에 대한 대가로 선물이나 쿠폰, 조사 결과 보고서 제공 등 보상을 제공한다.

㉣ 응답지를 보낼 경우 자선 단체에 기부금을 전달하는 방식을 채택, 질문지에 기재한다.

㉤ 연구 주체와 조사 기관을 명확히 제시한다.

㉥ 표지 등의 디자인에 신경을 써서 가시성을 높인다.

(6) 집단조사

① **개념**: 응답자들을 특정한 장소에 모아 놓고 설문지를 동시에 배부한 뒤, 응답자가 직접 기입하는 방법이다. 집단설문지법이라고도 한다.

② **장점**

㉠ 개인 면접조사법에 비해 비용이 적게 든다.

㉡ 조사가 간편하고, 조사원의 수를 줄일 수 있다.

㉢ 필요시 응답자들과 직접 대화할 기회가 있어 설문지에 대한 오류를 줄일 수 있다.

㉣ 조사의 설명이나 조건을 똑같이 할 수 있다. 즉, 조사 조건을 표준화할 수 있다.

③ **단점**

㉠ 응답자들을 한곳에 집합시킨다는 것이 쉽지 않다.

㉡ 응답자의 개인별 차이를 무시함으로써 조사 자체의 타당성이 낮아지기 쉽다.

㉢ 응답자들끼리 다른 사람의 영향을 받을 가능성이 있다.

㉣ 판단표본추출방법에 의한 대상이므로 응답자들이 모집단을 적절하게 대표할 수 없다.

㉤ 응답자에게 일당이나 교통비를 지불해야 할 경우 비용이 많이 든다.

㉥ 설문지에 잘못 기입하는 경우 오기를 시정하기 어렵다.

(7) 인터넷조사

① **개념**: 전산망 가입자들에게 전산망을 통해 직접 설문지 파일을 보내고 응답 파일을 받는 방법이다.

② **특징**: 조사 대상이 국내 또는 특정 지역에 제한되지 않으며, 국경이나 공간의 한계를 넘을 수 있다.

③ **장점**

㉠ 조사 비용이 적게 들고, 조사 대상자가 많아도 추가 비용이 거의 들지 않는다.

㉡ 구조화된 설문지 작성이 가능하며 멀티미디어 등을 활용하여 다양한 형태로 조사가 가능하다.

④ **단점**

㉠ 인터넷 사용자로 표본이 편중되는 측면이 있다.

㉡ 조사에 능동적으로 응대하는 사람만 조사가 가능하며 대표성이 상실될 가능성이 있다.

㉢ 응답자를 정확하게 통제·확인할 수 없다.

3. 목적에 따른 마케팅 조사

(1) 탐색조사

① **개념**: 마케팅 문제의 정의와 관련 변수의 규명 및 가설을 설정하기 위한 조사이다.

② **목적**: 연구 대상의 정보나 현황 등을 대략적으로 파악하는 것을 목적으로 하는 연구로, 조사의 초기 단계에서 아이디어와 통찰력을 얻기 위하여 사용된다.

③ **종류**

㉠ 문헌조사: 조사와 관련된 주제나 변수와 관련되고, 기존에 발간되어 있는 각종 2차 자료를 이용한 간접 경험 조사 방법을 말한다.

ⓛ 사례조사: 분석하는 사례와 주어진 문제 사이의 유사점과 차이점을 찾아내어 깊이 있는 분석을 함으로써 현 상황에 대한 논리적인 유추를 하는 데 도움을 얻는 시장조사 방법이다.

ⓒ 표적집단면접조사: 훈련된 면접 진행자가 소수의 응답자들을 일정한 장소에 모이게 한 후, 비체계적이고 자연스러운 분위기 속에서 조사 목적과 관련된 대화를 유도하여 응답자들이 자유롭게 의사를 표시하도록 하는 면접 방식을 말한다.

ⓔ 전문가 의견조사: 조사 대상에 통찰력이 있는 전문가들로부터 정보를 얻어내는 방법이다.

(2) 기술조사

① 조사의 대상이나 대상의 특성을 상세히 설명하거나 묘사하기 위한 조사이다.

② 광범위한 모집단을 대상으로 여러 변수의 특성과 상호관계를 조사하여 현상을 체계적으로 분석한다.

③ 종류

ⓐ 종단조사

- 특정 조사 대상들을 선정한 뒤 시간 간격을 두고 반복적으로 조사하여 마케팅 변수의 반응을 측정하는 방법이다.
- 시간 흐름에 따른 변화·추세를 분석하는 것이 목적으로, 동태적인 성격을 갖는다.
- 패널조사
  - 동일집단 반복연구에 해당한다.
  - '패널(Panel)'이라 불리는 특정 응답자 집단을 정해 놓고 그들로부터 상당히 긴 시간 동안 지속적으로 연구자가 필요로 하는 정보를 획득하는 방법이다.
  - 시계열적 자료의 획득이 어려운 서베이, 리서치의 단점을 보완하기 위해 개발되었다.
  - 장점
    ⓐ 같은 응답자를 반복하여 조사하므로 일관된 자료를 얻을 수 있다.
    ⓑ 소비자 행동의 원인과 결과를 분석하기에 유리하다.
    ⓒ 비교적 신속하고 경제적으로 자료를 수집할 수 있다.
  - 단점
    ⓐ 패널의 대표성을 확보하기가 어렵다.
    ⓑ 패널을 관리하기가 어렵다.
    ⓒ 정보의 유연성이 적다(새로운 질문이나 변수를 추가하기 어려움).
    ⓓ 패널이 부정확한 자료를 제공할 수 있다(의도적이거나 무의식적으로 실제와 다른 정보를 제공).

ⓑ 횡단조사

- 모집단에서 추출된 표본으로부터 단 한 번 조사한다.
- 상이한 특성을 가진 집단들 사이의 측정치를 비교하여 차이를 규명하는 것이 목적으로, 정태적인 성격을 갖는다.
- 서베이(Survey)조사: 연구자가 관심 대상의 사람들에게 설문 문항 내지는, 면접 절차를 사용하여 정보를 수집하는 가장 보편적·체계적인 과학적 조사 방법이다.

(3) 인과조사

① 원인과 결과의 관계를 규명하는 조사로, 주로 실험조사가 이용된다.

② 마케팅 성과를 측정할 경우, 조사하는 내용 간의 인과관계를 밝히기 위해 사용된다.

CHECK POINT

정성조사

• 수치로 표현할 수 없지만 대상의 특징을 나타낼 수 있는 질적 자료를 획득하기 위한 조사이다.

• 조사 대상 및 내용에 대해 깊이 이해할 수 있다.

• 합리적인 설명이 불가능한 내용에 대해서 답변을 얻을 수 있다.

• 심층면접조사, 표적집단면접조사(FGI), 투사법 등이 있다.

정량조사

• 수치로 계량화할 수 있는 양적 자료를 얻을 목적으로 진행하는 조사이다.

• 통계적 · 수치적인 측정을 할 수 있다.

• 일정한 간격을 두고 조사를 반복할 수 있어야 한다.

• 갱서베이, 방문조사, 우편조사, 전화조사, 패널조사 등이 있다.

출제예상문제

실제 기출문제를 토대로, 출제될만한 내용을 분석하여 출제예상문제를 수록하였습니다. 실제 시험이라 생각하고 연습해 보세요. 답안을 영어 단어로 쓸 경우 철자를 정확하게 써야 하는 것도 잊지 마세요!

01 다음은 VOC(고객의 소리)의 수집 채널에 대한 표이다. 빈칸 A~C에 들어갈 알맞은 말을 〈보기〉에서 찾아서 순서대로 쓰시오.

구분	전용 채널	범용 채널
전통적 방법	(B), 엽서	전화, 팩스, 우편
(A)	홈페이지, 고객 게시판	(C)
양방향 소통	–	블로그, 사회관계망서비스

〈보기〉

고객의 소리함　　　인터넷　　　이메일

02 VOC가 무엇의 약자인지 영문으로 쓰시오.

정답★해설

01 A: 인터넷, B: 고객의 소리함, C: 이메일

02 Voice Of Customer

03 고객 데이터와 정보를 분석·통합하여 개별 고객의 특성에 기초한 마케팅 활동을 계획하고 지원하여 평가하는 과정을 무엇이라고 하는지 쓰시오.

04 전통적 마케팅과 CRM 중심 마케팅을 비교하였을 때 기획 방식에서의 차이점을 쓰시오.

05 다음은 CRM 프로세스의 단계이다. 빈칸 A와 B에 들어갈 내용을 쓰시오.

고객 선별 단계 → (A) → 고객 개발 단계 → (B)

06 고객이 최근에 구매한 일자, 고객의 구매 빈도, 고객의 구매 총금액 등의 세 가지 고객정보를 통해서 고객의 가치를 계량화하여 평가한 것을 무엇이라 하는지 쓰시오.

07 데이터 웨어하우스나 데이터마트에서 나온 유용한 CRM 자료를 토대로 고객정보를 추출하고 이를 통해 고객들의 움직임이나 향후 동향을 모델링하고 분석하는 시스템은 무엇인지 쓰시오.

08 CRM의 구체적인 실행을 지원하는 시스템은 무엇인지 쓰시오.

09 CRM을 통해 기업이 얻는 긍정적인 효과를 세 가지 쓰시오.

정답★해설

03 CRM

04 전통적 마케팅은 주로 한 명 혹은 소수의 마케터의 직감에 의존하는 반면, CRM 중심 마케팅은 정보와 체계에 의한 과학적 방법으로 접근한다.

05 A: 고객 획득 단계, B: 고객 유지 단계

06 RFM

07 분석적 CRM

08 운영적 CRM

09 • 고객 서비스 프로세스를 개선할 수 있다.
• 고객 DB를 적극적으로 활용할 수 있다.
• 고객 이탈을 방지하여 장기적인 수익성 확보를 통해 이익을 증가시킬 수 있다.
• 고객을 효율적으로 관리하여 운영비를 절감할 수 있다.
• 충성 고객으로 인해 구전 광고의 효과를 얻을 수 있다.

10 보상 프로그램의 종류 중 다음 내용이 가리키는 것은 무슨 프로그램인지 쓰시오.

> - 정의: 제품 · 서비스 구매금액에 따라 포인트를 적립하고, 그 포인트에 따라 마일리지, 캐시백 포인트, 가격 할인, 상품증정 등의 여러 가지 금전적 혜택을 제공하는 프로그램이다.
> - 형태: 음식점, 커피전문점, 미용실 등 해당 점포에서만 적용되는 스탬프 기반의 단골 고객 프로그램뿐만 아니라 항공사의 마일리지, 유통업체의 멤버십 프로그램, 이동통신사의 멤버십 프로그램 등이 해당한다.

11 계량화의 가능 여부로 구분할 수 있는 1차 자료의 종류에 대하여 쓰시오.

12 고객생애가치(LTV)란 무엇인지 쓰시오.

13 고객 충성도를 촉진시킬 수 있는 방안을 두 가지 쓰시오.

14 고객생애가치에 영향을 미치는 요소를 네 가지 쓰시오.

15 한 기업의 상품 또는 서비스를 지속적으로 이용하고 경쟁사의 마케팅 활동에도 이탈하지 않으며 주변 사람들에게 추천하는 적극적인 태도로, 기업에 대한 충성도를 의미하는 것은 무엇인지 쓰시오.

정답★해설

10 포인트 프로그램

11 • 질적 자료: 계량화되지 않는 자료로 상품 문의, 불만, 의견 제시 등이 있다.
• 양적 자료: 계량화할 수 있는 자료로 구매 빈도, 구매 금액, 품명, 나이, 성별 등이 있다.

12 한 고객이 특정 기업의 상품 또는 서비스를 최초로 구매한 시점부터 마지막으로 구매할 것으로 예상되는 시점까지의 누적액의 평가 가치이다.

13 • 마일리지 또는 포인트의 누적 혜택을 제공한다.
• 고객 등급화에 따른 혜택을 차등적으로 적용한다.
• 커뮤니티 활동을 지원한다.
• 우수 고객 이벤트를 진행한다.

14 • 고객 반응률
• 고객 신뢰도
• 고객 기여도
• 고객 성장률

15 고객 충성도

16 전화조사의 단점을 세 가지 쓰시오.

17 2차 자료의 종류를 두 가지 쓰시오.

18 우편조사의 회수율을 높이는 방법을 세 가지 쓰시오.

19 전산망 가입자들을 대상으로 전산망을 통해 직접 질문지 파일을 보내고 응답 파일을 받는 방법으로, 조사 대상이 국내 또는 특정 지역에 제한되지 않으며, 국경이나 공간의 한계를 넘을 수 있다는 특징이 있는 조사 방법은 무엇인지 쓰시오.

20 탐색조사의 종류를 세 가지 쓰시오.

21 상이한 특성을 가진 집단들 사이의 측정치를 비교하여 차이를 규명하는 것을 목적으로, 모집단에서 추출된 표본으로부터 단 한 번 조사하는 기술조사 방법은 무엇인지 쓰시오.

16 • 전화번호가 정확하지 않을 수 있다.
· 상세한 정보 획득이 어렵다.
· 전화 중단의 문제가 있을 수 있다.
· 시간 제약의 문제가 있다.
· 보조 도구의 사용이 곤란하다
· 간단한 질문 및 답변만 할 수 있다.
· 민감한 주제에 관해서는 응답을 꺼리는 경우가 많다.

17 • 각종 통계 자료집
· 기업 내부 자료
· 연구 보고서
· 학문 분야의 전문 서적

18 • 조사의 목적과 활용과 관련해 공익성을 부각한다.
· 질문지 발송 후 응답을 촉구하는 우편을 추가로 발송한다.
· 응답에 대한 대가로 선물이나 쿠폰, 조사 결과 보고서 제공 등 보상을 제공한다.
· 응답지를 보낼 경우 자선 단체에 기부금을 전달하는 방식을 채택, 질문지에 기재한다.
· 연구 주체와 조사 기관을 명확히 제시한다.
· 표지 등의 디자인에 신경을 써서 가시성을 높인다.

19 인터넷조사

20 • 문헌조사
· 사례조사
· 표적집단면접조사
· 전문가 의견조사

21 횡단조사

22 연구자가 관심 대상의 사람들에게 설문 문항 내지는, 면접 절차를 사용하여 정보를 수집하는 가장 보편적 · 체계적인 과학적 조사 방법은 무엇인지 쓰시오.

23 특정 응답자 집단을 정해 놓고 그들로부터 상당히 긴 시간 동안 지속적으로 연구자가 필요로 하는 정보를 획득하는 기술조사 방법은 무엇인지 쓰시오.

정답★해설

22 서베이조사	**23** 패널조사

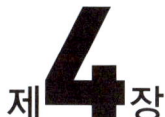

제4장 통신판매 고객 상담

✓ **출제 Keyword**
· 고객 접점(MOT; Moments Of Truth)
· 고객 접점 응대의 중요성
· 비대면 채널의 특징
· 라포(Rapport) 형성
· 효과적인 경청 방법
· 니즈 탐색을 위한 질문기법
· 설득을 위한 화법
· 스트레스를 관리하는 방법

01 고객 접점 응대 파악하기

1. 고객 접점 응대

(1) 고객 접점(MOT ; Moments Of Truth)의 정의 중요

① 고객이 조직의 어떤 일면과 접촉하는 접점으로서, 서비스를 제공하는 조직과 그 품질에 대해 어떤 인상을 받는 순간이나 접점을 말한다.

② 고객 응대에 있어서 Moments Of Truth(진실의 순간)의 의미는 고객과 기업이 상호 접촉하여 커뮤니케이션을 하는 매 순간이다.

③ SAS(스칸디나비아항공사)의 얀 칼슨 회장이 주장한 것으로, 고객과 기업이 만나는 모든 장면에서 기업에 대한 고객의 경험과 인지에 영향을 미치는 결정적인 순간이다.

(2) 고객 접점 응대의 중요성

① 고객 접점은 짧은 한순간이지만 그 짧은 한순간이 모든 서비스에 대한 만족과 불만족을 결정한다.

② 고객 접점에서의 응대가 고객의 충성도, 구매 의도 강화 등에 큰 영향을 미친다.

> **CHECK POINT**
>
> **MOT의 법칙**
> · 곱셈의 법칙: 서비스의 전체 만족도는 각 만족도의 합이 아니라 곱에 의해 결정된다. 각 서비스 항목 점수가 우수하게 나왔더라도 어느 한 항목 점수에서 0점을 받았다면 결국 총점은 0점으로 형편없는 서비스가 된다는 법칙이다.
> · 100 − 1 = 0의 법칙: 100가지 서비스 중 어느 한 접점의 서비스에서 불만족을 느꼈다면 서비스 전체의 만족도에 영향을 미칠 수 있다는 법칙이다.
> · 통나무 물통의 법칙: 통나무 물통은 세로로 긴 여러 조각의 통나무 조각을 붙여 만들었기 때문에 어느 한 조각이 깨지거나 조각의 높이가 낮으면 그 조각의 높이만큼만 물이 담기게 된다. 즉, 고객은 접점에서 경험한 여러 서비스 중 가장 나빴던 서비스를 유독 기억하고, 그 서비스를 기준으로 평가하기 때문에 전체 서비스 질 평가에도 영향을 미치게 된다는 법칙이다.

2. 통신판매 채널에서의 고객 접점

(1) 통신판매 채널

① 전화

㉠ 장점

- 고객 문제가 발생하면 언제, 어디서나 즉시 상담할 수 있다.
- 문제 해결 방안을 신속하게 얻을 수 있다.

㉡ 단점

- 상담의 내용이 복잡한 경우에는 전화 상담으로 이해하고 설득하기가 쉽지 않다.
- 고객과 상담원 간에 의사소통의 어려움이 있는 경우에는 오류를 범하기 쉽다.

② 이메일

㉠ 장점

- 상담원이 소비자의 생각을 여러 차례 읽고 다양한 답변을 제공할 수 있다.
- 소비자는 24시간 중 자신에게 가장 필요한 시간에 이메일을 작성함으로써 스스로의 감정과 생각을 정리할 기회를 가지게 된다.
- 다른 사람에게 공개되지 않아 익명성이 보장된다.

㉡ 단점

- 소비자가 보내온 이메일의 내용에만 의존하기 때문에 상담원과 소비자가 문의 내용에 대한 해석을 서로 달리할 수도 있다.
- 익명성 보장으로 상대방의 인적 사항을 파악하기 어렵고 왜곡된 정보를 받을 가능성도 있다.

③ 채팅

㉠ 채팅을 이용한 온라인 상담은 인터넷 상담의 대표적 유형이다.

㉡ 상담원과 소비자가 대화방이라는 가상의 상담실에서 만나 대화를 주고받으며 상담한다.

㉢ 인터넷 공간에서 진행되는 것 외에는 기존의 대면 상담과 거의 동일하다.

④ SMS, LMS, MMS

㉠ SMS: Short Message Service(단문 문자 메시지 서비스)의 약자로 일반적으로 우리가 흔히 부르는 문자 메시지이다.

㉡ LMS

- Long Message Service(장문 문자 메시지 서비스)의 약자로 긴 문자 메시지를 보낼 때 사용한다.
- 메시지 내용에 URL 주소를 포함하여 기업 및 이벤트 홍보 페이지에 접속을 유도해 홍보하는 경우가 많다.

㉢ MMS: Multimedia Message System(멀티미디어 메시지 시스템)의 약자로 사진, 동영상 등을 포함하여 긴 메시지 서비스를 보낼 때 사용한다.

⑤ 인공지능 챗봇(AI chatbot)

㉠ 정해진 응답 규칙을 기반으로 사용자와 일상 언어로 대화가 가능한 채팅 로봇 프로그램이다.

㉡ 홈쇼핑, 인터넷 쇼핑몰 등에서 사용자의 질문에 대답하거나 사용자의 성향을 바탕으로 적절한 상품을 추천해 주는 역할을 수행한다.

(2) 비대면 채널의 특징

① 고객과 직접적인 대면 접촉을 하지 않는 전화, 우편(DM), 팩스, 인터넷, 이메일, SMS/MMS, 키오스크와 같은 무인 단말기 등을 포함한다.

② 대면 채널과는 달리 운영에 있어서 시간과 공간의 제약이 거의 없으며, 초기 구축 비용 이외의 운영 비용도 상대적으로 낮다.

③ 시스템적으로 운용되기 때문에 채널의 효과가 개인의 역량에 의해 좌우되지 않는다.

④ 기계적인 접촉 채널인 만큼 고객과의 충분한 상호작용을 이끌어 내기는 어렵다.

⑤ 새로운 고객 관계를 획득하거나 고객과의 관계를 강화하고자 하는 고도의 CRM 전략을 수행하는 데는 다소 한계가 있다.

CHECK POINT

비대면 커뮤니케이션의 특징
- 대면 커뮤니케이션에 비해 화법에 대한 의존도가 높다.
- 청각적 의사소통과 언어적 의사소통에 대한 의존도가 높다.

---

02 고객 니즈 파악하기

1. 라포(Rapport)

(1) 라포의 개념 중요

① 고객과 응대자 사이에 형성되는 공감대를 의미한다.

② 고객에게 관심을 갖고 고객의 욕구를 파악함으로써, 친밀감을 형성하여 고객이 신뢰감을 느끼도록 하는 기법이다.

(2) 라포의 형성

① 상품 또는 서비스의 판매에 대한 고객의 긍정적이고 호의적인 감정을 형성하여 판매 체결 및 지속적인 거래 관계를 유도하는 연결 고리가 된다.

② 라포 형성은 고객의 말을 긍정적으로 받아들이고 관심을 성의 있게 표출했을 때 극대화된다.

2. 경청 기법을 통한 고객 니즈 파악

(1) 경청의 개념

① 경청은 귀를 기울여 들음을 의미한다. 특히 칼 로저스는 고객 상담 시 상담원이 고객 입장에서 고객의 기분과 감정을 이해하며 듣는 것을 공감적 경청이라고 하였다.

② 비대면 커뮤니케이션에서 경청 능력은 고객에 대한 존중의 의미이며, 관심을 갖고 적극적인 자세로 상담에 임하겠다는 것을 의미한다.

③ 고객을 배려하며 말하는 자세는 호응어 사용에서 나타난다.

고객을 배려하는 호응어 표현의 예

가벼운 맞장구	• 네에~ 그러세요. / 아~ 네, 잘 됐습니다. • 네~ 고객님~ / 어머, 좋으시겠습니다.
동의 맞장구	• 저라도 그럴 것 같습니다. • 네, 그렇게 생각하시는군요. • 그렇게 해 드리고 싶습니다.
정리 맞장구	• 다시 말씀드리면 / 물론 그런 것도 있습니다. • 그럼 지금까지 말씀하신 내용이 …하다는 말씀이시죠?
재촉 맞장구	• 서비스 받고 싶으시다는 말씀이시죠? • 괜찮으시겠습니까? • 제가 도와드리겠습니다.

(2) 효과적인 경청 기법 중요

① 고객이 언급한 내용을 재확인·재질문·명료화한다. 이때 재확인은 고객 상담의 이해 정도를 묻는 질문 기법이다.

② 비판하거나 평가하지 않는다.

③ 편견을 갖지 않고 고객의 입장에서 듣는다.

④ 고객에게 주의 깊게 집중하고 듣는다.

⑤ 고객에게 계속적인 반응을 보인다.

⑥ 고객의 말을 가로막지 말고 끝까지 듣는다.

⑦ 요점을 기록한다.

⑧ 적절한 질문으로 고객의 니즈를 정확히 파악한다.

⑨ 고객의 대화상 실수를 너그럽게 이해한다.

⑩ 고객의 이야기에 대한 관심을 구체적으로 표현하고 고객에게 적극적인 응대를 한다.

⑪ 편안한 마음 상태로 듣는다.

⑫ 고객이 말하는 객관적인 사실뿐만 아니라 고객의 감정이나 정서적 상태도 고려한다.

⑬ 고객과의 공통 관심 영역을 찾는다.

⑭ 고객의 의견을 진지하게 경청한다.

(3) 상담원의 경청에 방해가 되는 요소

① 속단적 청취(선택적 청취)·평가

② 상대방에 대한 편견

③ 상대방에 대한 선입견

④ 집중하지 않고 다른 생각에 잠겨 있는 행동

⑤ 전화 장치 및 주변의 소음

3. 질문 기법을 통한 고객 니즈 탐색

(1) 개방형 질문 [중요]

① 개념: 응답자가 주관식으로 답변을 할 수 있는 질문 기법으로, 응답자가 자유롭게 본인의 의견을 답변할 수 있다.

② 장점 [중요]

- ㉠ 자유로운 응답이 가능하다.
- ㉡ 응답자의 다양한 의견을 수렴할 수 있다.
- ㉢ 폐쇄형 질문보다 자료를 모으는 데 효과적이다.
- ㉣ 응답자의 상황을 명확하게 이해할 수 있어 고객 니즈의 탐색이 가능하다.
- ㉤ 응답자가 상세한 부분까지 언급할 수 있어 새로운 정보를 획득할 수 있다.
- ㉥ 대답이 불명확하면 설명을 요구할 수 있어 오해를 제거하고 친밀감을 향상시킬 수 있다.

③ 단점

- ㉠ 코딩이 어렵다.
- ㉡ 너무 간단하게 대답하는 경우가 있다.
- ㉢ 응답자가 응답하는 것에 부담을 느껴 무응답을 하는 빈도가 높다.
- ㉣ 응답 자체를 거절하는 경우도 많다.

(2) 폐쇄형 질문

① 개념: 응답자에게 한정된 내용을 질문하고, 응답자는 한정된 내용 속에서 답변을 선택하는 질문 기법이다.

② 장점 [중요]

- ㉠ 민감한 주제에 적합하다.
- ㉡ 응답이 표준화되어 있어 비교가 가능하다.
- ㉢ 채점과 코딩이 간편하다.
- ㉣ 부호화와 분석이 용이하여 시간과 경비를 절약할 수 있다.
- ㉤ 조사자가 유도하는 방향으로 고객을 리드할 수 있다.
- ㉥ 전체 상담시간의 조절이 용이하다.
- ㉦ 응답 항목이 명확하고 응답자가 신속하게 응답할 수 있다.
- ㉧ 조사자의 편견이 개입되는 것을 방지할 수 있다.

③ 단점

- ㉠ 상세한 정보를 얻기가 어렵다.
- ㉡ 응답자의 다양한 의견을 반영하기가 어렵다.
- ㉢ 응답 항목의 배열에 따라 응답이 달라질 수 있으며 주요 항목이 빠지면 치명적이다.
- ㉣ 설문지 작성 과정이 어렵다.

1. 고객 설득 기법

(1) 소통을 위한 화법

① I · You · Do · Be message 화법

I-message (아이 메시지)	대화 시 상대방에게 내 입장을 설명하는 화법으로, 상대방의 행동이 나에게 어떻게 느껴졌는지 또는 나에게 어떤 영향을 끼쳤는지 설명하는 화법이다.
You-message (유 메시지)	대화 시 결과에 대해 상대방에게 핑계를 돌리는 화법으로 문제의 원인을 상대방에게 있다고 설명하는 화법이다.
Do-message (두 메시지)	어떤 잘못된 행동 결과에 대해 그 사람의 행동 과정을 잘 조사하여 설명하고 잘못에 대하여 스스로 반성을 구하는 화법이다.
Be-message (비 메시지)	잘못에 대한 결과를 일방적으로 단정함으로써 상대방으로 하여금 공격을 받았다고 생각하게 하여 반감을 불러일으키게 하는 화법이다.

② 고객과 상담 시 공감대를 형성하기 위한 방법

㉠ 고객과의 공통점을 찾거나 고객과 공감을 형성할 수 있는 공통 화제를 선정하여 자연스러운 대화를 유도한다.

㉡ 원활한 상담을 위해 고객 말에 적극적으로 동감을 표현하고 긍정적인 관심을 갖는다.

㉢ 고객의 사회적 지위나 신분에 맞는 존칭어를 사용한다.

(2) 설득을 위한 화법 `중요`

① 상품의 가치를 높여주는 FABE 기법

㉠ Feature(특징): 상품의 사실, 자료, 특징을 설명한다.

㉡ Advantage(장점): 상품의 특징이 어떻게 고객에게 사용되고 도움되는지 설명하여 타 상품 대비 상대적으로 우수한 경쟁력을 부각시킨다.

㉢ Benefit(이점): 각 상품의 기능과 장점으로 인해 고객이 받을 수 있는 이익을 보여 주는 것이다.

㉣ Evidence(증거): 고객에게 제시할 수 있는 증거자료, 사례를 제시하여 신뢰감을 확보할 수 있다.

② Yes, but 화법

㉠ 일단 상대의 의견을 긍정하고 난 후, 그와 반대되는 자신의 의견을 제시하는 화법이다.

㉡ 무리한 부탁을 하는 사람은 상대방이 거절할 것에 대한 막연한 두려움을 갖는데 이러한 두려움은 "Yes"를 듣는 순간 반감된다.

㉢ 상대의 의견에 긍정한 후 반론을 제기하거나 거절의 뜻을 표현하면 훨씬 더 이성적으로 이해할 수 있게 된다.

③ 아론슨 화법

㉠ 긍정과 부정의 내용을 함께 말해야 하는 경우, 부정적인 내용을 먼저 말하고 긍정적인 내용을 뒤에 말하며 마무리하는 화법이다.

㉡ 고객이 앞의 내용과 반대되는 내용을 들으면 뒤의 내용을 더 강하게 느껴 긍정적인 내용을 극대화하여 받아들일 수 있다.

ⓒ 단점을 장점으로 전환하고자 할 때 활용하는 화법이다.

> 예 "이 제품은 무겁지만 열전도율과 보온력이 가장 우수합니다."
>
> "이 여행 상품은 비싸지만 만족도가 가장 높은 상품입니다."

④ **레어드 화법**: 질문 형식으로 말하여 고객이 선택할 수 있도록 요청하거나 고객을 유도하는 기술이다.

> 예 "적으세요." → "메모 가능하십니까?", "이름이요?" → "성함을 말씀해 주시겠습니까?", "순서를 지키세요." → "차례를 지켜주시겠습니까?"

⑤ **쿠션 화법**

ㄱ 딱딱한 소파에 쿠션을 대어 부드럽게 하듯이 고객의 의사에 대해 부드럽게 거절하거나 고객에게 요청해야 하는 사항이 있을 때 윤활유의 역할을 한다.

> 예 "죄송합니다만~", "실례합니다만~", "괜찮으시다면~"

ㄴ 쿠션어의 경우 단독으로 활용되기보다는 레어드 화법과 항상 함께 활용된다.

⑥ **긍정형의 화법**: 부정적 응대가 아닌 긍정형의 내용으로 전환하여 고객에게 안내하면 고객을 배려하는 표현으로 느껴진다.

> 예 "모릅니다." → "제가 알아봐 드리겠습니다.", "못합니다." → "최선을 다하겠습니다."

⑦ **스토리텔링**

ㄱ 실제 사례를 중심으로 고객의 흥미를 끌고 대화를 이어갈 수 있는 화법이다.

ㄴ 감성을 움직이고 그 속에서 자연스러운 설득과 이해가 일어난다.

ㄷ 전달하고자 하는 핵심이 쉽고 부담 없이 받아들여진다.

ㄹ 익숙하고 저항감이 없기 때문에 기존 정보나 고정 관념 등의 방해물을 쉽게 피해갈 수 있다.

2. 국어 표준화법

(1) 올바른 어휘 사용의 필요성

① 종결어미를 생략하거나 얼버무리듯 말하는 것은 전문성이 떨어져 보여 고객에게 신뢰를 잃게 된다.

> 예 "예…, 그건 좀….", "글쎄요…."

② 정확한 정보 전달, 전문적인 응대, 정중한 응대를 통한 전문성을 얻기 위해서는 올바른 어휘 사용이 필요하다.

(2) 부적절한 어휘

훈계조 또는 명령어, 책임을 회피하는 어휘를 활용하게 되면 고객은 존중받지 못한다는 느낌을 받아 불쾌감을 느낀다. 따라서 자제하는 것이 바람직하다.

> 예 "… 그건 아니죠.", "…라고요.", "…하세요.", "…일걸요?", "…라고 하네요."

3. 스트레스 관리

(1) 감정노동의 이해

① 감정노동은 말투나 표정, 몸짓 등에 드러나는 감정 표현을 직무의 한 부분으로 연기하기 위해 자신의 감정을 억누르고 통제하는 일이 수반되는 노동을 말한다.

② 주로 고객, 환자, 승객, 학생 및 민원인 등을 직접 대면하거나 음성 대화 매체 등을 통하여 상대하면서 상품을 판매하거나 서비스를 제공하는 고객 응대 업무 과정에서 발생한다.

③ 감정노동을 관리하지 않을 경우 발생할 수 있는 문제

　　㉠ 정신적 건강 문제
- 억눌린 감정을 해소하지 못하면 화병에 시달리거나 업무에서 번아웃을 경험할 수 있다.
- 고객으로부터 받은 감정적 상처로 자살 충동이 일어날 수 있다.
- 자기 비하를 하거나 자아 존중감이 떨어질 수 있다.
- 우울증, 적응 장애, 공황 장애 등이 발생할 수 있다.

　　㉡ 신체적 건강 문제
- 스트레스가 지속되면서 심장이 빨리 뛰고 혈압이 높아진다.
- 실제 감정과 다른 감정을 반복적으로 표현하면서 피로감이 증가한다.

(2) 스트레스 관리 방법

① 자신의 스트레스 증상을 파악한다.

② 자신의 감정을 털어놓는다.

③ 자기주장 훈련과 근육 이완법 훈련, 그리고 복식 호흡을 한다.

④ 긍정적으로 생각한다.

⑤ 생활 습관을 개선한다.

실제 기출문제를 토대로, 출제될만한 내용을 분석하여 출제예상문제를 수록하였습니다. 실제 시험이라 생각하고 연습해 보세요. 답안을 영어 단어로 쓸 경우 철자를 정확하게 써야 하는 것도 잊지 마세요!

01 고객 접점(MOT; Moments Of Truth)의 의미를 쓰시오.

02 고객 접점 응대의 중요성을 두 가지 쓰시오.

03 MOT의 법칙 중 다음 설명에 해당하는 법칙을 〈보기〉에서 찾아 쓰시오.

> 서비스의 전체 만족도는 각 만족도의 합이 아니라 곱에 의해 결정된다. 각 서비스 항목 점수가 우수하게 나왔더라도 어느 한 항목 점수에서 0점을 받았다면 결국 총점은 0점으로 형편없는 서비스가 된다는 법칙이다.

〈보기〉

곱셈의 법칙   100 − 1 = 0의 법칙   통나무 물통의 법칙

04 상담원의 경청에 방해가 되는 요소를 세 가지 쓰시오.

....

05 통신판매 채널의 종류를 세 가지 쓰시오.

....

06 응답이 표준화되어 있어 비교가 가능하고, 채점과 코딩이 간편하지만 응답자의 다양한 의견을 얻어내기는 어려운 질문 형태는 무엇인지 쓰시오.

....

정답★해설

01 고객이 서비스를 제공하는 조직과 그 품질에 대해 어떤 인상을 받는 순간이나 접점을 의미한다.

02 • 고객 접점은 짧은 한순간이지만 그 짧은 한순간이 모든 서비스에 대한 만족과 불만족을 결정한다.
  • 고객 접점에서의 응대에 따라 고객의 충성도, 구매 의도 강화 등에 큰 영향을 미친다.

03 곱셈의 법칙

04 • 속단적 청취(선택적 청취) · 평가
  • 상대방에 대한 편견

• 상대방에 대한 선입견
• 집중하지 않고 다른 생각에 잠겨 있는 행동
• 전화 장치 및 주변의 소음

05 • 전화
  • 이메일
  • 채팅
  • SMS/LMS/MMS
  • 인공지능 챗봇(AI Chatbot)

06 폐쇄형 질문

07 대면 채널과 구분되는 비대면 채널의 특징을 세 가지 쓰시오.

08 고객과 상담원 사이에 형성되는 공감대를 의미하는 것은 무엇인지 쓰시오.

09 효과적인 경청 방법을 세 가지 쓰시오.

10 딱딱한 소파에 쿠션을 대어 부드럽게 하듯이 고객의 의사에 대해 부드럽게 거절하거나 고객에게 요청해야 하는 사항이 있을 때 윤활유의 역할을 하는 화법은 무엇인지 쓰시오.

11 응답자가 주관식으로 답변을 할 수 있는 질문 기법으로, "이 상품의 어떤 점이 불편하셨는지요?"와 같은 질문에서 사용된 기법은 무엇인지 쓰시오.

12 상품의 특징, 장점, 이점, 고객에게 제시할 수 있는 증거 등을 설명하여 상품의 가치를 올려주는 화법은 무엇인지 쓰시오.

13 고객과 상담 시 공감대를 형성하기 위한 방법을 세 가지 쓰시오.

---

14 Yes, but 화법에 대해 설명하시오.

15 다음 내용과 같이 단점을 장점으로 전환하는 화법은 무엇인지 쓰시오.

> • "이 제품은 무겁지만 열전도율과 보온력이 가장 우수합니다."
> • "이 여행 상품은 비싸지만 만족도가 가장 높은 상품입니다."

16 "메모 가능하십니까?", "성함을 말씀해 주시겠습니까?"와 같이 질문 형식으로 말하여 고객이 선택할 수 있도록 요청하거나 유도하는 화법은 무엇인지 쓰시오.

17 레어드 화법과 함께 주로 활용되는 쿠션 화법의 예를 세 가지 쓰시오.

18 고객과 대화 시 훈계조로 말하거나 명령어 또는 책임을 회피하는 어휘를 주로 활용할 때 나타날 수 있는 문제점을 쓰시오.

19 감정노동을 관리하지 않을 경우 발생할 수 있는 신체적 문제를 두 가지 쓰시오.

20 감정노동을 하는 상담원이 할 수 있는 스트레스 관리 방법을 세 가지 쓰시오.

정답★해설

14 일단 상대의 의견을 긍정하고 난 후, 그와 반대되는 자신의 의견을 제시하는 화법이다.

15 아론슨 화법

16 레어드 화법

17 • "죄송합니다만~"
- "실례합니다만~"
- "괜찮으시다면~"

18 고객은 정중한 응대를 받지 못하고, 존중받지 못한다는 느낌에 불쾌감을 느낄 수 있다.

19 • 스트레스가 지속되면서 심장이 빨리 뛰고 혈압이 높아진다.
- 실제 감정과 다른 감정을 반복적으로 표현하면서 피로감이 증가한다.

20 • 자신의 감정을 털어놓는다.
- 자기주장 훈련과 근육 이완법 훈련, 복식 호흡을 한다.
- 긍정적으로 생각한다.
- 생활 습관을 개선한다.

21 다음 상담원의 말을 쿠션 화법과 레어드 화법을 써서 바르게 고쳐 쓰시오.

> 상담원: 네, 기다리세요.

정답★해설

---

21 네, 고객님. 죄송하지만 기다려 주시겠습니까?

제**5**장 영업 고객 불만 관리

☑ **출제 Keyword**
- 고객 불만 응대 시 기대 효과
- 고객 불만 접수 채널
- 불만 사항별 원인 분석
- 고객 불만 처리 절차
- 고객 만족도 조사

01 불만 사항 수집하기

1. 불만 사항의 접수

(1) 불만 고객이 보이는 반응
① 아무런 조치를 취하지 않고 대응하지 않는다.
② 더는 해당 제품이나 서비스를 이용하지 않고 경쟁사의 것으로 교체하거나 다른 기업으로 이탈한다.
③ 해당 기업 또는 한국 소비자원, 시민 단체와 같은 제3자에게 불평한다. 경찰서에 신고를 하거나 민사 또는 형사 소송을 제기하기도 한다.
④ 일반적으로 위의 불평 행동을 하나 또는 여러 조합으로 취한다.

(2) 고객이 불평 행동을 하는 이유(Tax and Brown, 1998)
① **보상의 획득**: 문제 제품의 보상과 같이 경제적 손실을 만회하거나 서비스를 다시 제공받기 위해 불평을 한다.
② **분노의 표출**: 자신의 자존심을 회복하거나 감정을 표출하기 위해 불평을 한다.
③ **서비스 개선에 기여**: 특정 제품이나 서비스가 자신에게 매우 중요한 경우에는 개선에 기여하고자 자발적으로 나서서 불평 및 제언을 한다.
④ **다른 고객을 위한 배려**: 다른 고객이 자신과 같은 불만을 경험하지 않도록 문제를 제기하여 서비스가 개선되기를 기대하며 불평한다.

(3) 고객 불만 응대 시 기대 효과 중요
① 제품이나 서비스의 문제점을 조기에 발견하여 문제가 확산되기 전에 신속히 처리할 수 있다.
② 고객이 부정적 경험을 지인에게 확산시키는 것을 막아 기업 이미지에 주는 타격을 줄인다.
③ 제품에 대한 불편 사항을 개선해 새로운 제품을 탄생시킬 수 있는 아이디어를 얻는다.
④ 고객 불만을 만족스럽게 처리한 경우, 고객과의 관계를 강화하고 충성도를 높일 기회를 얻는다.

(4) 불만 사항의 접수 채널 <mark>중요</mark>

① 기업 내부 접수 채널

오프라인(Off-line) 접수 채널	고객센터 창구, 영업소 창구, 우편, 팩스 등
온라인(On-line) 접수 채널	인터넷 홈페이지 게시판, 이메일 등

② 기업 외부 접수 채널: 소비자 단체, 언론사, 동호회, SNS 등

02 불만 사항 분석하기

1. 불만 사항의 분류

(1) 접수 채널별 분류

① 고객들이 불만이 있을 때 주로 활용하는 접수처가 어디인지 확인한다.

② 고객 불만이 특정 접수처로 몰린다면, 해당 고객은 그 접수처를 선호한다는 의미이므로 더욱 신경 써서 관리해야 한다.

(2) 고객 유형별 분류

① 기업 고객인지, 최종 소비자인지 분류한다. 기업 고객인지, 최종 소비자인지에 따라 고객 불만의 해결 방법을 다르게 한다.

② 일반 고객인지, 우수 고객인지, 불량 고객인지 분류한다. 이때 RFM 분석을 기준으로 하여 분류할 수 있다. 일반 고객보다 우수 고객의 불만 사항을 더욱 신경 써서 관리할 필요가 있다.

(3) 상품별 분류

① 제품 및 서비스별로 분류한다.

② 기존 제품인지, 신제품인지 분류한다.

③ 반복되는 고객 불만은 향후 제품 및 서비스 개선에 반영되어야 한다.

④ 신제품의 경우 초기 고객 불만에 적절히 대응하지 못하면 제품의 대중화에 실패할 가능성이 높으므로 빠르게 대처해야 한다.

(4) 불만 유형별 분류

B2C(Business to Customer) 고객의 경우	B2B(Business to Business) 고객의 경우
• 제품 요인 • 영업/판매 요인 • 서비스 요인 • 배송 및 운송 요인 • 기업 윤리 요인	• 수주 요인 • 출하/납품 요인 • 견적 요인 • 발주 요인 • 재고 요인 • 부서 간 업무 협조 요인

(5) 발생 시기별 분류

　① 불만 사항의 발생 빈도를 주별, 월별, 분기별 등으로 확인한다.

　② 주로 어떤 시기에 고객 불만이 몰리는지 확인한다.

2. 불만 사항별 원인 분석

(1) 불만의 발생 주체에 따른 불만 원인

　① 기업 원인

　　㉠ 제품 및 서비스 품질의 미흡

　　㉡ 표시상의 결함 또는 광고 문제

　　㉢ 거래 조건 문제

　　㉣ 상품 관리 미흡

　　㉤ 운반, 배송 과정 중 관리 소홀

　　㉥ 교환, 환불의 지연

　　㉦ A/S 미흡

　　㉧ 기업 이미지에 어긋난 경영 활동 및 경영진의 윤리 문제

　② 직원 원인

　　㉠ 상품 및 업무 지식 결여

　　㉡ 서비스 마인드 결여

　　㉢ 약속 불이행

　　㉣ 소극적인 자세

　　㉤ 강권, 강매

　　㉥ 용모 및 복장 불량

　③ 소비자 원인 중요

　　㉠ 고객의 지나친 기대

　　㉡ 고객의 기억 착오 또는 오해로 인한 마찰

　　㉢ 고객의 고압적 태도

　　㉣ 고객의 부주의

　④ 불가피한 상황과 관련된 원인

　　㉠ 천재지변으로 인한 서비스 제공의 실패

　　㉡ 예기치 못한 사고나 상황에 따른 시설 및 설비의 폐쇄

(2) 거래단계별 불만 원인

　① 정보 수집 단계: 제품 정보 수집의 어려움, 과장된 정보 전달, 미흡한 정보 제공 등

　② 구매 단계: 구매 과정의 복잡성, 불필요한 서류 요구, 구매 시 매장 또는 영업 직원의 청결 불량, 매장 시설물의 안전 관리 소홀, 직원의 불친절한 태도, 제품 진열 미흡, 강매 등

③ 배달/운송 단계: 미배송, 운송의 지연, 제품 배송 오류, 배송지 오류, 선입 선출 오류, 분실, 파손, 운송 시 품질 변화로 인한 손상 등

④ 설치 단계: 방문 약속 미이행, 방문설치 시간 변경 또는 연기, 연락 불통, 복잡한 설치 방법, 설치 안내서 오류 등

⑤ 지불 단계: 복잡한 결제 방법, 영수증 미발행, 일방적인 거래조건 요구, 납품가 차별 등

⑥ 보관 단계: 보관의 어려움, 보관 중 제품 변질 등

⑦ 사용 단계: 복잡한 사용 방법, 사용 방법 안내서 미제공, 사용 방법 안내서의 오류, 잦은 고장, 포장 개봉의 어려움, 오작동, 기능 미달 등

⑧ 환불 단계: 반품 및 교환 불가, 환불 지연, 교환·환불 과정의 복잡성 등

⑨ A/S 단계: A/S 미출동, A/S의 지연, A/S 직원의 불친절한 서비스 태도, A/S 직원의 업무처리 미숙 등

⑩ 폐기 단계: 폐기물 처리의 어려움, 폐기물 처리의 복잡성 등

03 불만 사항 해결 과정

1. 불만 처리 절차의 수립

(1) 고객 불만 처리 절차

불만 접수·응대
- 고객의 요구사항을 파악하여 접수한다.
- 고객의 불만 내용에 대해 정중하게 사과한다.

↓

처리 작업
- 권한의 범위 내에서 해결 가능하면 완결하고 SMS를 발송한다.
- 미완결 조치 시 담당 부서를 연결한다.
- 불만 상황에 따라 합리적 보상을 제시한다.

↓

담당 부서 분배
- 처리기관의 기준을 정립한 후, 담당자에게 연결한다.
- 불만 사항을 신속하게 조치할 수 있도록 처리자를 지정한다.

↓

담당 부서 접수·이관
- 접수 후 불만 처리자 지정 시 고객에게 SMS를 발송한다.
- 접수자와 처리자를 명확히 하고, 접수 내용을 고객에게 확인한다.

↓

불만 처리
- 처리 방법 및 보상 여부를 결정한다.
- 고객에게 연락하고 불만을 해결한다.

↓

완료
- 시정 조치된 불만 사항에 대해 고객의 만족 여부를 확인한다.
- 고객에게 해피콜을 시행하고, 감사 표시를 한다.

고객 불만 처리 원칙

- 불만 처리 프로세스가 이해하기 쉽고 이용하기 쉬운지 확인한다.
- 불만 처리 담당자와 최종 결재자가 누구인지 명확히 기술한다.
- 불만 처리 기한이 정해져 있는지 확인한다.
- 명확한 보상 처리 절차와 기준이 있는지 확인한다.
- 고객과 경영자에게 불만 처리 정보가 전달되고 있는지 확인한다.
- 불만 처리 결과를 고객에게 통지하여 소비자의 반응을 알아본 후, 기록과 결과를 보관하는 절차가 명시되어 있는지 확인한다.

(2) 불평불만 업무 처리 시 고려사항

① 고객이 불평불만을 담당하는 부서에 접근하기 용이하게 해야 한다.

② 고객에게 업무 처리 절차의 홍보가 잘 되어 있어야 한다.

③ 고객의 불평불만을 상담한 직원뿐 아니라 관련 직원들도 함께 처리 절차 및 결과를 인지해야 한다.

④ 고객의 현재 상황이나 불만 등을 객관적으로 응대해야 한다.

⑤ 불만사항의 처리 과정에 불편이 없도록 한다.

⑥ 고객이 잘 이해하지 못하는 부분은 충분하게 이해시킨다.

⑦ 고객 응대와 결과 처리 피드백은 신속하게 진행해야 한다.

⑧ 고객 불만의 원인과 유형을 데이터베이스화하고 실무에 적극 활용해야 한다.

2. 고객 만족도 조사

(1) 만족도 조사의 개요

① 기업은 고객이 제기한 불만을 적절하게 대처했는지 확인해야 하는데, 그 방법 중 하나가 고객 만족도 조사이다.

② 고객 불만의 접수, 처리, 결과 통보, 사후 처리 과정에서의 고객 불만을 방지하고 예방하기 위해 적용한다.

불평 고객에 대한 대응 자세

- 충분히 배려한다.
- 개방형 질문을 한다.
- 공감하면서 경청한다.
- 전문 기관을 알선한다.
- 긍정하면서 상담원 측의 이야기를 한다.
- 고객이 만족할 수 있는 방법을 제시한다.
- 보상받기를 원하는 것이 무엇인지 질문한다.

(2) 고객 만족도 측정의 3원칙

① **정확성의 원칙**: 고객의 만족 여부에 대해 객관적이고 타당성이 있는 조사가 이루어져야 정확하게 상황 판단을 할 수 있다.

② **정량성의 원칙**: 고객의 만족 여부를 체크한다는 것은 정성적인 성격이 강할 수 있지만, 정량적인 평가를 통해서 수치화할 수 있어야 객관적으로 판단하고 개선할 수 있다.

③ **지속성의 원칙**: 조사를 정기적으로 실시하여 얻어낸 결과를 바탕으로 체계적인 개선 활동에 반영할 수 있어야 한다.

(3) 고객 만족도 조사의 운영 및 활용

① 매년 1회 이상 정기, 비정기 계획에 따라 고객 만족도를 측정한다. 이때 조사 기관은 공정성을 위해 외부의 전문 기관을 활용할 수 있다.

② 만족도 조사는 향후 개선 과제를 도출하고 피드백하는 것에 목적을 둔다.

③ 만족도 조사 결과는 관련 부서의 품질 및 서비스 향상을 위한 평가 지표로 활용할 수 있다.

(4) 고객 만족도 조사 시 유의 사항

① 사소한 것이라도 고객과의 상담 내용은 빠짐없이 기록한다.

② 불미스러운 상황에 대한 대처 방법을 반드시 숙지한다.

③ 접수된 고객 요구사항을 유형별로 확인하여 누락되는 내용이 없도록 한다.

④ 수집된 고객의 개인정보는 안전하게 보관한다.

⑤ 자료를 조사하여 활용할 경우 저작권 침해 등에 유의한다.

⑥ 고객의 개인정보를 수집할 경우에는 개인정보 보호법에 따라 개인정보취급방침의 동의 여부를 반드시 확인한다.

CHECK POINT

고객 만족 3요소

• 제품 요소: 기업이 제공하는 유형 · 무형의 상품
• 서비스 요소: 기업의 제품을 이용하면서 받게 되는 혜택을 포함한 서비스
• 기업 이미지 요소: 고객이 가지고 있는 기업에 대한 이미지

실제 기출문제를 토대로, 출제될만한 내용을 분석하여 출제예상문제를 수록하였습니다. 실제 시험이라 생각하고 연습해 보세요. 답안을 영어 단어로 쓸 경우 철자를 정확하게 써야 하는 것도 잊지 마세요!

01   고객이 불평 행동을 하는 이유를 네 가지 쓰시오.

02   고객 불만에 대한 적절한 응대 시 얻을 수 있는 기대 효과를 세 가지 쓰시오.

03   불만 사항 접수 채널 중 기업 내부의 접수 채널을 세 가지 쓰시오.

정답★해설

01 ・ 보상의 획득
・ 분노의 표출
・ 서비스 개선에 기여
・ 다른 고객을 위한 배려

02 ・ 제품이나 서비스의 문제점을 조기에 발견하여 문제가 확산되기 전에 신속히 처리할 수 있다.
・ 고객이 부정적 경험을 지인에게 확산시키는 것을 막아 기업 이미지에 주는 타격을 줄인다.

・ 제품에 대한 불편 사항을 개선해 새로운 제품을 탄생시킬 수 있는 아이디어를 얻는다.
・ 고객 불만을 만족스럽게 처리한 경우, 고객과의 관계를 강화하고 고객의 충성도를 높일 기회를 얻는다.

03 ・ 고객센터 창구
・ 인터넷 홈페이지 게시판
・ 이메일
・ 우편
・ 팩스

04 발생 주체에 따른 불만 원인 중 기업이 원인인 경우를 세 가지 쓰시오.

05 발생 주체에 따른 불만 원인 중 소비자가 원인인 경우를 세 가지 쓰시오.

06 다음의 고객 불만 처리 절차 중 빈칸 A와 B에 들어갈 단계를 쓰시오.

(A) → 처리 작업 → 담당 부서 분배 → (B) → 불만 처리 → 완료

07 고객 만족도 조사 시 유의 사항을 세 가지 쓰시오.

08 다음 설명과 관련 있는 조사는 무엇인지 쓰시오.

> • 고객이 제기한 불만을 적절하게 대처했는지 기업이 확인하는 조사이다.
> • 고객 불만의 접수, 처리, 결과 통보, 사후 처리 과정에서의 고객 불만을 방지하고 예방하기 위해 적용한다.
> • 조사의 결과는 관련 부서의 품질 및 서비스 향상을 위한 평가 지표로 활용할 수 있다.

09 고객 만족도 측정의 3원칙을 쓰시오.

정답★해설

04 • 제품 및 서비스 품질의 미흡
• 표시상의 결함 또는 광고 문제
• 거래 조건 문제
• 상품 관리 미흡
• 교환, 환불의 지연
• A/S 미흡
• 기업 이미지에 어긋난 경영 활동 및 경영진의 윤리 문제

05 • 고객의 지나친 기대
• 고객의 기억 착오 또는 오해로 인한 마찰
• 고객의 고압적 태도
• 고객의 부주의

06 A: 불만 접수 · 응대, B: 담당 부서 접수 · 이관

07 • 사소한 것이라도 고객과의 상담 내용은 빠짐없이 기록한다.
• 불미스러운 상황에 대한 대처 방법을 반드시 숙지한다.
• 접수된 고객 요구사항을 유형별로 확인하여 누락되는 내용이 없도록 한다.
• 수집된 고객의 개인정보는 안전하게 보관한다.
• 자료를 조사하여 활용할 경우 저작권 침해 등에 유의한다.
• 고객의 개인정보를 수집할 경우에는 개인정보 보호법에 따라 개인정보취급방침의 동의 여부를 반드시 확인한다.

08 고객 만족도 조사

09 • 정확성의 원칙
• 정량성의 원칙
• 지속성의 원칙

제6장 고객 분석과 데이터 관리

☑ **출제 Keyword**
- 고객 분류
- 데이터 웨어하우스(DW; Data Warehouse)의 의미
- 데이터마이닝(Data mining)의 의미와 수행 단계
- 고객 데이터의 유형별 분류 및 수집 방법

01 대상 고객 선정하기

1. 고객 분류 기준 설정

(1) 고객 분류의 목적
① 각 고객 그룹에 대한 이해력이 높아지고, 고객의 요구 파악이 용이해짐으로써 전체 고객을 효율적으로 관리할 수 있다.
② 각 그룹별 고객 특성과 요구를 반영하여 차별화된 마케팅 전략 수립이 용이하다.
③ 자사의 그룹별 마케팅 성과 파악이 용이하다.
④ 각 그룹별 고객 현황 분석과 그룹 간 이동 상황 분석 등을 통해 기업의 장단점을 파악하여 기업 경영 활동을 보완할 수 있다.

(2) 고객 충성도에 따른 분류 `중요`
① **잠재 고객(구매 용의자)**: 자사 상품을 구매할 능력이 있는 모든 사람으로, 자사 상품을 이용할 것인지의 여부가 불확실한 상태의 고객이다.
② **가망 고객(예상 고객)**: 자사 제품이나 서비스를 알고는 있으나 아직 구매행동으로 연결하지 않은 사람으로, 마케팅이나 접촉 활동 전개 시 고객 확보가 가능할 것으로 예상되는 고객이다.
③ **신규 고객**: 상품을 처음 구매한 고객으로, 타사로 이동하기 쉽기 때문에 첫 구매 이후에 재구매를 할 수 있도록 첫 구매 감사 쿠폰, 마일리지 적립 등의 촉진 활동을 해야 하는 고객이다.
④ **반복 고객(기존 고객)**: 상품을 최소 두 번 이상 구매한 고객으로, 맞춤 상품이나 혜택 등의 개별화된 마케팅 전략을 사용하여 재구매율을 높여야 한다.
⑤ **단골 고객**: 자사의 상품이나 서비스만을 구입하는 고객이다. 강한 유대 관계를 가지고 있어 경쟁사의 유인 전략에도 쉽게 동요되지 않는다.
⑥ **충성 고객(옹호 고객, 핵심 고객)**: 기업의 상품에 지속적으로 만족하여 해당 상품을 반복적으로 구입할 뿐만 아니라 다른 사람에게 적극적으로 사용을 권유하여 간접적인 광고 효과를 발생시키는 고객이다.
⑦ **동반 고객(파트너)**: 기업의 의사결정에 참여하고 함께 이익을 나누는 고도화된 고객이다.

(3) 고객 행동 결과에 따른 분류

① **구매 용의자(잠재 고객)**: 자사 상품을 구매할 능력이 있는 모든 사람이다.

② **구매 가능자**: 자사의 상품을 필요로 할 수 있으며 구매 능력이 있는 사람이다.

③ **비자격 잠재자**: 구매 가능자 중에서 자사의 제품 서비스에 대하여 필요성을 느끼지 못하거나 구매할 능력이 없다고 확실하게 판단되는 고객이다.

④ **최초 고객(신규 고객)**: 자사의 상품이나 서비스를 최초로 구입한 고객이다.

⑤ **반복 고객(기존 고객)**: 자사의 상품이나 서비스를 구매하고 있거나 기존에 구매한 경험이 두 번 이상 있는 고객이다.

⑥ **단골 고객**: 자사의 상품을 반복적으로 구매할 뿐만 아니라 자사와 지속적인 유대 관계를 지니고 있는 고객이다.

⑦ **옹호 고객(충성 고객, 핵심 고객)**: 단골 고객 중 자사의 상품에 대해 다른 사람에게 적극적으로 추천하고 구전 활동을 하는 고객이다.

⑧ **비활동 고객**: 자사의 고객이었던 사람 중 구매를 할 시기가 지났는데도 더 이상 구매하지 않는 사람이다.

CHECK POINT

한계 고객
고객에게서 얻는 수익보다 기업이 지불하는 비용이 더 많이 드는 고객이다.

---

2. 고객정보(데이터) 추출

(1) 고객 데이터베이스 구축을 위한 고객정보 수집의 기획 과정

① 고객정보 수집의 필요성 인식

② 고객정보 요구사항의 명확화

③ 고객정보 수집 체계의 수립

④ 고객정보 데이터베이스의 설계 및 구축

(2) 고객정보 추출 `중요`

① **데이터 웨어하우스(DW; Data Warehouse)**

㉠ 데이터베이스에 저장되어 있는 데이터 중 의사결정에 필요한 데이터를 추출한 후, 이를 통일된 형식으로 변환하여 저장해 놓은 데이터베이스이다.

㉡ 의사결정지원 전용으로 구성된 별도의 데이터베이스로서, 데이터는 각 부서의 거래 처리(TP; Transaction Processing) 시스템에서 가져와 통합된다.

㉢ 데이터 웨어하우스는 제품이 아니라 하나의 소프트웨어 구성(구축) 기술이다.

㉣ 기업 내 의사결정지원 애플리케이션들을 위한 정보 기반을 제공하는 하나의 통합된 데이터 저장 공간이다.

② 데이터 웨어하우스의 특징

주제 지향성	상품, 판매, 고객 등과 같은 전사적인 관심의 대상이 되는 주제들을 중심으로 관련 데이터가 통합된다.
통합성	필요한 데이터만을 추출하여 통합한 데이터베이스로, 표준화 작업과 중복된 데이터의 제거로 각 주제에 대하여 하나의 시각만을 제공한다.
시계열성	데이터들이 최근의 데이터로 갱신되거나 과거의 데이터가 삭제되는 것이 아니라, 계속 누적되어 시계열적으로 보관된다. 따라서 데이터 웨어하우스의 정보를 분석하면 시간의 흐름에 따라 변수들이 어떻게 변화하는지 분석할 수 있다.
비소멸성	데이터 웨어하우스에 일단 데이터가 저장되면 어떠한 경우에도 변경되지 않는다는 점을 말한다. 따라서 데이터 웨어하우스를 사용하는 사람들은 정보를 검색할 수는 있으나 갱신할 수는 없다.

③ 데이터마트(Data mart): 데이터 웨어하우스의 일부라고 할 수 있다. 데이터 웨어하우스는 전사적 관점에서 구축되기 때문에 개별 부서나 특정 업무에 적합하지 않은 형태로 저장되어 있을 수 있다. 따라서 데이터 웨어하우스와 사용자의 사이에 데이터마트를 별도로 구축하기도 한다.

02 고객정보 분석하기

1. 고객 관리를 위한 대표적인 분석 방법

(1) OLAP(On-Line Analytical Processing)

① 개념: 사용자가 정보에 직접 접근하여 대화 형태로 정보를 분석하고 의사결정에 활용하는 것을 말한다.

② 특징

  ㉠ 다차원 데이터베이스: 다양한 각도에서 데이터를 분석하는 데 사용하는 다차원 데이터베이스이다.

  ㉡ 직접 접근: 사용자의 관점에서 구축된 다차원 데이터베이스이기 때문에 사용자가 다른 사람의 도움을 받지 않고 직접 접근하여 데이터를 분석함으로써 자신이 원하는 정보를 얻을 수 있다.

  ㉢ 대화식 분석: OLAP 환경에서의 데이터 분석은 사용자와 시스템이 상호 간에 대화를 하는 형식으로 이루어지며, 사용자가 다음에 어떠한 분석을 하는지는 이전의 분석 결과에 따라 달라진다.

③ 목적: 수집한 정보를 활용하여 의사결정에 필요한 정보를 추출하고 의사결정을 지원하는 데에 사용된다.

(2) 데이터마이닝(Data mining) 중요

① OLAP와 더불어 데이터 웨어하우스나 데이터마트와 같은 데이터베이스를 이용하여 정보를 분석하는 대표적인 분석 도구이다.

② 대용량의 데이터베이스에서 유용한 정보를 추출하는 도구로, 축적된 고객 관련 데이터에 숨겨진 규칙이나 패턴을 찾아내는 데이터 분석 기법이다.

③ 많은 데이터 가운데 유용한 상관관계를 발견하여, 이전에 알려지지 않은 정보를 추출해 내는 지식발견 프로세스이기도 하다.

④ 경영학 분야뿐만 아니라 공학, 자연과학, 의학 등의 분야에서 축적된 데이터베이스로부터 새로운 정보를 추출할 필요가 있을 때 활용할 수 있다.

⑤ 마케팅의 고객 관리 측면에서 데이터마이닝은 고객 이탈 가능성 예측, 교차 판매 대상 상품의 선정, 신용 등급의 결정, 시장 세분화, 고객 잠재력의 평가, 부정거래의 식별 등 매우 다양한 용도로 활용되고 있다.

2. 고객정보 분석

(1) 데이터마이닝의 수행

① 고객의 정보를 분석하기 위해 대용량의 데이터에서 유용한 정보를 추출하는 방법으로 데이터마이닝 기법을 활용할 수 있다.

② 데이터마이닝의 수행 단계 중 데이터를 추출한 뒤 적합성을 검증하는 작업이 가장 중요하며 이 단계에서는 데이터의 정제, 데이터의 변환, 사용 변수의 선별, 파생 변수의 생성 등과 같은 다양한 작업을 수행한다.

(2) 고객에 대한 정보 분석 절차

① **데이터 수집 대상 선정**: 데이터를 수집할 대상과 항목 등을 선정한다.

② **데이터 측정**: 설문지나 웹 서버 등을 통하여 데이터를 측정한다.

③ **데이터 기록**: 설문지나 웹 서버 등을 통하여 측정된 데이터를 일정한 서식 등에 기록한다.

④ **데이터 분석**: 기록된 데이터를 이용하여 쇼핑몰을 이용하는 성향 등을 분석한다.

⑤ **보고서 작성**: 기록된 데이터를 분석하여 보고서를 작성한다. 보고서는 그래프 등으로 시각화하여 작성하는 것이 정보를 분석하는 데 도움을 준다.

⑥ **의사결정**: 분석된 자료를 바탕으로 의사결정자는 개인별 맞춤형 마케팅 전략을 수립한다.

03   고객 유형 결정하기

1. 내 · 외부 고객의 범위 결정

(1) 내부 고객 `중요`

① 조직 내부에 소속되어 있는 직원을 말한다.

② 직원은 기업이 제공하는 정보를 고객에게 전달하는 전달자 역할을 하면서 자사 제품을 소비하는 소비자 역할도 하므로 마케팅의 대상이 되기도 한다.

③ 직원들은 자사에 대한 만족도가 높을 때 고객을 응대하는 태도가 좋아지기 때문에 직원들에 대한 관리가 중요하다.

④ 내부 고객의 만족은 고객 만족의 출발점이 되므로 가장 먼저 만족시켜야 할 고객이라고 할 수 있다.

(2) 외부 고객 [중요]

① 조직 내부에 소속되어 있지 않은 외부의 고객을 말한다.

② 백화점에서 상품을 구입하는 일반 고객을 예로 들 수 있다.

2. 관계 형성 정도에 따른 고객의 범위 결정

고객	관계 형성 정도	고객 범위
잠재 고객	자사의 제품이나 서비스를 모르거나, 관심이 없는 고객. 현재는 거래하고 있지 않지만 미래에 자사의 제품이나 서비스를 구매할 잠재력을 가지고 있는 고객	일반 고객
신규 고객	자사의 제품이나 서비스를 처음으로 구매한 고객. 제품이나 서비스를 새로 구입하기 시작함	일반 고객
기존 고객	자사의 제품이나 서비스를 반복적으로 구매하는 고객	우수 고객
핵심 고객	자사의 제품이나 서비스를 지속적으로 구매하면서, 지인에게 자사의 제품이나 서비스를 추천하는 고객	충성 고객
불만 고객	자사의 제품이나 서비스에 대하여 불만을 표출하는 고객	관리 고객
휴면 고객	현재 자사의 제품이나 서비스를 구매하지 않는 고객	관리 고객
이탈 고객	자사의 제품이나 서비스를 더 이상 구매하지 않고 타사의 제품이나 서비스를 구매하는 고객	관리 고객

04 표본설계

1. 표본

(1) 주요 용어

① **모집단(Population)**: 조사자가 추론하고자 하는 모든 자료의 집합, 즉 조사를 진행하고자 하는 대상 전체를 말한다.

② **표본추출 단위(표집 단위, Sampling unit)**

㉠ 기본 단위들의 집합으로 실제로 모집단에서 표본으로 추출되는 단위이다.

㉡ 표집 과정에서 각 단계에서의 표집 대상이다.

③ **표본추출틀(표집틀, 표본 프레임, Sampling frame)**

㉠ 표본을 뽑기 위해 사용하는 요소의 목록 또는 유사 목록이다.

㉡ 표본추출 단위가 집단인 경우에는 모집단의 목록인 표본 프레임도 개인별 목록이 아니라 집단별 목록만 있으면 된다.

㉢ 정확한 표본추출을 위해서는 모집단과 정확하게 일치하는 표본 프레임을 확보해야 한다.

④ **표본(Sample)**: 표본추출틀로부터 뽑은 추출 단위들의 집합을 말하며, 전체 응답 대상 중 특성이 있는 적절한 소수로 뽑은 대상이다.

⑤ **표집률(Sampling ratio)**: 모집단에서 개별 요소가 선택될 비율이다.

(2) 오류의 유형

① 표본 오류

㉠ 표본을 추출하는 과정에서 불가피하게 발생하는 오류이다.

㉡ 모집단의 대표성이 불완전한 경우 발생하는 오류이다.

㉢ 특히 표본 크기의 조건을 만족시키지 못하는 경우에 발생하며, 표본의 크기가 증가하면 표본의 대표성이 커지므로 표본 오류는 감소한다.

② 비표본 오류

㉠ 개념: 표본추출 이외의 과정에서 발생하는 오류로서, 자료를 수집하는 과정에서 발생하는 오류인 측정 오류이다.

㉡ 비표본 오류가 발생하는 원인: 조사에서의 무응답, 잘못된 표본추출틀의 사용, 조사원의 미숙한 진행, 응답자의 거짓말, 자료의 입력 및 처리 과정에서의 오류 등이 있다.

㉢ 종류

• 관찰 오류: 관찰하는 과정에서 발생하는 오류와 수집한 자료를 기록하고 처리하는 과정에서 생기는 오류이다.

• 비관찰 오류 중요

– 무응답 오류: 표본으로 선정하였지만, 응답자의 거절이나 비접촉으로 데이터를 조사할 수 없어서 발생하는 관찰 불능에 의한 오류이다.

– 불포함 오류: 원칙적으로 표본조사를 할 때 표본 체계가 완전하지 않아 생기는 오류이다.

2. 표본조사와 전수조사

(1) 표본조사

① 조사 대상 중 일부를 추출하기 때문에 표본추출 문제가 중요하고, 모집단이 클 경우에 효과적이다.

② 표본 오류가 존재하나 그 오차의 계산이 가능하다.

③ 조사 기간이 짧고 비용, 시간, 인원이 절약된다.

(2) 전수조사

① 조사 대상 전체를 빠짐없이 조사하기 때문에 원칙적으로 바람직하며, 모집단의 규모가 작고 추정의 정도가 높아야 하는 경우 이용된다.

② 전체 오차를 최소한으로 줄인 조사가 필요한 경우 이용된다.

③ 조사 기간이 길고 비용이 많이 든다.

3. 표본추출방법

(1) 확률표본추출방법

① 개념

㉠ 모집단을 구성하고 있는 추출 단위가 표본으로 추출될 확률을 사전에 알고 있는 추출 방법이다.

㉡ 모집단에 속한 모든 요소가 표출됨에 있어 같은 확률을 가진다는 것이 전제가 된다.

㉢ 선정된 표본이 모집단을 적절히 대표해 체계적인 편중의 위험을 최소화한다.

㉣ 비용이 많이 들고 불편하지만 표본오차의 추정이 가능하다.

② 종류 중요

㉠ 단순무작위표본추출방법: 표본추출 프레임에서 각 대상자를 무작위로 추출하는 방법으로, 표본 요소들이 표출될 확률이 동일하다.

㉡ 층화표본추출방법

• 일정한 특성에 의해 모집단을 층화하고 각 층에서 일정 수를 무작위로 표출한다.

• 각 층 내부는 동질적인 속성을 가지는 반면, 각 층들 간에는 이질적인 속성을 가진다.

• 종류에는 비례에 맞춰 추출하는 비례층화표본추출방법과 비율에 상관없이 임의대로 추출하는 불비례추출방법이 있다.

㉢ 군집(집락)표본추출방법

• 모집단을 여러 집락으로 나눈 후 특정 집락을 무작위로 선택하여 그 집락 내의 모든 구성원을 표본으로 추출하는 방법이다.

• 집단 간에는 동질적인 속성을 가지는 반면, 집단 내부는 이질적인 속성을 가진다.

㉣ 계통표본추출방법

• 체계적 표본추출방법이라고도 하며, 모집단 추출틀에서 단순무작위로 하나의 단위를 선택하고 그다음 k 번째 간격마다 하나씩의 단위를 표본으로 추출한다.

• 표본추출이 쉽고 모집단이 클 경우 효과적이지만, 선정된 매 k 번째 사이의 표본이 무시되는 단점이 있다.

(2) 비확률표본추출방법

① 개념

㉠ 무작위추출이 아닌 다른 선택 방법들로 표본을 선택하는 방법을 말한다.

㉡ 모집단을 정확하게 규정할 수 없는 경우나 표본의 크기가 작은 경우에 유용하다.

② 종류 중요

㉠ 편의(임의)표본추출방법: 조사자가 편리한 방법으로 임의로 표출하며, 우연적 표집이라고도 한다.

㉡ 판단(목적)표본추출방법: 조사 목적에 맞다고 판단되는 소수의 인원을 조사자가 선택하며 유의 표집이라고도 한다.

㉢ 할당표본추출방법: 모집단을 일정한 카테고리로 나눈 다음, 이들 카테고리에서 필요한 만큼의 조사 대상을 작위적으로 추출하는 방법이다.

㉣ 눈덩이표본추출방법: 특정 집단의 조사를 위해 조사자가 적절하다고 판단하는 조사 대상자들을 선정한 다음 그들로 하여금 또 다른 대상자들을 추천하도록 하는 방법이다.

4. 신뢰도와 타당도

(1) 신뢰도

① 시간적 간격을 두고 동일한 조건 아래에 있는 측정 대상을 반복하여 측정하였을 때 각 반복 측정치들 사이에 나타나는 일관성의 정도를 말한다.

② 측정 도구가 측정하고자 하는 현상을 일관성 있게 측정했는지를 나타내는 개념이다.

③ 측정의 신뢰성을 높이는 방법(측정 오차를 줄이는 방법) 중요

 ㉠ 측정 항목을 늘린다.

 ㉡ 측정 항목의 모호성을 제거한다.

 ㉢ 중요한 질문의 경우 동일하거나 유사한 질문을 2회 이상 한다.

 ㉣ 성의가 없거나 일관성이 없는 응답은 조사에서 제외한다.

 ㉤ 조사 대상자가 잘 모르거나 전혀 관심이 없는 내용은 측정하지 않는다.

 ㉥ 설문지의 문항별 설명을 명확히 하여 응답자별로 해석상의 차이가 발생하지 않도록 한다.

 ㉦ 조사원들에 대한 교육을 강화하여 설문을 명확히 이해하도록 하고, 질문 방식 등을 표준화한다.

④ 신뢰도 측정 방법 중요

 ㉠ 재검사(재조사)법: 동일한 대상에 동일한 측정 도구를 이용하여 반복적으로 측정해 측정값들 사이의 차이를 분석하는 방법이다.

 ㉡ 동형 검사(복수양식법): 문형은 다르지만 같은 특성을 같은 형식을 통해 측정하는 방법이다.

 ㉢ 반분법: 측정 도구를 임의로 반으로 나누어 각각 독립된 두 개의 척도로 사용하는 방법이다.

 ㉣ 내적 일관성 분석법: 크론바흐 알파 계수값을 이용하여 일관성 없는 항목을 제거하는 방법이다.

(2) 타당도

① 연구자가 측정하고자 하는 개념이나 속성을 정확히 측정했는지를 나타내는 개념이다.

② 검사 점수가 검사의 사용 목적에 얼마나 부합하는지를 나타내며, 적합성과 관련된 문제이다.

③ 내적 타당도 저해 요소 중요

 ㉠ 통계적 회귀: 같은 현상을 반복해서 측정하다 보면 그 값들이 평균값으로 수렴하는 특징이 나타나는데, 이와 같이 사전 검사에서 종속 변수의 값이 극단적인 경우에 사후 측정에서 독립 변수의 영향과 관련 없이 평균값으로 근접하려는 경향을 보이는 것이다.

 ㉡ 외적 사건(역사적 요소 또는 우연적 사건): 조사자의 의도와 관계없이 어떤 사건이 우연히 발생하여 종속 변수에 영향을 미치는 것이다.

 ㉢ 검사 효과: 사전 검사가 사후 검사에 영향을 미쳐 종속 변수의 변화를 나타나게 하는 것이다.

 ㉣ 성장 효과(성숙 효과 또는 시간적 경과): 조사 기간 중에 시간의 경과에 따라 조사 집단의 속성이 자연적으로 변화함으로써 종속 변수에 영향을 미치는 현상이다.

 ㉤ 도구 효과(측정 수단의 변화): 사전 검사와 사후 검사에서 종속 변수를 측정하기 위해 사용하는 측정 도구의 문제로 인해 측정 결과가 왜곡되어, 독립 변수가 종속 변수에 영향을 미치고 있는 것처럼 조사 결과에 영향을 미치는 현상이다.

 ㉥ 실험 대상의 변동: 실험 대상으로 선정된 조사 대상이 조사 기간 중에 이사, 사망 등의 이유로 이탈하는 경우에 나타나는 왜곡 현상이다.

④ 외적 타당도 저해 요소

    ㉠ 반작용 효과(Reactive effects)

    ㉡ 실험대상자 선정에서 오는 편향

    ㉢ 독립 변수 간의 상호 작용

CHECK POINT

타당도의 종류

- 기준 타당도: 타당도를 통계적으로 평가하는 것으로, 사용하고 있는 측정 도구의 측정값과 기준이 되는 측정 도구의 측정값과의 상관관계에 관심을 두는 타당도이다.
- 내용 타당도: 측정 도구인 설문지가 연구자가 의도한 내용대로 제대로 측정하고 있는가 하는 문제이다.
- 판별 타당도: 서로 다른 개념들을 측정하였을 때 얻어진 측정 문항들 간의 상관관계가 낮아야 한다는 개념이다.
- 수렴 타당도(집중 타당도): 동일한 개념을 측정하기 위하여 서로 다른 측정 방법을 사용하여 얻어진 측정치들 간에 높은 상관관계가 존재한다는 개념이다.

---

05   설문설계

1. 척도

(1) 척도의 개념

① 척도란 측정을 위한 도구이다.

② 변수들의 값을 부여하는 방법이 척도이며, 척도는 크게 정성적(질적)인 것과 정량적(양적)인 것으로 나뉜다.

③ 척도의 수준이 올라갈수록 변수가 내포하고 있는 정보의 양이 증가한다.

④ 척도의 수준이 올라갈수록 자료 수집에 필요한 비용과 노력이 많이 소요된다.

(2) 척도의 유형 중요

① **명목 척도**: 가장 간단한 척도로, 각 반응에 무작위로 수를 할당하여 개체나 사람이 다르다는 것을 나타내기 위한 척도이다. 이름이나 범주가 들어갈 자리에 숫자를 부여하는 방식으로 사용한다.
    예 인종, 성별, 상품 유형별 분류, 시장 세분 구역 분류 등

② **서열 척도**: 순위 척도로, 측정 대상 간 높고 낮음과 같이 개체나 사람들의 순서에 대한 값을 부여하는 척도이다. 예 순서, 순위, 등급, 상표 선호 순위, 상품 품질 순위도, 사회 계층, 시장 지위 등

③ **등간 척도**: 구간 척도라고도 하며, 측정의 대상인 사물이나 현상을 분류하고 서열을 정할 수 있을 뿐만 아니라 이들이 분류된 범주 간의 간격까지도 측정할 수 있다.
    예 온도, 지능 지수, 태도, 의견, 광고 인지도, 상표 선호도, 주가 지수 등

④ **비율 척도**: 척도를 나타내는 수가 등간일 뿐만 아니라 의미 있는 절대 영점을 가지고 있는 경우에 이용된다. 예 투표율, 월 소득액, 매출액, 구매 확률, 무게, 소득, 나이, 시장 점유율 등

등간 척도를 활용한 측정 방법

등급법, 어의차이 척도법(의미분화 척도법), 스타펠 척도, 리커트형 척도

척도의 정보수준 서열

비율 척도 > 등간 척도 > 서열 척도 > 명목 척도

(3) 척도의 구성

① **평정 척도**: 관찰자 또는 평가자가 평가 대상 또는 조사 대상을 한 연속체에 입각해서 평가함으로써 그 대상에 등급별로 일정한 수를 부가하거나 그들을 몇 개의 카테고리로 구별하는 측정 방법이다.

② **등현등간 척도(서스톤 척도)**: 한 집단의 평가자로 하여금 척도에 포함될 문항들이 척도상 어느 위치에 속할 것인가를 판단하게 한 다음 조사자가 이를 바탕으로 척도에 포함될 적절한 문항들을 선정하여 척도를 구성하는 방법이다.

③ **총화평정 척도(리커트 척도)**: 주로 응답자의 태도를 측정하는 태도 척도로, 한 덩어리의 태도 문항들로 되어 있는데 각각의 문항은 거의 동일한 태도 가치를 갖는다고 인정된다.

④ **누적 척도(거트만 척도)**: 태도 강도의 연속적 증가 유형을 측정하고자 하는 척도이다.

⑤ **보가더스 척도**: 사회적 거리, 그중에서도 주로 집단 간의 친근 정도를 측정하는 척도이다.

⑥ **소시오메트리**: 주어진 집단의 구성원들 사이에 특정한 때 존재하는 관계의 총체적 구조를 단순화하거나 도표로 나타낸 척도이다.

⑦ **의미분화 척도(어의차이 척도)**: 하나의 개념을 여러 의미의 차원에서 평가하는 것으로, 응답자에게 반대되는 두 개의 입장을 주고 그 사이에서 선택하도록 한다.

2. 설문지 작성

(1) 설문지(질문지)

조사자가 조사 대상으로부터 얻고자 하는 내용에 관련된 질문들을 사전에 체계적으로 정리해 놓은 책자로서 질문지 등의 용어로도 사용되고 있다.

(2) 설문지 작성 시 고려 사항

① 다지선다형 응답에서는 가능한 응답을 모두 제시해 주어야 한다.

② 응답 항목들 간에 내용이 중복되지 않도록 한다.

③ 이중 질문을 지양하고, 유도 질문과 편견이 들어 있는 질문, 위협적 질문은 하지 않는다.

④ 조사자의 가치 판단을 배제하고 중립적인 질문이 되도록 한다.

⑤ 개념이 오해를 불러일으키지 않도록 명확한 것을 사용해야 한다.

⑥ 질문이 너무 길거나 복잡해서는 안 된다.

⑦ 전문용어를 사용하지 말고 응답자의 수준에 맞는 언어를 사용한다.

⑧ 임의의 가정을 두는 질문은 사실 확인이 어려우므로 하지 않는다.

⑨ 응답자가 대답하기 곤란한 질문들에 대해서는 직접적인 질문을 피하도록 한다.

⑩ 사전에 각 질문에 번호를 부여해 놓는 것이 조사 결과 처리 시 편리하다.

(3) 설문 문항 배열의 원칙

① 질문을 배열할 때는 응답자의 흥미를 유발하거나 쉽게 대답할 수 있는 질문을 질문지의 앞부분에 놓는 것이 좋다.

② 질문은 주어진 조사 주제에 대한 전반적인 질문에서 구체적이거나 특수한 질문의 순서로 배열한다.

③ 나이, 성별, 출신지, 교육 수준, 직업, 소득 등 인구사회학적 특성에 대한 질문이나 개인의 사생활에 대한 질문, 또는 민감한 질문은 가급적 질문지의 끝으로 보내는 것이 좋다.

④ 대화와 마찬가지로 질문들을 내용별로 묶어 주어야 하며, 자연스러우면서 논리적인 순서에 따라 이어지게 하는 것이 좋다.

⑤ 내용이 같거나 척도가 동일한 질문은 모아서 함께 묻는 것이 좋다.

⑥ 가능한 한 동일한 질문 및 응답 범주는 동일한 면에 있도록 배열한다.

⑦ 동일한 주제의 경우 단순한 질문에서 복잡한 질문의 순서로 진행한다.

⑧ 비슷한 형태로 질문을 계속하면 응답에 정형이 생길 수 있기 때문에 이를 피하도록 한다.

⑨ 질문 항목 간의 연계 및 관계를 고려하여 질문하는 것이 좋다.

⑩ 응답자가 심사숙고해야 하는 질문은 가능하면 뒤에 하는 것이 좋다.

CHECK POINT

설문지 작성 과정
필요한 정보의 결정 → 자료 수집 방법의 결정 → 개별 항목의 내용 결정 → 질문 형태의 결정 → 개별 문항의 완성 → 질문의 수와 순서 결정 → 설문지의 외형 결정 → 설문지의 사전 조사 → 설문지 완성

---

(4) 질문조사에서의 응답 형태의 종류

① 자유응답형

㉠ 개념: 응답의 형태에 제약을 가하지 않고 자유롭게 표현하도록 하는 방법이다.

예 귀하의 취미는 무엇입니까?

㉡ 장점
- 정확한 답변을 얻을 수 있다.
- 응답자의 가능한 의견을 모두 얻을 수 있다.
- 소규모 조사에 유용하다.

㉢ 단점
- 응답의 개인 편차가 심하다.
- 자료 처리를 위한 코딩이 어렵다.

- 오류가 발생할 가능성이 있다.
- 응답자가 너무 간단하게 대답할 수 있다.
- 응답자가 부담이 커서 거절하기 쉽다.

② 다지선다형
   ㉠ 개념 : 응답 내용을 몇 가지로 제약하는 방법으로, 응답의 항목들은 상호 배타적이고 모든 응답을 포괄할 수 있어야 한다.

      예 다음 중 귀하가 가장 선호하는 교통수단은 무엇입니까?

        ⓐ 자동차 ⓑ 지하철 ⓒ 택시 ⓓ 버스 ⓔ 자전거 ⓕ 기타

   ㉡ 장점
- 응답자의 부담감이 적다.
- 집계 · 분석이 편리하고 오류도 최소화할 수 있다.

   ㉢ 단점
- 얻을 수 있는 정보에 제한이 있다.
- 응답 순서에 따라 결과가 다르게 나타날 수 있다.
- 응답자의 의견을 충분히 반영하기 어렵다.

③ 양자택일형
   ㉠ 개념 : 두 가지 중 하나를 선택하게 하는 극단적인 방법이다.

      예 귀하는 최근 3년 동안 국립박물관에 가 본 적이 있습니까?

        ⓐ 예 ⓑ 아니요

   ㉡ 장점
- 전화조사에 적합한 형태이다.
- 응답자가 대답할 때 시간이 짧게 걸린다.
- 응답하기 용이하다.
- 분석 자료 처리가 편리하다.
- 조사자의 영향을 배제할 수 있다.

   ㉢ 단점
- 간단한 내용만 질문할 수 있으므로 얻을 수 있는 정보에 한계가 있다.
- 분석 결과가 응답자의 의견보다 강하게 반영될 수 있다.
- 순서에 따라 편견을 많이 유도한다.

설문조사의 진행

- 순서: 예비조사 → 사전조사 → 본조사
- 예비조사: 조사하려고 하는 문제의 핵심적인 요소들이 무엇인지 알지 못할 때 설문지 작성의 전 단계에서 실시하는 조사이다. 비표준화된 인터뷰를 통해 설문지 설계의 기초 자료로 삼는다.
- 사전조사
  - 본조사가 시행되기 전 간이조사를 실시하는 것으로, 설문지의 신뢰성 및 타당성을 검증하기 위한 절차이다.
  - 소수의 응답자를 대상으로 조사를 실시하여 설문지의 개선점을 찾아내는 조사이다.

자료의 처리

- 순서: 편집(Editing) → 코딩(Coding) → 입력(Punching/Key-in)
- 편집: 조사를 끝내고 채택된 설문지에 대해 각 항목의 응답이 정확한지 파악하는 과정이다.
- 코딩: 조사 항목별로 전산 처리에 의한 분석을 편리하게 하기 위해 각 항목의 응답에 숫자나 기호로 부여하는 과정이다.
- 입력: 부호화된 내용을 전산에 입력하는 작업이다.

실제 기출문제를 토대로, 출제될만한 내용을 분석하여 출제예상문제를 수록하였습니다. 실제 시험이라 생각하고 연습해 보세요. 답안을 영어 단어로 쓸 경우 철자를 정확하게 써야 하는 것도 잊지 마세요!

01 기업이 고객 관리를 통해 고객을 분류하는 목적을 세 가지 쓰시오.

02 자사 상품을 구매할 능력이 있는 모든 사람으로, 자사 상품을 이용할 것인지의 여부가 불확실한 상태의 고객은 어떤 고객인지 쓰시오.

03 자사 제품이나 서비스를 알고는 있으나 아직 구매행동으로 연결하지 않은 사람으로, 마케팅이나 접촉 활동 전개 시 고객 확보가 가능할 것으로 예상되는 고객은 어떤 고객인지 쓰시오.

04 충성 고객(옹호 고객, 핵심 고객)은 어떤 고객인지 쓰시오.

---

05 데이터베이스에 저장되어 있는 데이터 가운데 의사결정에 필요한 데이터를 추출한 후, 이를 통일된 형식으로 변환하여 저장해 놓은 것은 무엇인지 쓰시오.

---

06 데이터 웨어하우스의 특징을 네 가지 쓰시오.

정답★해설

01 • 각 고객 그룹에 대한 이해력이 높아져 전체 고객을 효율적으로 관리할 수 있다.
　• 각 그룹별 고객 특성과 요구를 반영한 차별화된 마케팅 전략 수립이 용이하다.
　• 자사의 그룹별 마케팅 성과 파악이 용이하다.
　• 각 그룹별 고객 현황 분석과 그룹 간 이동 상황 분석 등을 통해 기업의 장단점을 파악하여 기업 경영 활동을 보완할 수 있다.

02 잠재 고객(구매 용의자)

03 가망 고객(예상 고객)

04 기업의 상품에 지속적으로 만족하여 해당 상품을 반복적으로 구입할 뿐만 아니라 다른 사람에게 적극적으로 사용을 권유하여 간접적인 광고 효과를 발생시키는 고객이다.

05 데이터 웨어하우스

06 • 주제 지향성
　• 통합성
　• 시계열성
　• 비소멸성

07 고객정보를 분석하는 방법 중 사용자가 정보에 직접 접근하여 대화 형태로 정보를 분석하고 의사결정에 활용하는 것을 의미하는 분석 도구는 무엇인지 쓰시오.

08 다음에서 설명하는 것이 무엇인지 쓰시오.

> • OLAP와 더불어 데이터 웨어하우스나 데이터마트와 같은 데이터베이스를 이용해 정보를 분석하는 대표적인 분석 도구이다.
> • 대용량의 데이터베이스에서 유용한 정보를 추출하는 도구로, 고객 관련 데이터에 숨겨진 규칙이나 패턴을 찾아내는 데이터 분석 기법이다.

09 고객에게서 얻는 수익보다 기업이 지불하는 비용이 더 많이 드는 고객은 어떤 고객인지 쓰시오.

10 조직 내부에 소속되어 있는 직원, 즉 회사 안의 고객을 무엇이라고 하는지 쓰시오.

11 조사자가 추론하고자 하는 모든 자료들의 집합, 즉 조사를 진행하고자 하는 대상 전체를 무엇이라고 하는지 쓰시오.

12 표본을 뽑기 위해 사용하는 요소의 목록을 무엇이라고 하는지 쓰시오.

13 표본추출틀로부터 뽑은 추출 단위들의 집합을 말하며, 전체 응답 대상 중 특성이 있는 적절한 소수로 뽑은 대상을 무엇이라고 하는지 쓰시오.

정답★해설

07 OLAP(On−Line Analytical Processing)

08 데이터마이닝(Data mining)

09 한계 고객

10 내부 고객

11 모집단

12 표본 프레임(표본추출틀)

13 표본

14 표본 오류가 무엇인지 쓰시오.

15 불포함 오류와 무응답 오류의 개념을 간략히 쓰시오.

16 조사 대상 전체를 빠짐없이 조사하기 때문에 원칙적으로 바람직하며, 모집단의 규모가 작고 추정의 정도가 높아야 하는 경우 이용되는 조사 방법은 무엇인지 쓰시오.

17 표본을 추출하는 방법 중에서 확률표본추출방법을 세 가지 쓰시오.

18 시장조사를 진행하고자 할 때, 전수조사보다는 표본조사를 진행하는 경우가 많다. 이때 표본을 추출하는 방법 중에서 비확률표본추출방법을 세 가지 쓰시오.

19 측정의 신뢰도란 무엇인지 쓰시오.

20 외적 타당도 저해 요소를 두 가지 쓰시오.

정답★해설

14 표본을 추출하는 과정에서 불가피하게 발생하는 오류이다.

15 불포함 오류는 원칙적으로 표본조사를 할 때 표본 체계가 완전하지 않아 생기는 오류이고, 무응답 오류는 표본으로 선정하였지만 응답자의 거절이나 비접촉으로 데이터를 조사할 수 없어서 발생하는 관찰 불능에 의한 오류이다.

16 전수조사

17 • 단순무작위표본추출방법   • 층화표본추출방법
　　 • 군집표본추출방법   • 계통표본추출방법

18 • 편의표본추출방법   • 판단표본추출방법
　　 • 할당표본추출방법   • 눈덩이표본추출방법

19 시간적 간격을 두고 동일한 조건 아래에 있는 측정 대상을 반복하여 측정하였을 때 각 반복 측정치들 사이에 나타나는 일관성의 정도를 말한다.

20 • 반작용 효과(Reactive effects)
　　 • 실험대상자 선정에서 오는 편향
　　 • 독립 변수 간의 상호 작용

21 내적 타당도 저해 요소 중 조사 기간 중에 시간의 경과에 따라 조사 집단의 속성이 자연적으로 변화함으로써 종속 변수에 영향을 미치는 것은 무엇인지 쓰시오.

22 내적 타당도 저해 요소 중 같은 현상을 반복해서 측정하다 보면 그 값들이 평균값으로 수렴하는 특징이 나타나는데, 이와 같이 사전 검사에서 종속 변수의 값이 극단적인 경우에 사후 측정에서 독립 변수의 영향과 관련 없이 평균값으로 근접하려는 경향을 보이는 것은 무엇인지 쓰시오.

23 명목 척도에 대해서 쓰시오.

24 서열 척도는 순위 척도로, 측정 대상 간 높고 낮음과 같이 개체나 사람들의 순서에 대한 값을 부여하는 척도이다. 서열 척도의 예를 세 가지 쓰시오.

25 척도를 나타내는 수가 등간일 뿐만 아니라 의미 있는 절대 영점을 가지고 있는 경우에 이용되는 척도는 무엇인지 쓰시오.

26 응답 내용을 몇 가지로 제약하는 방법으로, 응답의 항목들이 상호 배타적이고 모든 응답을 포괄할 수 있어야 하는 응답 형태는 무엇인지 쓰시오.

27 자료의 처리 순서에 맞게 〈보기〉에서 골라 순서대로 쓰시오.

┌─〈보기〉──┐
│   입력   코딩   편집   │
└───┘

정답★해설

21 성장 효과

22 통계적 회귀

23 가장 간단한 척도로, 각 반응에 무작위로 수를 할당하여 개체나 사람이 다르다는 것을 보이기 위한 척도이다.

24 · 순서   · 순위
   · 등급   · 사회 계층
   · 시장 지위

25 비율 척도

26 다지선다형

27 편집 → 코딩 → 입력

제**7**장 고객 지원과 고객 관리 실행

☑ **출제 Keyword**
- 고객 만족
- 고객 요구사항 분류
- 서비스
- 고객 상담 기법
- 커뮤니케이션
- 언어적 · 비언어적 메시지

01 고객 요구사항

1. 고객 요구 및 고객 만족

(1) 고객의 변화

① 최근 사회활동 대상의 범위가 점차 넓어지면서, 이에 따른 신규 직종이 증가하였다.

② 사회가 산업화, 도시화, 정보화됨에 따라 사람들은 매우 촉박한 시간관념 속에서 생활하고 있으며, 물리적 생활공간의 범위는 확대되고 있다.

③ 인터넷을 포함한 다양한 멀티미디어 채널이 등장하면서 기업과 고객 간에 제품 및 서비스에 대한 정보를 쉽게 공유할 수 있게 되었다.

④ 고객들이 더 이상 제품의 품질만으로 자신들의 만족 여부를 결정하지 않게 되었다.

⑤ 고객들의 기대 수준이 상승하였다.

(2) 고객 요구

① 제품 또는 서비스에 대한 고객의 일반적 요구사항

품질	제품이나 서비스의 기능, 신뢰성, 이용 가능성, 특성
가격	구매 가격, 수리 비용, 금융 비용, 감가상각 및 부가 가격
납기	리드 타임, 준비 시간, 사이클 타임, 지연 시간
안전 및 서비스	신뢰성, 부품 유용성, 보증, 유지보수 가능성, 제품 · 서비스의 안전
기업의 책임	윤리적 비즈니스 활동, 환경 영향, 규제 및 법률 준수

② 고객 인식 조사를 위해 설문 항목을 정하는 방법

㉠ 1단계: 고객의 소리(VOC)를 수집하고 정리한다.

㉡ 2단계: 고객의 핵심 요구사항으로부터 속성을 도출해 낸다.

㉢ 3단계: 속성별로 질의할 항목을 설정한다.

㉣ 4단계: 고객에게 속성별로 만족도와 중요도를 질문한다.

(3) 고객 만족 중요

① 고객 만족의 정의

ㄱ 기업이 제공하는 제품이나 서비스가 고객의 기대를 최대한 충족하는 것을 고객 만족(CS; Customer Satisfaction)이라고 한다.

ㄴ 고객 만족은 기업의 이익과 직결되어 있으므로 고객 만족의 수준을 높이면 기업의 이익은 증가한다.

ㄷ 제품이나 서비스의 품질이 높아도 고객 만족 수준이 낮은 이유

- 고객들의 기대 수준이 너무 높아서 실질적인 제품 사용의 경험이 고객들의 기대 수준을 따라가기 어려운 경우이다.
- 고객들의 기대 수준은 충족시키지만 고객들의 주관적인 평가 기준이 지나치게 인색한 경우이다.

ㄹ 기업(판매원)은 고객의 니즈를 파악하여 고객에게 상품이나 서비스를 제공하고 고객이 만족할 수 있도록 한다는 뜻에서 '판매원은 물건을 파는 것이 아니라 혜택(Benefits)을 판다'라고 표현하기도 한다.

② 고객 만족의 3요소

ㄱ 제품 요소: 기업이 제공하는 유형 · 무형의 상품이다.

ㄴ 서비스 요소: 기업의 제품을 이용하면서 받게 되는 혜택을 포함한 서비스이다.

ㄷ 기업 이미지 요소: 고객이 가지고 있는 기업에 대한 이미지이다.

③ 고객들의 사전 기대치에 영향을 미치는 요소

ㄱ 제3자의 의견

ㄴ 매스컴을 통한 광고

ㄷ 본인의 예전 경험

2. 고객 요구사항 분류

(1) 기업과 조직

① 조직

ㄱ 특정한 목적을 추구하기 위하여 의도적으로 구성된 사람들의 집합체로서 외부 환경과 여러 가지 상호작용을 하는 사회적 단위이다.

ㄴ 어떤 형태의 조직이든 고객의 욕구를 만족시켜줄 수 있을 때에만 존립할 수 있고 이런 기준이 바로 조직의 존재가치를 설명할 수 있는 보편적 조건이다.

② 기업

ㄱ 이윤의 획득을 목적으로 운영하는 자본의 조직 단위이다.

ㄴ 기업은 이윤 획득을 위해 고객의 요구를 충족시켜야 하며 고객 요구충족을 위해 기업의 특성을 고려하여 고객의 요구사항을 파악하고 분류해야 한다.

(2) 고객 만족 구성 요소

① 기업의 모든 부분의 운영을 고객 만족에 초점을 맞추어서 실행하고자 하는 경영 기법을 고객 만족 경영이라 한다.

② 기업은 제품이나 서비스 등에 대하여 고객 만족도를 높이기 위해 고객 요구사항을 장기적이고 지속적으로 파악하고 이를 토대로 고객 만족을 제고시키기 위한 방안을 기획한다.

③ 기업은 고객 만족을 제고시키기 위해 낮은 만족도 수준을 보이고 있으면서 상대적 중요도는 높은 고객 만족 구성 요소를 파악하여 이 구성 요소들을 중심으로 중점 과제를 선정한다.

④ 고객 만족 구성 요소의 종류

ㄱ 직접적 요소

• 상품: 하드적 가치(품질, 기능, 성능, 가격 등), 소프트적 가치(디자인, 사용 편의성, 사용 설명서 등)

• 서비스: 매장 분위기(청결하고 쾌적한 매장 분위기), 직원의 서비스(복장, 화법, 인사, 상품 지식, 신속 대응 등), A/S(고장 수리 지원, 정보 제공 서비스 등)

ㄴ 간접적 요소(기업 이미지)

• 사회 봉사활동(문화/스포츠 지원 활동, 복지 활동 등)

• 환경 보호활동(자원 활용, 환경 보호 캠페인 등)

(3) 고객 요구 유형과 고객 요구 관리의 중요성

① 고객 요구사항 발생 유형

ㄱ 회사의 문제로 인한 고객 요구 발생 유형

• 수준 이하의 서비스에 대한 고객 요구

• 제품 결함에 의한 고객 요구

• 이용 불편에 의한 고객 요구

• 프로세스 및 규정(시스템 부재)에 대한 고객 요구

ㄴ 직원의 문제로 인한 고객 요구사항 발생 유형

• 불친절에 의한 고객 요구

• 업무 지식 부족에 의한 고객 요구

• 업무 처리 미숙 및 지연에 의한 고객 요구

• 응대 미숙에 의한 고객 요구

• 고객 감정에 대한 배려 부족과 의사소통능력 부족에 의한 고객 요구

ㄷ 고객의 문제로 인한 고객 요구사항 발생 유형

• 지나친 기대에 의한 고객 요구

• 고객의 오해에 의한 고객 요구

• 제품이나 서비스에 대한 정보 부족에 의한 고객 요구

• 고객의 부주의에 의한 고객 요구

② 고객 요구사항 관리의 중요성

ㄱ 가치 있는 정보 획득

• 고객 요구사항은 기업에게 매우 가치 있는 정보를 제공해 준다.

• 고객 요구사항에 대한 분석을 통해 제품이나 서비스의 품질 개선을 위한 아이디어를 얻을 수도 있으며 더 나아가서 신제품 개발에도 도움을 받을 수 있다.

ⓛ 고객 충성도 제고의 수단
- 고객의 요구를 적극적으로 수용하고 관리함으로써 이들을 충성 고객으로 만들 수 있다.
- 마케팅 이론가 테오도르 레빗(Theodore Levitt)에 의하면 평소에 아무런 문제도 느끼지 못하는 고객의 재구매율은 9%였으나 반대로 불만 고객에 대해 진지하게 응대할 경우 이들은 54%가 다시 해당 기업의 제품과 서비스를 이용하였다고 한다.
ⓒ 부정적 구전의 확산 방지
- 불만을 가진 고객은 거래를 중단하는 데서 그치는 것이 아니라 주변에 부정적인 구전 활동을 전개함으로써 기업에 치명적인 타격을 줄 수 있다.
- 부정적 구전은 인터넷과 소셜 미디어의 확산으로 전과 비교할 수 없을 정도로 파급 속도가 빨라지고 규모도 커지고 있다.
- 불만을 느끼는 고객들은 이를 활용한 여론 몰이를 통해 특정 기업이나 제품의 이미지에 심각한 타격을 줄 수 있기 때문에 어느 때보다도 고객 요구사항 관리, 특히 고객 불만 관리가 중요하다.

3. 서비스

(1) 서비스의 특징 중요
① 소멸성: 서비스는 저장하거나, 재판매거나 돌려받을 수 없으며 생산된 뒤 곧바로 소멸되는 성격을 가지고 있다.
② 동시성(비분리성, 불가분성): 서비스는 생산과 소비가 분리되지 않고 동시에 일어난다.
③ 무형성: 서비스는 객체라기보다 행위이고 성과이기 때문에 유형적 제품처럼 보거나 느낄 수 없다.
④ 가변성(변화성, 이질성): 서비스를 제공하는 행위자, 장소에 따라 서비스를 제공하는 질이 달라진다.

(2) 소비자가 서비스 품질을 평가하는 요소(SERVQUAL 모형) 중요
① 신뢰성(Reliability): 약속한 서비스를 믿게 하며 서비스를 정확하게 제공하는 능력
② 확신성(Assurance): 서비스 제공자들의 지식, 정중, 믿음, 신뢰를 전달하는 능력
③ 유형성(Tangibles): 서비스 환경의 외형 · 물리적인 측면, 시설, 장비
④ 공감성(Empathy): 고객에게 개인적인 배려를 제공하는 능력, 관심 및 친절
⑤ 대응성(Responsiveness): 기꺼이 고객을 돕고 신속한 서비스를 제공하는 능력, 자발성

(3) 서비스에 영향을 미치는 서비스 품질의 차이 중요
① 촉진 차이(과도한 기대 수준의 형성): 기업이 실제 제공되는 서비스표준과 다르게 말하는 것이다.
② 이해 차이(고객의 기대에 대한 오해): 고객의 기대를 기업이 잘못 이해하고 있는 것이다.
③ 과정 차이(부적절한 업무 처리): 고객이 기대하는 바가 운영상 전달되지 않는 것이다.
④ 행동 차이(직원들의 부족한 훈련 상태): 직원들이 서비스의 구체적 절차와 다르게 서비스를 제공하는 것이다.
⑤ 인식 차이(고객과 기업의 인식 차이): 고객이 인식한 서비스 수준이 실제 제공된 수준과 다른 것이다.

1. 커뮤니케이션 전략

(1) 커뮤니케이션의 개념

① 정보나 지식, 가치관, 기호, 감정, 태도, 사실, 신념 등을 음성이나 문자 등을 이용하여 전달하거나 교환함으로써 공감대를 형성하는 의사전달 과정이다.

② 문자(구문, Written) 커뮤니케이션은 커뮤니케이션의 내용을 보존할 필요가 있을 때 사용하는데, 문자 커뮤니케이션을 할 경우에는 정확성, 간결성, 경제성의 원칙을 고려해야 한다.

(2) 효과적인 커뮤니케이션 방법

① 적극적 경청을 통하여 고객의 욕구를 파악한다.

② 자신의 생각과 감정을 체계적으로 전달한다.

③ 적절한 화제를 선택하고 대화를 전개한다.

④ 상대방 관점에서 이해하고, 적극적인 태도로 피드백한다.

⑤ GAME 기술

　㉠ 목적(Goal): 목적을 결정하여 무엇을 얻고자 하는지 명확히 하라.

　㉡ 상대(Audience): 상대의 본질과 감정 상태를 파악하여 이에 어울리는 방식을 적용하라.

　㉢ 정보(Message): 상대방에게 전달하고자 하는 메시지를 확실히 하라.

　㉣ 표현(Expression): 상대방 관점에서 이해하고 어떤 식으로 메시지를 전달할지 결정하라.

⑥ 설득 커뮤니케이션: 설득 커뮤니케이션은 크게 마케팅 커뮤니케이션, PR 커뮤니케이션, 선전 커뮤니케이션으로 이루어지며, 이 중 마케팅 커뮤니케이션은 광고, 대인 판매, 판매촉진 커뮤니케이션으로 이루어진다. 텔레마케팅은 마케팅 커뮤니케이션의 일종이며 비대면 접촉을 중시한다.

⑦ 텔레 커뮤니케이션의 3요소: 경청 능력, 언어 표현, 음성 품질

CHECK POINT

텔레마케팅 커뮤니케이션의 성공 요건
- 고객 데이터베이스
- 텔레마케팅의 전문 인력
- 고객 지향적 언어 표현
- 잘 짜인 스크립트

---

(3) 커뮤니케이션의 장애 요인 중요

① 일반적 커뮤니케이션 장애 요인: 언어상의 장애, 특정인·전문가의 편견, 지위 차이, 지리적 차이, 다른 직무로 인한 압박감, 발언자의 자기 옹호 등

② 발신자에 의한 커뮤니케이션 장애 요인: 목적·목표 의식 부족, 커뮤니케이션 스킬 부족, 발신자의 신뢰성 부족, 준거의 틀 차이, 타인에 대한 민감성 부족, 왜곡과 생략 등

③ 수신자에 의한 커뮤니케이션 장애 요인: 수신자의 선입견, 수신자의 속단적인 평가, 선택적 청취, 반응과 피드백의 부족, 수신자에 의한 편견, 수용성 부족 등

(4) 커뮤니케이션의 구성

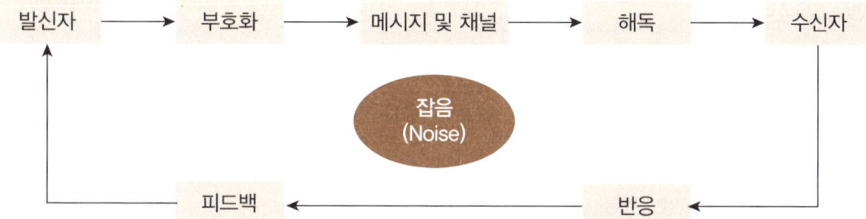

① 발신자
  ㉠ 상대방에게 사상, 감정, 정보 등을 전달하고자 하는 사람을 말한다.
  ㉡ 보다 의미있는 메시지를 창출하기 위해 부호화 과정을 수행한다.
② **부호화**: 발신자의 커뮤니케이션 내용을 전달이 가능하고 이해할 수 있는 형태의 부호로 나타내야 하는데 이 과정을 부호화라고 한다. 부호화의 대표적인 예로 말과 문서를 들 수 있다. 즉, 말과 문서를 전달할 때 적절한 단어를 선택하는 것이다.
③ **메시지 및 채널(매체)**
  ㉠ 전달자가 수신자에게 전하려는 내용이며, 부호화의 결과이고 커뮤니케이션의 경로이다.
  ㉡ 발신자가 수신자에게 메시지를 전달하는 데 사용되는 수단을 말한다.
④ **해독**: 수신된 정보의 의미를 이해하기 위해 신호에 해당하는 물리적 자극을 일정한 형태의 기호들로 지각(식별)하는 활동이다.
⑤ **수신자**: 메시지를 받는 주체이다.
⑥ **잡음(Noise)**: 커뮤니케이션의 과정에서 전달과 수신 사이에 발생하며 의사소통을 왜곡시키는 요인을 말한다. 언어가 갖는 어의상의 문제와 메시지의 의도적 왜곡, 전달자의 부정확한 인식이나 부적절한 부호화, 수신자의 부정확하고 왜곡된 해석 등이 포함된다.
⑦ **피드백**: 수신자가 메시지를 해독하여 발신자의 의도를 파악하고 난 후에 그에 따른 조치를 다시 발신자에게 송신하는 과정이다.

2. 의사소통 방법

(1) 언어적 · 비언어적 의사소통
  ① 언어적인 메시지
    ㉠ 음성화된 메시지: 말
    ㉡ 문자화된 메시지: 편지, 메일 등
  ② 말에 의한 의사소통
    ㉠ 장점: 신속하게 피드백이 가능하다.
    ㉡ 단점: 공식적인 기록이 없으며 메시지가 왜곡될 가능성이 있다.

③ 글에 의한 의사소통

　　⊙ 장점: 공식적으로 기록을 할 수 있으며 필요할 때 언제든지 참고할 수 있다.

　　ⓒ 단점: 해석이 다양해질 수 있으며, 피드백을 구하기 힘들다.

(2) 비언어적 의사소통

　① 비언어적인 메시지 **중요**

　　⊙ 음성의 고저(억양, 톤)

　　ⓒ 표정

　　ⓒ 의상

　　ⓔ 몸짓이나 자세

　　ⓜ 상대방과의 거리

　② 장점: 언어적 의사소통을 보완할 수 있다.

　③ 단점: 언어를 통한 의사소통과 일치하지 않을 수 있으며, 의사소통 중 무시될 수 있다.

03　고객 응대하기

1. 고객 지원 담당자 교육

(1) 고객 지원 담당자 교육 매뉴얼

　① 고객 응대의 원칙

　　⊙ 신속성의 원칙

　　　• 고객 응대 시 중요한 점은 고객이 기다리지 않도록 응대 시간을 줄이는 것이다.

　　　• 점포뿐만 아니라 전화 문의 혹은 배달 서비스 등에서 고객이 의사결정을 하고 답변을 제공할 때
　　　　까지의 처리 시간을 단축시키는 것이다.

　　ⓒ 공평성의 원칙

　　　• 고객이 느끼는 차별 대우는 다시는 재구매하고 싶지 않게 만드는 원인이 된다.

　　　• 실제로 많은 사람이 제품이나 서비스를 구매할 때 "내가 다른 사람들처럼 제대로 대우를 받고 있
　　　　는가?"를 생각한다고 한다.

　　　• 고객은 차별 대우를 인지하는 순간 더 이상 신뢰하지 못하고, 불만족으로 평가한다.

　　ⓒ 고객 중심의 원칙

　　　• 마케팅이 중심이 되는 시대에서 기업 경영의 핵심은 고객이다.

　　　• 아무리 좋고 훌륭한 고객 응대도 고객이 원하지 않으면 가치가 없으며 상품 구매로 연결되지 못
　　　　한다.

　　　• 고객이 원하는 것이 무엇인지, 어떻게 요구하는지를 정확하게 파악하여 기본 욕구를 충족시켜야
　　　　만 감동으로 연결된다.

② 고객 응대 행동 절차

　㉠ 준비 단계

　　• 고객이 언제든지 다가와도 당황하지 않고 응대하도록 마음의 준비를 하는 단계이다.

　　• 수동적으로 고객을 기다린다기보다는 고객서비스 응대를 위한 정적 또는 동적인 절차를 말한다.

　　• 예를 들어 고객을 기다리는 행동뿐만 아니라 고객을 분석하고 파악하기 위한 일련의 행동들이 모두 준비 단계이다.

　　• 점포의 경우 판매원이 바른 자세와 대화를 이끌어갈 수 있는 편안한 공간을 준비하는 것이 매우 중요하다.

　㉡ 상품 제시 단계

　　• 상품을 설명하기 전에 고객의 흥미를 유발시키는 중요한 단계이다.

　　• 고객이 쉽게 상품을 접하도록 하거나 직접 시연해 볼 수 있도록 하는 것이 좋다.

　　• 예를 들어 할인점에서 자유롭게 고객들이 먹어 보고, 만져 볼 수 있도록 하는 것이 바로 고객에게 정확한 상품 제시를 하기 위한 하나의 방법이다.

　㉢ 구체적 설명 단계

　　• 고객을 설득할 수 있는 중요한 단계이다.

　　• 고객이 상품에 대해 알고 있는 정보가 적으면 적을수록 더 중요한 구매 동기를 유발할 수 있다.

　　• 상품에 대해 설명할 때는 고객의 입장에서 쉽게 설명을 해야 한다.

　　• 상품이 가지고 있는 기능과 특징을 소개하고 그것으로 인해 고객이 얻게 되는 이익이 무엇인지 명확하게 짚어 주는 것이 중요하다.

　㉣ 구매 결정 단계

　　• 고객이 직접 구매의사결정을 하는 단계이다.

　　• 이 단계에서는 너무 서두르지 않아야 한다. 의사결정을 위해 고객은 다양한 것들을 문의하는데 그것에 대한 궁금증을 풀어 주어야 구매를 결정한다.

(2) 고객 상담 및 상담 기법 중요

　① 대화 응대

　　㉠ 경청의 중요성

　　　• 좋은 인간관계를 완성시킨다.

　　　• 경청은 정보 수집의 보고이며, 상대방의 관심을 유도할 수 있다.

　　　• 경청은 대화의 흐름을 정확하게 파악할 수 있게 한다.

　　㉡ 공감적 경청: 커뮤니케이션을 하면서 적극적인 청취 태도에 대한 사고방식을 의미하는 것으로, 경청 중에서도 적극적 경청을 뜻한다.

　　㉢ 고객과의 공감적인 경청 방법

　　　• 고객이 말하는 내용을 반복하여 재확인한다.

　　　• 고객이 말한 내용을 이해하여 자신의 말로 정리한다.

　　　• 고객의 감정을 파악한다.

　　　• 공감적 경청의 필요 유무를 구별하여 대응한다.

경청 시 지양해야 할 점

• 대답을 안 하거나 건성으로 듣는 것
• 눈을 쳐다보지 않고 무관심한 태도를 보이는 것
• 팔짱을 끼고 듣거나 손장난을 하는 것
• 말을 중간에 끊는 것
• 말끝이나 실언을 트집 잡고 늘어지는 것
• 주위를 살피며 시계를 자꾸 쳐다보는 것
• 상대를 너무 뚫어지게 쳐다보는 것

  ② 서비스 대화법

   • 발음을 정확하게 하도록 노력한다.

   • 어조에 높고 낮음이 있어야 하며 강조할 부분에는 억양을 넣어 의사 전달을 확실하게 한다.

   • 고객의 변화에 따라 화술의 변화가 필요하다.

   • 말과 말 사이를 간결하고 명쾌하게 한다.

2. 고객 응대의 개요

(1) 고객 응대의 정의

  고객 응대는 기업을 대표하는 상담원과 고객의 대면 또는 비대면 접촉을 통한 커뮤니케이션 과정으로 텔레마케팅을 통한 고객 응대는 비대면 커뮤니케이션이다.

(2) 전화를 통한 고객 응대

  ① 전화를 통한 커뮤니케이션에서는 상대방을 볼 수 없어서 오히려 청각에 더 집중하게 되므로 목소리를 통해 많은 것을 느끼고 알 수 있다. 즉, 음성을 통해 전달되는 음성 정보에는 성별, 연령, 성격, 호감도, 감정 등이 있다.

  ② 텔레마케팅 고객 응대의 특징

   ㉠ 쌍방향 커뮤니케이션이다.

   ㉡ 전화 장치를 이용한 비대면 중심의 커뮤니케이션 행위이다.

   ㉢ 언어적 메시지와 비언어적 메시지를 동시에 사용한다.

   ㉣ 상호 거래적이며 피드백이 즉각적이다.

  ③ 전화 응대

   ㉠ 전화 응대 시 주의사항

    • 전화는 상대방이 보이지 않는 음성에 의존하기 때문에 상대방의 표정이나 감정을 소리로 추측하게 되어 잘못하면 오해가 일어날 수도 있다.

    • 말을 할 때 또박또박 발음하고 밝은 미소를 느낄 수 있도록 하는 것이 좋다.

    • 말의 내용을 장황하게 늘어놓는 것보다는 명확하고 구체적으로 간결하게 대화한다.

    • 전화를 이용한 대화 시에는 상대방에게 집중하여 감정, 표정, 태도 등을 충분히 고려하면서 통화

해야 한다.

ⓛ 전화 응대의 기본 원칙

신속	• 전화를 빨리 받는 것이 친절한 응대이다. • 전화벨이 세 번 울리기 전에 받는 것이 좋다. • 시간이 지체되는 경우 중간 보고를 한다.
정확	• 정확한 업무 내용은 전화 서비스를 완성시킨다. • 제대로 요점이 전달되었는지 확인한다.
친절	• 친절성은 고객이 가장 기대하는 사항이다. • 음성에만 의존하므로 목소리에 미소를 담는다. • 고객의 요구를 충족시키기 위해 노력하는 모습을 전달한다.

CHECK POINT

인바운드 텔레마케팅의 고객 응대 시 유의사항

• 고객의 입장에서 말하고 들어야 한다.
• 고객의 불만 원인을 정확히 파악해야 한다.
• 문의 내용을 정확히 이해하고 상황에 맞게 대응해야 한다.
• 고객의 문의사항을 요약 · 정리하며 상담한다.

실제 기출문제를 토대로, 출제될만한 내용을 분석하여 출제예상문제를 수록하였습니다. 실제 시험이라 생각하고 연습해 보세요. 답안을 영어 단어로 쓸 경우 철자를 정확하게 써야 하는 것도 잊지 마세요!

01 고객 만족(CS; Customer Satisfaction)의 정의를 쓰시오.

02 고객 만족의 3요소를 쓰시오.

03 고객들의 사전 기대치에 영향을 미치는 세 가지 요소 중 제3자의 의견을 제외한 나머지 요소 두 가지를 쓰시오.

04 서비스의 특징 중 서비스를 제공하는 행위자, 장소에 따라 서비스를 제공하는 질이 달라짐을 뜻하는 특징은 무엇인지 쓰시오.

05 회사의 문제로 인한 고객의 요구사항 발생 유형을 세 가지 쓰시오.

06 소비자가 서비스 품질을 평가하는 요소 중 약속한 서비스를 믿게 하며 서비스를 정확하게 제공하는 능력은 무엇인지 쓰시오.

정답★해설

01 기업이 제공하는 제품이나 서비스가 고객의 기대를 최대한 충족하는 것을 고객 만족이라고 한다.

02 • 제품
• 서비스
• 기업 이미지

03 • 매스컴을 통한 광고
• 본인의 예전 경험

04 가변성(변화성, 이질성)

05 • 수준 이하의 서비스에 대한 고객 요구
• 제품 결함에 의한 고객 요구
• 이용 불편에 의한 고객 요구
• 프로세스 및 규정(시스템 부재)에 대한 고객 요구

06 신뢰성(Reliability)

07 서비스에 영향을 미치는 서비스 품질의 차이 중 직원들이 서비스의 구체적 절차와 다르게 서비스를 제공하는 것은 어떤 것의 차이인지 쓰시오.

08 일반적인 커뮤니케이션 장애 요인을 세 가지 쓰시오.

09 텔레 커뮤니케이션의 3요소를 쓰시오.

10 수신된 정보의 의미를 이해하기 위해 신호에 해당하는 물리적 자극을 일정한 형태의 기호들로 지각(식별)하는 활동을 무엇이라고 하는지 쓰시오.

11 커뮤니케이션을 하면서 적극적으로 청취하는 태도에 대한 사고방식을 의미하는 것으로, 경청 중에서도 적극적 경청을 뜻하는 것은 무엇인지 쓰시오.

12 텔레마케팅 고객 응대의 특징을 세 가지 쓰시오.

13 정보나 지식, 가치관, 기호, 감정, 태도, 사실, 신념 등을 음성이나 문자 등을 이용하여 전달하거나 교환함으로써 공감대를 형성하는 의사전달 과정을 무엇이라고 하는지 쓰시오.

정답★해설

07 행동 차이

08 • 언어상의 장애
  • 특정인 · 전문가의 편견
  • 지위 차이
  • 지리적 차이
  • 다른 직무로 인한 압박감
  • 발언자의 자기 옹호

09 경청 능력, 언어 표현, 음성 품질

10 해독

11 공감적 경청

12 • 쌍방향 커뮤니케이션이다.
  • 전화 장치를 이용한 비대면 중심의 커뮤니케이션 행위이다.
  • 언어적 메시지와 비언어적 메시지를 동시에 사용한다.
  • 상호 거래적이며 피드백이 즉각적이다.

13 커뮤니케이션

14 발신자에 의한 커뮤니케이션 장애 요인을 세 가지 쓰시오.

....

15 커뮤니케이션의 과정에서 전달과 수신 사이에 발생하며 의사소통을 왜곡시키는 요인을 무엇이라고 하는지 쓰시오.

....

16 텔레마케팅 커뮤니케이션의 성공 요건을 세 가지 쓰시오.

....

17 고객 요구사항 관리가 중요한 이유를 두 가지 쓰시오.

....

18 고객 응대 행동 절차 4단계를 순서대로 제시하시오.

---

19 서비스 대화법에는 어떤 것이 있는지 쓰시오.

---

14 • 목적 · 목표 의식 부족
  • 커뮤니케이션 스킬 부족
  • 발신자의 신뢰성 부족
  • 준거의 틀 차이
  • 타인에 대한 민감성 부족
  • 왜곡과 생략

15 잡음(Noise)

16 • 고객 데이터베이스
  • 텔레마케팅의 전문 인력
  • 고객 지향적 언어 표현
  • 잘 짜인 스크립트

17 • 가치 있는 정보를 얻을 수 있다.
  • 고객 충성도 제고의 수단이다.
  • 부정적 구전의 확산을 방지할 수 있다.

18 준비 단계 → 상품 제시 단계 → 구체적 설명 단계 → 구매 결정 단계

19 • 발음을 정확하게 하도록 노력한다.
  • 어조에 높고 낮음이 있어야 하며 강조할 부분에는 억양을 넣어 의사 전달을 확실하게 한다.
  • 고객의 변화에 따라 화술의 변화가 필요하다.
  • 말과 말 사이를 간결하고 명쾌하게 한다.

제8장 고객 필요정보 제공

☑ **출제 Keyword**
- 소비자 구매의사결정의 단계
- AIDA 이론
- 통합 마케팅 커뮤니케이션
- 마케팅믹스
- 데이터베이스 마케팅

01 고객 의사결정 단계

1. 소비자의 구매의사결정 [중요]

(1) 소비자 구매의사결정의 단계

① 문제 인식

ㄱ 소비자 구매의사결정의 첫 단계이다.

ㄴ 마케팅 활동에 의해 소비자의 욕구가 발생한다.

② 정보 탐색

ㄱ 소비자는 정보 탐색 활동을 통해 구매와 관련한 지식과 정보를 얻는다.

ㄴ 소비자는 내적 탐색과 외적 탐색을 통해 욕구를 만족시킬 만한 상품을 탐색한다.

③ 대안의 평가

ㄱ 소비자는 탐색된 정보를 바탕으로 여러 대체안들의 장단점을 평가한다.

ㄴ 소비자는 지식을 총동원하여 결정한다.

ㄷ 마케터는 소비자에게 어떠한 욕구나 문제가 일어나는지, 무엇이 이를 유도했으며, 어떻게 이 욕구가 소비자를 특정 제품을 구매하도록 했는지 알기 위해 소비자를 연구해야 한다.

④ 구매

ㄱ 소비자는 구체적인 상표나 상품은 물론, 구매할 점포와 구입 방식을 결정하고 구매행동을 한다.

ㄴ 소비자는 판매원과 구매 계약을 체결한다.

⑤ 구매 후 평가

ㄱ 제품 사용 후 만족한 소비자는 재구매의 가능성이 높다.

ㄴ 구매 후 불만족한 경우에는 반품·환불·손해 배상 요구 등 소비자 상담, 피해 구제 요청 사건들이 발생한다.

(2) 소비자 구매행동의 결정 요인 　중요

① **개인적 요인**: 라이프스타일, 연령, 직업, 라이프사이클 등

② **심리적 요인**: 동기, 지각, 학습, 신념과 태도 등

③ **문화적 요인**: 문화, 하위문화, 사회 계층 등

④ **사회적 요인(환경적 요인)**: 준거 집단, 가족 역할과 사회적 지위 등

⑤ **마케팅 요인**: 마케팅 자극, 마케팅 전략 등

(3) 소비자 구매행동의 유형

① **고관여 구매행동**: 소비자가 어떤 제품을 구매하고자 할 때 구매 결정에 보다 신중을 기하며, 정보 탐색에 많은 시간과 노력을 투입하고 정보를 보다 깊이 있게 처리하는 경우이다.

② **저관여 구매행동**: 소비자가 어떤 제품을 구매하고자 할 때 정보 탐색에 많은 시간과 노력을 투입하지 않으며, 정보 탐색의 결과 획득되는 이득이 정보 탐색을 위해 소요한 비용에 미치지 못한다고 지각하고 있으므로 외적 정보 탐색도 하지 않게 되는 경우이다.

2. 소비자 구매행동 모델

(1) AIDA 이론 　중요

① **개념**: 소비자 구매행동을 최초로 설명한 모델로, 소비자가 구매를 결정하기까지의 심리 과정을 분석한 이론이다.

② **소비자의 반응 순서**: 주목(Attention) → 흥미 유발(Interest) → 욕구(Desire) → 행동(Action)

(2) AIDMA 이론

① **개념**: D와 A 사이에 M(Memory) 단계가 추가된 것으로, 광고를 통해 브랜드를 노출시키면 당장 구매하지 않더라도 브랜드를 기억하고 그것이 구매로 이어진다는 뜻이다.

② **소비자의 반응 순서**: 주목(Attention) → 흥미 유발(Interest) → 욕구(Desire) → 기억(Memory) → 행동(Action)

3. 구매 전 상담

(1) 구매 전 상담의 필요성

① 기술적으로 복잡한 제품이 계속적으로 쏟아져 나오고 쇼핑 문화도 빠르게 변화하고 있다.

② 소비자들이 지불한 화폐 가치를 획득하는 것이 어려운 경우도 많다.

③ 구매 전 제품이나 서비스에 대한 정보를 제공한다.

④ 합리적인 소비 촉진과 교육 역할을 한다.

⑤ 소비자는 구매에 관한 상담과 조언을 필요로 한다.

(2) 구매 전 상담에서의 커뮤니케이션 목표 중요

① 구매 위험의 감소

② 상표 인지의 증대

③ 구매 가능성의 증대

④ 기업 이미지 개발

4. 구매 시 상담

(1) 구매 시 상담의 필요성

① 구매 시 상담이란 소비자가 상점을 찾을 때 소비자와 직접 접촉하여 정보를 제공하고 설득하여 구체적으로 고객의 욕구와 기대에 맞는 상품과 상표를 선택할 수 있도록 도와주는 일이다.

② 구매 과정이 전산화되면서 고객은 구매의사결정을 하기 위해 상담원의 판매촉진 활동에 의존하게 되었다.

(2) 구매 시 상담원의 역할

① 고객의 구매의사결정을 도와주는 역할을 한다.

② 고객에게 정보를 제공하는 역할을 한다.

③ 고객에게 서비스를 제공하는 역할을 한다.

④ 고객의 문제를 해결하는 역할을 한다.

5. 구매 후 상담

(1) 구매 후 상담의 필요성

① 구매 후 상담이란 소비자가 재화와 서비스를 사용하고 이용하는 과정에서 고객의 욕구와 기대에 어긋났을 때 발생하는 모든 일을 도와주는 상담을 말한다.

② 고객이 구입한 제품이나 서비스를 사용하는 과정 혹은 배달 및 운송에서 발생한 문제 등에 대해 효과적이고 전문적인 상담을 수행한다.

③ 제품이나 서비스의 성능, 재질, 가격, 배송, 사후 관리 등에 대한 만족도와 상담의 질에 대한 만족도를 측정·관리한다.

(2) 기업 입장에서 구매 후 상담의 필요성

① 고객에게 기업의 좋은 이미지를 구축할 수 있다.

② 제품을 구매한 불만 고객에게 신속히 피해를 보상하여 더 좋은 고객 관계를 형성할 수 있다.

③ 고객 지향적 마케팅 활동을 추진할 수 있다.

④ 고객 만족과 직원 만족을 이룰 수 있다.

⑤ 고객의 재방문(재구매)이 이루어진다.

(3) 사후관리의 중요성

① 고객과의 장기적인 관계가 유지될 수 있으며, 기업 이미지 제고의 역할을 한다.

② 제품 및 서비스의 문제점을 개선할 수 있고, 교차 판매를 유도할 수 있다.

---

02 경로별 정보 제공하기

1. 상품 정보의 경로

(1) 인쇄 매체

① 개념: 상품의 정보를 인쇄하여 제공하는 매체로 신문, 잡지, 전단지, 팸플릿 등 여러 가지 형태로 제작된다.

② 한계

㉠ 정보를 상세하게 전달할 수 있으나 정보의 전달 방향이 일방적이고 정보의 전달 속도가 다른 매체에 비해 느리다.

㉡ 인터넷, 스마트폰, 태블릿 등이 등장하기 전에는 영향력이 높은 매체이었으나 현재는 그 영향력이 과거에 비해 많이 줄어든 상태이다.

(2) 라디오 `중요`

① 장점: 소리로 정보를 전달하는 매체로, TV보다 비용이 저렴하고 시각 장애인들에게 유용하다.

② 단점: 청각적인 표현만 가능하기 때문에 상품의 정보를 상세하게 전달하기에는 부족한 면이 있다.

(3) TV

상품의 정보를 시각 및 청각적으로 제공할 뿐만 아니라 자막으로도 정보를 제공할 수 있기 때문에 매우 효과적이다.

(4) 옥외 광고

① 개념: 옥상 및 야외 간판, 광고탑, 네온사인과 같이 야외에 설치된 간판을 옥외 광고 매체라고 할 수 있다.

② 특징: 다른 매체들과 달리 고정된 위치에서 지속적으로 대중에게 상품의 정보를 노출할 수 있다.

(5) 인터넷 및 모바일

① 개념: TV와 같이 시청각적으로 상품의 정보를 전달할 수 있을 뿐만 아니라 일방적인 정보 전달이 아닌 쌍방향으로 소통이 가능한 매체이다.

② 인터넷과 모바일 광고의 종류

배너 광고	• 광고 형태가 현수막과 같이 직사각형 모양이어서 배너라고 불린다. • 과거에는 단순 이미지로 제작되었으나 최근에는 동영상으로도 제작되기도 한다. • 크기의 제한 때문에 많은 정보를 보여줄 수 없는 단점이 있다.
리치 미디어 광고	• 고급 기술을 활용하여 배너 광고보다 더 풍부하게 만들었다고 해서 리치 미디어라고 한다. • 리치 미디어 광고에 마우스를 놓으면 이미지가 변하거나 동영상이 재생되어 배너 광고보다 더 많은 정보를 생생하게 전달할 수 있다.
검색 광고	• 키워드 검색 광고라고도 하는데, 고객이 키워드로 검색할 경우 광고주의 웹 사이트 링크가 눈에 잘 띄는 웹 페이지 상단에 노출되게 하는 광고이다. • 고객이 키워드로 검색한다는 것은 해당 키워드에 관심이 있다는 것이므로 불특정 다수를 상대로 하는 광고보다 신규 고객을 유치할 수 있는 가능성이 상대적으로 높다.
텍스트 광고	• 짧은 단문으로 구성된 문구의 하이퍼링크를 이용한 광고 형태이다. • 이미지 또는 동영상을 활용한 광고는 고객들이 광고로 인식하지만 텍스트 광고는 정보로 인식하는 경우가 많기 때문에 광고에 대한 저항감이 낮다.
이메일 광고	• 주로 자사의 회원들에게 보내는 이메일을 통한 광고로, 고객들을 연령별, 성별 등으로 세분화하여 광고 이메일을 보낼 수 있다. • 이메일 수신율, 클릭률 등을 분석할 수 있다.
SMS 광고	• SMS를 통해 짧은 문장의 문자를 보내는 모바일 광고이다. • 스팸 광고로 인식되어 사전에 차단되는 확률이 높다.
MMS 광고	텍스트로만 구성된 SMS 광고와는 달리 이미지, 동영상이 가능하여 보다 더 상세한 정보를 전달할 수 있는 모바일 광고이다.
소셜 미디어 광고	• 페이스북, 트위터, 유튜브 등과 같은 SNS를 이용한 광고이다. • 휴대폰, 태블릿 등 모바일 기기가 많이 보급되어 고객과 쌍방향 커뮤니케이션이 가능하며 파급 효과가 크고 빠르다.

2. 정보 제공과 관리

(1) 통합 마케팅 커뮤니케이션(IMC; Integrated Marketing Communication)

① 의의: 광고, 판매촉진, PR 등의 다양한 마케팅 커뮤니케이션 도구를 효과적으로 결합하여 고객들에게 상품 또는 기업의 일관된 이미지를 제공하는 고객과의 의사소통 방법이다.

② 특징

㉠ 커뮤니케이션의 대상: IMC는 상품을 구매하는 고객과의 커뮤니케이션뿐만 아니라 회사의 경영 활동에 영향을 미치는 관계자와의 커뮤니케이션 활동을 관리한다.

㉡ 커뮤니케이션을 위한 매체의 다양화: 과거와 달리 TV, 라디오, 인쇄 매체의 광고 외에도 인터넷, 모바일, SNS 등과 같은 다양한 매체를 이용해 고객들과의 의사소통을 할 수 있으므로 양방향 커뮤니케이션이 가능해졌다. 광고 외에도 이메일, 홈페이지, 이벤트, 고객서비스, 설문조사, 상품의 포장 등 다양한 방식으로 고객들과 접촉하여 고객 관계를 강화하고 유지할 수 있다.

ⓒ 커뮤니케이션 흐름의 변화: 고객들이 상품의 정보를 다양한 채널을 통해 접할 수 있게 되었고 상품에 대한 요구사항을 생산자에게 직접 요청하기도 한다.

ⓔ 고객 데이터베이스 구축: 고객의 구매 방식과 생활 방식이 매우 다양해져 기업들이 상품 판매를 예측하기가 매우 어려워졌기 때문에 고객들을 세분화하여 효과적인 마케팅 전략을 구축할 필요가 있다. 이때, 고객의 구매 방식과 생활 방식을 기반으로 한 데이터베이스를 구축하고 이를 활용하여 세분화된 고객들을 대상으로 광고, 판촉 활동, 이벤트 등의 다양한 마케팅 커뮤니케이션을 수행할 수 있다.

(2) 마케팅믹스 **중요**

① 개념: 기업이 목표시장에서 원하는 반응을 얻을 수 있도록 하기 위해서 사용하는 통제 가능한 마케팅 변수의 전략적 집합이다.

② 분류

㉠ 기업 중심 마케팅믹스의 구성 요소(4P)

Product(제품)	기업이 고객들에게 판매하는 제품을 포함하여 서비스, 브랜드, 디자인 등을 포함할 수 있는 넓은 의미의 개념
Price(가격)	제품 또는 서비스의 가격은 경제 상황, 경쟁 제품의 가치, 제품의 희소성 등 다양한 환경을 감안해서 결정됨
Place(유통)	제품 또는 서비스가 기업으로부터 고객들에게 전달되는 경로
Promotion(촉진)	제품이나 서비스를 고객들에게 알리고 구매를 결정할 수 있도록 하는 광고나 홍보, 이벤트 등의 판매촉진 활동 및 인적 판매를 의미

㉡ 고객 중심 마케팅믹스의 구성 요소(4C)

Customer(고객)	고객이 원하는 기능, 디자인, 성능 등을 최대한 정확히 파악하여 제품을 만들어야 성공 확률을 높일 수가 있음
Cost(비용)	고객은 제품을 구매함으로써 얻을 수 있는 가치와 잃을 수 있는 가치를 고려하여 구매를 결정함
Convenience(편의성)	고객이 제품을 구매하는 데 편의성을 제공하는 것을 의미함
Communication(소통)	기업은 고객들과의 쌍방향 소통을 통해 고객이 진정 원하는 것을 파악하고 그것을 제품 개발에 적용할 수 있음

CHECK POINT

마케팅의 3C 분석

Customer(고객), Competitor(경쟁사), Company(자회사)

마케팅에서의 5C

Communication(협상), Commerce(거래), Community(집단), Contents(내용), Customer(고객)

(3) 데이터베이스 마케팅

① **개념**: 고객별 특성, 구매행동의 데이터베이스를 통해 장래의 구매 패턴을 예상하고 고객 개개인과의 장기적인 관계 구축과 고객의 상품 구입 의사결정을 강화시키기 위한 마케팅 전략이다.

② **종류**

    ㉠ 고객 속성 데이터베이스

        • 고객이 가지고 있는 고유한 성질의 데이터이다.

        • 성명, 나이, 주민등록번호, 주소, 성별 등이 있다.

    ㉡ 거래 속성 데이터베이스

        • 고객이 자사의 상품이나 서비스를 이용하면서 생긴 데이터이다.

        • 구입 상품명, 상품 금액, 상품 코드, 상품 색상 등이 있다.

③ **중요성(특징)**

    ㉠ 고객에게 최적의 구매 환경을 제공하여 고객의 생애가치를 증대시킨다.

    ㉡ 고객별 거래량을 분석하여 수익 공헌도가 높은 고객을 파악할 수 있다.

    ㉢ 체계적인 고객 관리를 통하여 고객의 이탈을 막고 고객 유지를 할 수 있다.

    ㉣ 고객 데이터를 이용하여 고객과의 1:1 관계를 구축할 수 있다.

    ㉤ 각종 데이터를 수집·분류·응용·분석하여 마케팅 전략을 수립하는 데 효과적이다.

④ **데이터베이스 마케팅의 성공 요인**

    ㉠ 끊임없이 정보를 갱신하여야 한다.

    ㉡ 기업은 고객과의 장기적인 관계 형성을 통해 고객평생가치(LTV; Life Time Value)를 최대화하여야 한다.

    ㉢ 창의적인 마케팅 능력을 발휘하여야 한다.

실제 기출문제를 토대로, 출제될만한 내용을 분석하여 출제예상문제를 수록하였습니다. 실제 시험이라 생각하고 연습해 보세요. 답안을 영어 단어로 쓸 경우 철자를 정확하게 써야 하는 것도 잊지 마세요!

01 소비자 구매의사결정의 다섯 단계를 순서대로 쓰시오.

02 소비자 구매의사결정 과정의 첫 단계이자 마케팅 활동에 의해 소비자의 욕구가 발생하는 단계는 무엇인 지 쓰시오.

03 소비자 구매의사결정 과정에서 탐색된 정보를 바탕으로 여러 대체안의 장단점을 평가하는 단계는 무엇 인지 쓰시오.

정답★해설

---

01 문제 인식 → 정보 탐색 → 대안의 평가 → 구매 → 구매 후 평가

02 문제 인식

03 대안의 평가

04 소비자 구매행동의 결정 요인 중 문화적 요인을 두 가지 쓰시오.

---

05 소비자 구매행동의 결정 요인 중 라이프스타일, 연령, 직업, 라이프사이클 등은 무슨 요인인지 쓰시오.

---

06 소비자 구매행동의 결정 요인 중 가족 역할과 사회적 지위, 준거 집단 등은 무슨 요인인지 쓰시오.

---

07 소비자가 어떤 제품을 구매하고자 할 때 구매 결정에 보다 신중을 기하며, 정보 탐색에 많은 시간과 노력을 투입하고 정보를 보다 깊이 있게 처리하는 구매행동은 무엇인지 쓰시오.

---

08 통합 마케팅 커뮤니케이션의 개념을 쓰시오.

09 AIDMA 이론은 AIDA 이론의 욕구(Desire) 단계와 행동(Action) 단계 사이에 어떤 단계가 추가된 것인지 쓰시오.

10 고객별 특성, 구매행동의 데이터베이스를 통해 장래의 구매 패턴을 예상하고 고객의 상품 구입의사결정을 강화시키기 위한 마케팅을 무엇이라고 하는지 쓰시오.

정답★해설

04 • 문화
    • 하위문화
    • 사회 계층

05 개인적 요인

06 사회적 요인(환경적 요인)

07 고관여 구매행동

08 광고, 판매촉진, PR 등의 다양한 마케팅 커뮤니케이션 도구들을 효과적으로 결합하여 고객들에게 상품 또는 기업의 일관된 이미지를 제공하는 고객과의 의사소통 방법이다.

09 기억(Memory) 단계

10 데이터베이스 마케팅

11 고객 속성 데이터베이스에 해당하는 것을 세 가지 쓰시오.

12 고객이 자사의 상품이나 서비스를 이용하면서 생긴 데이터를 무엇이라고 하는지 쓰시오.

13 구매 전 상담에서의 커뮤니케이션 목표를 세 가지 쓰시오.

14 마케팅에서의 5C 중 세 가지를 쓰시오.

15 AIDA 이론은 고객이 구매를 결정하기까지의 심리 과정을 분석한 것이다. 다음 빈칸에 들어갈 말을 쓰시오.

주목(A   ) → 흥미 유발(I   ) → 욕구(Desire) → 행동(Action)

16 데이터베이스 마케팅의 특징을 세 가지 쓰시오.

정답★해설

11 • 성명
　 • 나이
　 • 주민등록번호
　 • 주소
　 • 성별

12 거래 속성 데이터베이스

13 • 구매 위험의 감소
　 • 상표 인지의 증대
　 • 구매 가능성의 증대
　 • 기업 이미지 개발

14 • Communication(협상)
　 • Commerce(거래)
　 • Community(집단)
　 • Contents(내용)
　 • Customer(고객)

15 • A: Attention
　 • I: Interest

16 • 고객에게 최적의 구매 환경을 제공하여 고객의 생애가치를 증대시킨다.
　 • 고객별 거래량을 분석하여 수익 공헌도가 높은 고객을 파악할 수 있다.
　 • 체계적인 고객 관리를 통하여 고객의 이탈을 막고 고객 유지를 할 수 있다.
　 • 고객 데이터를 이용하여 고객과의 1:1 관계를 구축할 수 있다.
　 • 각종 데이터를 수집 · 분류 · 응용 · 분석하여 마케팅 전략을 수립하는 데 효과적이다.

☑ **출제 Keyword**
- 목표 관리(MBO; Management By Objectives)
- 통화품질 관리(QA; Quality Assurance)
- 모니터링
- 다면평가
- 동기부여 이론
- SMART 성과 목표
- 인센티브

01 목표 설정

1. 목표 설정 이론

(1) 목표 설정의 개요

① 통신판매 성과 관리의 첫 단계로서 목표를 어떤 내용으로, 어떤 수준으로, 어떤 근거로, 어떤 목적을 가지고 또 조직과 개인의 단위에 따라 어떻게 목표를 설정하는가에 따라 성과의 정도가 결정되므로 합리적인 목표 설정이 중요하다.

② 상위 목표 정렬

㉠ 개인의 목표가 진정으로 의미 있는 것이 되기 위해서는 조직의 목표와 전략적으로 정렬되어야 한다.

㉡ 조직의 비전과 미션, 경영 전략 등과 연계된 단위 사업별 목표가 선정되고 이와 정렬된 개인의 목표가 선정되어야 제대로 목표 관리를 할 수 있다.

(2) 목표 관리(MBO; Management By Objectives)

① **개념**: 상사와 부하가 상호 협의하에 공동 목표를 확인하고, 각 개인의 중요한 책임 영역을 각 개인에게 기대되는 성과로 환산하여 확정하고, 이러한 목적을 달성하기 위한 지침을 설정하여 실시하며, 성과를 평가하고 활용하는 과정이다.

② **효과**

㉠ 목표 몰입

- 목표를 성취하기 위한 노력의 강도와 설정된 목표에 대한 집착의 정도를 나타낸다.
- 목표 달성을 위한 노력의 결의를 의미한다.

㉡ 내적인 동기부여

- 내재적 보상에 의해 이루어지는 동기부여로, 행위자와 과업 간의 직접적 관계에서 발생한다.
- 과업을 수행하면서 얻은 성취감, 도전감, 확신감 등이 내재적 보상의 대표적인 예이고 내재적 동기부여란 이러한 보상들에 의한 노력의 발동 상태를 의미한다.

ⓒ 시스템 만족
- 목표 관리 시스템을 사용하는 직원들의 심리적 만족이다.
- 목표 관리 시스템에 대한 만족도는 장기적으로 직원의 동기와 사기에 영향을 주고, 이는 곧바로 제반 조직 목표 수행에 영향을 준다.

2. 업적평가 및 역량평가

(1) 업적평가

① 의의: 업적평가는 조직구성원의 능력 개발, 업적의 향상, 동기 유발 등의 목적을 달성하기 위해 실시하며, 평가 과정을 통해 조직구성원들이 자신의 직무를 보다 더 잘 수행할 수 있는 메커니즘을 제공한다.

② 기능: 업적평가는 조직구성원에게 피드백되어 동기 유발과 자기개발에 영향을 미치고 조직에서는 이를 근거로 임금과 승진 등 보상을 결정한다. 즉 업적평가 결과는 조직 계획 수립과 주요 의사결정에 영향을 미친다.

③ 기준
ⓐ 신뢰성 있는 척도여야 한다.
ⓑ 개인들의 업적 결과에 따라 차별화할 수 있어야 한다.
ⓒ 직무상 주된 행동에 의해서 영향을 받을 수 있는 주제여야 한다.
ⓓ 피평가자들에 의해서 수용 가능한 것이어야 한다.

④ 분류
ⓐ 정량평가
- 매출액, 영업이익, 원가절감액, 생산성, 품질 등에 사용된다.
- 평가기준 설정이 용이하고, 객관적인 평가를 할 수 있다.
ⓑ 정성평가
- 고객서비스 개선, 경영혁신도, 인력육성 등에 사용된다.
- 평가자에 따라 자의성이 존재하고, 객관성이 낮다는 점에서 유의해야 한다.

⑤ 과정

구체적인 평가 목표 수립 → 직무요건의 설정 → 업적평가 기준 도출 및 목표 설정 → 성과 측정 → 업적평가 실시 → 피평가자와 평가 토의

(2) 역량평가

① 개념: 평가 대상자의 핵심역량을 중심으로 평가자가 복수의 평가 기법을 활용해서 평가하는 것으로, 조직구성원이 조직의 성과를 올리기 위해 발휘하는 능력을 평가하는 것이다.

② 목적: 조직구성원의 자발적인 역량 개발을 유도하고 전문성을 확보하고 업무수행과정에서 역량을 적극 발휘하게 하여 조직역량을 향상시키고 조직의 전략 목표를 달성하게 하는 것이 목적이다.

③ 능력평가와 역량평가의 비교

　㉠ 능력평가(Ability evaluation)

　　• 일반능력(자질)의 평가이다.

　　• 전사가 획일적인 평가기준을 가지고 운영한다.

　　• 상대평가이다.

　　• 리더가 주관적으로 평가한다.

　　• 인재육성의 연계가 부족하고, 평가 결과의 활용이 미흡하다.

　㉡ 역량평가(Competency evaluation)

　　• 역량의 평가, 역량기준의 개발 · 평가 · 육성이 가능하다.

　　• 현업 리더가 객관적으로 평가한다.

　　• 현업 특성을 반영하여 평가지표를 개발한다.

　　• 절대평가와 상대평가를 구분하여 운영한다.

　　• 항목별 기준에 따라 평가한다.

　　• 체계적인 인재 육성과 연계할 수 있으며 역량 포인트별 니즈를 발굴 · 육성 · 개발할 수 있다.

02 성과평가

1. 실적 평가

(1) 핵심 성과지표(KPI; Key Performance Indicator)

　① 개념: 목표를 성공적으로 달성하기 위하여 핵심적으로 관리해야 하는 요소들에 대한 성과지표를 말한다.

　② KPI 도출 · 활용의 궁극적인 목적은 구성원들이 기업이 원하는 방향으로 가도록 동기를 부여하는 데 있다.

　③ KPI 일반 원칙

　　㉠ 관리할 능력을 고려하여 적정 수준으로 한다.

　　㉡ 사업의 핵심 성공요인들과 연계되어야 한다.

　　㉢ 조직의 과거, 현재, 미래를 한눈에 바라볼 수 있는 지표여야 한다.

　　㉣ 고객, 주주와 기타 이해 관계자들의 욕구를 기반으로 하여 개발되어야 한다.

　　㉤ 최고경영자의 의지로 시작하여 조직의 모든 구성원에게로 전파되어야 한다.

　　㉥ 지표는 변경 가능해야 하며 환경과 전략이 변화함에 따라 재조정되어야 한다.

　　㉦ 지표의 목적과 목표는 정확한 조사에 근거하여 설정되어야 한다.

(2) 개인평가와 조직평가

① 개인평가

  ㉠ 조직에서 각 직무를 수행하는 조직구성원 개개인에 대한 평가를 말한다.

  ㉡ 평가 방식에는 업적평가, 역량평가, 경우에 따라 다면평가 등이 있다.

  ㉢ 평가 계획에 따라, 평가 기간 중 발생하는 변동 사항을 반영하여 실적 평가를 수행한다.

  ㉣ 평가 지표는 계량 지표, 비계량 지표, 가감점 지표로 구성된다.

② 조직평가

  ㉠ 각 조직별로 설정된 목표와 KPI의 결과에 대해 평가 기준에 따라 평가하는 것이다.

  ㉡ 평가 지표는 계량 지표, 비계량 지표, 가감점 지표로 구성된다.

  ㉢ 기업에서는 개인평가와 조직평가를 믹스하여 평가 보상을 시행하고 기록 관리를 통해 인력 관리, 성과 관리 고도화에 활용한다.

(3) 상대평가 및 절대평가

구분	상대평가	절대평가
의미	타인과 비교하여 평가	기준을 정해 놓고 평가
비교 대상	사람 VS 사람	사람 VS 기준
평가 방법	서열법	점수법
장단점	• 평가 기준이 명확히 설정되어 있지 않을 경우에도 활용이 가능하다. • 평가 항목 및 내용 설계 시 많은 노력과 시간이 소요되지 않으므로 효율적이다. • 현실적으로 조직 내 자신의 위치를 파악하는 데 도움을 줄 수 있다. • 피평가자에게 피드백 시 납득성 문제가 발생할 수 있다.	• 평가 기준에 따른 일관성 있는 평가로 납득성이 높다. • 피평가자에게 객관적 평가에 따른 장단점을 피드백하여 의욕을 향상시키고 자기개발을 하도록 유도할 수 있다. • 평가 기준 설정이 쉽지 않다. • 평가 항목 및 내용 설계에 시간과 노력이 많이 필요하다. • 보상으로 활용하는 데 한계가 있다.
활용	채용, 승급, 승진	교육, 전환 배치, 업적 향상, 처우 결정
적용	• 입학 방식 • T/O 개념 • 승진 정원 산정 **예** S(10%)~D(5%)	졸업 방식 **예** 70점 이상 합격
사례	마라톤 선수의 상대평가: 국내 1위를 선발하여 포상	마라톤 선수의 절대평가: 기록 2시간 10분 달성 시 1억 상금 지급

2. 정성평가

(1) 정성평가의 개요

① 정성평가는 정량평가와 대비되는 것으로 품질, 태도 등 계수화하기 어려운 평가를 말한다.

② 정성지표는 평가자의 주관적인 개입이 필요한 지표이며, 수행 결과와 질적인 면을 고려하여 성과측정을 해야 한다. 또한 평가의 객관성 담보가 어렵다.

③ 정성평가 운영은 요구되는 평균 수준의 성과를 정의하고 이를 기준으로 평가의 가이드라인을 설정한다.

④ **평가 시 고려요소:** 활용성, 유용성, 창의성, 혁신성, 실행 가능성, 성실성, 준수도 등

⑤ **정성평가의 다섯 가지 척도:** 매우 미흡(부족), 미흡(부족), 보통, 우수, 탁월

(2) 비재무적 지표 평가

① BSC 관점에서 비재무적 지표 평가는 계량화된 재무적 수치와 대비되어 정성평가 요인으로서 활용할 수 있다.

② 비재무적 지표는 제품, 서비스 및 사업 운영의 성과를 평가하기 위하여 불량품 정도, 납기·시간 준수 등의 측정 항목을 개발하는 데에 상당한 노력을 기울인 결과로 개발된 측정이다.

③ 재무적 지표에 비해 정성적이며 과정 중심적이고 장기 지향적인 성과 지표들이다.

④ 대표적인 지표는 고객 만족, 품질, 생산성, 납기 준수도, 종업원의 만족도, 교육 및 능력 개발에 대한 투자 등 다양한 지표를 포함하고 있다.

(3) 다면평가

① **개념**

㉠ 현재 주로 사용하는 역량평가 방법 중 하나이며, 정성평가 요인으로 간주할 수 있다.

㉡ 상사, 동료, 부하 직원, 고객 등 다양한 사람이 여러 각도로 평가를 하는 것을 말한다.

② **장단점**

㉠ 장점

- 편파적인 평가 의견을 견제함으로써 균형 있는 평가가 가능하다.
- 평가자 외의 다른 구성원들에게도 평가 참여 기회를 제공하여 참여감과 조직에 대한 일체감을 증진시킬 수 있다.
- 평가 결과의 익명성으로 인해 평가 대상에 대한 객관성을 제고할 수 있으며, 공정하고 합리적으로 평가할 수 있다.
- 평가 정보의 피드백을 통해 자기개발에 대해 동기부여를 할 수 있으며, 상급자뿐만 아니라 동료 및 부하 직원, 고객으로부터 인정받고 존경받기 위한 자기개발을 유도할 수 있다.
- 상하 간, 동료 간, 고객과 조직 간의 의사 교환을 통하여 조직 활성화에 기여할 수 있다.

㉡ 단점

- 상사 업무의 성과평가에 필요한 지식이 부하 직원들에게 부족할 경우에는 공정하고 객관적인 평가가 어렵다.
- 의견이 상충될 때 누구 의견이 옳은지 판단하기 어렵다.
- 평가 결과에 대한 상사의 보복이 두려워 정확한 평가를 기대할 수 없다.
- 평가에 시간과 비용이 많이 든다.
- 많은 평가 양식을 작성하다 보면 평가 오류에 빠질 수 있고 그 결과, 평가의 정확성이 떨어질 수 있다.
- 평가의 주관성이 개입될 수 있는 점이 많다.

03 보상하기

1. 소규모 보상 운영

(1) 인센티브

① **개념**: 사람들의 어떤 행동을 인정 · 장려함으로써 그 행동을 계속 유지하게 하여 기대한 만큼의 효과를 얻는 것이다.

② **역할**

　㉠ 효과적인 동기부여 방법으로 광범위하게 사용되고 있으며 관리 효능성을 제고하는 중요한 역할을 한다.

　㉡ 종업원의 심리적, 물질적 면을 만족시켜 주고 종업원의 적극성을 불러일으킨다.

③ **목적**: 금전적 보상뿐만 아니라 개인의 향후 행동 양식이 변화하는 것을 목표로 한다.

④ **구분**: 인센티브 제도는 물질적인 것과 비물질적인 것으로 나뉜다.

구분	물질적 인센티브	비물질적 인센티브
개념	조직에 분배하는 물질적 자원	개인이 감정 면에서 수용하는 자원을 만족하는 것
예시	임금, 보너스, 주권, 주택, 기타 복리 대우	인정, 칭찬, 존중, 명예 등으로, 물질적인 인센티브에 비해 고차원의 욕구를 만족시킨다.
특징	• 객관적이고 지각 · 예측할 수 있다. • 소모성이 있다. • 물질적 자원의 제한성이 있어 경쟁력이 있다. • 유통성이 있다. • 일시성이 있어 종업원에게 소극적인 영향을 가져다 줄 수 있다.	• 추상적, 상징성, 예측 불가로 개인의 주관적 감각이나 체험에서 나타난다. • 제한성이 없다.

⑤ **유형**

　㉠ 개인별 인센티브

　　• 목적: 규정된 양이나 질을 초과하는 산출을 달성하도록 종업원에게 재무적 유인을 제공하는 것이다.

　　• 잘 설정된 인센티브제는 업무 성과를 증대시키고 단위 비용을 감소시킨다.

　　• 분류: 성과급제(Price-rate-plan), 할증급제(Time bonus)

　㉡ 집단별 인센티브

　　• 비용 절감 인센티브 제도와 복합적 인센티브 제도를 대상으로 한다.

　　• 분류: 이윤배분제, 스캔런 플랜(Scanlon plan), 러커 플랜(Rucker plan)

⑥ **효과**

　㉠ 긍정적인 효과: 동기 유발, 사기 진작, 경쟁 유발, 생산성 증진 등

　㉡ 부정적인 효과: 처벌의 효과, 인간관계의 훼손, 원인 규명 곤란, 모험 억제, 흥미 상실 등

(2) 보상 및 보상 관리

① 보상

    ㉠ 개념: 종업원이 근로의 대가로 기업으로부터 받는 일체의 경제적 · 비경제적으로 지급되는 것을 모두 포함하는 것이다.

- 경제적으로 지급되는 것: 금전적 · 물질적 보수, 복리 후생 등
- 비경제적으로 지급되는 것: 직무, 직무 환경, 승진, 유급 휴가, 유급 휴일 등

    ㉡ 유형

- 밀코비치(Milkovich)와 뉴먼(Newman)은 보상의 형태를 화폐적 보상과 비화폐적 보상으로 구분하였다.
- 화폐적 보상: 기본급, 성과급, 인센티브, 생계비 수당을 포함한다.
- 비화폐적 보상: 휴가, 질병이나 결근 등에 대해 일하지 못하는 시간의 제공, 조직의 제반 서비스 활동과 종업원 보호 활동 등을 포함한다.

② 보상 관리

    ㉠ 적정한 보상 수준이 어느 정도가 되어야 하는가와 관련된 보상 수준의 관리를 말한다.

    ㉡ 보상의 항목을 무엇을 기준으로 차등화할 것인가와 관련된다.

    ㉢ 조직구성원들이 제공받는 각각의 항목들을 무엇을 기준으로 차등화할 것인가와 관련된다.

    ㉣ 보상 관리의 목적과 효과: 종업원과 관리자 모두에게 공정하다고 인정되는 보상 체계를 만드는 데 있다. 그렇게 함으로써 종업원들이 업무에 기여하고 동기 유발을 하게 된다.

2. 보상방안 활용

(1) 동기부여

① 개념

    ㉠ 동기부여는 일반적으로 어떤 사람을 자극하는 행동을 불러일으키거나 바람직한 행동을 수행하도록 이끄는 것이다.

    ㉡ 조직에서 나타나는 개인의 성과는 사람에 따라 다양하게 나타나는데, 능력의 차이뿐만 아니라 개인의 자발적인 의욕에 따라 큰 차이를 보인다. 즉, 동기부여가 성과를 결정하는 중요한 요소이다.

② 개인이 자율적이고 능동적으로 느끼는 내적 요인의 동기와 다른 사람으로부터 타율적이고 피동적으로 부여받는 외적 요인의 동기가 있다.

③ 동기부여 이론

이론	세부 내용
매슬로우(Maslow)의 욕구 단계 이론	• 인간은 기본적으로 다섯 가지 욕구에 의해 동기부여가 되며, 특정 욕구를 만족시키기 위해 노력한다. • 낮은 수준의 욕구가 충족되어야 그 다음 수준의 욕구가 발현된다. • 생리적 욕구 → 안정 욕구 → 사회적 욕구 → 존경 욕구 → 자아 실현 욕구
ERG 이론	알더퍼(Alderfer, 1972)의 이론으로, 인간 욕구를 존재 욕구(Existence needs), 관계 욕구(Relatedness needs), 성장 욕구(Growth needs)의 세 가지로 간소화했다.

허즈버그(Herzberg)의 동기-위생 이론	• 불만족요인(위생요인): 직무 환경과 관련된 안전, 지위, 급여, 작업 환경, 상사와의 관계, 회사의 정책과 경영방식, 동료와의 관계 등으로, 이 요인은 충족되지 못할 시 불만족을 초래하지만, 충족되어도 불만족을 감소시킬 뿐 만족을 불러오지 못한다. • 만족요인(동기요인): 더 나은 만족과 성과를 가져오는 동기를 부여하며 주로 성취감, 인정, 동질감, 책임감, 성장과 발전, 일 그 자체 등을 의미한다. 이 요인은 충족하지 않아도 불만은 없지만 일단 충족되면 만족에 적극적인 영향을 줄 수 있다. 매슬로우의 상위 욕구에 해당된다.

(2) 보상물

① 금전적 보상

  ㉠ 종업원들이 조직에서 근무한 대가로 얻은 봉급 상승의 기회나 높은 보너스를 받는 것이다.

  ㉡ 다양한 복리후생 제공과 유급휴가 제공 등 물질적인 급여와 관련된 보상이다.

② **특권적 보상**: 조직 내에서 받은 칭찬이나 표창, 직책과 호칭 부여, 조직 내부에 좋고 넓은 사무실과 기자재 제공, 사내 식당이나 클럽에 할인 사용권 등 특권을 부여하는 것, 사내 신문 및 홈페이지에 칭찬 등 어떤 특권을 부여해 주는 것과 같은 자신의 신분을 나타내 줄 수 있는 보상이다.

③ **직무적 보상**: 직무 자율성 부여, 업무 재량권 부여, 중요한 의사결정 참여권 부여, 도전적 업무 부여 등 종업원이 하는 일의 내용 자체에 대한 보상이다.

④ **복합적 보상**: 고용 안정성 제공, 승진 기회 부여, 종업원에게 향후 진로에 대한 조언 제공, 사내 교육훈련 참여 기회 부여 등 자기 미래 성장과 발전에 관련된 보상이다.

04 모니터링

1. 모니터링 중요

(1) 모니터링의 개요

① **개념**: 고객센터의 통화품질을 향상시키기 위해 고객과 텔레마케터 간의 실제 통화 내용 샘플을 듣는 것이다.

② **목적**: 궁극적으로 통화품질 향상을 목적으로 하며, 모니터링을 통해 상담원의 통화 능력 체크, 상담원 예절 및 친절성 체크, 상담원 발음의 정확성 체크, 상담원 평가를 통한 코칭 등을 이루고자 한다.

③ 유형

Mystery call	고객을 가장하여 상담원에게 전화를 걸어 평가하는 방법이다.
Real time monitoring	판매상담 직원이 모니터링 여부를 모르도록 무작위로 추출된 상담 내용을 듣고 정해진 평가표에 의해 평가하는 방법이다.
Recording monitoring	판매상담 직원 모르게 무작위로 추출된 판매상담 내용을 평가자가 녹음하여 평가 결과를 해당 직원과 공유할 수 있도록 하는 방법이다.
Self monitoring	상담원 자신이 본인의 상담 내용을 모니터링하는 것으로, 본인의 장단점을 체크해 보면서 스스로 반성의 기회를 갖게 되므로, 효과가 좋은 방법 중 하나이다.
Peer monitoring	동료가 서로의 상담 내용을 모니터링하는 것으로, 모니터링에 대한 반감을 줄일 수 있으나 동료 간에 감시의 의구심을 불러 일으켜 팀워크를 깨뜨릴 수도 있다.

Side-by-side monitoring	상담원 옆에 앉아서 실시간으로 모니터링하는 방법이다.

(2) 모니터링의 성공 요소 및 평가 중요

① **성공 요소**: 대표성, 객관성, 차별성, 신뢰성, 타당성, 유용성

② **평가 항목**

　㉠ 고객과의 친밀감 형성

　㉡ 스크립트의 효과적 사용

　㉢ 발음의 명확성

　㉣ 업무의 정확성

　㉤ 응대의 친절성 및 신속성

③ **실행 과정**

> 계획 수립 → 녹음 및 청취 → 평가 → 사후 점검 및 코칭

(3) 통화품질 관리(QA; Quality Assurance)

① **개념**: 기업과 고객 간 통화의 총체적인 품질의 정도를 말한다. 또한 통화와 관계되는 하드웨어 및 소프트웨어적 통화 수단과 통화 방법의 측정과 평가, 커뮤니케이션의 품격 정도, 내 · 외부 모니터링 실시를 통해 생성되는 통화품질 종합평가와 분석 및 관리, 교육 지도, 사후 관리를 종합적으로 수행하는 업무를 말한다.

② **품질을 갖춘 통화**: 고객이 만족하고, 고객과의 통화를 통해서 얻는 모든 입력 데이터가 정확해야 한다. 또한 직원이 친절하고 정확한 응대를 해야 하고, 고객이 원하는 정확한 정보를 제공받아 고객의 콜이 다른 직원에게 전환되지 않아야 한다.

③ **통화품질 서비스의 이점**

　㉠ 고객 로열티, 시장 점유율이 증가한다.

　㉡ 판매 및 수익이 증가한다.

　㉢ 기존 고객 및 신규 고객이 증가한다.

　㉣ 마케팅, 광고 판촉 경비가 절감된다.

　㉤ 불만 사안에 대한 신속한 대응으로 불만이 감소한다.

　㉥ 단골 고객이 증가한다.

　㉦ 경쟁사와 차별화할 수 있다.

　㉧ 고객의 긍정 반응에 기인하여 직원의 사기 · 생산성이 증가한다.

　㉨ 직원의 불만 · 지각 · 이직률이 감소한다.

2. 생산성 관리

(1) 텔레마케팅 성과 분석

① 손익 분기점(BEP): 매출액과 비용의 차이가 제로(0)가 되는 점으로, 비용은 고정비와 변동비의 합계를 말한다.

② 목표 CPO(Cost Per Order): 매직 넘버라고도 하는데 상품을 판매할 경우 매출 가격에서 일정한 이익을 확보하기 위하여 프로모션 비용에 지출할 수 있는 비용의 최대 허용 범위를 나타내는 것을 말한다. 즉, 이익률 몇 %를 확보하기 위한 한 주문당 프로모션 비용을 말한다.

CHECK POINT

SMART 성과 목표 설정 항목 중요

S(Specific)	구체적이어야 한다.
M(Measurable)	측정할 수 있어야 한다.
A(Achievable, Attainable)	달성 가능한 지표여야 한다.
R(Result-oriented)	전략 과제를 통해 구체적으로 달성하는 결과물이어야 한다.
T(Timely, Time-bound)	일정한 시간 내에 달성 여부를 확인할 수 있어야 한다.

---

(2) 텔레마케팅 성과 분석을 위한 지표와 분석 기준 중요

① 콜당 평균 비용(CPC; Cost Per Call): 한 콜에 소요되는 비용이다.

② 건당 반응 비용(CPR; Cost Per Response): 한 건의 반응을 얻는 데 소요되는 비용이다.

③ 계약률(CR; Conversion Rate): 리드(문의, 자료 요청 등의 반응)를 주문으로 변환시키는 비율이다.

④ 주문 획득률(OR; Order Rate): 총발신수에 대한 주문 비율이다.

⑤ 콜 응답률(CRR; Call Response Rate)
  ㉠ 총발신수에 대한 반응 비율이다.
  ㉡ '(총반응수/총발신수)×100'의 식으로 구할 수 있다.

⑥ 불통률(Blockage rate): 고객이 전화를 했으나 콜센터 교환기까지 도달되지 못한 콜의 비율이다.

⑦ 업무 점유율
  ㉠ 근무시간 중 상담원이 실제 콜처리 업무를 위해 사용한 시간의 비율이다.
  ㉡ '(상담사 통화시간＋처리시간)/(상담사 통화시간＋처리시간＋상담사 콜 대기시간)'의 식으로 구할 수 있다.

(3) 인바운드 텔레마케팅의 주요 지표

① 인바운드 상담원의 성과 관리 평가지표: 평균 통화처리시간, 평균 통화시간, 표준작업일 평균 통화 수

② 인바운드 콜센터의 성과지표: 콜 처리율, 서비스 레벨, 평균 통화시간, 시간당 통화 콜 수, 고객 만족도, 평균 후처리시간, 스케줄 준수율

(4) 아웃바운드 텔레마케팅의 주요 지표

    ① 아웃바운드 상담원의 성과 분석을 위한 지표: 콜 응답률, 시간당 판매량, 평균 판매가치, 판매 건당 비용, 고객 DB 소진율, 1콜당 평균 전화비용, 총매출액, 콜 접촉률

    ② 아웃바운드 콜센터에서 상담원 개인별 성과를 나타내 주는 양적 지표: 시간당 통화 콜 수, 시간당 성공 콜 수, 1인당 매출액

(5) 콜센터 생산성을 향상시킬 수 있는 방안

    ① 콜센터 인력(리더 및 상담사 등)에 대한 교육을 강화한다.

    ② 전반적인 업무 환경(콜센터 환경)을 개선한다.

    ③ 텔레마케터 성과에 대한 인센티브를 강화한다.

CHECK POINT

QAA(Quality Assurance Analyst)
- 텔레마케터의 상담품질 관리를 위해 모니터링 평가와 코칭 업무를 담당하는 사람
- 콜센터 QAA의 기본 자격 요건: 지식, 태도, 기술

---

(6) 서비스 품질 성과 지표

    ① 콜 전환율

    ② 모니터링 점수

    ③ 첫 번째 콜 해결률

실제 기출문제를 토대로, 출제될만한 내용을 분석하여 출제예상문제를 수록하였습니다. 실제 시험이라 생각하고 연습해 보세요. 답안을 영어 단어로 쓸 경우 철자를 정확하게 써야 하는 것도 잊지 마세요!

01 다음을 읽고 빈칸에 들어갈 알맞은 용어를 쓰시오.

> (   )은/는 상사와 부하가 상호 협의하에 공동 목표를 확인하고, 각 개인의 중요한 책임 영역을 각 개인에게 기대되는 성과로 환산하여 확정하고, 이러한 목적을 달성하기 위한 지침을 설정·실시하며, 성과를 평가·활용하는 과정이다.

02 콜센터에서 행하는 콜 모니터링의 방법 두 가지를 쓰시오.

정답★해설

01 목표 관리(MBO)

02 • Side-by-side monitoring : 상담원 옆에 앉아서 실시간으로 모니터링하는 방법
• Self monitoring : 상담원 자신이 본인의 상담 내용을 모니터링하는 방법
• Peer monitoring : 상담사가 동료의 콜을 모니터링해서 그들의 성과에 피드백을 제공하는 방법

• Real time monitoring : 판매상담 직원이 모니터링 여부를 모르도록 무작위로 추출된 상담 내용을 듣고 정해진 평가표에 의해 평가하는 방법
• Recording monitoring : 판매상담 직원 모르게 무작위로 추출된 판매상담 내용을 평가자가 녹음하여 평가 결과를 해당 직원과 공유할 수 있도록 하는 방법

03 기업과 고객 간 통화의 총체적인 품질의 정도를 말하며 통화와 관계되는 하드웨어 및 소프트웨어적 통화 수단과 통화 방법의 측정과 평가, 커뮤니케이션의 품격 정도, 내·외부 모니터링 실시를 통해 생성되는 통화품질 종합평가와 분석과 관리, 교육 지도, 사후 관리를 종합적으로 수행하는 업무를 말하는 것은 무엇인지 쓰시오.

04 다음은 업적평가의 과정이다. 빈칸에 A~C에 들어갈 내용을 〈보기〉에서 찾아 순서대로 쓰시오.

(A) → 직무요건의 설정 → 업적평가 기준 도출 및 목표 설정 → (B) → (C) → 피평가자와 평가 토의

〈보기〉

성과 측정   구체적인 평가 목표 수립   업적평가 실시

05 다음에서 설명하는 개념을 표현하는 용어는 무엇인지 쓰시오.

평가 대상자의 핵심역량을 중심으로 평가자가 복수의 평가 기법을 활용해서 평가하는 것으로, 조직구성원이 조직에 기여하는 성과를 올리기 위해 발휘하는 능력을 평가하는 것이다.

06 다음을 읽고 빈칸에 들어갈 알맞은 용어를 쓰시오.

> (   )은/는 목표를 성공적으로 달성하기 위하여 핵심적으로 관리해야 하는 요소들에 대한 성과지표를 말한다.

07 평가 기준에 따른 일관성 있는 평가로 납득성이 높지만 평가 항목 및 내용 설계에 시간과 노력이 많이 필요한 평가는 무엇인지 쓰시오.

08 다음에서 설명하는 개념을 표현하는 용어는 무엇인지 쓰시오.

> 현재 주로 사용하는 역량평가 방법 중 하나이며, 정성평가 요인으로 간주할 수 있다. 스스로 파악하기 어려운 자신의 장단점을 상사, 동료, 부하 직원, 고객 등 다양한 사람으로부터 평가받는 것이다.

정답★해설

03 통화품질 관리(QA; Quality Assurance)

04 A: 구체적인 평가 목표 수립, B: 성과 측정, C: 업적평가 실시

05 역량평가

06 핵심 성과지표(KPI)

07 절대평가

08 다면평가

09 매출액과 비용의 차이가 제로(0)가 되는 점을 무엇이라 하는지 쓰시오.

10 인센티브의 정의를 쓰시오.

11 물질적 인센티브와 비물질적 인센티브의 예시를 각각 세 가지씩 쓰시오.

12 고객이 전화를 했으나 콜센터 교환기까지 도달되지 못한 콜의 비율을 뜻하는 것은 무엇인지 쓰시오.

13 근무시간 중 상담원이 실제 콜처리 업무를 위해 사용한 시간의 비율을 뜻하며, '(상담사 통화시간+처리시간)/(상담사 통화시간+처리시간+상담사 콜 대기시간)'의 공식으로 구할 수 있는 것은 무엇인지 쓰시오.

14 서비스 품질 성과지표를 세 가지 쓰시오.

15 다음에서 설명하는 것은 무엇인지 쓰시오.

> 상담원의 통화 내용을 듣고, 상담원들의 상담 능력, 예절 등을 체크하여 통화품질을 향상시키고자 하는 일련의 활동

정답★해설

09 손익 분기점(BEP)

10 사람들의 어떤 행동을 인정·장려함으로써 그 행동을 계속 유지하게 하여 기대만큼의 효과를 얻는 것이다.

11 • 물질적 인센티브: 임금, 보너스, 주권, 주택, 기타 복리대우
• 비물질적 인센티브: 인정, 칭찬, 존중, 명예

12 불통률(Blockage rate)

13 업무 점유율

14 • 콜 전환율
• 모니터링 점수
• 첫 번째 콜 해결률

15 모니터링

16 모니터링의 실행 과정을 쓰시오.

17 모니터링의 궁극적인 목적은 무엇인지 쓰시오.

18 SMART 성과 목표 설정에서 S와 A의 의미를 쓰시오.

19 통화품질 관리(QA; Quality Assurance)의 정의를 서술하시오.

20 모니터링의 성공 요소 여섯 가지를 쓰시오.

16 계획 수립 → 녹음 및 청취 → 평가 → 사후 점검 및 코칭

17 통화품질 향상

18 • Specific: 구체적이어야 한다.
　　• Attainable(Achievable): 달성 가능한 지표여야 한다.

19 기업과 고객 간 통화의 총체적인 품질의 정도로, 통화와 관계되는 하드웨어 및 소프트웨어적 통화 수단과 통화 방법의 측정과 평가, 커뮤니케이션의 품격 정도, 내·외부 모니터링 실시를 통해 생성되는 통화품질 종합평가와 분석과 관리, 교육 지도, 사후 관리를 종합적으로 수행하는 업무를 말한다.

20 대표성, 객관성, 차별성, 신뢰성, 타당성, 유용성

제**10**장 고객 지원과 고객 관리 실행

01 인력 관리

1. 채용 계획 수립

(1) 판매 전략과 목표

① 판매 전략과 목표는 판매 상품과 상품 특성, 시장성 등을 고려해서 달성 가능한 수준으로 수립한다.

② 판매 전략은 목표 달성을 위한 최적의 계획이나 방법을 정하는 것을 말한다.

③ 판매 전략을 수행하기 위해서는 조직이 필요하며 이 조직을 어떻게 운영하느냐를 결정하는 것이 인력 운영 계획이다.

④ 인력 운영에 따라 판매 목표의 달성 여부가 결정되기 때문에 인력의 운영 계획 수립은 신중하게 진행해야 한다.

(2) 통신판매에서의 인력 운영 계획

① 통신판매 인력은 점포 없이 미디어를 활용하여 상품을 전시하고 주문을 받고 상품을 파는 일에 종사하는 인적 자원이다.

② 임금이 낮아 이직률이 높고, 시간제 업무가 가능하며, 필요한 경우 특별 고용이 가능하다.

③ 판매 인력 업무의 수행 여부에 따라 기업 경영 활동에서의 기업 성과가 달라진다.

④ 인적 자원 관리는 일과 사람의 유기적인 결합과 조화를 위해 적절한 인원을 계획·채용·관리하는 과정이다.

⑤ 인적 자원 계획은 기업이 처한 환경이나 고유한 특성으로 인해 발생한 인력 채용 변수에 대처 방법을 마련하는 것을 말하며, 판매 전략 및 목표와 밀접한 관계가 있다.

(3) 인력활용의 적정성 판단 기준

① **판매 인력 규모**: 판매 목표와 업무 성격에 적절한 인적 구성과 인력 규모인지 판단한다.

② **판매 인력 역량**: 활동에 필요한 판매 인력의 역량 및 보유 판매 인력의 역량 수준인지 판단한다.

③ **종합적 판단**: 판매 전략, 목표 등에 따라 인력 규모, 역량, 자질을 종합하여 판단한다.

(4) 판매 인력의 운영 계획 수립

① 인력 운영

ㄱ 기업의 연 단위 또는 월 단위의 매출 목표를 기준으로 개인별 성과를 측정하여 운영한다.

ㄴ 인력이 부족하면 채용을 하거나 부서 이동을 하고, 인력이 초과하면 감원을 하거나 업무를 조정한다.

② 인력 수요: 판매 인력의 판매성과를 판단하여 적정 수요를 파악한다.

③ 운영 계획

ㄱ 판매 인력의 현황과 적정 인력 계획을 기준으로 추가 채용, 내부 조정, 기존 인력 교육훈련 등의 인력 운영 계획을 수립한다.

ㄴ 인력 운영 계획 시, 생산성이 높은 판매 인력의 특성을 파악한다.

2. 인력 배치

(1) 직무 분석

① 직무 분석은 특정 직무 내용, 자격요건을 밝히는 과정으로, 효과적인 인력 배치의 기준이 된다.

② 분석 절차

구체적인 목표 설정 → 분석대상 직무 선정 → 자료 수집 → 분석 및 처리

(2) 직무평가

① 정의: 기업 내의 비교를 1차 목적으로 객관적인 직무의 내용을 평가하는 것이다.

② 목적: 임금을 합리적으로 정하고 직무 체계를 확립하는 기초자료를 얻기 위한 것이다.

③ 상품 판매 실적은 판매 인력의 직무성과, 능력평가, 인력 배치를 하는 데 기초자료가 된다.

④ 직무 관리 기준과 보상 기준을 확립하고 근로자의 경력 경로 및 역량 개발의 기회를 제공한다.

⑤ 평가 방법 중요

서열법	• 직무 복잡성, 중요도 등으로 서열을 매기는 방법이다. • 간단하고 비용도 적게 드나, 기준이 자의적이고 모든 직무를 서열화하기 어렵다.
비교법	• 직무를 상호 비교해 상대적 가치에 따라 점수로 순위를 정하는 방법이다. • 쉽고 비용·시간이 적게 들며 기능별 직무 비교가 가능하나, 직무 수가 많은 큰 조직은 적용하기 어렵다.
분류법	• 각 직무의 특성을 미리 결정된 등급에 따라 평가하는 방법이다. • 분류는 평가할 직무의 수나 복잡성에 따라 세분화할 수 있다.
시장임금 조사법	• 시장임금을 조사하여 직무별 임금 순위를 매긴 다음, 등급에 따라 직무를 맞추어 넣는 방법이다. • 시장임금이 잘 형성되어 있는 경우에는 효과적이나, 객관적 정보 취득이 어렵고 시장임금의 비합리성이 여과 없이 반영될 수 있다.
요소비교법	조직 내 핵심 직무 중 조직의 중요한 가치들에 근거하여 사전에 평가요소를 선정한 후, 직무들의 상대적 가치를 비교하여 서열을 정하는 방법이다.
점수법	• 직무 가치를 점수로 나타내 평가하는 방법으로 가장 많이 사용된다. • 평가척도 산정이 쉽고 다양한 요소에 대한 평가가 가능하며 평가 결과에 대한 신뢰성이 높다는 장점이 있으나, 모든 직무에 점수 배점을 정확하게 적용하기 어렵고, 시간·비용이 많이 소요된다.

(3) 인바운드 · 아웃바운드 텔레마케팅의 활용 분야 중요

　① 인바운드

　　㉠ 판매 분야: 상품 주문 접수, 예약 업무

　　㉡ 비판매 분야: A/S 업무, 클레임 업무, 생활 정보 서비스

　② 아웃바운드

　　㉠ 판매 분야: 신규 고객 개척, 만기 고객 재유치, 휴면 고객 활성화, 신상품 정보 제공 및 구입 권유, 기존 고객에 대한 추가 판매

　　㉡ 비판매 분야

　　　• 서베이(조사 업무): 고객 만족도 조사, 시장조사, 소비자조사, 여론조사

　　　• 판매 지원: 방문 약속, 리드 발굴

　　　• 고객 관리: 해피콜, 정보 서비스

　　　• 연체 대금 회수 촉진

　　　• 리스트 정비: 리스트 클리닝, 리스트 스크리닝

CHECK POINT

아웃바운드 마케팅에서 시장조사를 하는 이유

고객의 구매 행동과 고객이 선호하는 성향을 분석해 목표 고객을 명확히 하고, 효율적인 아웃바운드 마케팅 전략을 수립하기 위해 실시한다.

3. 채용

(1) 모집 중요

　① 채용이란 기업이 필요로 하는 인적 자원을 인력 계획에 따라 모집 · 선발하는 것이다.

　② 모집이란 선발을 전제로 하여 양질의 인력을 조직으로 유인하는 과정이다.

　　㉠ 내부 모집(사내 모집): 기존 종업원을 대상으로 하여 필요한 인적 자원을 모으는 방법이다.

　　　예 사내 공모제도, 종업원 추천제, 인력전환배치, 승진 등

　　㉡ 외부 모집(사외 모집): 외부 지원자를 대상으로 하여 필요한 인적 자원을 모으는 방법이다.

　　　예 인터넷 모집, 리크루터를 통한 모집, 인턴십을 통한 모집, 기존 종업원의 추천, 대학 등 교육기관의 추천, 자발적 지원, 채용 알선 전문기업 홈페이지를 활용한 모집 등

인턴십과 리크루터

인턴십(Internship)	리크루터(Recruiter)
• 방학 기간이나 시간제 근무 중인 학생을 임시직으로 고용하고 근무성적이 좋은 사람을 정식으로 고용하는 제도 • 기업은 채용·근무 후 결정하여 위험 부담을 줄일 수 있고, 근무자는 기업의 적합성을 따져 정식 고용될 수 있음 • 기업이 임금을 줄일 목적 등으로 임시 근무자를 활용하려는 의도를 가질 경우 문제가 될 수 있음	• 채용 담당자가 지원자가 많은 장소를 방문하여 취업 설명회·박람회를 통해 기업 및 자사 제품, 전략, 구조, 인사 정책, 직무 등을 설명하고 응시 가능한 지원자를 적성 검사와 함께 현장에서 면접하여 예비 후보자를 가려내는 방법 • 리크루터를 전문으로 하는 구인·구직 회사의 형태도 있음

(2) 선발

① 모집이 지원자를 구하는 적극적인 활동이라면, 선발은 지원자 중에서 성공적으로 직무를 수행할 종업원을 선별하는 방어적인 활동이다.

② 선발의 기본적인 목적은 해당 직무를 가장 잘 수행할 수 있는 지원자를 선발하는 것이다.

③ 선발은 명확한 기준을 세운 후에 본격적인 과정에 들어가는데, 기업 상황이나 여건에 따라 과정이 생략되거나 추가되기도 한다.

④ 선발 절차

서류 전형 → 선발시험 → 선발 면접 → 경력 조회 → 신체검사 → 선발 결정 → 채용

(3) 선발 면접

① 구조화 정도에 따른 면접 유형

㉠ 구조적 면접 **중요**

• 개념: 미리 준비된 질문 항목에 따라 순차적으로 질문하는 방법으로 표준화 면접이라고도 한다.

• 장점

－ 신뢰도가 높다.

－ 반복적인 면접이 가능하다.

－ 조사자의 행동이 통일성을 갖게 된다.

－ 면접 결과의 수치화가 용이하다.

• 단점

－ 면접 상황에 대한 적응도가 낮다.

－ 새로운 사실 및 아이디어의 발견 가능성이 낮다.

－ 면접의 신축성이 낮아 이미 결정된 질문의 방향 및 그 범위 등을 쉽게 변경할 수 없다.

㉡ 비구조적 면접

• 개념: 면접자가 질문을 하면 지원자가 형식에 구애 받지 않고 자유로이 자신의 의사를 표현하는 것이다. 지원자에 대한 광범위한 정보를 얻을 수 있는 방법으로 비표준화 면접이라고도 한다.

- 장점
  - 면접 상황에 대한 적응도가 높다.
  - 면접 결과의 타당도가 높다.
  - 새로운 사실 및 아이디어의 발견 가능성이 높다.
  - 면접의 신축성이 높아 필요한 경우에는 이미 결정된 질문의 방향 및 그 범위 등을 쉽게 변경하여 처리할 수 있다.
- 단점
  - 조사자의 행동에 통일성을 기할 수 없다.
  - 반복적인 면접이 불가능하다.
  - 면접 결과의 수치화가 어렵다.
  - 신뢰도가 낮다.

ⓒ 반구조적 면접
- 개념: 구조적 면접과 비구조적 면접을 절충한 것이다.

CHECK POINT

의사소통 수단에 의한 면접법의 종류
- 대인 면접법: 개별 면접, 집단 면접의 형태가 있다.
- 전화 면접법: 정보를 가장 빨리 입수할 수 있다.
- 우편 면접법: 낮은 비용으로 많은 양의 정보를 수집할 수 있다.

---

② 참가자의 수에 따른 면접 유형
- ㉠ 개별 면접: 면접자와 지원자 1:1로 행해지는 면접이다.
- ㉡ 집단 면접: 복수의 피면접자에게 집단별로 특정 문제에 대해 자유토론을 할 수 있는 기회를 부여하고 토론 과정에서 개별적으로 적격여부를 심사·평가하는 것이다.
- ㉢ 패널 면접: 다수의 면접자가 한 사람의 피면접자를 대상으로 집단적인 면접을 하면서 그 사람이 가지고 있는 자질이나 특징을 평가하는 방법으로 전문직이나 경력직 종업원을 선발할 때 사용된다.

02 교육훈련

1. 판매 인력 양성을 위한 교육훈련 계획

(1) 교육훈련의 목적과 효과

① 목적
- ㉠ 신입 종업원의 조직과 직무에 대한 이해를 돕는다.
- ㉡ 종업원들이 원활한 직무수행을 할 수 있도록 돕는다.
- ㉢ 종업원들에게 미래 직무에 대한 배움의 기회를 제공한다.

ⓔ 종업원들에게 조직의 변화에 대한 정보를 제공한다.

　　ⓜ 종업원 개인의 발전을 위한 기회를 제공한다.

② 효과

　ⓐ 경제적 효과

　　• 사내의 인적 역량을 확보할 수 있다.

　　• 필요 인력을 사내에서 보충할 수 있어 인적 자원 확보에 따른 노력과 비용을 줄일 수 있다.

　　• 종업원의 능력과 직무수행 방법 등을 개발·유지함으로써 종업원의 생산성을 향상시킬 수 있다.

　　• 조직과 종업원의 목표를 동일시할 수 있다.

　　• 유연성 확보, 경영상 문제의 통찰력 제고, 기업 이미지 개선 등의 효과가 있다.

　ⓑ 사회적 효과

　　• 승진의 기회를 제공하고, 다양한 능력과 기술을 습득하게 하여 노동시장의 경쟁력을 강화한다.

　　• 높은 수준의 기술과 능력 습득으로 종업원의 성장 욕구를 충족시킨다.

　　• 커뮤니케이션과 인간관계 증진으로 직장에서의 소외를 감소시키고 직무만족을 증대시킨다.

(2) 교육훈련의 필요성

① 종업원의 능력 저하를 방지하기 위해 필요하다.

② 종업원의 직무 변화에 대한 적응을 위해 필요하다.

③ 종업원의 승진을 위해 필요하다.

④ 종업원의 자율적 통제와 조정을 위해 필요하다.

⑤ 종업원의 올바른 가치관을 확립하기 위해 필요하다.

(3) 교육훈련의 필요성 분석 방법 　중요

관찰법	구조적 관찰법	관리자가 사전에 정한 관찰 대상의 직무수행 과정을 체계적으로 관찰하여 교육훈련의 필요성을 판단하는 기법
	비구조적 관찰법	일상 업무 속에서 교육훈련의 필요성을 발견하는 기법
간행물 조사법		• 동종 업종과 관련된 전문잡지 등에서 교육훈련의 필요성을 발견하는 기법 • 변화하는 환경에 적응하기 위해서 필요함
자료 조사법		보유 자료를 검토하여 교육훈련의 필요성을 발견하는 방법
직업표본법		• 종업원의 직무수행 결과의 일부를 표본으로 선택해 해당 종업원 및 직무교육훈련의 필요성을 판단하는 기법 • 표본 선택 시 비밀 유지가 중요함
질문지법		질문지를 통해 종업원의 교육훈련의 필요성을 파악하는 가장 기본적인 방법
전문가 자문법		전문가가 교육훈련의 필요성을 파악하는 방법
면접법		종업원을 면접하여 훈련의 필요성에 대한 정보를 수집하는 기법
델파이법		교육훈련 전문가들을 대상으로 개별적인 질문과 응답을 통해 교육훈련의 필요성을 인식하는 방법

CHECK POINT

교육훈련과정개발을 위한 교수모형설계의 5단계

분석(Analysis) → 설계(Design) → 개발(Development) → 실행(Implementation) → 평가(Evaluation)

2. 교육과정 설계

(1) 교육훈련 과정

① 교육훈련의 필요성을 평가하고 문제를 인식한다.

② 교육훈련의 목표를 설정한다.

    ⊙ 반응 지향적 목표: 교육훈련은 피교육자가 교육 후에 어떤 궁극적인 결과를 지향하는가보다는 교육과정을 통해 조직이나 개인에게 어느 정도 기여할 수 있는가를 확인한다.

      예 직원에게 전화 받는 요령 교육, 서비스 정신 교육, 금연교육 등

    ⓒ 습득된 학습의 목표: 교육과정을 통해 무엇을 학습하도록 하는가를 확인한다.

      예 대리급 이상 관리자들에게 근로기준법을 취업규칙과 비교하여 학습시키는 경우

    ⓒ 직무수행과 관련된 목표: 직무를 수행하는 데 필수불가결한 지식, 기술, 능력을 교육한다.

      예 통신판매 회사에서 판매 인력에게 상품 판매를 교육하는 것

    ⓔ 결과 지향적인 목표: 직무수행을 통해 이루고자 하는 목표이다.

      예 통신판매 인력에게 고객 클레임 건수를 일정한 % 미만으로 유지할 수 있게 하는 교육

③ 교육 기준을 설정한다.

④ 교육 참가자를 선정하고 예비 테스트를 한다.

(2) 교육훈련 분류

① 교육훈련 실시자에 따른 분류

구분	구성원	전문가	종업원 자신
의미	상사, 동료로부터 기능·지식을 습득하는 방법	전문가에 의한 교육훈련 방법	종업원 스스로 교육훈련을 주관하는 자기개발
장점	• 실무와 연관성이 높음 • 동료와의 이해·협동정신 제고 • 개인별 진도 조정 가능	• 학습효과 높음 • 동시에 다수인원 교육 가능	• 교육 전 과정을 자신이 관리 • 진도 자유 조정 가능
단점	• 교수 능력 부족으로 효과가 제한적 • 다수인원 동시 교육 불가 • 교육 범위의 한계성	• 내용이 실무와 다를 수 있음 • 개인별 진도 조정 불가 • 비용 과다 발생	• 효과가 제한적 • 학습 의욕 저하 시 대책 마련 곤란

② 교육훈련 대상자에 따른 분류

    ⊙ 신입사원 교육훈련 **예** 멘토 시스템, 강의법 등

    ⓒ 작업자 교육훈련 **예** 실습장 훈련, 도제훈련, 전문기관훈련, 프로그램 학습법 등

    ⓒ 관리자 교육훈련

인바스켓 훈련	• 모의 훈련이라고 함 • 가상의 기업에 대한 다양한 정보를 제공하고 문제 해결을 위한 의사결정을 내리게 함으로써 의사결정능력을 향상시키는 방법
사례연구	자사 또는 경쟁기업과 관련하여 발생한 일련의 사건 또는 기업의 현황들을 교육 참가자에게 제시하고 이를 토대로 기업의 의사결정상황에서의 중요한 문제점을 탐색하여 문제 해결을 위한 대안을 제시하는 방법

역할연기법 **중요**	• 관리자와 일반 종업원을 대상으로 인간관계에 대한 태도 개선 및 인간관계 기술을 제고시키기 위한 것 • 피교육자는 가장 바람직한 행동을 연기하고 다른 피교육자는 이를 관찰하여 해당 행동을 평가하고 토론을 통해 바람직한 행동을 개발하는 방법
행동 모델법	• 가장 모범적인 행동을 제시하고 교육 참가자가 이 행동을 이해하고 그대로 모방하도록 하는 것 • 모범적이고 이상적인 행동의 이유와 과정을 이해시키고 반복 연습을 통해 행동의 변화를 유도하는 것
대역법	• 기술적 능력과 인간관계 능력 및 개념적 능력을 포괄적으로 획득할 수 있는 방법 • 특정 부서의 직속상사 아래에서 상사와 같이 직무를 수행하면서 직무수행에 필요한 능력을 습득하는 프로그램으로 일종의 후계자 양성프로그램
코칭	관리자 개발을 위한 직무상에서의 현직 훈련 접근방식으로, 콜센터의 리더가 상담원에게 필요한 내용을 직접 가르치며 상담원의 능력 향상이나 업무 처리 과정에서 필요할 때마다 수시로 실시함
경영 게임법	참가 팀들은 일련의 업무적 혹은 최고 경영 의사결정을 하도록 요청을 받음

CHECK POINT

커크패트릭의 교육훈련 평가 4단계 모형

- 1단계 – 반응평가(Reaction): 피훈련자가 교육훈련에서 받은 인상이나 교육훈련에 대한 만족도를 기준으로 교육훈련을 평가하는 것을 말한다.
- 2단계 – 학습평가(Learning): 교육훈련 중이나 교육훈련이 끝난 직후에 시험이나 실습평가 등을 통해 지식이나 기술의 습득 정도를 평가하는 것을 말한다.
- 3단계 – 행동평가(Behavior): 교육훈련을 마치고 피훈련자가 직무로 돌아온 뒤에 직무현장에서 실제로 행동에 변화를 보이며 성과가 있는지를 평가하는 것을 말한다.
- 4단계 – 결과평가(Result): 교육훈련이 조직의 목표와 관련된 중요한 결과를 달성하는 것에 효과가 있는지를 평가하는 것을 말한다.

---

03 인사평가

1. 평가지표 설정

(1) 인사평가

① 인사고과, 직무수행 평가와 같은 의미로 사용된다.

② 인사평가의 목적은 종업원이 기업의 목적 달성에 기여한 정보를 평가하여 보상의 기초로 삼는 것이다.

③ 직무수행자의 자격요건과 직무성과의 관계를 알려줌으로써 인적 자원 확보의 중요한 기초자료를 제공한다.

④ 인사평가는 성과평가와 능력평가로 구분한다. 성과평가는 기업의 목적 달성에 대한 종업원의 기여도를 평가하고, 능력평가는 기업 목적 달성에 기여할 수 있는 종업원의 역량을 평가한다.

인사평가 시스템의 기준

타당성	• 인사평가의 목적에 맞도록 평가가 이뤄져야 함 • 평가요소 선정이 평가목적과 일치해야 함
신뢰성	• 신뢰성 증대를 위해 상대평가와 절대평가를 적절히 사용해야 함 • 평가 결과를 공개하고 다면평가로 실시해야 함 • 다면평가의 최고점과 최하점을 빼고 나머지 점수를 합산해 신뢰성을 높임
수용성	• 평가제도와 절차가 합리적이고 공정하면 사원들은 그 결과를 수용함 • 수용성의 증대를 위해 종업원 참여도를 높이고 교육훈련을 병행해야 함 • 평가자들이 정확한 평가를 할 수 있도록 평가제도를 교육함
실용성	유 · 무형의 비용이 많이 들기 때문에 인사평가로 얻는 이득이 더 많아야 함

(2) 인사평가의 진행

① 인사평가 방법

㉠ 전통적 방법

관찰법	평가자가 평가 대상자의 일하는 모습을 관찰하는 방법으로, 정확한 결과 도출 가능
서열법	• 평가 대상자의 성과, 능력 및 태도 등 평가 내용을 비교하여 상대적 순위를 부여하는 방법 • 각 요소별로 가중치를 어떻게 부여하느냐에 따라 서열이 바뀔 수 있음
평정척도법	• 성과, 능력, 태도 등 평가요소를 선정하고 사전에 등급화된 기준에 따라 평가 대상자를 평가하는 방법 • 점수가 등급별로 부과되어 서열법의 단점을 피할 수 있으나, 평가자의 관대화나 가혹화의 오류 등을 피할 수 없음
체크리스트법	구체적인 평가 내용과 관련된 표준 행동을 제시하고 표준 행동의 이행 여부와 이행 정도를 평가하는 방법
강제할당법	예정된 통계 분포에 따라 피고과자를 강제로 할당하여 서열을 매기는 방법

㉡ 현대적 방법

행동기준 평가법	직무수행 과정에서 중요한 행동을 추출하여, 평가 대상자의 해당 행동을 추정함으로써 교육대상자를 평가하는 것으로 평가 결과의 신뢰성과 타당성을 높이기 위한 기법
목표 관리법	높은 성과 창출을 위해 평가 대상자 스스로 목표를 세우게 하는 기법
다면평가 제도	• 직속상사 외에 동료, 부하, 고객이 여러 각도에서 평가하는 방법 • 부서 간의 원활한 커뮤니케이션을 통해 조직 활성화를 도모 • 평가의 익명성에 대한 철저한 보장 • 다면평가의 결과는 반드시 본인에게 피드백되어야 함
중요사건 기록법	직무수행에 결정적인 역할을 한 사건이나 사례를 중심으로 직무를 분석하는 방법

② 평정상의 오류

㉠ 고과자에 의한 오류

• 후광 효과(현혹 효과): 어느 한 평가요소가 피고과자의 다른 평가에 영향을 미치는 오류이다. 즉, 피고과자의 어떤 특성이 우수하다는 인상을 가지게 되면 다른 특성 역시 우수한 것으로 평가

해 버리는 것을 말한다.

- 각인 효과: 후광 효과와 반대로, 피고과자의 어떤 특성이 뒤떨어진다는 인상을 가지게 되면 다른 특성 역시 나쁘게 평가해 버리는 것을 말한다.
- 관대화 경향: 고과자가 개인적 친분이나 이해관계 등에 의해 피고과자를 관대하게 평가하여 수행이나 성과를 실제보다 더 높게 평가하는 경향이다.
- 중심화 경향: 평가의 결과가 평가상의 중간 점수로 집중되어 나타나는 경향이다.
- 항상 오류: 특정 고과자가 다른 고과자들에 비해 피고과자들에게 언제나 높은 점수 혹은 언제나 낮은 점수를 주는 평가 오류로, 가치 판단상의 규칙적인 심리적 오류이다.
- 유사 오류: 고과자가 자신과 유사한 성향의 피고과자를 그렇지 않은 피고과자에 비해 호의적으로 평가하는 오류이다.
- 시간적 오류: 고과자가 피고과자를 평가함에 있어서 평가 기간 전체의 실적이 아니라 쉽게 기억할 수 있는 최근의 실적이나 능력을 중심으로 평가하려는 데서 오는 오류이다.
- 대조 효과: 고과자가 자신이 지닌 특성과 비교하여 피고과자를 평가하는 경향이다.
- 논리적 오류: 상관관계가 있는 요소 간에 어느 한쪽이 우수하면 다른 요소도 당연히 그럴 것이라고 판단(속단)하는 경향이다.
- 상동 오류(상동 효과): 고과자가 가진 고정관념으로 피고과자에 대한 편견에 근거하여 개인을 평가하는 오류로, 평가 시 고과자가 속한 사회적 집단에 대한 지각을 기초로 어느 학교 출신이니 어떠할 것이라고 편견을 가지는 태도이다.

ⓒ 피고과자에 의한 오류
- 인사고과에 대한 편견: 인사고과에 대한 부정적인 시각을 가지는 것이다.
- 성취동기 수준 여부: 피고과자의 성취동기와 자아개념이 인사고과의 결과에 대한 피드백에 영향을 끼치는 것이다.
- 주관의 객관화: 자기 자신의 특성이나 관점을 타인에게 전가시키는 경향이다.
- 지각적 방어: 자기가 지각할 수 있는 사실을 집중적으로 파고들어 가면서도, 보고 싶지 않은 것은 외면하는 경향이다.

2. 성과보상

(1) 보상
① 종업원이 기업에 기여한 대가로 제공되는 경제적 및 비경제적 가치이다.
② 경제적인 보상은 임금, 수당 등의 직접보상과 각종 복리후생의 간접보상이 있다.
③ 비경제적인 보상은 경력상의 보상과 사회 심리적인 보상을 말한다.
④ 보상은 기업의 전략적 목표를 달성하기 위한 중요 수단으로서의 역할이 있다.

(2) 직접보상
① 임금의 성격
ⓐ 생계비와 비용: 종업원 입장에서는 생계비, 기업 입장에서는 비용이다.

ⓒ 노동의 대가: 종업원 입장에서는 노동을 제공할 의무를 지게 되고, 경영자 입장에서는 제공된 노동을 사용하는 권리가 있는 대신 그 대가로 임금을 지불할 의무를 갖는다.

ⓒ 성과 배분: 종업원과 경영자는 협력을 바탕으로 생산의 증대를 통하여 조직의 성과를 높이게 된다. 이때 성과를 어떻게 측정하고, 합리적이고 공정한 분배원칙을 정하여 실천하느냐가 중요하다.

ⓒ 노동의 수급: 임금은 노동의 수요와 공급이 교차하는 점에서 임금 수준과 고용량이 결정된다.

② 임금 체계

ⓐ 직무급 체계: 직무의 중요성과 곤란도 등에 따라서 각 직무의 상대적 가치를 평가하고, 그 결과에 의거하여 임금액을 결정하는 체계이다. 동일직무, 동일임금의 원리를 적용한다.

ⓑ 연공급 체계: 근속을 중시하는 것으로 기본적으로는 생활급적 사고 원리에 따른 임금 체계이다.

ⓒ 직능급 체계: 연공급과 직무급의 절충 형태로서 직무수행 능력에 따라 임금을 지급하는 체계로, 대표적인 능력급 체계이다.

(3) 간접보상

① **복리후생의 개념**: 복리후생은 임금이나 근로조건과 무관하게 종업원의 편익을 제공하기 위해 기업이 추가적으로 제공하는 간접보상이다.

② **복리후생의 중요성**: 급속한 산업화와 노동력에 대한 가치판단의 기준 변화로 복리후생의 중요성이 부각되었다.

③ **복리후생의 유형**

ⓐ 법정 복리후생: 기업이 부담하는 4대 보험

ⓑ 비법정 복리후생: 주택관련 시설제도, 급식시설, 구매시설, 통근시설, 육아시설, 피복지급, 공제 금융제도, 의료지원, 보건, 휴양시설, 문화, 체육, 오락시설 등

3. 리더십 이론

(1) 리더십

① **개념**: 집단의 목표나 내부 구조의 유지를 위하여 구성원이 자발적으로 집단 활동에 참여하여 목표를 달성하도록 유도하는 능력을 말한다.

② **우수한 리더의 특성**

ⓐ 솔직하고 즉각적인 감정 표현을 지양한다.

ⓑ 상호역할 및 팀원 행동을 이해할 수 있다.

ⓒ 성과를 공정하게 평가한다.

③ **리더십의 전제적 가정**

ⓐ 지도자는 추종자가 있어야 한다.

ⓑ 지도자는 추종자보다 많은 권력을 가지고 있어야 한다.

ⓒ 리더십은 추종자의 행동에 영향을 미치기 위하여 상이한 권력 형태를 이용한다.

ⓓ 지휘는 조직의 관리 기능 중 하나이며, 조직구성원의 행동적 측면을 다룬다.

④ 리더십의 기본 유형 `중요`

　㉠ 의사결정 방식에 따른 구분: 독재형, 민주형, 자유방임형

　㉡ 의사결정 태도에 따른 구분: 직무 중심형, 인간관계 중심형

(2) 특성론적 이론

① 가정: 리더는 신체적 특성, 성격, 능력 등을 타고나며, 유능한 리더와 그렇지 않은 리더 간에 개인적 특성이 존재한다.

　㉠ 신체적 특성: 연령, 신장, 체중, 외모 등

　㉡ 사회적 배경: 교육 수준, 이동성, 사회적 지위, 직업 계급 관계 등

　㉢ 지적 능력: 지능, 지식, 웅변력, 결단력, 판단력 등

　㉣ 성격 특성: 성취동기, 야망, 적응력, 공격성, 민첩성, 반권위주의적 성격, 지배 성향, 자기 제어, 열정, 외향성, 독립성, 주도성, 직관력, 성실성, 객관성, 창의성, 일관성, 인내력, 책임감, 자신감, 유머 감각, 스트레스 저항력 등

　㉤ 사회적 특성: 감독 능력, 협동성, 사교성, 권력 욕구, 대인 관계 능력 등

② 한계: 리더의 특성과 리더십의 유효성 간의 관계에 대해 각 연구자마다 다른 결과가 나타난다.

(3) 행동주의 이론

① 가정: 효과적인 리더는 타고나는 것이 아니라 만들어지는 것이다.

② 아이오와 대학의 리더십 연구: 리더십을 의사결정 방법과 권력의 분산 정도에 따라서 구분하였다.

권위형 (독재형)	조직의 목표와 계획 수립 및 모든 경영 활동에서 조직구성원의 의견을 수렴하지 않고, 리더가 독단적으로 의사결정을 하며, 조직의 모든 기능을 독점하려는 형태
민주형	중요한 의사결정 시 조직구성원의 조언과 협의 과정을 거치며, 객관적이고 타당한 기준을 설정하여 업적이나 상벌 등의 규정을 수립하는 형태
자유방임형	조직의 계획이나 의사결정에 거의 관여하지 않고 수동적인 입장에서 행동하며 모든 일을 조직구성원에게 방임하고 책임을 전가하는 형태

③ 블레이크와 머튼의 관리격자 이론: 생산에 대한 관심과 인간에 대한 관심의 두 차원을 기준으로 리더의 행동 유형을 방임형, 과업형, 친목형(인간중심 지향형), 절충형, 팀형(단합형)의 다섯 가지로 분류하였다. 가장 적절한 리더십 유형은 생산과 인간 모두에 관심이 높은 팀형이다.

④ 기타 이론

　㉠ 미시간 대학 연구: 생산 지향적(직무 중심적) 리더와 종업원 지향적(종업원 중심적) 리더로 나누고, 종업원 지향적 리더를 이상적인 리더로 보았다.

　㉡ 오하이오 주립대학 연구: 리더의 행동을 배려(Consideration)와 과업 중심(Initiating structure)의 행동 유형으로 나누고, 배려와 과업 중심의 정도가 모두 높은 리더가 성과를 가장 많이 산출한다고 하였다.

(4) 상황론적 이론

① **가정**: 모든 상황이나 조건에 적합한 리더십 특성이나 행동 유형은 존재하지 않으며, 단지 처한 상황에 따라 가장 적합한 리더십 유형이 존재한다.

② **피들러(Fiedler)의 유관 이론(상황 이론)** 중요

   ㉠ 세 가지 요인에 따라 여덟 가지 상황을 설정하여 그에 적합한 리더십 유형을 제시하였다.

   ㉡ 세 가지 상황 우호성 변수

   • 리더와 구성원의 관계: 구성원이 리더를 지원하는 정도로 얼마나 관계가 좋은가를 의미한다.

   • 구성원들의 업무 구조화: 업무의 목표나 처리 절차 등이 체계화되어 있는 정도를 나타낸다.

   • 리더의 지위 권력: 보상이나 통제 등 지위를 행사할 수 있는 재량권의 정도를 말한다.

③ 허시와 블랜차드의 부하 성숙도 이론

지시형	• 과업 지향적인 스타일로 지도자가 일방적으로 부하들의 역할을 결정하고 과업의 종류와 방법, 시기 등을 지시하는 유형 • 성숙도가 최저인 부하들에게 효과적임
위양형 (위임형)	• 리더는 통제 · 계획 등의 활동을 줄이고, 수행 업무에 대한 합의가 이루어지면 수행 방법의 결정과 직무 책임을 부하에게 위양하며 영향력을 거의 행사하지 않음 • 과업 지향성과 관계 지향성이 모두 낮음 • 하급자와 충분한 신뢰 관계가 형성되어 있고, 자발적인 활동을 허용하며 중요한 역할을 책임지도록 하여 더 많은 경험을 축적하도록 이끌어 가야 함
지원형 (후원형, 설득형)	• 리더는 구성원 간 상호 협력이 필요하면 협조를 통해 이해관계자들을 모이게 하고, 협력하기 쉬운 문화를 만들어냄 • 리더는 하급자의 자주성과 주체성을 인정하고 배려하며, 하급자가 겪는 어려움이나 불편함을 찾아서 해결해야 함
참가형 (코치형)	• 리더는 목표 달성에만 초점을 맞추지 않고 구성원들의 지원적 행동을 통해 과업 달성을 하도록 능력 발휘의 동기유발을 시도함 • 리더는 상담원과 수시로 상의하고 그들의 제안과 의견을 신중히 고려함은 물론 정보와 권한을 공유하고 합리적인 의사결정을 함 • 이 유형의 리더는 관계 지향성은 높지만 과업 지향성은 낮은 특성을 가지며, 부하들에게 높은 확신감을 부여하여 더욱 열정적으로 일을 하게 함

④ 하우스(House)의 경로−목표 이론

지시적 리더	• 추진하는 일의 목표가 무엇인지, 목표 달성의 스케줄은 어떻게 되는지, 특정 업무를 어떤 방식으로 시행해야 하는지를 명확히 함 • 조직화, 통제, 감독과 관련된 행위, 규정, 작업 일정을 수립하고 직무 명확화를 기함
후원적 리더	• 조직구성원 개개인에게 관심을 쏟으며 이들의 욕구를 충족시키는 데 집중함 • 부하의 복지와 욕구에 관심을 가지며 배려함
참여적 리더	• 하급자들을 의사결정에 참여시켜 의사결정과정에 조직구성원들의 의견을 적극적으로 반영함 • 팀워크를 강조함
성취 지향적 리더	• 도전적인 목표를 설정하고 직원들이 능력의 최대치를 발휘할 수 있도록 독려함 • 도전적 목표를 가지고 잠재력을 개발하며 높은 성과를 지향하도록 유도함

(5) 그 외 리더십 이론

① Bass(1985)는 리더십을 부하에게 영향을 미치는 과정이라고 보고, 교환적 리더십과 변혁적 리더십으로 분류하였다.

⊙ 교환적 리더십: 리더와 부하와의 관계를 교류 혹은 비용과 이익의 교환 개념으로 본다.

ⓛ 변혁적 리더십(변화적 리더십) **중요**

- 부하들에게 장기적 비전을 제시하고, 비전 성취에 대한 자신감을 고취시킴으로서 조직에 대한 몰입을 강조하며 부하를 성장시키는 리더십이다.
- 리더가 부하들로 하여금 신뢰와 존경, 충성심을 느끼도록 하여 부하들이 기대한 것 이상의 능력을 발휘할 수 있도록 동기화시키는 지도력을 가진다.
- 어떤 장애물도 스스로의 능력으로 극복할 수 있다고 신뢰하며, 고민을 새로운 관점에서 생각해 볼 수 있게 해 주고 필요한 경우에는 부하들을 코치한다.
- 변혁적 리더는 카리스마, 분발 고취, 개별적 배려, 지적 자극 등의 요소를 가진다.

② **슈퍼 리더십**: 하급자들을 스스로 판단하고 행동하며 그 결과를 책임질 수 있는 셀프리더로 키우는 리더십이다.

③ **그린리프(Greenleaf)의 서번트(Servant) 리더십**: 타인을 위한 봉사에 초점을 두고 자신보다 구성원들의 이익을 우선시하는 리더십으로, 봉사자(Servant)로서 직원과 고객 및 공동체를 우선으로 여기며 그들의 필요를 만족시키고자 헌신하는 리더십이다.

④ **PM 이론**: 집단의 기능을 P 기능(목표 달성이나 과제 해결을 지향하는 기능)과 M 기능(집단의 자기 보존 또는 집단의 과정 자체를 유지·강화하는 기능)으로 구분하고, 이 두 기능이 합쳐진 관점에서 보아야 한다는 이론이다.

⑤ **거래적 리더십**: 명시적인 역할과 요구사항에 따르도록 부하들을 이끌고 동기화시키는 리더십이다. 리더십을 지도자와 부하 간의 타협이나 거래적인 활동으로 보고, 일을 잘하면 긍정적 강화나 승진 또는 금전적 보상을 더해 주고 양자 간의 협의나 타협 과정을 통해 이를 조정하는 역할을 한다고 본다.

⑥ **자율적 리더십**: 자신을 스스로 리드하는 리더십이다. 부하들의 입장에서는 자기 규제와 자기 통제에 의해 스스로 자신을 이끌어 나가는 것을 말하며, 리더의 입장에서는 부하들이 그러한 능력을 갖도록 촉진하고 지원하는 것을 말한다.

CHECK POINT

조직 내에서의 발생하는 집단 갈등 상황의 원인
- 업무의 상호 의존성
- 지각의 불일치
- 한정된 자원의 분배

CHECK POINT

Big 5 성격 분석(OCEAN)
- 개방성(Openness): 새로운 경험과 아이디어를 수용하는 성향
- 성실성(Conscientiousness): 책임감 있고 체계적으로 행동하는 성향
- 외향성(Extraversion): 사회적이고 활동적이며 타인과의 교류를 선호하는 성향
- 우호성(Agreeableness): 타인을 배려하고 협조적인 성향
- 신경성(Neuroticism): 정서적으로 불안정하고 쉽게 긴장하는 성향

실제 기출문제를 토대로, 출제될만한 내용을 분석하여 출제예상문제를 수록하였습니다. 실제 시험이라 생각하고 연습해 보세요. 답안을 영어 단어로 쓸 경우 철자를 정확하게 써야 하는 것도 잊지 마세요!

01 의사소통 수단에 의한 면접법을 세 가지 쓰시오.

02 사외 모집으로 채용 시 얻을 수 있는 긍정적인 효과를 쓰시오.

03 다음 설명에 맞는 모집 방법을 쓰시오.

> • 방학 기간이나 시간제 근무를 하고 있는 학생을 임시직으로 고용하고 있다가 근무성적이 좋은 소수의 사람을 정식으로 고용하는 제도이다.
> • 임시 근무자는 해당 기업의 적합성을 따져서 정식 고용될 수 있다.
> • 기업은 사람을 채용하여 근무시켜본 후에 결정하므로 위험 부담을 줄일 수 있다.
> • 기업이 임금을 줄일 목적으로 임시 근무자를 활용하려는 문제가 있을 수 있다.

04 인사평가의 방법 중 직무수행에 결정적인 역할을 한 사건이나 사례를 중심으로 직무를 분석하는 방법은 무엇인지 쓰시오.

05 직무평가 방법 중 조직 내 핵심 직무 중 조직의 중요한 가치들에 근거하여 사전에 평가요소를 선정한 후, 직무들의 상대적 가치를 비교하여 서열을 정하는 방법은 무엇인지 쓰시오.

06 선발 면접의 유형 중 구조적 면접에 관해 쓰시오.

정답★해설

01 • 대인 면접법
  • 전화 면접법
  • 우편 면접법

02 • 모집 범위가 넓어 유능한 인재의 획득이 가능하다.
  • 조직 분위기 쇄신이 가능하다.
  • 새로운 정보 · 지식을 제공받고 경쟁할 수 있다.
  • 기업을 홍보하는 효과를 얻을 수 있다.

03 인턴십

04 중요사건 기록법

05 요소비교법

06 미리 준비된 질문항목에 따라 순차적으로 질문하는 방법으로 유도적 면접이라고도 한다.

07 참가자 수에 따른 면접 유형 중 다음 내용이 설명하는 면접 방법은 무엇인지 쓰시오.

> 다수의 면접자가 한 사람의 피면접자를 대상으로 집단적인 면접을 하면서 그 사람이 가지고 있는 자질이나 특징을 평가하는 방법으로 전문직이나 경력직 종업원을 선발할 때 사용된다.

08 비구조화 면접에 비해 구조화 면접이 가지는 장점을 세 가지 쓰시오.

09 다음에서 설명하는 직무평가 방법은 무엇인지 쓰시오.

> • 직무를 상호 비교해 상대적 가치에 따라 점수로 순위를 정하는 방법이다.
> • 쉽고 비용 · 시간이 적게 들며 기능별 직무 비교가 가능하나, 직무 수가 많은 큰 조직은 적용하기 어렵다.

10 임금 체계 중 다음의 내용이 설명하는 임금 체계는 무엇인지 쓰시오.

> 직무의 중요성과 곤란도 등에 따라 각 직무의 상대적 가치를 평가, 그 가치에 의거해 임금액을 결정하는 체계이다. 동일직무, 동일임금 원리가 적용된다.

11 다음에서 내부 모집의 예를 모두 골라서 쓰시오.

> 사내 공모제도   승진   리크루터를 통한 모집
> 인력전환배치   인터넷 모집   채용 알선 전문기업 홈페이지

정답★해설

07 패널 면접

08
- 신뢰도가 높다.
- 반복적인 면접이 가능하다.
- 조사자의 행동이 통일성을 갖게 된다.
- 면접 결과의 수치화가 용이하다.

09 비교법

10 직무급 체계

11
- 사내 공모제도
- 승진
- 인력전환배치

12 평정 시 고과자에 의한 오류 중 후광 효과와 반대로, 피고과자의 어떤 특성에 대해 뒤떨어진다는 인상을 가지게 되면 다른 특성 역시 나쁘게 평가해 버리는 것은 무엇인지 쓰시오.

---

13 다음에서 설명하는 직무평가 방법은 무엇인지 쓰시오.

> 평가척도 산정이 쉽고 다양한 요소에 대한 평가가 가능하며 평가 결과에 대한 신뢰성이 높다는 장점이 있으나, 모든 직무에 점수 배점을 정확하게 적용하기 어렵고, 시간·비용이 많이 소요된다.

---

14 교육훈련의 필요성을 세 가지 쓰시오.

---

15 고과자가 가진 고정관념으로 피고과자에 대한 편견에 근거하여 개인을 평가하는 오류로, 평가 시 고과자가 속한 사회적 집단에 대한 지각을 기초로 어느 학교 출신이니 어떠할 것이라고 편견을 가지는 데서 오는 오류는 무엇인지 쓰시오.

---

16 다음 내용이 설명하는 인사평가 시스템의 기준은 무엇인지 〈보기〉에서 찾아 쓰시오.

> • 인사평가의 목적에 맞도록 평가가 이뤄져야 한다.
> • 평가요소 선정이 평가목적과 일치해야 한다.

〈보기〉

| 타당성 | 신뢰성 | 수용성 | 실용성 |

17 피고과자에 의한 오류 중 성취동기 수준 여부에 의한 오류는 무엇인지 쓰시오.

18 허시와 블랜차드의 부하 성숙도 이론에서 리더가 구성원 간 상호 협력이 필요하면 협조를 통해 이해관계자들을 모이게 하고, 협력하기 쉬운 문화를 만들어내는 유형은 무엇인지 쓰시오.

정답★해설

12 각인 효과

13 점수법

14 • 종업원의 능력 저하를 방지하기 위해 필요하다.
  • 종업원의 직무 변화에 대한 적응을 위해 필요하다.
  • 종업원의 승진을 위해 필요하다.
  • 종업원의 자율적 통제와 조정을 위해 필요하다.
  • 종업원의 올바른 가치관을 확립하기 위해 필요하다.

15 상동 오류(상동 효과)

16 타당성

17 피고과자의 성취동기와 자아개념이 인사고과의 결과에 대한 피드백에 영향을 끼치는 것이다.

18 지원형(후원형, 설득형)

제11장 통신판매 환경 분석

☑ 출제 Keyword
- SWOT 분석
- PEST 분석
- BCG 매트릭스
- 파레토 분석
- 고객 세분화
- VOC

01 시장 환경 분석

1. SWOT 분석

(1) SWOT의 개념 중요
① 자사의 강점(Strength)과 약점(Weakness)을 분석하고, 기업 외부의 환경 변화를 종합적으로 정리하여 자사가 처한 기회(Opportunity)와 위협(Threat) 요인들을 파악하는 것이다.
② 기업의 내적 요인과 외적 요인의 분석을 위하여 환경적인 요인을 조사하는 것을 말한다.

(2) SWOT의 각 요소

S	강점(Strength)으로, 자사와 자사 제품·서비스에 좋은 영향을 주는 내부 환경요소
W	약점(Weakness)으로, 자사와 자사 제품·서비스에 나쁜 영향을 주는 내부 환경요소
O	기회(Opportunity)로, 자사와 자사 제품·서비스에 좋은 영향을 주는 외부 환경요소
T	위협(Threat)으로, 자사와 자사 제품·서비스에 나쁜 영향을 주는 외부 환경요소

2. 마이클 포터의 5 Forces Model(5 요인론)

(1) 5 Forces Model의 개념
① 산업(시장) 내 경쟁 강도, 새로운 기업의 잠재적 진출력, 대체품의 대체력, 공급업체의 협상력, 구매자의 협상력이라는 다섯 가지의 요인으로 현상을 분석하는 기법이다.
② 위의 다섯 가지 요인이 해당 산업의 수익률을 결정하며, 이들 요인이 많고 세력이 강할수록 해당 산업의 평균 수익률은 낮아진다고 정의한다.

(2) 5 Forces Model의 분석 중요
① 산업(시장) 내 경쟁 강도: 기존 경쟁업체들 간의 경쟁 정도를 분석한다.

② **새로운 기업의 잠재적 진출력**: 새로운 경쟁업체의 진입 가능성으로, 신규 업체에 대한 진입 장벽의 높이 정도에 따라 시장의 매력도가 달라진다.

③ **대체품의 대체력**: 대체품 출현의 가능성으로, 신기술 도입이나 소비자 라이프스타일 변화로 현재 산업이 위협받을 가능성의 정도를 말한다.

④ **공급업체의 협상력**: 협력업체의 영향력으로, 만약 소수의 공급업체가 부품이나 원자재의 공급을 지배하는 경우 제조업체들은 기업 활동에 제약을 받을 수도 있다.

⑤ **구매자의 협상력**: 제품을 구입하는 구매자들이 산업 내 기업들에게 가지는 협상력으로, 구매자의 수가 적고 각 구매자의 구매량이 많다면 기업들은 이들의 요구를 들어줄 수밖에 없다.

3. BCG 매트릭스

(1) BCG 매트릭스의 개념

① 보스턴 컨설팅 그룹(BCG; Boston Consulting Group)에 의해 1970년대 초반 개발된 것으로, 기업의 경영 전략 수립에 있어 하나의 기본적인 분석 도구로 활용되는 사업 포트폴리오 분석 기법이다.

② BCG 매트릭스는 자금의 투입, 산출 측면에서 사업(전략 사업 단위)이 현재 처해 있는 상황을 파악하여 상황에 맞는 처방을 내리기 위한 분석 도구이다.

③ 성장-점유율 매트릭스(Growth-share matrix)라고도 불리며, 산업을 시장 점유율과 시장 성장률로 구분하여 네 가지로 분류했다.

(2) BCG 매트릭스의 분석 방법 중요

X축(수평축)을 시장 점유율로 하고 Y축(수직축)을 시장 성장률로 하여, 점유율이 낮고 성장률이 높아 미래가 불투명한 사업을 물음표(Question mark), 점유율과 성장성이 모두 좋은 사업을 별(Star), 점유율이 높고 성장률이 낮으며 투자에 비해 수익이 월등한 사업을 현금 젖소(Cash cow), 점유율과 성장률이 둘 다 낮은 사업을 개(Dog)로 구분했다.

① **별(Star) 사업**: 성공 사업이다. 수익성과 성장성이 크므로 계속적 투자가 필요하다.

② **현금 젖소(Cash cow) 사업**: 수익 창출원이다. 기존의 투자에 의해 수익이 계속적으로 실현되므로 자금의 원천 사업이 된다. 시장 성장률이 낮으므로 투자 금액이 유지·보수 차원에서 머물게 되어 자금 투입보다 자금 산출이 많다.

③ **물음표(Question mark) 사업**: 신규 사업이다. 낮은 시장 점유율과 높은 시장 성장률을 가진 사업으로 기업의 행동에 따라서는 차후에 별(Star) 사업이 되거나, 개(Dog) 사업으로 전락할 수 있는 위치에 있다. 일단 투자하기로 결정한다면 시장 점유율을 높이기 위해 많은 투자 금액이 필요하다.

④ **개(Dog) 사업**: 사양 사업이다. 성장성과 수익성이 없는 사업이므로 철수해야 한다. 기존의 투자에 매달리다가 기회를 잃으면 더 많은 대가를 치를 수 있다.

시장 점유율

표적(목표)시장 내 전체 거래량 중에서 자사 제품을 사용하는 고객의 비율이다.

4. PEST 분석

(1) PEST 분석의 개념

대표적인 산업환경 분석 모델로, 해당 기업을 둘러싼 거시적 산업환경에 영향을 미칠 수 있는 요인들을 도출하고 그 내용을 분석하는 기법이다. 조직이나 환경에 영향을 미치는 요인에는 정치적(Political), 경제적(Economic), 사회적(Social), 기술적(Technological) 요인이 있다.

(2) PEST 분석의 목적

전략적 의사결정을 위한 정보로 활용하는 데 있다.

(3) PEST 분석의 종류

① **사회문화 환경 분석**: 인구 증가율 추이, 소비자 라이프스타일 변화, 환경에 대한 인식 변화 등을 조사하여 분석한다.

② **기술 환경 분석**: 정보기술, 기술 발전 정도, 새로운 시장의 변화, 신기술 개발 등을 분석한다.

③ **거시경제 환경 분석**: GDP 성장률, 물가 상승률, 이자율, 환율, 원재료 상승률 등을 분석한다.

④ **정책규제 환경 분석**: 정부 정책의 변화, 법적인 규제 및 조건의 변화, 무역 관련 사항의 변화 등을 조사하여 분석한다.

파레토 법칙(V. Pareto's law, 80:20의 법칙)
- 이탈리아의 경제학자 파레토가 발견한 법칙으로 '전체 결과의 80%는 20%의 원인에서 비롯된다'는 의미이다.
- 전체 매출액의 80%는 기업의 20%의 우량 고객이 차지한다는 의미이다.
- 구성원의 20%가 80%의 업무를 하며, 상위 20%가 전체 80%의 부를 축적하고, 기업의 상품 중 20%의 대표 상품이 전체의 80%에 해당하는 매출을 올리며, 20%의 소비자가 전체 매출의 80%를 차지하는 현상 등을 예로 들 수 있다.

기업 마케팅 환경
- 기업 내부 환경: 사업 영역, 기업의 목표, 기업 문화(분위기), 부서들의 역할 등
- 기업 외부 환경
  - 거시적 환경: 정부, 기술, 경제, 인구, 사회문화 등
  - 미시적 환경: 고객, 공급업자, 기업 내부, 경쟁사, 중간상 등

1. 고객 분석을 위한 고객 세분화

(1) 고객 세분화(Customer segmentation)

① 고객 세분화는 고객들을 유사한 특성을 가진 분화된 집단으로 분류하는 과정을 말한다. 기업이 다양한 형태의 고객 데이터를 바탕으로 세분화 기준과 적용 방안을 고려해, 고객 계층을 발굴하고 지속적이고 집중적으로 관계 관리를 강화하는 데 활용되는 기준이다.

② 고객은 인구통계, 지역, 구매 방법, 구매 성향 등으로 세분화할 수 있다.

2. 직접 접촉을 통한 고객 분석

(1) 고객의 소리(VOC) 데이터를 활용한 대상 고객 선정

① 고객센터 및 콜센터에 접수된 고객 상담 및 불만 사항에 대한 내용을 분석한다.

② 문의, 칭찬, 불만, 기타 건의 등 다양한 형태의 데이터를 분류하여 정리한다.

③ 고객이 미처 언급하지 않은 VOC 요인을 찾아낸다.

④ VOC에 담긴 다양한 고객 욕구를 파악하여 잠재욕구형 고객, 욕구표출형 고객, 제안형 고객, 불만해결 요구형 고객 등으로 구분하고, 대상 고객을 선정한다.

(2) 고객 관리 전략 수립 및 실행 계획

① 가망 고객 발굴을 위해 고객 프로필과 고객 구성원을 분석하여, 현재 고객의 상품 및 서비스 구매행동을 분석하거나 각종 거래 특성 데이터를 추출하여 분석한다.

② 신규 고객 유치를 위해 인바운드 고객의 거래 동기, 각 이용 채널별 고객 유치 상황, 고객의 관심 상품 및 서비스별 거래 동기와 관련된 데이터를 추출하여 분석한다.

③ 추출된 분석 결과를 바탕으로 활용 가능한 고객 관리 전략을 수립하여 실행 계획을 점검한다.

실제 기출문제를 토대로, 출제될만한 내용을 분석하여 출제예상문제를 수록하였습니다. 실제 시험이라 생각하고 연습해 보세요. 답안을 영어 단어로 쓸 경우 철자를 정확하게 써야 하는 것도 잊지 마세요!

01　SWOT에 대해 쓰시오.

02　마이클 포터는 5 Forces Model에서 다섯 가지의 요인이 산업의 수익률을 결정하며, 이들 요인이 많고 세력이 강할수록 해당 산업의 평균 수익률은 낮아진다고 하였다. 아래의 내용과 관련 있는 요인을 〈보기〉의 다섯 가지 요인 중에서 골라 쓰시오.

> 협력업체의 영향력으로, 만약 소수의 공급업체가 부품이나 원자재의 공급을 지배하는 경우 제조업체들은 기업 활동에 제약을 받을 수도 있다.

〈보기〉
산업(시장) 내 경쟁 강도 　　새로운 기업의 잠재적 진출력 　　대체품의 대체력
공급업체의 협상력 　　구매자의 협상력

03　SWOT 분석 시 다음 사례에서 설명하는 요인을 쓰시오.

> 새로운 경쟁기업 출현, 불리한 정책 · 법규 · 제도, 시장 성장률 둔화, 구매자나 공급자의 파워 증대, 무역 규제, 대체상품 개발, 경기 침체 등 자사와 자사 제품 · 서비스에 나쁜 영향을 주는 외부 환경 요인이다.

04 BCG 매트릭스에서 시장 점유율은 높으나, 시장 성장률이 낮은 유형은 무엇인지 쓰시오.

05 BCG 매트릭스에서 시장 성장률은 높으나, 시장 점유율이 낮은 유형은 무엇인지 쓰시오.

06 기업의 전략적 사업 단위(SBU)를 분석하는 데 이용되는 BCG(Boston Consulting Group) 모형에서 수평축은 무엇을 뜻하는지 쓰시오.

정답★해설

01 자사의 강점(Strength)과 약점(Weakness)을 분석하고, 기업 외부의 환경 변화를 종합적으로 정리하여 자사가 처한 기회(Opportunity)와 위협(Threat) 요인들을 파악하는 것이다.

02 공급업체의 협상력

03 위협(Threat)

04 현금 젖소(Cash cow)

05 물음표(Question mark)

06 시장 점유율

07 BCG 매트릭스에서 시장 성장률과 시장 점유율에 따라 분류한 네 가지를 쓰고 설명하시오.

08 다음에서 설명하는 분석 방법은 무엇인지 쓰시오.

> • 대표적인 산업환경 분석 모델이다.
> • 해당 기업이 속한 산업이나 시장을 둘러싼 거시적 산업환경에 영향을 미칠 수 있는 정치적, 경제적, 사회적, 기술적 요인들을 도출하고, 내용을 분석함으로써 전략적 의사결정을 위한 정보로 활용하고자 한다.

09 파레토 법칙에서 80:20의 의미는 무엇인지 쓰시오.

10 PEST 분석의 종류 중 인구 증가율 추이, 소비자 라이프스타일 변화, 환경에 대한 인식 변화 등을 조사하여 분석하는 것은 무엇인지 〈보기〉에서 골라 쓰시오.

┌〈보기〉───
 거시경제 환경 분석   기술 환경 분석   사회문화 환경 분석   정책규제 환경 분석
└──

11 BCG 매트릭스에서 수익성과 성장성이 크므로 계속적 투자가 필요한 유형은 무엇인지 쓰시오.

12 다음에서 설명하는 것은 무엇인지 쓰시오.

> • 고객들을 유사한 특성을 가진 분화된 집단으로 분류하는 과정을 말한다.
> • 기업이 다양한 형태의 고객 데이터를 바탕으로 세분화 기준과 적용 방안을 고려해, 고객 계층을 발굴하고 지속적이고 집중적으로 관계 관리를 강화하는 데 활용되는 기준이다.

정답★해설

07 • 물음표(Question mark) – 미래가 불투명한 사업
 • 별(Star) – 점유율과 성장성이 모두 좋은 사업
 • 현금 젖소(Cash cow) – 투자에 비해 수익이 월등한 사업
 • 개(Dog) – 점유율과 성장률이 둘 다 낮은 사업

08 PEST 분석

09 이탈리아 경제학자 파레토가 발견한 법칙으로 '전체 결과의 80%는 20%의 원인에서 비롯된다'는 의미이다. 기업의 상품 중 20%의 대표 상품이 전체의 80%에 해당하는 매출을 올리고, 20%의 소비자가 전체 매출의 80%를 차지하는 현상 등을 의미한다.

10 사회문화 환경 분석

11 별(Star)

12 고객 세분화(Customer segmentation)

13 기업 마케팅 환경은 기업 내부 환경과 기업 외부 환경으로 나누어지며, 기업 외부 환경은 거시적 환경과 미시적 환경으로 나누어진다. 고객, 공급업자, 기업 내부, 경쟁사, 중간상 등은 어떤 환경에 속하는지 쓰시오.

14 기업의 환경 분석을 통해 강점과 약점, 기회와 위협 요인으로 규정하고 이를 토대로 마케팅 전략을 수립하는 기법은 무엇인지 쓰시오.

15 다음 설명에 해당하는 요인은 무엇인지 〈보기〉에서 골라 쓰시오.

> • 자사와 자사 제품 · 서비스에 좋은 영향을 주는 외부 환경 요인이다.
> • 높은 경제 성장률, 시장의 빠른 성장, 새로운 기술의 등장, 경쟁 기업의 쇠퇴, 신시장 등장, 새로운 고객 집단 출현, 유리한 정책 · 법규 · 제도, 낮은 진입 장벽 등이 있다.

┌─〈보기〉──────────────────────────────
  강점(Strength)   약점(Weakness)   기회(Opportunity)   위협(Threat)
└─────────────────────────────────────

정답★해설

13 미시적 환경

14 SWOT 분석

15 기회(Opportunity)

제 **12**장 STP 전략 수립

- 시장 세분화의 요건
- 세분시장의 매력도 분석
- 목표시장
- 제품수명주기
- 차별화 마케팅
- 포지셔닝
- 재포지셔닝

---

01 시장 세분화하기

1. STP 전략

(1) STP의 개념

마케팅의 모든 전략은 STP 전략을 토대로 하여 수립한다. STP 전략이란 시장을 세분화하고(Segmentation), 목표시장을 선정하며(Targeting), 제품의 위상을 정립시키는 것(Positioning)을 말한다.

(2) STP의 전략

STP 전략은 욕구가 비슷한 소비자들끼리 집단화하는 방법으로 시장을 세분화하고, 세분된 시장 중에서 자사 제품에 유리할 시장을 목표로 선정한 다음, 소비자 인식 속의 원하는 위치에 제품 위상을 정립시키는 포지셔닝을 하는 것이다.

2. 시장 세분화

(1) 시장 세분화의 개요

① 개념: 시장 세분화란 특정 제품군에 대한 태도, 의견, 구매행동 등에서 비슷한 성향을 지닌 사람들의 집단을 다른 성향을 지닌 사람들의 집단과 분리하여 하나의 집단으로 묶는 과정이다.

② 효과적인 시장 세분화의 요건 중요

ㄱ 내부적 동질성과 외부적 이질성: 세분시장 안으로는 서로 일관성이 있어야 하며 어떤 마케팅 프로그램을 시행했을 때 세분시장 간에는 서로 다르게 반응하여야 한다.

ㄴ 측정 가능성: 세분시장의 규모와 구매력을 측정할 수 있어야 한다.

ㄷ 접근 가능성: 세분시장에 접근할 수 있고 그 시장에서 활동할 수 있는 정도이다.

ㄹ 규모의 경제성(실질성, 유지 가능성)

- 시장 부문의 규모가 크고 수익성이 커서 별도의 시장으로 개척할 가치가 있어야 한다.

- 세분된 각 시장 부문에 대하여 상이한 마케팅 계획이 필요하고 이에 따라서 많은 비용이 소요되므로 하나의 시장 부문은 가능한 한 동질적 욕구를 지닌 다수의 소비자로 구성되어 이익을 거둘수 있는 규모가 되어야 한다.
  - ⑪ 행동 가능성: 특정한 세분시장을 유인하고 그 세분시장에서 효과적인 프로그램을 설계하여 영업 활동을 할 수 있어야 한다.
  - ⑭ 유효 정당성: 세분화된 시장 사이에 특징, 탄력성이 있어야 한다.
- ③ 장점 [중요]
  - ㉠ 시장의 세분화를 통하여 마케팅 기회를 탐지할 수 있다.
  - ㉡ 제품 및 마케팅 활동을 목표시장의 요구에 적합하도록 조정할 수 있다.
  - ㉢ 시장 세분화의 반응도에 근거하여 마케팅 자원을 보다 효율적으로 배분할 수 있다.
  - ㉣ 소비자의 다양한 욕구를 충족시켜 매출액의 증대를 꾀할 수 있다.
- ④ 시장 세분화를 하기 위한 변수 [중요]: 시장 세분화를 하기 위한 조건을 갖춘 시장에서 어떤 기준으로 세분화할 것인지를 파악하는 것이다. 크게 지리적 변수, 인구통계적 변수, 심리분석적 변수, 행동분석적 변수의 네 가지 기준으로 시장을 세분화한다.

시장 세분화 변수	내용
지리적 변수	지역, 인구 밀도, 도시의 규모, 기후 등
인구통계학적 변수	나이, 성별, 가족 규모, 소득, 직업, 학력, 종교 등
심리분석적 변수	라이프스타일, 사회 계층, 개성, 관심, 활동 등
행동분석적 변수	추구하는 편익, 구매 준비 단계, 사용 경험, 사용량, 상표 애호도 등

※ AIO 분석: 라이프스타일을 분석하는 방법으로, 사람들의 활동(Activity), 관심(Interest), 의견(Opinion)을 기준으로 세분화하는 것을 의미한다.

- ⑤ 목표시장 선정을 위한 각 세분시장에 대한 평가
  - ㉠ 세분시장 평가 시 고려 사항 [중요]
    - 시장 상황: 이익을 창출할 수 있을 정도로 충분한 정도의 시장 규모와 성장 가능성 → 시장 잠재력과 성장 가능성 검토와 접근 가능성 점검
    - 경쟁사 상황: 미래의 수요를 고려한 잠재적 경쟁 정도
    - 자사 상황: 기업 목표와의 일치 여부와 기업의 재원과 마케팅 목표 등 자사와의 적합성
  - ㉡ 마이클 포터의 5요인 분석을 이용한 세분시장의 매력도 분석 [중요]: '산업(시장) 내 경쟁 강도, 새로운 기업의 잠재적 진출력, 공급업체의 협상력, 구매자의 협상력, 대체품의 대체력'으로 분석·평가함으로써 가장 매력적인 세분시장을 목표시장으로 선정한다.

(2) 시장 세분화 실행
- ① 지리적 세분화
  - ㉠ 국내시장과 해외시장으로 나눈다.
  - ㉡ 국내시장은 다시 서울, 부산, 수도권, 영남권, 호남권, 충청권, 강원, 제주 등으로 나누고 해외시장은 중국, 일본, 동남아, 북미, 남미, 유럽, 중동, 아프리카, 오세아니아 등으로 나눈다.

② 인구통계적 세분화

　　㉠ 연령을 변수로 세분화할 경우 성인 시장에서는 대체로 10세 단위 또는 10세 이상의 단위로 시장을 나눈다.

　　㉡ 아동 용품, 청소년 용품의 경우에는 유치원 연령, 초등학교 저학년 연령, 초등학교 고학년 연령, 10대 중반, 10대 후반 등으로 구분하여 시장을 세분하거나 나이별, 학년별로 더 세밀하게 시장을 나누기도 한다.

③ 심리적 세분화 `중요`

　　㉠ 소득을 기반으로 하여 재산, 직업, 교육 수준 등을 복합적으로 반영하는 사회계층 변수로 시장을 나눈다.

　　㉡ 라이프스타일의 AIO 변수 내 여가활동 변수를 사용하여 예술시장, 요리시장, 여행시장, 오락시장, 운동시장, 휴양 · 힐링시장 등으로 세분화한다.

④ 행태적 세분화

　　㉠ 추구 편익 변수를 사용하여 시장을 기능적 편익시장과 감성적 편익시장으로 나눈다.

　　㉡ 사용 시점에 따라 하루를 시간대별 시장으로 나누고, 일주일을 평일과 주말 시장으로 나누며, 일년을 월별 시장이나 계절별 시장, 특정 시즌 시장으로 나눈다.

　　㉢ 용도에 따라 가정용, 사무용, 학교용, 모임용, 여행용, 운동용, 레저용 등으로 나눈다.

02　목표시장 선정하기

1. 세분화 시장의 전략적 중요성

(1) 목표시장 선정의 개요

① 목표시장 선정은 각 세분시장의 매력도를 평가하여 기업이 진입할 한 개 또는 그 이상의 세분시장을 선정하는 과정이다.

② 목표시장 선정 기준

　　㉠ 세분시장의 매력도

　　　• 각 세분시장의 매력도를 평가하여 자사 상황에 적합한 세분시장을 목표시장으로 선정한다.

　　　• 마이클 포터의 5요인을 이용하여 세분시장 매력도를 분석한다.

　　㉡ 세분시장 평가 요소: 기업 목표와 재원, 세분시장의 규모와 성장, 세분시장의 구조적 매력성

③ 세분시장 평가 시 고려 사항 `중요`

　　㉠ 시장 상황: 시장 잠재력과 성장 가능성 검토와 접근 가능성 점검

　　㉡ 경쟁사 상황: 미래의 수요를 고려한 잠재적 경쟁 정도

　　㉢ 자사 상황: 기업 목표, 기업의 재원과 마케팅 목표 등 자사와의 적합성 검토

(2) 목표시장 선정 후 커버리지 전략 <mark>중요</mark>

① 비차별화 마케팅: 대량 마케팅이라고도 하며, 기업이 하나의 제품이나 서비스를 가지고 시장 전체에 진출하여 가능한 한 다수의 고객을 유치하려는 전략으로 시장 세분화가 필요 없다.

② 차별화 마케팅

 ㉠ 두 개 혹은 그 이상의 시장 부문에 진출할 것을 결정하고 각 시장 부문별로 별개의 제품 또는 마케팅 프로그램을 세우는 것이다.

 ㉡ 각 시장 부문에서 더 많은 판매고와 확고한 위치를 차지하여 시장 부문별로 소비자들에게 해당 제품과 회사의 이미지를 강화하는 전략이다.

 ㉢ 제품수명주기상 성숙기에는 차별적 마케팅을 한다.

③ 집중화 마케팅: 한 개 또는 몇 개의 시장 부문에서 집중적으로 시장을 점유하려는 전략으로, 기업의 자원이 한정되어 있을 때 이용하는 전략이다.

CHECK POINT

다입지·다세분시장 전략의 장단점

- 장점: 빠른 성장을 통한 매출액의 증대, 신시장 개척, 시장에 대한 정확한 정보 제공, 마케팅 기회 탐지, 마케팅 자원의 효율적 배분
- 단점: 고비용, 시장 상황에 맞는 즉각적 대응 어려움, 유지 및 관리 비용 추가 발생

---

2. 목표시장의 선정

(1) 목표시장 선정 방법

① 시장의 동질성 판단

 ㉠ 전체시장 내 소비자들의 소비 성향이나 구매량이 유사한 수준이고 기업의 다양한 마케팅믹스에 대한 반응도 별 차이를 보이지 않는다면 비차별화 전략이 유효한 시장이다.

 ㉡ 동질적인 전체시장 내에서 소비 수준의 향상과 함께 새로운 욕구가 감지될 경우에는 기존 욕구들과 다르게 반응을 보이는 욕구들을 동질화하는 방법으로 세분시장을 분리하고 시장별 차별화 전략 또는 특정 기회시장 집중화 전략을 실행할 수 있다.

② 전략의 차별화 가능성 판단

 ㉠ 세분시장에 진입할 때에는 자사만이 차별화 요소를 가질 수 있는지를 판단해야 한다.

 ㉡ 구상하고 있는 차별화 전략이 경쟁사 대비 우월한 요소인지, 누구나 보유할 수 있거나 손쉽게 모방할 수 있는 보편적 요소에 불과한지를 판단해야 한다.

 ㉢ 쌀, 소금, 설탕, 연탄, 교복 같은 일상 또는 학교생활의 필수품은 비차별화 전략이 더 경제적이다.

 ㉣ 운동화, 구두, 의류, 시계 등의 패션 상품이나 휴대전화, 카메라, TV 등의 IT 제품, 가전제품들은 차별화 전략 또는 집중화 전략을 선택하는 것이 적절하다.

③ 투자 대비 수익률 판단

  ㉠ 기술, 설비, 자금, 인력 등이 상대적으로 여유 있는 기업은 비차별화 전략 또는 차별화 전략을 선정하고, 여건이 불리하거나 자원이 제한적인 기업은 집중화 전략을 선택한다.

  ㉡ 비차별화 전략은 넓은 시장을 상대한다는 측면, 차별화 전략은 세분시장별로 상대한다는 측면, 집중화 전략은 특정 시장만을 엄선한다는 측면에서 투자 대비 수익률이 최대화되는 세분시장을 발견하고 전략의 효율화를 위해 노력해야 한다.

④ 시장과 제품수명주기상 위치 판단

  ㉠ 제품수명주기(PLC; Product Life Cycle)상 도입기에는 우선 제품의 필요성을 제대로 알리는 것이 요구되므로 비차별화 전략이나 집중화 전략을 사용한다.

  ㉡ 제품수명주기가 성장기 후기 또는 성숙기에 들어서면 소비자 욕구가 점점 다양해지므로 차별화 전략을 더 적극적으로 검토해야 한다.

⑤ 경쟁사의 마케팅 전략 판단

  ㉠ 경쟁사가 차별화된 제품으로 경쟁 우위를 누리고 있는 경우에는 자사도 경쟁사의 약점을 파고드는 차별화된 신제품을 내놓아야 한다.

  ㉡ 경쟁사가 비차별화 전략을 실행하는 상황이라면 기회를 활용할 가능성이 있고, 차별화 또는 집중화 전략을 적극적으로 실행함으로써 경쟁사의 약점을 공략할 수 있게 된다.

(2) 다양한 목표시장 공략 전략 중요

① 유지 마케팅: 리텐션 마케팅이라고도 하며, 기존 고객의 이탈을 방지하고 제품 이용도를 제고하고자 이탈 고객을 대상으로 거래 단절의 원인을 조사하여 이에 대한 대책을 수립하는 마케팅이다.

② 디(역) 마케팅: 하나의 제품이나 서비스에 대한 수요를 일시적이나 영구적으로 감소시키는 마케팅이다.

③ 데이터베이스 마케팅: 발달된 정보기술을 이용하여 다양한 고객정보를 효과적으로 획득하고 분석하며 신규 고객의 확보보다는 이탈 방지, 즉 고객 유지에 비중을 두는 마케팅이다. 이때 데이터베이스는 고객의 개인별 특성을 담고 있어야 한다.

④ 표적 마케팅: 불특정 다수가 아닌 특정 고객을 대상으로 마케팅 활동을 벌이는 마케팅이다.

⑤ 내부 마케팅: 고객을 넓은 의미에서 해석하여 회사의 종업원도 내부 고객으로 분류한다. 종업원에게 마케팅을 전개하여 종업원들의 요구와 욕구를 충족시킴으로써 종업원의 의욕과 애사심을 고취시켜 기업의 목표가 효과적으로 달성될 수 있고 이로 인해 외부 고객인 일반 소비자의 만족으로 이어질 수 있도록 하는 마케팅이다.

⑥ 관계 마케팅: 기업이 고객과 접촉하는 모든 과정, 즉 판매 전, 판매 중, 판매 후에 그들과 협조하거나 그들에게 지원적 경험을 제공함으로써 신뢰를 갖게 하고 결국에는 기업이 제공하는 제품이나 서비스로부터 충분한 대가를 받고 있다고 느끼게 하여 지속적인 호혜 관계가 이루어지게 하는 마케팅으로, 한 번의 거래로 끝나는 거래 마케팅과는 구분된다.

⑦ 매스(대량) 마케팅: 판매업자가 모든 구매자를 대상으로 하나의 제품을 대량 생산하여 대량 유통하고, 대량 촉진하는 형태이다. 하나의 회사가 한 제품에 대하여 전체 시장을 대상으로 매스 마케팅을 주장하는 이유는 최소의 원가와 가격으로 최대의 잠재 시장을 창출해 낼 수 있기 때문이다.

⑧ 노이즈 마케팅

    ㉠ 자신들의 상품을 각종 구설에 휘말리게 하여 소비자들의 이목을 집중시킴으로써 판매를 늘리려는 마케팅 기법으로, 상품의 품질과는 상관없이 오로지 상품 판매에 목적을 둔다.

    ㉡ 얼마간은 소비자들의 관심이나 호기심을 자극할 수 있지만, 계속 반복할 경우 최소한의 신뢰마저도 얻지 못하고 소비자들의 불신만 조장하게 되는 한계를 지닌다.

⑨ 바이러스 마케팅: 네티즌 간의 구전 효과를 이용한 판촉 기법으로 인터넷 이용자들 사이에 확산 효과를 노린 마케팅이다.

⑩ 니치 마케팅

    ㉠ 세분시장을 더욱 작게 세분화함으로써 다른 제품들로는 그 욕구가 충족되지 않은 소수 소비자들을 표적으로 하는 마케팅이다.

    ㉡ '니치'란 '틈새'라는 뜻으로, 기존 시장의 진입이 어렵거나 수익성 개선을 위하여 기존 시장과는 다른 시장에 진입하는 것을 말한다.

⑪ **심비오틱 마케팅**: 두 개 이상의 독립된 기업이 제품 개발, 시장 개척, 경로 개발, 판매원 등 마케팅으로 계획과 자원을 공동으로 추진하고 활용함으로써 기업이 개별적으로 하기 어려운 것을 공동으로 하는 데서 이익을 얻고, 마케팅 문제를 보다 쉽게 해결하며 마케팅 관리를 효율적으로 수행하기 위한 것이다.

⑫ **상호작용 마케팅**: 고객과 기업의 최접점인 종업원이 만나는 시점으로, 접점 마케팅이라고도 한다. 종업원의 태도로 고객 만족을 유도하여 매출을 향상시키는 마케팅이다.

⑬ **다이렉트 마케팅**: 고객에게 직접 접근해 고객으로부터 반응을 얻어내어 판매 활동이 일어나는 마케팅 기법으로 전화, 우편, 방문판매, 인터넷 쇼핑몰, 카탈로그, TV, 전자상거래, 텔레마케팅 등 어느 곳에서나 거래할 수 있으므로 광범위하고 풍부한 잠재 고객 확보가 가능하다.

03　포지셔닝하기

1. 포지셔닝

(1) 포지셔닝의 개요

    ① 포지셔닝은 세분화된 시장 중에서 목표시장을 정한 후 정해진 목표시장 내 고객들의 마음속에 전략적 위치를 계획하는 것을 말한다.

    ② 포지셔닝 맵

        ㉠ 소비자의 마음속에 내재해 있는 자사 제품과 경쟁 회사 제품들의 위치를 2차원 또는 3차원의 도면으로 작성한 것이다.

        ㉡ 크게 제품 위주의 포지셔닝 맵과 소비자의 지각을 통해 작성하는 인지도가 있다.

    ③ 제품의 지각도: 소비자 지각의 분포도 내지 지각도를 작성하는 기법으로, 각 상표에 대한 지각과 이상적 상표와의 차이를 나타내는 것이다.

(2) 포지셔닝의 유형 중요

① **가격과 제품 속성에 의한 포지셔닝**: 어떤 제품을 속성, 특징이나 고객의 편익, 경제성과 관련짓는 것으로 가장 자주 사용되는 포지셔닝 방법이다.

② **이미지 포지셔닝**: 제품의 추상적인 편익으로써 소구하는 포지셔닝 방법이다.

　　예 보석, 고급 브랜드의 의류, 구두, 화장품 등

③ **사용 상황 포지셔닝**: 제품이 적절히 사용될 수 있는 상황을 묘사하는 포지셔닝 방법이다.

　　예 이온음료 등의 특정 기능을 강조하고자 하는 제품군

④ **제품 사용자 포지셔닝**: 목표시장 내의 전형적 소비자를 겨냥하여 자사 제품이 그들에게 적절한 제품이라고 소구하는 방법이다.

⑤ **경쟁 제품 포지셔닝**: 소비자의 지각 속에 자리 잡고 있는 경쟁 제품과 묵시적으로 비교함으로써 자기 제품의 편익을 부각시키려는 포지셔닝 방법이다.

(3) 포지셔닝 실행

① 포지셔닝 과정 중요

　　시장 분석(소비자 분석 및 경쟁자 확인) → 경쟁 제품의 포지션 분석 → 자사 제품의 포지셔닝 개발 → 포지셔닝의 확인 → 재포지셔닝

② 포지셔닝 전략 수립 시 각 과정에서 얻을 수 있는 정보 중요

　ⓐ 시장 분석
- 목표시장 내 소비자의 욕구 및 요구
- 시장 내 수요의 전반적인 수준 및 추세
- 세분시장의 크기와 잠재력
- 시장 내 소비자의 분포(지리적 특성 등)
- 직접적인 경쟁 제품과 향후 진입 예정인 경쟁사

　ⓑ 경쟁 제품의 포지션 분석
- 경쟁 브랜드의 이미지와 장단점
- 경쟁사의 상대적인 위치

　ⓒ 자사 제품의 포지셔닝 개발
- 자사 제품의 시장 내 위치
- 현재 포지션의 장단점과 문제점
- 경쟁 우위 선점 요소들, 경쟁력 강화 방안
- 기업 내부환경 분석: 인적 자원, 기술상의 노하우, 기업의 성장률 등

③ 재포지셔닝(Repositioning) 중요

　ⓐ 소비자 욕구의 변화, 상권 내 역학 구조의 변화, 소매 기업 내 각종 상황의 변화 등의 요인에 의하여 그동안 유지해 왔던 마케팅믹스 및 영업 방법상의 특징을 본질적으로 변화시킴으로써 상권의 범위와 내용, 목표 소비자를 새롭게 조정하는 활동이다.

ⓛ 재포지셔닝을 검토하는 경우

- 경쟁자의 진입으로 시장 내의 차별적 우위 유지가 힘들어졌을 때
- 기존의 포지션이 진부해져 매력이 상실되었을 때
- 판매 침체로 기존 제품의 매출이 감소되었을 때
- 소비자의 취향이나 욕구가 변화하였을 때
- 시장에서의 위치 등 경쟁 상황의 변화로 전략의 수정이 필요할 때
- 유망한 새로운 시장 적소나 기회가 발견되었을 때

실제 기출문제를 토대로, 출제될만한 내용을 분석하여 출제예상문제를 수록하였습니다. 실제 시험이라 생각하고 연습해 보세요. 답안을 영어 단어로 쓸 경우 철자를 정확하게 써야 하는 것도 잊지 마세요!

01 시장 세분화를 하기 위한 변수 중 추구하는 편익, 구매 준비 단계, 사용 경험 등으로 세분화하는 변수는 무엇인지 쓰시오.

02 효과적인 시장 세분화의 요건 중 세분시장 안으로는 서로 일관성이 있어야 하며 세분시장 간에는 서로 다르게 반응하여야 하는 것은 어떤 요건인지 쓰시오.

03 시장 세분화의 장점을 세 가지 쓰시오.

정답★해설

01 행동분석적 변수

02 내부적 동질성과 외부적 이질성

03 • 시장의 세분화를 통하여 마케팅 기회를 탐지할 수 있다.
  • 제품 및 마케팅 활동을 목표시장의 요구에 적합하도록 조정할 수 있다.

• 시장 세분화의 반응도에 근거하여 마케팅 자원을 보다 효율적으로 배분할 수 있다.
• 소비자의 다양한 욕구를 충족시켜 매출액의 증대를 꾀할 수 있다.

04 시장 세분화의 변수 중 심리분석적 변수 세 가지를 쓰시오.

05 다음은 시장 세분화의 변수 중 어느 변수에 속하는지 쓰시오.

나이	성별	가족 규모
소득	직업	학력

06 소비자의 라이프스타일 변수인 AIO의 요소 중 A는 무엇인지 쓰시오.

07 목표시장을 선정한 후 수립할 수 있는 마케팅 전략 중 두 개 혹은 그 이상의 시장 부문에 진출할 것을 결정하고 각 시장 부문별로 별개의 제품 또는 마케팅 프로그램을 세우는 전략은 무엇인지 쓰시오.

08 목표시장 선정 전략 유형 중 집중화 전략이 무엇인지 간단하게 기술하시오.

09 목표시장 선정 전략 유형 중 비차별화 전략이 무엇인지 간단하게 기술하시오.

10 세분시장의 평가 요소 세 가지를 쓰시오.

정답★해설

04 • 라이프스타일
  • 사회 계층
  • 개성
  • 관심

05 인구통계학적 변수

06 Activity(활동)

07 차별화 마케팅

08 한 개 또는 몇 개의 시장 부문에서 집중적으로 시장을 점유하려는 전략으로, 기업의 자원이 한정되어 있을 때 이용하는 전략이다.

09 기업이 하나의 제품이나 서비스를 가지고 시장 전체에 진출하여 가능한 한 다수의 고객을 유치하려는 전략으로 시장 세분화가 필요하지 않다.

10 • 기업 목표와 재원
  • 세분시장의 규모와 성장
  • 세분시장의 구조적 매력성

11 세분시장 평가 시 고려해야 할 사항 세 가지를 쓰시오.

12 다음은 포지셔닝의 유형 중 어떤 포지셔닝에 대한 내용인지 쓰시오.

> • 제품의 추상적인 편익으로써 소구하는 포지셔닝이다.
> • 보석, 고급 브랜드의 의류, 구두, 화장품 등을 포지셔닝할 때 활용할 수 있다.

13 다음은 포지셔닝 실행의 절차이다. 빈칸 A와 B에 들어갈 알맞은 내용을 쓰시오.

> 시장분석(소비자 분석 및 경쟁자 확인) → (A) → 자사 제품의 포지셔닝 개발 → 포지셔닝 확인 →
> (B)

14 포지셔닝이 무엇인지 간단하게 기술하시오.

15 소비자의 마음속에 내재해 있는 자사 제품과 타사 제품들의 전략적 위치를 2차원 또는 3차원의 도면으로 작성한 것을 무엇이라고 하는지 쓰시오.

16 소비자의 각 상표에 대한 지각과 이상적 상표와의 차이를 도표로 나타낸 것을 무엇이라고 하는지 쓰시오.

17 포지셔닝 전략의 유형 세 가지를 쓰시오.

정답★해설

11 • 시장 상황
　　• 경쟁사 상황
　　• 자사 상황

12 이미지 포지셔닝

13 A: 경쟁 제품의 포지션 분석, B: 재포지셔닝

14 세분화된 시장 중에서 목표시장을 정한 후 정해진 목표시장 내 고객들의 마음속에 전략적 위치를 계획하는 것을 말한다.

15 포지셔닝 맵(Positioning map)

16 제품의 지각도

17 • 가격과 제품 속성에 의한 포지셔닝
　　• 사용 상황 포지셔닝
　　• 제품 사용자 포지셔닝
　　• 경쟁 제품 포지셔닝
　　• 이미지 포지셔닝

18 포지셔닝의 유형 중 제품 사용자 포지셔닝이 무엇인지 설명하시오.

19 재포지셔닝이 무엇인지 설명하시오.

제13장 마케팅믹스 전략 수립

☑ **출제 Keyword**
- 제품 전략
- 제품의 수명주기
- 제품의 분류
- 가격 전략
- 가격 세분화
- 유통경로
- 물류 관리의 원칙
- 촉진 전략

01 제품 전략 수립하기

1. 제품 전략

(1) 제품의 개념

① 제품은 기본적 욕구 또는 욕망을 충족시켜 줄 수 있는 것으로, 시장에 출시되어 주의나 획득, 사용 또는 소비의 대상이 된다.

② 대상물, 서비스, 사람, 장소, 조직, 아이디어 등이 포함된다.

(2) 제품과 서비스의 차이

① 제품은 고객이 가격을 지불할 준비가 된 자재 항목이지만, 서비스는 타인이 제공하는 편의 시설, 혜택 또는 시설이다.

② 제품은 유형의 상품이고, 서비스는 무형의 상품이다.

③ 제품은 판매자와 구별되지만, 서비스는 서비스 제공업체와 분리할 수 없다.

④ 제품은 생산 후 거래되고 소모되지만, 서비스는 생산과 동시에 소비된다.

2. 제품수명주기(PLC; Product Life Cycle)

(1) 제품수명주기의 개념

① 신제품이 시장에 도입되어 쇠퇴할 때까지의 기간을 의미한다.

② 도입기, 성장기, 성숙기, 쇠퇴기의 4단계로 구성된다.

(2) 제품수명주기의 단계별 특성 중요

① 도입기(Introduction)

㉠ 경쟁자가 거의 없으며, 원가가 높고, 혁신적인 고객이 제품을 산다.

㉡ 판매의 성장이 완만하고 이익이 거의 발생하지 않는다.

ⓒ 마케팅 전략: 상표 구축 전략, 소비자의 시용 구매를 유도하기 위한 강력한 판매촉진, 기본적인 형태의 제품 제공, 얼리어답터 규명과 상표 인지도 구축 광고 전략, 고가격 또는 저가격 전략

② 성장기(Growth)

　　㉠ 제품이 확대되고 브랜드 선호의 개발이 이루어진다.

　　㉡ 시장 수용이 급속하게 이루어져 판매와 이익이 현저히 증가한다.

　　㉢ 마케팅 전략: 상표 강화를 통해 시장 점유율을 급속히 확대시키는 전략, 저가격 전략, 자사 제품을 취급하는 점포의 수를 대폭 확대, 브랜드 선호 개발

③ 성숙기(Maturity)

　　㉠ 판매가 절정에 이르렀다가 감소를 시작하며, 도입기나 성장기보다 오랫동안 지속된다.

　　㉡ 많은 잠재 고객 혹은 참가자가 이미 그 제품이나 프로그램을 구매했을 뿐 아니라 경쟁이 치열해져서 증가율이 떨어지는 시기이다.

　　㉢ 제품 원가가 가장 낮으며, 제품 가격의 인하와 판매촉진비의 증대로 이익은 성장기보다 하락한다.

　　㉣ 판매량이 평준화되고 매우 강력한 경쟁이 나타나 경쟁력이 약한 기업은 도태된다.

　　㉤ 마케팅 전략: 시장 점유율 방어와 이윤 유지, 상표 재활성화(시장확대 전략, 제품수정 전략, 상표 재포지셔닝 전략), 경쟁사 대응의 방어적 가격, 광범위한 유통망 구축

④ 쇠퇴기(Decline)

　　㉠ 대체품의 출현으로 점차 쇠퇴하며, 판매량과 이익이 매우 낮다.

　　㉡ 판매가 급격히 감소하고 이익이 제로(0)에 가까워지면서 시장으로부터 철수하는 단계이다.

　　㉢ 마케팅 전략: 투자를 줄이고 현금 흐름을 증가시킴, 단계적 철수와 최소한의 이익을 유지하는 수준의 저가격 전략, 선택적 유통 전략을 통해 적정 점포만을 유지

3. 제품의 분류

(1) 구매 목적에 따른 제품의 분류 중요

① 소비재

　　㉠ 구매자의 욕구 충족을 위해 구매하는 제품이다.

　　㉡ 기업은 해당 소비재 제품의 인지도를 제고하고 취급점의 수를 늘려 소비자 접촉을 늘리는 것이 유리하다.

　　㉢ 편의품, 선매품, 전문품으로 구분된다.

② 산업재

　　㉠ 조직적 구매자가 구매하거나 비즈니스 활동을 위해 구매하는 제품이다.

　　㉡ 고객의 수는 적지만 대체로 거래 규모가 크며 일정한 양을 반복적으로 구매한다.

　　㉢ 종류

　　　　• 자재와 부품: 완전한 제품을 생산하기 위해 제품의 한 부분으로 투입되는 부분품이다.

　　　　　－ 원자재: 보리, 과일 등과 같은 농산품과 목재, 석유 등과 같은 천연 재료로서, 가공 처리를 하지 않은 것이다.

- 구성 자재: 추가적인 가공 과정에서 그 형태가 변화한 것이며, 완제품 공정에서 사용되는 자재로 철광석에서 가공한 강철, 누에에서 추출한 실 등이 해당된다.
- 부품: 완제품을 만들기 위해 완성 공정 단계에 있는 제품에 추가적으로 투입되는 것으로서 완제품의 외형이 바뀌지 않는 특성이 있다.
• 소모품: 완제품 생산에 투입되지 않고 공장이나 기업의 운영에 사용되는 소모성 물품으로서 장비 유지 보수용 오일, 프린터 잉크, 볼펜, 출력 용지 등이다.
• 자본재: 제품의 일부분을 구성하지는 않지만 제품 생산을 원활하게 하기 위해 투입되는 것이다.
- 설비품: 공장과 사무실이 위치한 건축물, 발전기, 엘리베이터 등과 같은 고정장비이다. 일반적으로 단가가 매우 높고, 구매 시 상당한 노력이 요구된다.
- 보조장비: 지게차나 수공구와 같은 이동용 공장 장비, 개인용 컴퓨터와 책상과 같은 사무용 장비이다.

산업재의 특성

구분	원자재	구성 자재	부품	소모품	설비품	보조장비
구매결정자의 지위	낮다	낮다	낮다	매우 낮다	높다	보통
단위당 가격	낮다	낮다	낮다	매우 낮다	높다	보통
소비 속도	빠르다	빠르다	빠르다	빠르다	매우 느리다	느리다
최종 제품으로 변화 여부	가끔 변화	변화 있다	변화 없다	변화 없다	변화 없다	변화 없다
형태의 변화 여부	변화 있다	변화 있다	변화 없다	변화 없다	변화 없다	변화 없다

(2) 수준별 제품의 분류(코틀러의 제품의 세 가지 수준) 중요
① 핵심 제품: 소비자의 본질적인 이익이나 문제를 해결해 주는 제품이나 서비스이다.
② 실체(유형) 제품: 소비자들에게 핵심 제품의 이익을 전달할 수 있도록 결합되는 제품으로 제품의 부품, 스타일, 특성, 상표명 및 포장 등이 있다.
③ 확장(포괄) 제품: 추가적인 서비스와 이익들로서 운반, 사용 방법, 품질 보증, A/S, 설치 등이 있다.

(3) 소비자의 구매 습관에 의한 소비재의 분류 중요
① 편의품
ㄱ 제품에 대한 완벽한 지식이 있어 최소한의 노력으로 빠르고 쉽게 구매할 수 있다.
ㄴ 생활필수품의 성향이 강한 상품이어서 구매 빈도가 높다.
ㄷ 습관적 구매로 상품 애호도는 높으나, 원하는 상품이 없을 때 대체품을 구매하는 편이다.
② 선매품
ㄱ 구매 전 지식이 부족하여 여러 상품을 비교 · 검토해서 구매하는 성향이 높다.
ㄴ 자신의 사회적 · 재정적 측면을 잘 나타낼 수 있는 상품을 구매하는 성향이 강하다.
ㄷ 상점들이 서로 인접해 하나의 상가에서 인적 판매를 하는 경향이 크다.
ㄹ 대표적 상품으로 겉옷, 주요 가전제품, 가구 등이 있다.

③ 전문품

　　㉠ 상표나 제품의 특징이 뚜렷하여 구매 전 지식이 많고 브랜드 선호가 분명하며 상표 집착(Brand insistence)의 구매행동 특성을 나타내는 제품이다.

　　㉡ 원하는 상품이 없을 경우 대체품을 구매하지 않고, 원하는 제품을 구매를 위해 기다리기도 한다.

　　㉢ 전문품의 마케팅에서는 상표가 중요하고 제품을 취급하는 점포의 수도 적으므로 생산자와 소매점 모두 광고를 광범위하게 사용한다.

　　㉣ 대표적 상품으로는 자동차, 피아노, 전자제품, 독점성이 강한 디자이너의 고가 의류 등이 있다.

④ 비탐색품

　　㉠ 소비자에게 완전히 새롭거나 소비자가 잘 알고 있지만 평상시에는 구매 욕구를 느끼지 않기 때문에 특별한 탐색 노력을 하지 않는 제품이다.

　　㉡ 수요 수준이 낮으므로 대체로 높은 이윤 폭, 낮은 상품 회전율, 높은 가격의 특성을 보인다.

　　㉢ 공격적인 인적 판매 노력이 효과적이다.

편의품, 선매품, 전문품의 특성 중요

항목	편의품	선매품	전문품
구매 전 지식	많다	적다	많다
구매 노력과 시간	적다	보통(적다)	많다
대체 제품 수용도	높다	보통	낮다
구매 정보 탐색 정도	낮다	높다	낮다
구매 빈도	높다	중간	낮다
가격	대체로 낮다	높다	아주 높다
유통 전략	개방적 유통	선택적 유통	전속적 유통
유통경로 길이	길다	짧다	짧다
광고에 대한 책임	생산자	소매상	공동 책임
포장의 중요도	높다	보통	낮다
광고 전략	이미지 광고(높은 광고비)	제품 특징을 강조하는 광고	구매자의 지위를 강조하는 광고

CHECK POINT

상품 회전율

평균 재고 판매액이 일정 기간 동안 회전해서 판매액을 형성하는 회전 도수, 즉 연간 매출액을 평균 상품 재고액으로 나눈 것이다.

(4) 사용 기간에 따른 소비재의 분류 중요

① 내구재

　　㉠ 오랜 기간 반복해서 사용가능한 장비, 설비, 가전제품을 말한다.

　　㉡ 오랜 기간 사용하므로 구매 시 신중한 의사결정을 하는 제품이다.

② 비내구재

    ⊙ 1회 사용이나 소비로 없어지는 제품으로 생필품이나 소모품을 예로 들 수 있다.

    ⓛ 소비자가 쉽게 구매할 수 있도록 판매점수를 많이 유지하는 것이 중요하다.

4. 브랜드

(1) 브랜드의 개요

  ① 개념

    ⊙ 자사의 제품이나 서비스를 경쟁사와 구별해 주는, 이름을 포함한 여러 가지 형태의 조합이다.

    ⓛ 단순한 상품의 이름이 아닌 다른 상품들과 차별화되는 상품과 관련된 모든 것을 총칭한다.

  ② 기능

    ⊙ 상품의 본질을 규명한다.

    ⓛ 생산자의 책임을 증명함으로써 소비자에게 신뢰감을 준다.

    ⓒ 쇼핑의 편의를 제공한다.

    ⓔ 상품을 법적으로 보호한다.

    ⓜ 효과적인 브랜드 관리는 기업의 마케팅 비용을 절감시킨다.

(2) 브랜드명 전략

  ① **공동 브랜드 전략**: 생산된 제품들에 기존의 브랜드명을 사용하는 전략이다.

    ⊙ 라인 확장 전략 **중요** : 기존에 존재하는 브랜드명을 가지고, 동일 제품군 내에서 새로운 제품을 도입하는 전략이다.

      • 수평적 라인 확장 전략: 동일한 제품 범주 내에서 다른 세분시장을 표적으로 삼아 새로운 맛, 향, 성분의 제품을 추가로 도입하면서 기존의 브랜드명을 사용하는 경우이다.

      • 수직적 라인 확장 전략

        – 하향 라인 확장 → 기존 브랜드를 가지고 하급 시장으로 이동

        – 상향 라인 확장 → 기존 브랜드를 가지고 상급 시장으로 이동

    ⓛ 브랜드 확장 전략: 한 제품 시장에서 성공을 거둔 기존 브랜드명을 다른 제품 범주의 신제품에도 사용하는 브랜드 전략이다.

  ② **개별 브랜드 전략**: 생산된 제품에 각각 다른 브랜드명을 사용하는 전략이다.

  ③ **복수 브랜드 전략**: 동일 시장 내에서 두 개 이상의 서로 다른 브랜드명을 사용하는 전략이다.

  ④ **혼합 브랜드 전략**: 개별 브랜드명과 공동 브랜드명을 조합하여 사용하는 전략이다.

02 | 가격 전략 수립하기

1. 가격

(1) 가격의 개념

① 재화의 가치를 화폐 단위로 표시한 것이다.

② 법률, 관습, 제도 등에 의하여 소유와 교환이 허용되는 모든 것에 존재하며, 상품 간 교환은 그 가격에 따라 특정 비율로 이루어진다.

(2) 가격의 특성

① 마케팅믹스 중에서 가장 강력한 경쟁 도구이다.

② 예기치 않은 상황에 의해 가격이 결정될 수도 있다.

③ 수요가 탄력적인 시장 상황에서 매우 쉽게 변경될 수 있는 요인이다.

④ 자사의 제품이나 서비스가 가지는 효용에 대해 소비자가 부여하는 가치이다.

⑤ 기업의 이익이나 소비자의 구매 행위, 정부의 경제 정책 결정에 중요한 역할을 한다.

⑥ 정형화된 일정한 체계를 구축하기가 어렵다.

2. 가격의 영향 요인

(1) 가격결정 요인 중요

① 내부 요인: 마케팅 목표, 마케팅믹스 전략, 원가, 조직의 특성, 기업의 가격 정책

② 외부 요인: 수요 상황, 경쟁자의 상황, 법적 · 제도적 요인

(2) 가격 정책

① 고가 전략과 저가 전략의 조건 중요

고가 전략의 조건	저가 전략의 조건
• 시장 수요의 가격 탄력성이 낮을 때 • 시장에 경쟁자의 수가 적을 것으로 예상될 때 • 규모의 경제 효과를 통한 이득이 미미할 때 • 진입 장벽이 높아 경쟁 기업의 진입이 어려울 때 • 높은 품질로 새로운 소비자층을 유인하고자 할 때 • 품질 경쟁력이 있을 때	• 시장 수요의 가격 탄력성이 높을 때 • 시장에 경쟁자의 수가 많을 것으로 예상될 때 • 소비자들의 본원적인 수요를 자극하고자 할 때 • 원가 우위를 확보하고 있어 경쟁 기업이 자사 제품의 가격만큼 낮추기 힘들 때 • 가격 경쟁력이 있을 때

※ 가격 탄력성: 제품의 가격 변화에 따른 소비자의 수요 변화나 공급 추이에 관한 정도

② 상층흡수가격 정책(초기 고가격 정책)과 시장 침투가격 정책(저가격 정책): 상층흡수가격 정책은 상품이 시장에 도입되는 초기 단계에 고가로 출시하여 점차 가격을 하락시켜 나가는 방법이고, 시장 침투가격 정책은 신제품을 도입하는 초기에 저가로 시작하여 점차 가격을 높여 나가는 방법이다.

③ 가격 세분화(차별화): 기업이 한 개의 시장 또는 여러 세분시장에 따라 다른 가격을 책정하는 것으로, 원가 차이에 의한 가격결정이 아니라 기업의 목표를 달성하기 위함이다.

가격 세분화 전제 조건 중요

- 경쟁사들이 더 낮은 가격으로 판매할 수 없어야 한다.
- 세분된 시장별 수요의 강도가 달라야 한다.
- 가격 세분화로 인한 수익이 비용보다 커야 한다.
- 정부의 규제(법적·제도적인 요인)를 따르며 불법적인 형태가 아니어야 한다.
- 세분시장에서 저가격에 사서 다른 곳에서 고가격에 판매할 수 없어야 한다.
- 가격 세분화로 인하여 고객의 불만족한 감정이 유발되지 않아야 한다.

(3) 가격 조정 전략

① 소비자 심리적 가격결정 방법

ⓐ 관습 가격결정법: 소비자들이 오랜 기간 일정 금액으로 구매하기 때문에 원가가 상승하였음에도 동일한 가격대를 계속 유지하는 정책이다.

ⓑ 명성 가격결정법: 구매자가 가격으로 품질을 평가하는 경향이 강한 비교적 고급 품목에 대하여 가격을 결정하는 방법이다.

ⓒ 단수 가격결정법: 구매자에게 가격이 가능한 한 최하의 선에서 결정되었다는 인상을 주기 위하여 고의로 단수를 붙여 가격을 결정하는 방법이다.

② 판매촉진 수단으로서의 가격 조정: 유인 가격, 현금 할인, 수량 할인, 계절 할인, 공제(중고 반환 공제) 등

③ 가격 파괴: 과열 경쟁으로 인한 가격 인하의 결과로 기존 가격 체제가 무너지는 현상으로서, 기업이 제조 원가 및 판매 관리비 등을 절감하여 소비자에게 최저의 가격으로 제품 및 서비스를 공급하는 것이다.

④ 소비자 심리와 연관된 가격의 종류

ⓐ 준거 가격: 소비자들이 제품 구입 시 적정하다고 생각하는 가격을 의미한다. 소비자들은 제품의 가격이 준거 가격보다 높으면 비싸다고 인지하고, 낮으면 싸다고 인지하므로 소비자들이 준거 가격을 가능한 한 높게 설정하도록 유도하는 것이 좋다.

ⓑ 최고수용가능 가격(유보 가격): 수용가능 가격 범위 안에서 소비자가 어떤 제품에 지불할 의사가 있는 최고 가격이다.

ⓒ 최저수용가능 가격: 수용가능 가격 범위 안에서 소비자가 제품의 질을 의심하지 않는 최소한의 가격이다.

고정비와 변동비 중요

- 고정비: 매출액이나 생산량의 증감에 관계없이 일정하게 고정적으로 발생하는 비용으로 감가상각비, 사무직원의 급여, 고정자산의 보험료, 부동산 임차료, 차입금의 지급이자, 재산세와 종합토지세 등이 이에 속한다. 고정비는 기간 총액으로는 고정적인 비용이나 제품 단위당으로는 매출액 규모에 따라 변동한다.
- 변동비: 제품의 생산량 증감에 따라 원가가 증감하는 비용으로 재료비, 외주가공비, 판매수수료, 포장비 등이 이에 속한다. 변동비는 기간 총액으로는 매출액의 증감에 비례하여 증감하는 비용이지만 제품 단위당으로는 변동하지 않는다.

(4) 제품 믹스 가격결정

① **제품 계열별 가격결정법**: 특정 제품 계열 내 제품들 간의 원가 차이, 상이한 특성에 대한 소비자들의 평가 정도 및 경쟁사 제품의 가격을 기초로 하여 여러 제품들 간의 가격 단계를 설정하는 방법이다.

② **선택 제품 가격결정법**: 주력 제품과 함께 판매하는 선택 제품이나 액세서리에 대한 가격을 결정하는 방법이다.

③ **종속 제품 가격결정법**: 주요한 제품과 함께 사용하여야 하는 종속 제품에 대한 가격을 결정하는 방법이다.

④ **제품 묶음 가격결정법**: 몇 개의 제품을 묶어서 인하된 가격으로 결합한 제품을 제공하는 방법이다.
  ㉠ 기업 측면에서의 이점: 소량 구매할 고객들이 더 많은 비용을 지불하도록 유도하여, 제품이나 서비스의 수요를 더욱 증대시킬 수 있다.
  ㉡ 소비자 측면에서의 이점: 묶음 제품을 구입하는 것이 단일 품목을 구매할 때보다 값이 저렴하다.

03 유통 전략 수립하기

1. 유통경로

(1) 유통

① **개념**: 생산과 소비를 이어주는 중간 기능으로서 생산품의 사회적 이동에 관계되는 모든 경제 활동을 말한다.

② 유통 기관
  ㉠ 소매상: 최종 소비자에게 제품이나 서비스를 판매하는 주체이다. 소매상의 종류에는 편의점, 슈퍼마켓, 전문점, 백화점, 할인점, 회원제 도매클럽 등이 있다.
  ㉡ 도매상: 생산자의 생산품을 소매상과 연결해 주는 주체를 말한다. 즉, 도매 거래란 최종 소비자와의 거래를 제외한 모든 거래를 포함한다.

(2) 유통경로(Distribution channel)의 이해

① **개념**: 제품이나 서비스가 생산자로부터 소비자에 이르기까지 거치게 되는 통로 또는 단계를 말한다.

② 유통경로의 설계 과정

> 고객 욕구 분석 → 유통경로의 목표 설정 → 주요 경로 대안의 식별 → 경로 대안의 평가

③ 중간상의 필요성 [중요]
  ㉠ 기업이 중간 상인을 통해 제품을 유통시키는 것은 지역적으로 분산되어 있는 일반 대중 소비자에게 제품을 판매하기 위함이며, 물류 · 유통 비용을 절감할 수 있기 때문이다.
  ㉡ 총거래수 최소화의 원칙: 중간상의 개입으로 거래의 총량이 감소하게 되어 제조업자와 소비자 양자에게 실질적인 비용 감소를 제공한다.

ⓒ 집중 준비의 원칙: 유통경로 과정에 도매상이 개입하여 소매상의 대량 보관 기능을 분담함으로써 사회 전체적으로 상품의 보관 총량을 감소시킬 수 있으며, 소매상은 최소량만을 보관하게 된다.

ⓔ 분업의 원칙: 다수의 중간상이 분업하여 유통경로에 참여하게 되면 유통경로 과정에서 다양하게 수행되는 기능들, 즉 수급 조절 기능, 보관 기능, 위험 부담 기능, 정보 수집 기능 등이 경제적·능률적으로 수행될 수 있다.

ⓜ 변동비 우위의 원리: 제조와 유통 기관을 통합하기보다는 각 기관이 적절한 규모로 역할 분담을 하는 것이 비용 면에서 유리하다는 논리로 중간상의 필요성을 강조하는 이론이다.

④ 유통경로 최적의 조건

㉠ 경제성: 유통경로가 창출할 수 있는 매출액과 투입되는 유통비를 고려하여 수익성이 극대화될 수 있는 유통 구조여야 한다.

㉡ 통제성: 메이커가 계획하고 지시하는 마케팅 정책을 잘 따르고 실행할 수 있는 유통 구조여야 한다.

㉢ 유연성: 시장과 유통환경의 변화에 따라 신축성 있게 대응하고 변화할 수 있는 유통 구조여야 한다.

⑤ 제조업자를 위해 도매상이 수행하는 기능

㉠ 시장 확대 기능: 제조업자는 합리적인 비용으로 도매상의 도움을 받아 필요한 시장을 관리하고 유지할 수 있다.

㉡ 재고 유지 기능: 도매상이 일정 부분의 재고를 갖게 되어 제조업자는 재고 관리에 드는 비용과 재무 부담의 위험을 탈피할 수 있다.

㉢ 주문 처리 기능: 소량의 빈번한 주문을 도매상이 대신하여 주문처리 업무를 효율화하고 비용을 절감할 수 있다.

㉣ 시장 정보 제공 기능: 도매상이 제조업자보다 시장과 가까이 위치하므로 제조업자에게 시장 정보를 제공하여 시장경쟁력을 제고시킬 수 있다.

㉤ 고객 서비스 대행 기능: 고객을 대신하여 도매상이 부수적인 서비스와 수리 등을 의뢰하는 것을 처리할 수 있다.

⑥ 소매상을 위해 도매상이 수행하는 기능

㉠ 구색갖춤 기능: 제조업자로부터 제품을 받아 소매상이 원하는 구색을 맞춰 제공한다.

㉡ 소단위 판매 기능: 도매상이 대량으로 구매한 제품을 소량으로 나누어 필요량만큼 공급한다.

㉢ 신용 및 금융 기능: 소매상과의 오랜 관계 속에서 신뢰를 바탕으로 신용거래를 한다.

㉣ 소매상 서비스 기능: 제조업자를 대신하여 소매상들이 필요로 하는 배달, 수리, 품질보증 등을 제공한다.

㉤ 기술지원 기능: 제품의 특징과 시장 여건을 잘 알고 있으므로 제품의 기술적인 문제, 판매 현장에서의 문제에 대처하는 방법, 판매원 교육과 관리 등을 소매상에게 조언해 줄 수 있다.

(3) 유통경로의 유형

① 소비재 유통경로

㉠ 유형 1: 제조업자 → 소비자

㉡ 유형 2: 제조업자 → 소매상 → 소비자

㉢ 유형 3: 제조업자 → 도매상 → 소매상 → 소비자

ⓔ 유형 4: 제조업자 → 도매상 → 중간 도매상 → 소매상 → 소비자

② 산업재 유통경로: 산업재는 소비자에게 직접 판매하는 것이 일반적이며, 간혹 대리인이나 산업재 공급업자들이 이용하기도 한다.

③ 서비스 유통경로: 서비스는 무형성과 생산자와의 비분리성이라는 특성이 있으므로, 직접 마케팅 경로(유형 1)가 가장 일반적이다.

④ 제품과 서비스가 가진 속성의 차이

구분	제품	서비스
생산 비용	초기 생산 비용이 낮고 반복 생산 비용이 높다.	초기 생산 비용이 높고 반복 생산 비용이 낮다.
형태	있음	없음
시장성	아주 광범위하다.	갈수록 시장성이 확대되는 추세이다.
유통 과정	보관, 배달 등 과정이 복잡하다.	단순하다.
변형성	변형이 어렵고 고정되어 있다.	분리 · 합성이나 지속적인 수정이 가능하다.
배달 경로	우송 방식	전송 방식
불법 복제	아주 높다.	상대적으로 낮다.
내구성	시간에 비례하여 저하되거나 소멸된다.	영구적이다.

2. 유통경로 설계

(1) 유통경로의 조직

① 전통적 마케팅 시스템: 제조업자가 독립적인 유통업자인 도매 기관과 소매 기관을 통해 상품을 유통시키는 일반적인 유통 방법을 의미한다.

② 수직적 마케팅 시스템(VMS; Vertical Marketing System): 생산에서 소비에 이르기까지의 유통 과정을 체계적으로 통합하고 조정하여 하나의 통합된 체제를 유지하는 것을 의미한다. 이는 중앙 통제적 조직 구조를 가지며 유통경로를 전문적으로 관리하고 규모의 경제를 실행할 수 있으며 경로 구성원 간의 조정을 기할 수 있는 시스템이다.

㉠ 수직적 마케팅 시스템의 형태

• 회사형(기업형) 시스템(Corporate system): 유통경로상의 한 구성원이 다음 단계의 경로 구성원을 소유 · 지배하는 형태이다.

• 계약형 시스템(Contractual system): 수직적 유통 시스템 중 가장 일반적인 형태로, 유통경로상의 상이한 단계에 있는 독립적인 유통 기관들이 상호 경제적인 이익을 달성하기 위하여 계약을 기초로 통합하는 형태이다.

‒ 도매상 후원 자유 연쇄점: 도매상이 후원하여 다수의 소매상들이 계약으로 연합하여 수직 통합하는 형태이다.

‒ 소매상 협동조합: 소매상들이 협동조합 같은 임의 조직을 결성하여 공동으로 구매, 광고, 판촉 활동 등을 하다가 최종적으로 도매 활동이나 소매 활동을 하는 기구로 수직 통합하는 형태이다.

‒ 프랜차이즈 시스템(Franchise system): 모회사나 본부가 가맹점에게 특정 지역에서 일정 기

간 동안 제품, 서비스, 상표, 상호, 노하우 및 기타 기업 운영 방식을 사용하여 영업할 수 있는 권리를 부여하고 그 대가로 로열티를 받는 시스템을 말한다.

- 관리형 시스템(Administrative system): 경로 리더에 의해 생산 및 유통 단계가 통합되는 형태로, 일반적으로 경로 구성원들이 상이한 목표를 가지고 있어 이를 조정 · 통제하는 일이 어렵다.

※ 관리형 시스템, 계약형 시스템, 회사형 시스템의 순으로 통합도가 낮다.

③ 수평적 마케팅 시스템(HMS; Horizontal Marketing System): 동일한 경로 단계에 있는 두 개 이상의 기업이 대등한 입장에서 자원과 프로그램을 결합하여 일종의 연맹체를 구성하고 공생 · 공영하는 시스템을 의미하며 공생적 마케팅(Symbiotic marketing)이라고도 한다.

④ 복수 마케팅 시스템(MMS; Multichannel Marketing System): 상이한 두 개 이상의 유통경로를 채택하는 것이다.

(2) 유통경로 전략

① 제1단계 – 유통 범위(Coverage)의 결정

전략 구분	의미	특징
개방적(집약적) 유통경로	자사의 제품을 누구나 취급할 수 있도록 개방함	• 소매상이 많음 • 소비자에게 제품의 노출 최대화 • 유통 비용의 증가 • 체인화의 어려움 • 식품, 일용품 등 편의품에 적용
전속적 유통경로	자사의 제품을 취급할 수 있는 독점적 권한을 중간상들에게 부여함	• 소매상 또는 도매상에 대한 통제 가능 • 긴밀한 협조 체제 형성 • 유통 비용의 감소 • 제품 이미지 제고 및 유지 가능 • 귀금속, 자동차, 고급 의류 등 고가품에 적용
선택적 유통경로	개방적 유통경로와 전속적 유통경로의 중간 형태로, 일정 지역에서 일정 수준 이상의 자격 요건을 지닌 소매점에만 자사 제품을 취급하도록 함	• 개방적 유통경로에 비해 소매상의 수가 적어 유통 비용의 절감 효과 • 전속적 유통경로에 비해 제품 노출 확대 • 의류, 가구, 가전제품 등에 적용

※ 일반적으로 개방적 유통경로 전략은 편의품일 때, 전속적 유통경로 전략은 전문품일 때, 그리고 선택적 유통경로 전략은 선매품일 때 주로 사용된다.

② 제2단계 – 유통경로의 길이 결정

영향 요인	긴 경로	짧은 경로
제품 특성	• 표준화된 경량품, 비부패성 상품 • 기술적 단순성	• 비표준화된 중량품, 부패성 상품 • 기술적 복잡성
수요 특성	• 구매 단위가 작음 • 구매 빈도 높고 규칙적 • 편의품	• 구매 단위가 큼 • 구매 빈도가 낮고 비규칙적 • 전문품
공급 특성	• 생산자 수 많음 • 자유로운 진입과 탈퇴 • 지역적 분산 생산	• 생산자 수가 적음 • 제한적 진입과 탈퇴 • 지역적 집중 생산
유통 비용 구조	장기적으로 안정	장기적으로 불안정 → 최적화 추구

③ 제3단계 - 통제 수준의 결정: 유통경로에 대한 통제 수준이 높을수록 유통경로에 대한 수직적 통합의 정도가 강화되어 기업이 소유하게 되며, 통제 수준이 최저가 되는 경우에는 독립적인 중간상을 이용하게 된다. 또한 양자 사이에는 프랜차이즈나 계약 또는 합자의 방식으로 이루어지는 유사 통합이 있다.

(3) 물적 유통 관리(물류 관리) 중요

① 물류 관리의 원칙

㉠ 3S 1L 원칙: 신속하게(Speedy), 안전하게(Safely), 확실하게(Surely), 저렴하게(Lowly)

㉡ 7R 원칙: 적절한 상품(Right commodity), 적절한 품질(Right quality), 적절한 양(Right quantity), 적절한 시간(Right time), 적절한 장소(Right place), 좋은 인상(Right impression), 적절한 가격(Right price)

② 물적 유통의 목적: 물적 유통 비용의 최소화, 소비자에 대한 서비스의 극대화

CHECK POINT

유통경로 설정 시 갈등 유형

수평적 경로 갈등	유통경로 상 동일한 수준(단계)의 구성원들 간의 갈등
수직적 경로 갈등	유통경로 상 서로 다른 수준(단계)의 구성원들 간의 갈등
경로 형태 간 갈등	각기 다른 유통경로의 구성원들 간의 갈등

---

04 촉진 전략 수립하기

1. 촉진 전략

(1) 촉진의 의의

판매 활동을 원활하게 하며, 매출액을 증대시키기 위하여 실시하는 모든 마케팅 활동을 통틀어 촉진이라 할 수 있으며, 세부적으로 광고, 판매촉진, 인적 판매, 홍보로 구분할 수 있다.

(2) 촉진 전략의 활용 수단 중요

① 광고: 기업이나 개인, 단체가 상품·서비스·이념·정책 등을 목표시장이나 일반 청중들에게 알리고 설득하기 위해서 비용을 지불하고 구입한 대중 매체의 시간이나 공간상에서 유용한 정보를 제공하거나 설득하기 위한 메시지를 전달하는 모든 행위이다.

② 판매촉진: 인적 판매, 홍보, 광고 등을 제외한 활동으로 고객의 구매나 유통업자의 효율성을 높이기 위한 마케팅 활동이다.

㉠ 판매촉진의 유형

• 소비자 판매촉진: 제조업자가 소비자에게

예 샘플링, 쿠폰, 사은품, 경연과 추첨, 보너스 팩, 가격 할인, 환불 등

- 중간상 판매촉진: 제조업자가 중간 상인에게
  - **예** 중간상 할인(구매 할인, 판매촉진 지원금, 제품 진열 보조금), 협동 광고, 교육훈련 프로그램 등
- 소매상 판매촉진: 소매업자가 소비자에게 **예** 가격 할인, 소매점 쿠폰, 특수 진열, 소매점 광고 등

© 판매촉진의 방안

구분	쿠폰	프리미엄	끼워 팔기	샘플	가격 할인
지각된 위험 감소	뛰어남	미약	미약	좋음	뛰어남
상품 자산 구축	미약	좋음	뛰어남	미약	미약
구매 가능성 증대	뛰어남	미약	좋음	좋음	뛰어남
긍정적 구전 자극	미약	좋음	미약	좋음	미약

③ 인적 판매: 고객과 직접적인 접촉을 통하여 기업의 제품과 서비스에 대한 정보를 제공하고, 설득하는 커뮤니케이션 활동이다.

④ 홍보: 방송이나 인쇄 매체를 통하여 기업이나 상품 또는 서비스에 관한 사실을 객관적인 입장에서 기사화하여 알리는 방법이다.

2. 촉진 전략의 관리

(1) 풀(Pull) 전략

① **개념**: 제조업자가 최종 구매자들을 대상으로 하여 주로 광고와 PR 등의 판매촉진 수단을 동원하여 촉진 활동을 하는 것이다.

② **목표**: 최종 구매자들이 자사의 상품을 찾게 함으로써 결국 유통업자들이 그 상품을 취급하게 하는 데에 있다.

③ 최종 구매자들이 브랜드 애호도가 높고, 고관여 상품에 적합하다.

(2) 푸시(Push) 전략 **중요**

① **개념**: 제조업자가 유통업자들을 대상으로 주로 판매촉진과 인적 판매 수단들을 동원하여 촉진 활동을 하는 것이다.

② **목표**: 유통업자들로 하여금 자사 상품을 많이 취급하도록 하고, 최종 구매자들에게 적극적으로 권하도록 만드는 데에 있다.

③ 최종 구매자들의 브랜드 애호도가 낮고, 브랜드 선택이 점포 안에서 이루어지며, 충동구매가 잦은 상품에 적합하다.

실제 기출문제를 토대로, 출제될만한 내용을 분석하여 출제예상문제를 수록하였습니다. 실제 시험이라 생각하고 연습해 보세요. 답안을 영어 단어로 쓸 경우 철자를 정확하게 써야 하는 것도 잊지 마세요!

01　다음은 제품수명주기의 내용이다. 어떤 주기에 대한 내용인지 쓰시오.

> • 판매가 절정에 이르렀다가 감소를 시작하며, 도입기나 성장기보다 오랫동안 지속된다.
> • 많은 잠재 고객 혹은 참가자가 이미 그 제품이나 프로그램을 구매했을 뿐 아니라 경쟁이 치열해져서 증가율이 떨어지는 시기이다.
> • 제품 원가가 가장 낮으며, 제품 가격의 인하와 판매촉진비의 증대로 이익은 성장기보다 하락한다.

02　코틀러의 제품의 세 가지 수준은 무엇인지 쓰시오.

03　소비재를 소비자의 구매 습관에 의해 분류할 때 다음 내용이 해당하는 소비재는 무엇인지 쓰시오.

> • 구매 전 지식이 부족하여 여러 상품을 비교 · 검토해서 구매하는 성향이 높다.
> • 자신의 사회적 · 재정적 측면을 잘 나타낼 수 있는 상품을 구매하는 성향이 강하다.
> • 상점들이 서로 인접해 하나의 상가에서 인적 판매를 하는 경향이 크다.
> • 대표적 상품으로 겉옷, 주요 가전제품, 가구 등이 있다.

04 라인 확장에 대해 설명하고 그 종류를 두 가지 쓰시오.

05 판매업자가 모든 구매자를 대상으로 하나의 제품을 대량 생산하여 대량 유통하고, 대량 촉진하는 형태의 마케팅은 무엇인지 쓰시오.

06 네티즌 간의 구전 효과를 이용한 판촉 기법으로 인터넷 이용자들 사이에 확산 효과를 노린 마케팅은 무엇인지 쓰시오.

정답★해설

01 성숙기

02 • 핵심 제품
  • 실체(유형) 제품
  • 확장(포괄) 제품

03 선매품

04 • 라인 확장: 새로운 제품에 기존 브랜드명을 적용하는 전략으로, 기존 고객의 사용량을 증가시키기 위한 목적을 가진다.
  • 라인 확장의 종류: 수평적 라인 확장 전략, 수직적 라인 확장 전략

05 매스(대량) 마케팅

06 바이러스 마케팅

07 제품과 서비스의 차이를 세 가지 쓰시오.

08 기업의 가격결정에 영향을 주는 요인으로 기업의 내부 요인과 외부 요인을 각각 세 가지씩 쓰시오.

09 가격 정책 중 저가 전략의 조건 세 가지를 쓰시오.

10 가격 차별화의 전제 조건 세 가지를 쓰시오.

11 가격결정 방법 중 다음에서 설명하는 가격결정법은 무엇인지 쓰시오.

> 구매자가 가격으로 품질을 평가하는 경향이 강한 비교적 고급 품목에 대하여 가격을 결정하는 방법이다.

12 중간상의 개입으로 거래의 총량이 감소하게 되어 제조업자와 소비자 양자에게 실질적인 비용 감소를 제공한다는 원칙은 무엇인지 쓰시오.

정답★해설

07 • 제품은 고객이 가격을 지불할 준비가 된 자재 항목이지만, 서비스는 타인이 제공하는 편의 시설, 혜택 또는 시설이다.
• 제품은 유형의 상품이고, 서비스는 무형의 상품이다.
• 제품은 판매자와 구별되지만, 서비스는 서비스 제공 업체와 분리할 수 없다.
• 제품은 생산 후 거래되고 소모되지만, 서비스는 생산과 동시에 소비된다.

08 • 내부 요인: 마케팅 목표, 마케팅믹스 전략, 원가, 조직의 특성, 기업의 가격 정책
• 외부 요인: 수요 상황, 경쟁자의 상황, 법적 · 제도적 요인

09 • 시장 수요의 가격 탄력성이 높을 때
• 시장에 경쟁자의 수가 많을 것으로 예상될 때
• 소비자의 본원적인 수요를 자극하고자 할 때
• 원가 우위를 확보하고 있어 경쟁 기업이 자사 제품의 가격만큼 낮추기 힘들 때
• 가격 경쟁력이 있을 때

10 • 경쟁사들이 더 낮은 가격으로 판매할 수 없어야 한다.
• 세분된 시장별 수요의 강도가 달라야 한다.
• 가격세분화로 인한 수익이 비용보다 커야 한다.
• 정부의 규제(법적 · 제도적인 요인)에 따라 불법적인 형태가 아니어야 한다.
• 세분시장에서 저가격에 사서 다른 곳에서 고가격에 판매할 수 없어야 한다.
• 가격세분화로 인하여 고객의 불만족한 감정이 유발되지 않아야 한다.

11 명성 가격결정법

12 총거래수 최소화의 원칙

13 수직적 마케팅 시스템(VMS; Vertical Marketing System)의 형태를 세 가지 쓰시오.

14 물류 관리의 원칙 중 3S 1L 원칙에 대해 간략하게 설명하시오.

15 판매촉진이 무엇인지 간략하게 설명하시오.

16 판매촉진의 유형 중 다음 내용은 어떤 유형에 속하는지 〈보기〉에서 찾아 쓰시오.

> • 제조업자가 중간 상인에게 진행하는 판매촉진이다.
> • **예** 중간상 할인(구매 할인, 판매촉진 지원금, 제품 진열 보조금), 협동 광고, 교육훈련 프로그램 등

---〈보기〉---
소비자 판매촉진   중간상 판매촉진   소매상 판매촉진

17 고객과의 직접적인 접촉을 통해 기업의 제품과 서비스를 홍보하는 판매 방식을 무엇이라고 하는지 쓰시오.

18 신제품이 시장에 도입되어 쇠퇴할 때까지의 기간을 말하는 것은 무엇인지 쓰시오.

19 산업재 중 완제품 생산에 투입되지 않고 공장이나 기업의 운영에 사용되는 소모성 물품은 무엇인지 쓰시오.

정답★해설

13 · 회사형 시스템
· 계약형 시스템
· 관리형 시스템

14 물류 관리의 원칙으로 '신속하게(Speedy), 안전하게(Safely), 확실하게(Surely), 저렴하게(Lowly)'를 의미한다.

15 인적 판매, 홍보, 광고 등을 제외한 활동으로 고객의 구매나 유통업자의 효율성을 높이기 위한 마케팅 활동이다.

16 중간상 판매촉진

17 인적 판매

18 제품수명주기

19 소모품

20 다음과 같은 특징을 가지는 가격의 종류는 무엇인지 쓰시오.

> - 소비자들이 제품 구입 시 적정하다고 생각하는 가격을 의미한다.
> - 소비자들은 제품의 가격이 이 가격보다 높으면 비싸다고 인지하고, 낮으면 싸다고 인지하므로 소비자들이 이 가격을 가능한 한 높게 설정하도록 유도하는 것이 좋다.

21 매출액이나 생산량의 증감에 관계없이 일정하게 고정적으로 발생하는 비용과 제품의 생산량 증감에 따라 원가가 증감하는 비용은 무엇인지 각각 쓰시오.

정답★해설

20 준거 가격

21 • 고정비
      • 변동비

PART 3

10개년 기출문제
모아 보기

기출문제로 중요한 부분 반복 학습하기!

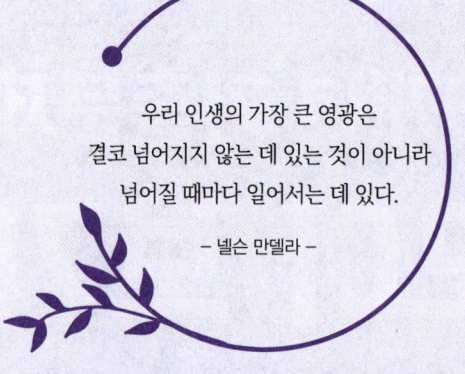

우리 인생의 가장 큰 영광은
결코 넘어지지 않는 데 있는 것이 아니라
넘어질 때마다 일어서는 데 있다.

- 넬슨 만델라 -

※ 실제 시험에 나왔던 기출문제들입니다. 문제가 주어졌을 때 얼마나 빨리 풀 수 있을지, 문제의 유형은 어떤 식으로 출제되고 있는지 확인해 보세요.

※ ★표로 표시한 문제는 2회 이상 출제된 문제이므로 반드시 익히고 넘어가도록 합니다.

★

01 소비자의 구매 습관에 의한 소비재 분류에 따르면, 제품에 대하여 완전한 지식이 있어 최소한의 노력으로 빠르고 쉽게 적합한 제품을 구매하는 구매의 편의성이 높은 소비재는 무엇인지 쓰시오.

★

02 다음 내용은 무엇에 대한 설명인지 쓰시오.

중간상이 개입하게 되면 거래의 총량이 감소하여 제조업자와 소비자 양자에게 실질적인 비용 감소를 제공할 수 있다. 즉, 중간상의 개입으로 제조업자와 소비자 사이의 거래가 보다 효율적으로 이루어지므로 중간상의 개입이 정당화될 수 있다는 논리이다.

★
03 고객 지향적 기업들은 고객과 접촉하는 모든 가능한 시점에서 정보를 수집하려고 노력한다. 기업이 고객의 정보를 수집할 수 있는 접촉 시점 세 가지를 쓰시오.

....

★
04 포지셔닝 전략 유형을 두 가지 쓰고 각 유형의 특징을 쓰시오.

....

05 다음은 마케팅 개념 단계이다. 빈칸 A와 B에 들어갈 말을 쓰시오.

생산 개념 → (A) → 판매 개념 → (B) → 사회적 개념

....

★
06 다음 내용에서 빈칸 A~C에 들어갈 말을 쓰시오.음 내용에서 빈칸 A~C에 들어갈 말을 쓰시오.

> CRM은 시장 점유율보다 (A)에, 고객 획득보다 (B)에, 제품 판매보다 (C)에 중점을 둔다.

★
07 마케팅 전략 중 촉진 전략의 주요 수단 네 가지를 쓰시오.

★
08 확률표본추출방법의 종류 세 가지를 쓰시오.

★
09 기존 고객 리스트에서 상품 판매 목적에 맞는 우량 고객만을 선별하는 작업을 무엇이라고 하는지 쓰시오.

★
10 고객생애가치(LTV)에 영향을 끼치는 요인 네 가지를 쓰시오.

★
11 성과 목표 설정 시 중요한 고려 사항으로서, SMART가 의미하는 다섯 가지 요소는 무엇인지 쓰시오.

★
12 RFM에 대하여 설명하시오.

13 다음 질문 문항의 문제점을 쓰시오.

> 환경부에 따르면 쓰레기 분리수거를 하면 자원 재활용에 상당한 도움을 줄 수 있다고 합니다. 이러한 상황을 고려할 때 귀하는 쓰레기 분리수거에 찬성하십니까? 아니면 반대하십니까?
> ⓐ 예　　　　　　　　　ⓑ 아니요　　　　　　　　　ⓒ 잘 모르겠다

★
14 넓은 의미에서 고객을 분류할 때 내부 고객과 외부 고객으로 분류할 수 있다. 내부 고객과 외부 고객에 대해 설명하시오.

15 다음은 설문조사 시 조사의 순서이다. 빈칸 A와 B에 들어갈 말을 쓰시오.

(A) → (B) → 본조사

★
16 고객의 다양한 답변을 얻어내지 못하고, 한정된 답변만을 얻어낼 수 있지만 고객이 응답하기 편리한 질문 유형은 무엇인지 쓰시오.

17 저가격 정책이 유리한 경우 두 가지를 쓰시오.

01
편의품

02
총거래수 최소화의 원칙

03
- 고객이 회원가입 카드를 작성할 때
- 고객이 홈페이지에서 회원가입을 할 때
- 고객이 기업의 이벤트에 참여할 때
- 고객이 예약 및 구매를 위해 콜센터에 접촉할 때
- 니즈 파악을 위해 시장조사를 할 때

04
- 가격과 제품 속성에 의한 포지셔닝: 어떤 제품을 속성, 특징이나 고객의 편익, 경제성과 관련짓는 것으로 가장 자주 사용되는 포지셔닝 방법
- 이미지 포지셔닝: 제품의 추상적인 편익으로써 소구하는 포지셔닝 방법
  예 보석, 고급 브랜드의 의류, 구두, 화장품 등
- 사용 상황 포지셔닝: 제품이 적절히 사용될 수 있는 상황을 묘사하는 포지셔닝 방법
  예 이온음료 등 특정 기능을 강조하고자 하는 제품군
- 제품 사용자 포지셔닝: 표적(목표)시장 내의 전형적 소비자를 겨냥하여 자사 제품이 그들에게 적절한 제품이라고 소구하는 포지셔닝 방법
- 경쟁 제품 포지셔닝: 소비자의 지각 속에 자리 잡고 있는 경쟁 제품과 묵시적으로 비교함으로써 자기 제품의 편익을 부각시키는 포지셔닝 방법

05
A: 제품 개념, B: 마케팅 개념

06
A: 고객 점유율, B: 고객 유지, C: 고객 관계

07
- 홍보
- 광고
- 인적 판매
- 판매촉진

08
- 단순무작위표본추출방법
- 층화표본추출방법
- 군집표본추출방법
- 계통표본추출방법

09
리스트 스크리닝(List screening)

10
- 고객 반응률
- 고객 신뢰도
- 고객 기여도
- 고객 성장률

11
- S(Specific): 구체적이어야 한다.
- M(Measurable): 측정할 수 있어야 한다.
- A(Achievable, Attainable): 달성가능한 지표여야 한다.
- R(Result-oriented): 전략 과제를 통해 구체적으로 달성하는 결과물이어야 한다.
- T(Timely, Time-bound): 일정한 시간 내에 달성 여부를 확인할 수 있어야 한다.

12
고객의 성향을 분석하여 고객의 등급을 계산하는 점수 기준으로, 고객이 얼마나 최근에 구입했는가(Recency), 제품 또는 서비스를 얼마나 자주 구매하는가(Frequency), 고객이 구매한 총금액이 얼마인가(Monetary)를 나타낸다.

13

조사자의 가치 판단을 배제하고 중립적인 질문이 되도록 해야 한다.

14

• 내부 고객: 함께 일하면서 만나는 기업 내부의 사람들이다.
  예 종업원
• 외부 고객: 기업 외부에서 부딪히는 고객이다.
  예 거래처, 하청업체, 협력업체

15

A: 예비조사, B: 사전조사

해설

• 예비조사: 효과적인 표본 설계를 위해서 사전 정보와 실제 조사의 조사 비용에 대한 정보를 얻기 위한 것으로, 자료 수집을 하는 현장의 특성 및 표본에 대한 기초적인 지식을 습득한다. 비표준화된 인터뷰를 통해 질문지 설계의 기초 자료로 삼는다.
• 사전조사: 본조사가 시행되기 전 간이조사를 실시하는 것으로, 설문지의 문제점 및 적합성을 확인하기 위한 절차이다.

16

폐쇄형 질문

17

• 시장 수요의 가격 탄력성이 높을 때
• 시장에 경쟁자의 수가 많을 것으로 예상될 때
• 소비자들의 본원적인 수요를 자극하고자 할 때
• 원가 우위를 확보하고 있어 경쟁 기업이 자사 제품의 가격만큼 낮추기 힘들 때
• 가격 경쟁력이 있을 때

※ 실제 시험에 나왔던 기출문제들입니다. 문제가 주어졌을 때 얼마나 빨리 풀 수 있을지, 문제의 유형은 어떤 식으로 출제되고 있는지 확인해 보세요.

※ ★표로 표시한 문제는 2회 이상 출제된 문제이므로 반드시 익히고 넘어가도록 합니다.

★
01 CRM의 특징 세 가지를 쓰시오.

★
02 포지셔닝 전략 세 가지와 그 특징을 쓰시오.

★
03 전화조사법의 장점 다섯 가지를 쓰시오.

04 설문지를 작성한 뒤, 소수의 응답자를 대상으로 조사를 실시하여 설문지의 개선점을 찾아내는 조사를 무엇인지 쓰시오.

05 초기에 고가격을 취하다가 연속적으로 가격을 인하시키는 가격 정책을 (A), 어떤 시장을 선점하기 위해 저가격을 설정함으로써 시장을 확보하려는 정책을 (B)(이)라고 한다. 빈칸 A와 B에 들어갈 말은 무엇인지 쓰시오.

★
06 기존 고객 리스트에서 우량 고객만을 선별하는 작업을 무엇이라고 하는지 쓰시오.

★
07 둘 또는 그 이상의 기업이 같이 하는 판촉 기법으로, 두 기업에서 동시에 이용할 수 있는 쿠폰이나 리베이트 판매촉진 수단 등이 있다. 이것을 무엇이라고 하는지 쓰시오.

★
08 마케터가 시장을 세분화할 때 고려해야 할 네 가지를 쓰시오.

★
09 다음은 판매촉진 방안에 대한 표이다. 빈칸 A~E에 알맞은 말을 쓰시오. (단, '미약, 좋음, 뛰어남' 중에서 골라서 쓸 것)

구분	쿠폰	프리미엄	끼워 팔기	샘플	가격 할인
지각된 위험 감소	(A)	미약	미약	(D)	뛰어남
상품 자산 구축	미약	(B)	뛰어남	미약	미약
구매 가능성 증대	뛰어남	미약	좋음	좋음	(E)
긍정적 구전 자극	미약	좋음	(C)	좋음	미약

★
10 내부 마케팅과 상호작용 마케팅에 대해 서술하시오.

★
11 80:20 법칙에 대해 설명하시오.

★
12 기업이 고객의 정보를 수집하는 접촉 시점 다섯 가지를 쓰시오.

13 CRM 시스템 분류 유형 세 가지를 쓰시오.

★
14 자료 수집방법 중 집단조사의 장단점을 두 가지씩 쓰시오.

15 측정 오차를 줄이는 방법을 다섯 가지 쓰시오.

★
16 응답 형태 중 자유응답형의 장단점을 두 가지씩 쓰시오.

01
- 고객과의 관계를 관리하는 데에 초점을 맞추는 고객 지향적, 고객 중심적인 마케팅 전략이다.
- 장기적으로 고객과의 관계를 유지함으로써 지속적인 기업의 이윤을 추구한다.
- 기업과 고객 사이의 신뢰를 쌓고 고객과 평생 동안 거래를 하고자 한다.
- 고객 맞춤형 마케팅 전략을 구사할 수 있다.
- 고객의 요구사항을 자세히 파악할 수 있고 더욱 능동적으로 대처할 수 있다.
- 고객관계 관리에 연관된 모든 부분이 고객관계 관리를 수행하는 데 적합하도록 통합이 이뤄져야 한다.

02
- 가격과 제품 속성에 의한 포지셔닝: 어떤 제품을 속성, 특징이나 고객의 편익, 경제성과 관련짓는 것으로 가장 자주 사용되는 포지셔닝 방법
- 이미지 포지셔닝: 제품의 추상적인 편익으로써 소구하는 포지셔닝 방법
  - 예 보석, 고급 브랜드의 의류, 구두, 화장품 등
- 사용 상황 포지셔닝: 제품이 적절히 사용될 수 있는 상황을 묘사하는 포지셔닝 방법
  - 예 이온음료, 특정 기능을 강조하고자 하는 제품군
- 제품 사용자 포지셔닝: 표적(목표)시장 내의 전형적 소비자를 겨냥하여 자사 제품이 그들에게 적절한 제품이라고 소구하는 포지셔닝 방법
- 경쟁 제품 포지셔닝: 소비자의 지각 속에 자리 잡고 있는 경쟁 제품과 묵시적으로 비교함으로써 자기 제품의 편익을 부각시키는 포지셔닝 방법

03
- 비용이 적게 든다.
- 신속한 조사가 가능하다.
- 우편조사에 비해 응답률이 높다.
- 거리 제약이 없다.
- 조사자의 편견을 통제할 수 있다.
- 면접 기피자에게도 조사가 가능하다.

04
사전조사

05
A: 초기고가격 정책, B: 시장침투가격 정책

06
리스트 스크리닝(List screening)

07
심비오틱 마케팅

해설 **심비오틱 마케팅**

두 개 이상의 독립된 기업이 제품 개발, 시장 개척, 경로 개발, 판매원 등 마케팅으로 계획과 자원을 공동으로 추진하고 활용함으로써 기업이 개별적으로 하기 어려운 것을 공동으로 하는 데서 이익을 얻고, 마케팅 문제를 보다 쉽게 해결하며 마케팅 관리를 효율적으로 수행하기 위한 것이다.

08
- 내부적 동질성과 외부적 이질성
- 측정 가능성
- 접근 가능성
- 경제성(실질성, 유지 가능성)
- 행동 가능성
- 유효 정당성

09
A: 뛰어남, B: 좋음, C: 미약, D: 좋음, E: 뛰어남

10
- 내부 마케팅: 기업의 내부 고객인 종업원들의 요구와 욕구를 충족시켜 동기를 부여하고, 종업원의 의욕과 애사심을 고취시켜 기업의 목표를 효과적으로 달성할 수 있다. 이를 통해 일반 소비자의 만족으로 이어질 수 있도록 하는 마케팅이다.
- 상호작용 마케팅: 고객과 기업의 최접점인 종업원이 만나는 시점으로, 접점 마케팅이라고도 한다. 종업원의 태도로 고객 만족을 유도하여 매출을 향상시키는 마케팅이다.

11

이탈리아 경제학자 파레토가 발견한 법칙으로 '전체 결과의 80%는 20%의 원인에서 비롯된다'는 의미이다. 구성원의 20%로 80%의 업무를 하고 있으며, 상위 20%가 전체 80%의 부를 축적하고 있는 현상을 말한다. 기업의 상품 중 20%의 대표 상품이 전체의 80%에 해당하는 매출을 올리고, 20%의 소비자가 전체 매출의 80%를 차지하는 현상 등을 의미한다.

12

- 고객이 회원가입 카드를 작성할 때
- 고객이 홈페이지에서 회원가입을 할 때
- 고객이 기업의 이벤트에 참여할 때
- 고객이 예약 및 구매를 위해 콜센터에 접촉할 때
- 니즈 파악을 위해 시장조사를 할 때
- 제휴사의 정보, 고객 클레임을 접수할 때
- 제품 A/S를 신청할 때
- 만족도 조사 또는 해피콜을 위해 접촉할 때

13

- 분석 CRM
- 운영 CRM
- 협업 CRM

해설
- 분석(Analytical) CRM: 영업 · 마케팅 · 서비스 측면에서 고객정보를 활용하기 위해 고객 데이터를 추출 · 분석하는 시스템이다.
- 운영(Operational) CRM: CRM의 구체적인 실행을 지원하는 시스템이다.
- 협업(Collaborative) CRM: E-CRM이라고도 하며, 분석과 운영 시스템의 통합을 의미한다.

14

- 장점
  - 개인 면접조사법에 비해 비용이 적게 든다.
  - 조사가 간편하고, 조사원의 수를 줄일 수 있다.
  - 응답자들과 동시에 직접 대화할 기회가 있어 질문지에 대한 오류를 줄일 수 있다.
  - 조사에 대한 설명이나 조사의 조건을 똑같이 할 수 있다. 즉, 조사 조건을 표준화할 수 있다.
- 단점
  - 응답자들을 한곳에 집합시키는 것이 쉽지 않다.
  - 응답자들의 개인별 차이를 무시함으로써 조사 자체의 타당성이 낮아지기 쉽다.
  - 응답자들끼리 다른 사람의 영향을 받을 가능성이 있다.
  - 판단표본추출에 의한 대상이므로 응답자들이 모집단을 적절하게 대표할 수 없다.
  - 피조사자에게 일당이나 교통비를 지불해야 할 경우 비용이 많이 든다.
  - 질문지에 잘못 기입하는 경우 오기를 시정하기 어렵다.

- 질문이 개인적인 문제이거나 비정상적인 문제이면 중립적인 응답의 가능성이 있다.
- 다른 곳에 조사 결과가 이용될 것이라고 인식하여 왜곡된 응답이 나올 가능성이 있다.

15

- 측정 항목을 늘린다.
- 측정 항목의 모호성을 제거한다.
- 중요한 질문의 경우 동일하거나 유사한 질문을 2회 이상 한다.
- 성의가 없거나 일관성이 없는 응답은 조사에서 제외한다.
- 조사 대상자가 잘 모르거나 전혀 관심이 없는 내용은 측정하지 않는다.
- 설문지의 문항별 설명을 명확히 하여 응답자별로 해석상의 차이가 발생하지 않도록 한다.
- 조사원들에 대한 교육을 강화하여 설문을 명확히 이해하도록 하고, 질문 방식 등을 표준화한다.

16

- 장점
  - 정확한 답변을 얻을 수 있다.
  - 응답자의 가능한 의견을 모두 얻을 수 있다.
  - 소규모 조사에 유용하다.
- 단점
  - 응답의 개인 편차가 심하다.
  - 자료 처리를 위한 코딩이 어렵다.
  - 오류가 발생할 가능성이 있다.
  - 응답자가 너무 간단하게 대답할 수 있다.
  - 응답자가 부담이 커서 거절하기 쉽다.

※ 실제 시험에 나왔던 기출문제들입니다. 문제가 주어졌을 때 얼마나 빨리 풀 수 있을지, 문제의 유형은 어떤 식으로 출제되고 있는지 확인해 보세요.
※ ★표로 표시한 문제는 2회 이상 출제된 문제이므로 반드시 익히고 넘어가도록 합니다.

★
01 고객 구매행동 모델로 최근 구매일, 구매 빈도, 구매 금액에 대한 고객의 거래 속성을 분석하고, 마케팅에 활용하는 이것을 무엇이라 하는지 쓰시오.

★
02 다음 자동차 구매 매트릭스에서 보완적 평가 모형을 통해 평가할 때 계산 과정과 최종적으로 선택할 차종을 쓰시오.

구분	속성(가중치)			
	가격(40)	연비(30)	사후 관리(20)	옵션(10)
A 자동차	6	7	9	8
B 자동차	9	6	8	9
C 자동차	6	8	7	7
D 자동차	7	6	10	7

★
03 응답 형태 중 자유응답형의 장점과 단점을 두 가지씩 쓰시오.

★
04 고객 유형에 대해 서술하시오.

• 가망 고객:
• 신규 고객:
• 기존 고객:
• 핵심 고객:
• 이탈 고객:

★
05 AIO는 소비자의 라이프스타일을 분석하는 방법이다. 각 글자가 무엇을 의미하는지 쓰시오.

★
06 고객생애가치(LTV)에 영향을 미치는 요소 네 가지를 쓰시오.

★
07 마케팅 관리를 위한 기본 요소인 마케팅믹스 4P 중 촉진 전략의 활용 수단 네 가지를 쓰시오.

★
08 CRM의 발전 단계를 CRM 도입 준비, CRM 도입, CRM 확산, CRM 통합의 4단계로 구분할 때 CRM 시스템 구축과 기업 전략을 중심으로 고객을 관리하는 단계는 무엇인지 쓰시오.

★
09 텔레마케팅에서 스크립트가 중요한 이유를 세 가지 쓰시오.

10 유통경로는 제품이나 서비스가 생산자로부터 소비자에 이르기까지 거치게 되는 통로를 말한다. 유통 범위를 결정할 때의 유통경로 세 가지를 쓰시오.

11 코딩(Coding)이란 무엇인지 쓰시오.

★
12 재포지셔닝을 필요로 하는 상황을 다섯 가지 쓰시오.

★
13 질문 조사에서 설문지를 작성할 때 응답 형태의 종류 세 가지를 쓰시오.

14 제품의 수명주기 단계 중 성장기의 특징과 전략을 두 가지씩 쓰시오.

★

15 축적된 고객 관련 데이터에 숨겨진 규칙이나 패턴을 찾아내는 데이터 분석 기법은 무엇인지 쓰시오.

★

16 고객 데이터와 정보를 분석 및 통합하여 개별 고객의 특성에 기초한 마케팅 활동을 계획, 지원, 평가하는 과정은 무엇인지 쓰시오.

★

17 2차 자료란 무엇인지 쓰시오.

★

18 푸시(Push) 전략이란 무엇인지 쓰시오.

01
RFM 분석

02
선택 차종: B 자동차

해설
- A 자동차: $6 \times 40\% + 7 \times 30\% + 9 \times 20\% + 8 \times 10\%$
  $= 2.4 + 2.1 + 1.8 + 0.8 = 7.1$
- B 자동차: $9 \times 40\% + 6 \times 30\% + 8 \times 20\% + 9 \times 10\%$
  $= 3.6 + 1.8 + 1.6 + 0.9 = 7.9$
- C 자동차: $6 \times 40\% + 8 \times 30\% + 7 \times 20\% + 7 \times 10\%$
  $= 2.4 + 2.4 + 1.4 + 0.7 = 6.9$
- D 자동차: $7 \times 40\% + 6 \times 30\% + 10 \times 20\% + 7 \times 10\%$
  $= 2.8 + 1.8 + 2 + 0.7 = 7.3$

03
- 장점
  - 정확한 답변을 얻을 수 있다.
  - 응답자에게서 가능한 의견을 모두 얻을 수 있다.
  - 소규모 조사에 유용하다.
- 단점
  - 자료 처리를 위한 코딩이 어렵다.
  - 응답의 개인 편차가 심하다.
  - 오류가 발생할 가능성이 있다.
  - 응답자가 너무 간단하게 대답할 수 있다.
  - 응답자가 부담이 커서 거절하기 쉽다.

04
- 가망 고객: 아직 첫 거래는 하지 않은 상태이나 상품 구입 가능성이 높거나 스스로 정보를 요구하는 유망 고객(예상 고객)
- 신규 고객: 유망 고객 중에서 상품을 최초로 구입한 고객(최초 구매자)
- 기존 고객: 상품을 반복적으로 구매하는 고객. 반복 구매자
- 핵심 고객: 지속적으로 자사의 상품을 구입할 뿐만 아니라 다른 사람에게 적극적으로 사용을 권유하여 간접적인 광고 효과를 발생시키는 고객(충성 고객)
- 이탈 고객: 자사 제품을 이용하다가 타사 제품으로 전환한 고객

05
- A: 활동(Activity). 주로 활동하는 분야
- I: 관심(Interest). 관심 분야
- O: 의견(Opinion). 사회적, 개인적 가치 및 의견

06
- 고객 반응률
- 고객 신뢰도
- 고객 기여도
- 고객 성장률

07
- 광고
- 홍보
- 판매촉진
- 인적 판매

08
CRM 확산

해설
- CRM 도입 준비: 현황 평가, 기업의 내·외부 환경 평가, 고객 요구 평가, 시장 평가 등
- CRM 도입: CRM 전략 계획 수립, 목표 수립, SWOT 분석, 업무 프로세스 분석, 업무 실행 계획 수립 등
- CRM 확산: CRM 정보시스템 구축, 고객 분석 및 CRM 전술 기획, CRM 프로그램 실행 등
- CRM 통합: 결과 평가 및 개선 방안 도출, 문제점 분석 등

09
- 상담원들이 표준화된 언어 표현과 상담 방법으로 고객을 대할 수 있다.
- 콜센터 내의 생산성 관리를 도와줄 수 있다.
- 상담원들이 고객에게 전화 목적에 대해 효율적으로 전달할 수 있으며, 논리적인 상담을 진행할 수 있다.

10
- 전속적 유통경로
- 개방적 유통경로

- 선택적 유통경로

해설 유통 범위 결정 시 유통경로
- 전속적 유통경로: 일정한 상권 내에 제한된 수의 소매점으로 하여금 자사 상품만을 취급하게 하는 전략
- 개방적 유통경로: 희망하는 소매점이면 누구나 자사의 상품을 취급할 수 있도록 하는 전략
- 선택적 유통경로: 개방적 유통경로와 전속적 유통의 중간 형태로 일정 지역 내에 일정 수준 이상의 이미지, 입지, 경영 능력을 갖춘 소매점을 선별하여 이들에게 자사 제품을 취급하도록 하는 전략

11
자료를 분석할 때 각 항목의 응답에 해당하는 숫자나 기호를 부여하는 과정이다.

12
- 경쟁자의 진입으로 시장 내의 차별적 우위 유지가 힘들어졌을 때
- 기존의 포지션이 진부해져 매력이 상실되었을 때
- 판매 침체로 기존 제품의 매출이 감소되었을 때
- 소비자의 취향이나 욕구가 변화하였을 때
- 시장에서의 위치 등 경쟁 상황의 변화로 전략의 수정이 필요할 때
- 유망한 새로운 시장 적소나 기회가 발견되었을 때

13
- 자유응답형
- 양자택일형
- 다지선다형

14
- 특징
  - 시장 수용이 급속하게 이루어져 판매와 이익이 현저히 증가한다.
  - 모방 제품을 가지고 새로운 경쟁자들이 시장에 진입한다.
  - 시장 점유율 극대화를 위한 최대의 노력을 한다.
- 전략
  - 상표 강화를 통해 시장 점유율을 급속히 확대시킨다.
  - 저가격 전략(시장침투가격)을 사용한다.
  - 자사 제품을 취급하는 점포의 수를 대폭 확대한다.
  - 브랜드 선호도를 개발한다.

15
데이터마이닝(Data mining)

16
CRM

17
다른 조사 목적과 관련하여 조사 내부 혹은 외부의 특정한 조사 주체에 의해 기존에 이미 작성된 자료이다. 신문, 잡지, 정부 통계 자료, 논문 등이 있다.

18
기업이 중간 상인이나 판매자들을 대상으로 인센티브 지급 또는 특별 이벤트 등의 각종 프로모션 역량을 펼쳐 직접적으로 소비자들에게 판매를 권유하는 적극적인 마케팅 전략이다.

※ 실제 시험에 나왔던 기출문제들입니다. 문제가 주어졌을 때 얼마나 빨리 풀 수 있을지, 문제의 유형은 어떤 식으로 출제되고 있는지
  확인해 보세요.

※ ★표로 표시한 문제는 2회 이상 출제된 문제이므로 반드시 익히고 넘어가도록 합니다.

★
01 교차 판매(Cross-selling)에 대하여 설명하시오.

★
02 2차 자료를 정의하고, 그 종류를 세 가지 쓰시오.

★
03 RFM에서 각 글자가 무엇을 뜻하는지 쓰시오.

★
04 가격결정에 영향을 끼치는 요인 다섯 가지를 쓰시오.

★
05 제품수명주기 중 판매가 절정에 이르다가 감소가 시작되는 시기로, 판매량이 평준화되고 매우 강력한 경쟁이 나타나는 것은 어떤 단계에 해당하는지 쓰시오.

★
06 데이터베이스 마케팅의 중요성을 세 가지 쓰시오.

★
07 충성 고객이 기존 고객과 다른 점을 네 가지 쓰시오.

★
08 폐쇄형 질문과 개방형 질문의 장점을 각각 두 가지씩 쓰시오.

★
09 고객 로열티를 설명하시오.

10 세일즈와 마케팅은 판매라는 관점에서 같은 의미를 두고 있지만 이익을 추구하는 초점에는 차이가 있다. 세일즈가 제품에 초점을 두어 매출액 증대를 추구한다면 마케팅은 무엇에 초점을 두어 이익을 추구하는지 쓰시오.

★
11 전화조사의 장단점을 각각 두 가지씩 쓰시오.

★
12 다음 내용에서 빈칸 A~C에 들어갈 알맞은 말을 쓰시오.

> 기업은 고객관계 관리를 통해 (A) 고객을 확보하고, (B) 고객을 유지하고, (C) 고객을 최소화
> 함으로써 고객 가치를 최적화하고 기업의 수익 증대 및 비용 절감을 획득한다.

13 구매의사결정 요인 중 심리적 요인 네 가지를 쓰시오.

14 1차 자료의 수집 방법 세 가지를 쓰시오.

★
15 콜센터에 통화 시도된 콜로 분류되며 고객이 전화를 했으나 콜센터 교환기까지 도달되지 못한 콜의 비
율을 의미하는 용어를 쓰시오.

16 기업은 목표를 달성하기 위해 마케팅 통제를 통하여 지속적으로 마케팅 프로그램을 외부의 마케팅 기회에 적합한 프로그램으로 유지·보완하고자 노력한다. 마케팅 수행 시 통제해야 할 네 가지 요인이 무엇인지 쓰시오.

17 '소비자는 여러 가지 상품을 사기 위해 여기저기로 수많은 상점을 돌아다니며 사는 것을 좋아하지 않으며, 한곳(예를 들어 쇼핑센터 등)에서 필요한 상품 전부를 한꺼번에 산다'는 소비자 구매행동의 한 형태는 무엇인지 쓰시오.

01

하나의 제품이나 서비스 제공 과정에서 고객이 자사의 다른 제품이나 서비스를 추가적으로 구매하도록 유도하는 마케팅 기법을 말한다. 또는 고객의 구매 기록을 바탕으로 먼저 구매한 상품과 관련된 상품을 연계하여 구매할 수 있도록 홍보하는 일을 말한다.

02

- 정의: 2차 자료란 현재의 목적을 위해 조사자가 직접 수집한 자료가 아니라, 다른 조사 목적과 관련하여 내부 혹은 외부의 특정 조사 주체에 의해 기존에 이미 작성된 자료를 말한다.
- 종류
  - 신디케이트 자료
  - 정부 기관 간행물
  - 편람
  - 각종 통계 자료집
  - 연구 보고서
  - 조직 내부에 보유하고 있는 각종 영업 자료, 인사 자료, 회계 자료

03

- R(Recency): 구매 최근성(가장 최근에 구매한 시점)
- F(Frequency): 구매 빈도(일정 기간 동안 구매한 횟수)
- M(Monetary): 구매 금액(일정 기간 동안 구매한 총금액)

04

- 기업의 가격 정책
- 마케팅 목표
- 원가
- 마케팅믹스 전략
- 수요 상황
- 경쟁자의 상황
- 법적 · 제도적 요인
- 조직의 특성

05

성숙기

06

- 고객에게 최적의 구매 환경을 제공함으로써 고객의 생애가치를 증대시킨다.
- 고객별 거래량 분석을 통하여 수익 공헌도가 높은 고객을 파악할 수 있다.
- 체계적 고객 관리를 통하여 고객을 유지하고 고객의 이탈을 막을 수 있다.
- 고객 데이터를 활용하여 고객과의 1:1 관계를 구축할 수 있다.
- 각종 데이터를 수집, 분류, 응용, 분석하여 마케팅 전략을 수립하는 데 효과적이다.

07

- 한 기업의 상품이나 서비스를 반복 구매한다.
- 주변 사람에게 제품이나 서비스를 홍보한다.
- 상품을 지속적으로 이용한다.
- 경쟁사의 마케팅 활동에도 쉽게 이탈하지 않는다.

08

- 폐쇄형 질문의 장점
  - 민감한 주제에 적합하다.
  - 응답이 표준화되어 비교가 가능하다.
  - 채점과 코딩이 간편하다.
  - 조사자가 유도하는 방향으로 고객을 리드하는 것이 용이하다.
  - 응답 항목이 명확하고 신속한 응답이 가능하다.
  - 조사자의 편견이 개입되는 것을 방지할 수 있다.
- 개방형 질문의 장점
  - 응답자가 형식에 얽매이지 않고 편하게 응답할 수 있다.
  - 응답자의 다양한 의견을 수렴할 수 있다.
  - 폐쇄형 질문보다 자료를 모으는 데 효과적이다.
  - 고객 상황에 대한 명확한 이해로 고객의 니즈 탐색이 가능하다.
  - 응답자가 상세한 부분까지 언급할 수 있어 새로운 정보 획득이 가능하다.
  - 대답이 불명확하면 설명을 요구할 수 있다.

09

지속적으로 자사의 상품을 구입할 뿐만 아니라 주변 사람들에게 적극적으로 사용을 권유하여 간접적인 광고 효과를 발생시

키는 고객의 태도이다.

10
마케팅은 고객 만족에 초점을 두어 이익을 추구하며, 고객이 만족함으로써 종료된다.

11
- 장점
  - 시간과 비용을 절약할 수 있다.
  - 우편조사에 비해 응답률이 높다.
  - 면접자의 편견을 용이하게 통제할 수 있다.
  - 면접이 어려운 조사 대상자도 조사가 용이하다.
- 단점
  - 보조 도구의 사용이 곤란하다.
  - 상세한 정보의 획득이 곤란하다.
  - 전화번호가 정확하지 않을 수 있다.
  - 민감한 주제에 관해서는 응답을 꺼리는 경우가 많다.
  - 요점 위주의 짧은 질문으로 진행되므로 탐색 질문이 어렵다.
  - 질문을 주고받는 도중에 응답자가 전화를 끊어버림으로써 조사가 중단되는 경우가 있다.

12
A: 신규, B: 기존, C: 이탈

13
- 동기
- 지각
- 학습
- 신념과 태도

14
- 관찰조사
- 질문조사
- 면접조사
- 실험조사
- 전화조사
- 우편조사

15
불통률

16
- Product(상품)
- Place(유통)
- Promotion(촉진)
- Price(가격)

해설 4P
기업의 목표를 달성하기 위해 통제 가능한 마케팅 변수는 크게 제품(Product), 가격(Price), 유통경로(Place), 판매촉진(Promotion)이 있으며, 이 네 가지를 흔히 4P라고 한다. 이러한 통제 변수를 적절히 배합하여 목적을 이루어내는 전략을 마케팅믹스라고 부른다.

17
원스톱 쇼핑

※ 실제 시험에 나왔던 기출문제들입니다. 문제가 주어졌을 때 얼마나 빨리 풀 수 있을지, 문제의 유형은 어떤 식으로 출제되고 있는지 확인해 보세요.

※ ★표로 표시한 문제는 2회 이상 출제된 문제이므로 반드시 익히고 넘어가도록 합니다.

★

01 AIO 기법에 대해 설명하시오.

★

02 아웃바운드 텔레마케팅이 비판매 분야에 활용되는 예를 세 가지 드시오.

03 전화를 이용한 시장조사 시 유의할 점 네 가지를 쓰시오.

★
04 설문지 작성에서 '사전조사'란 무엇인지 정의를 설명하시오.

★
05 통화품질 관리와 텔레마케팅 모니터링의 차이점 두 가지를 쓰시오.

★
06 콜센터 운영 시 고려해야 할 점 네 가지를 쓰시오.

★
07 VOC로 얻을 수 있는 효과 세 가지를 쓰시오.

★
08 확률표본추출방법, 비확률표본추출방법의 종류를 각각 두 가지씩 쓰시오.

09 정해진 설문에 따라 진행하는 면접조사는 무엇인지 쓰시오.

10 인바운드 텔레마케팅의 성과 평가 항목 세 가지를 쓰시오.

★
11 구매 전 단계에서 커뮤니케이션을 통한 달성 목표 세 가지는 무엇인지 쓰시오.

12 LTV의 정의를 쓰시오.

13 다음 빈칸에 들어갈 용어를 쓰시오.

(   )은/는 고객과 지속적 관계 유지를 위해 고객과 관련된 기업의 내 · 외부 자료를 분석, 통합하여 고객 특성에 기초한 마케팅 활동을 계획하고 지원하며 평가하는 과정이다.

★
14 전속적 유통경로의 정의는 무엇인지 쓰시오.

15 고객 반응 정도를 뜻하는 것은 무엇인지 쓰시오.

16 프로세스 관점에 따른 CRM을 세 가지 쓰시오.

★
17 RFM이란 무엇인가?

01
라이프스타일을 활동(Activity), 관심(Interest), 의견(Opinion) 기준으로 세분화하여 분석하는 것이다.
- A: 활동(Activity). 주로 활동하는 분야
- I: 관심(Interest). 관심 분야
- O: 의견(Opinion). 사회적, 개인적 가치 및 의견

02
- 고객 만족도 조사
- 해피콜
- 현장 판매 지원
- DB 정리 및 보완
- 연체 대금 회수 촉진

03
- 질문의 수를 줄이고 한 번에 두 개의 질문을 하지 않는다.
- 질문은 짧고 단순하게 구성한다.
- 다지선다형으로 질문할 경우 예문이 비슷하여 혼동되지 않게 해야 한다.
- 알기 쉬운 표현으로 질문해야 하며, 정중하게 말한다.
- 중간에 전화가 끊기거나 소음 등에 방해를 받는 일이 없도록 한다.
- 너무 늦은 시간, 혹은 식사 시간에 전화하지 않는다.

04
본조사가 시행되기 전 간이조사를 실시하는 것으로, 설문지의 문제점 및 적합성을 확인하기 위한 절차이다.

05
- 통화품질 관리는 종합적인 평가 체제이고, 텔레마케팅 모니터링은 상담원과 고객 간의 통화 자체에서 느껴지는 상담의 질 정도를 평가하는 것이다.
- 통화품질 관리는 종합 품질과 경쟁력을 동시에 평가하며, 텔레마케팅 모니터링은 콜센터 자체의 커뮤니케이션 능력의 정도를 평가한다.
- 통화품질 관리의 궁극적 목적은 콜센터 경영의 질을 향상시키는 것이며, 텔레마케팅 모니터링은 상담원의 상담의 질을 향상시키는 것이다.

06
- 주요 대상 고객의 데이터 확보와 관리 방안 필요
- 직원 채용 방법과 관리 방안 마련 필요
- 콜센터 운영에 따른 지속적 비용 관리 필요
- 콜센터 성과 관리 방안 마련 필요

07
- VOC를 통해 자사의 서비스 및 제품의 문제점을 파악하고 향후 고객 관리나 마케팅에 반영하면 2차, 3차로 발생될 수 있는 고객의 불만을 미연에 방지할 수 있다.
- VOC를 통해 불만 고객을 빠르고 효과적으로 응대하여 고객의 기업에 대한 기존의 생각들을 훨씬 긍정적으로 바꿀 수 있어, 불만 고객이 충성 고객으로 발전할 수 있다.
- 기존 고객의 유지 비용보다는 새로운 고객 확보를 위해 드는 비용이 더 많다. 따라서 기존 고객 유지가 더욱 중요함을 알 수 있는데, 이는 VOC를 통해 해결 가능하다.

08
- 확률표본추출방법
  - 단순무작위표본추출방법
  - 층화표본추출방법
  - 군집표본추출방법
  - 계통표본추출방법
- 비확률표본추출방법
  - 편의표본추출방법
  - 판단표본추출방법
  - 할당표본추출방법
  - 눈덩이표본추출방법

09
표준화 면접

10
- 평균 통화처리시간
- 콜 포기율
- 서비스 레벨

11
- 구매 위험 감소
- 기업 이미지 개발
- 상표 인지 증대

12
고객이 어떤 기업의 상품을 최초로 구입한 날로부터 현재 그리고 미래까지 그 기업에 제공하게 될 것으로 예상되는 순이익 가치이다.

13
CRM(Customer Relationship Management)

14
자사의 제품을 취급할 수 있는 독점적 권한을 중간상들에게 부여하는 전략

해설 전속적 유통경로의 특징
- 소매상 또는 도매상에 대한 통제 가능
- 긴밀한 협조체제 형성
- 유통 비용의 감소
- 제품 이미지 제고 및 유지 가능
- 귀금속, 자동차, 고급 의류 등 고가품에 적용

15
고객 반응률 또는 콜 성공률

16
- 운영적 CRM
- 분석적 CRM
- 협업적 CRM

17
RFM이란 고객의 성향을 분석하여 고객의 등급을 계산하는 점수 기준으로, 고객이 얼마나 최근에 구입했는가(Recency), 제품 또는 서비스를 얼마나 자주 구매하는가(Frequency), 고객이 구매한 총금액이 얼마인가(Monetary)를 나타낸다.
- R: Recency(구매 최근성)
- F: Frequency(구매 횟수 정도, 구매 빈도)
- M: Monetary(구매 금액)

※ 실제 시험에 나왔던 기출문제들입니다. 문제가 주어졌을 때 얼마나 빨리 풀 수 있을지, 문제의 유형은 어떤 식으로 출제되고 있는지 확인해 보세요.

※ ★표로 표시한 문제는 2회 이상 출제된 문제이므로 반드시 익히고 넘어가도록 합니다.

01 희망하는 소매점이면 누구나 자사의 상품을 취급할 수 있도록 하는 유통경로가 무엇인지 쓰시오.

★
02 CRM의 목표 네 가지를 쓰시오.

★
03 RFM이 무엇의 약자인지 영어로 쓰시오.

★
04 고객 충성도를 높이는 방법 네 가지를 쓰시오.

★
05 AIDA 이론은 고객이 구매를 결정하기까지의 심리 과정을 분석한 것이다. 다음 빈칸에 들어갈 말을 영어로 쓰시오.

(A   ) → (I   ) → (Desire) → (A   )

★
06 서비스의 특성을 네 가지 쓰시오.

07 본조사가 실행되기 전 간이조사를 실시하는 것으로 설문지의 문제점 및 적합성을 확인하기 위한 절차로서의 조사는 무엇인지 쓰시오.

★
08 인터넷 조사의 단점 두 가지를 쓰시오.

09 마케팅에서의 5C를 쓰시오.

★
10 설문조사 질문지 작성 시 유의할 사항 다섯 가지를 쓰시오.

★
11 얀 칼슨이 주장한 것으로, 고객이 직원들과 접하는 결정적인 순간을 말하는 용어로서 처음 접하는 15초 동안의 비교적 짧은 순간에 회사의 이미지뿐만 아니라 비즈니스의 성공이 좌우된다는 개념을 설명하는 용어가 무엇인지 쓰시오.

★
12 효과적인 시장 세분화를 위한 고려 사항 세 가지를 쓰시오.

★
13 시장 세분화의 변수 네 가지를 쓰시오.

★
14 주로 청각적 요소에 의존하여 전달되는 광고는 무엇인지 쓰시오.

15 사용 기간에 따라 소비재를 분류했을 때 장기간 소비되는 것과 단기간 소비되는 것을 순서대로 쓰시오.

16 측정의 신뢰도를 높이는 방안 네 가지를 쓰시오.

17 등간 척도 조사를 활용한 측정 방법 네 가지를 쓰시오.

18 내적 타당도를 저해하는 외생 변수 다섯 가지를 쓰시오.

01
개방적 유통경로

02
- 신규 고객 확보 및 기존 고객 유지를 통한 고객의 수 증대
- 고객 가치 증진을 통한 매출 및 고객 충성도 향상
- 고객 운영 비용 효율화를 통한 비용 절감
- 고객 유지 비용의 최적화를 통한 마케팅 비용 효율화

03
- Recency
- Frequency
- Monetary

04
- 마일리지 또는 포인트 누적 혜택
- 고객 등급화에 따른 혜택 차등 적용
- 커뮤니티 활동 지원
- 우수 고객 이벤트

05
- A: Attention
- I: Interest
- A: Action

06
- 무형성
- 소멸성
- 동시성
- 가변성

07
사전조사

08
- 인터넷 사용자로 표본이 편중되는 측면이 있다.

- 조사에 능동적으로 응대하는 사람만 조사가 가능하며 대표성이 상실될 가능성이 있다.
- 응답자를 정확하게 통제·확인할 수 없다.

09
- Communication(협상)
- Commerce(거래)
- Community(집단)
- Contents(내용)
- Customer(고객)

10
- 다지선다형 응답에서는 가능한 응답을 모두 제시해 주어야 한다.
- 응답 항목들 간에 그 내용이 중복되지 않도록 한다.
- 이중 질문을 지양한다.
- 조사자의 가치 판단을 배제하고 중립적인 질문이 되도록 한다.
- 유도 질문과 위협적 질문의 사용에 유의한다.
- 개념이 오해를 불러일으키지 않도록 명확한 것을 사용해야 한다.
- 질문이 너무 길거나 복잡해서는 안 된다.
- 응답자의 수준에 맞는 언어를 사용한다.

11
MOT(Moments Of Truth, 고객 접점)

12
- 내부적 동질성과 외부적 이질성
- 측정 가능성
- 접근 가능성
- 규모의 경제성(실질성, 유지 가능성)
- 행동 가능성
- 유효 정당성

13
- 지리적 변수
- 인구통계적 변수

- 심리분석적 변수
- 행동분석적 변수

14
라디오 광고

15
내구재, 비내구재

16
- 측정 항목의 수를 늘린다.
- 측정 항목의 모호성을 제거한다.
- 중요한 질문의 경우 동일하거나 유사한 질문을 2회 이상 한다.
- 조사 대상자가 잘 모르거나 전혀 관심이 없는 내용은 측정하지 않는다.
- 설문지의 문항별 설명을 명확히 하여 응답자별로 해석상의 차이가 발생하지 않도록 한다.
- 조사원들에 대한 교육을 강화하여 설문을 명확히 이해하도록 하고, 질문 방식 등을 표준화한다.

17
- 등급법
- 어의차이 척도법(의미분화 척도법)
- 스타펠 척도
- 리커트형 척도

18
- 우연적 사건
- 성숙 효과
- 검사 효과
- 측정 수단의 변화
- 통계적 회귀

※ 실제 시험에 나왔던 기출문제들입니다. 문제가 주어졌을 때 얼마나 빨리 풀 수 있을지, 문제의 유형은 어떤 식으로 출제되고 있는지 확인해 보세요.

※ ★표로 표시한 문제는 2회 이상 출제된 문제이므로 반드시 익히고 넘어가도록 합니다.

★
01 집중화 · 비차별화 · 차별화 마케팅 전략에 대해 설명하시오.

★
02 시장조사 시 비표본 오류가 일어나는 경우 네 가지를 쓰시오.

★
03 고객별 특성, 구매행동의 데이터베이스를 통해 장래의 구매 패턴을 예상하고 고객의 상품 구입 의사결정을 강화시키기 위한 마케팅을 무엇이라고 하는지 쓰시오.

★
04 설문지 작성 시 유의해야 할 점을 다섯 가지 쓰시오.

★
05 기업의 강점, 약점 및 외부의 기회, 위협에 대해 분석하는 기법은 무엇인지 쓰시오.

★
06 상호작용 마케팅과 내부 마케팅은 무엇인지 쓰시오.

★
07 아웃바운드 텔레마케팅의 비판매 분야를 여덟 가지 쓰시오.

08 경쟁자의 진입으로 시장 내 차별적 우위의 유지가 힘들어졌을 때, 소비자의 취향, 욕구가 변화된 경우, 수요의 변화 등이 있을 때 필요한 것은 무엇인지 쓰시오.

09 프로세스 관점에 따른 CRM 분류 중 데이터 웨어하우스나 데이터마트에서 나온 유용한 CRM 자료를 토대로 고객정보를 추출하고 이를 통해 고객들의 움직임이나 향후 동향을 모델링하고 분석하는 부분은 무엇인지 쓰시오.

10 다음은 아웃바운드 텔레마케팅 전개 순서이다. 빈칸에 들어갈 알맞은 말을 쓰시오.

첫인사 → 도입 → (   ) → 반론 극복 → 마무리 및 끝인사

★
11 고객이 제품 서비스에 대해 관심을 가지고 전화를 거는 인바운드 상담은 Q&A 시트를 활용하는 반면, 기업이 잠재 고객이나 기존 고객에게 전화를 거는 기업 주도형 마케팅 기법인 아웃바운드는 (   ) 의 활용도가 높다. 빈칸에 들어갈 알맞은 말을 쓰시오.

12 RSF란 무엇인지 설명하시오.

★
13 탐색조사의 종류를 세 가지 쓰시오.

★
14 CRM을 통해 기업이 얻는 이익을 다섯 가지 쓰시오.

★
15 시장 세분화의 분류 기준 중 인구통계학적 변수의 종류를 세 가지 쓰시오.

★
16 하나의 품목에 대한 판단, 구매행동 등에 대해 비슷한 성향 및 다른 성향을 가진 집단을 분리하여 하나로 묶는 것을 무엇이라고 하는지 쓰시오.

---

17 전화조사 시 조사자가 조사 대상으로부터 얻고자 하는 내용에 관련된 질문들을 사전에 체계적으로 정리해 놓은 책자는 무엇인지 쓰시오.

01

- 집중화 마케팅: 한 개 또는 몇 개의 시장 부문에서 시장 점유를 집중하려는 전략으로, 기업의 자원이 한정되어 있을 때 이용하는 전략이다.
- 비차별화 마케팅: 대량 마케팅 전략이라고도 한다. 기업이 하나의 제품이나 서비스를 가지고 시장 전체에 진출하여 가능한 한 다수의 고객을 유지하려는 전략으로, 시장 세분화의 필요성이 없게 된다.
- 차별화 마케팅: 두 개 혹은 그 이상의 시장 부문에 진출할 것을 결정하고 각 시장 부분별로 별개의 제품 또는 마케팅 프로그램을 세우는 것이다. 각 시장 부문에서 더 많은 판매고와 확고한 위치를 차지하려고 하며 시장 부문별로 소비자들에게 해당 제품과 회사의 이미지를 강화하려는 전략이다.

02

- 분석 시 잘못 입력했을 때
- 조사원이 문제를 잘못 설명했을 때
- 응답자가 질문을 잘못 이해했을 때
- 조사 결과를 잘못 작성했을 때

03

데이터베이스 마케팅

04

- 다지선다형 응답에서는 가능한 응답을 모두 제시해 주어야 한다.
- 응답 항목들 간에 그 내용이 중복되지 않도록 한다.
- 이중 질문을 지양한다.
- 조사자의 가치 판단을 배제하고 중립적인 질문이 되도록 한다.
- 유도 질문과 위협적 질문의 사용에 유의한다.
- 개념이 오해를 불러일으키지 않도록 명확한 것을 사용해야 한다.
- 질문이 너무 길거나 복잡해서는 안 된다.
- 응답자의 수준에 맞는 언어를 사용해야 한다.

05

SWOT 분석

06

- 상호작용 마케팅: 고객과 기업의 최접점인 종업원이 만나는 시점으로 접점 마케팅이라고도 한다. 종업원의 태도로 고객 만족을 유도하여 매출을 향상시키는 마케팅이다.
- 내부 마케팅: 기업의 내부 고객인 종업원들의 요구와 욕구를 충족시켜 동기를 부여하고, 종업원의 의욕과 애사심을 고취시켜 기업의 목표를 효과적으로 달성할 수 있다. 이를 통해 일반 소비자의 만족으로 이어질 수 있도록 하는 마케팅이다.

07

- 고객 만족도 조사
- 해피콜
- 현장 판매 지원
- DB 정리 및 보완
- 연체 대금 회수 촉진
- 여론 조사
- 제품 배송과 같은 서비스 진행과정 안내 전화
- 방문 약속 전화

08

재포지셔닝

09

분석(적) CRM

10

상담 진행

11

스크립트

12

스케줄링 인원을 계산할 때 쓰는 표현으로, RSF(Rostered Staff Factor)는 현실적으로 필요한 인력을 산정하는 변수이다. RSF에 포함되는 변수에는 결근, 휴가, 휴식, 교육 등이 있다.

13
- 전문가 의견조사
- 사례 연구
- 문헌조사

14
- 고객 서비스 프로세스 개선
- 고객 DB의 적극적 활용
- 고객 이탈을 방지하여 장기적인 수익성 확보를 통한 이익 증가
- 고객을 효율적으로 관리하여 운영비 절감
- 충성 고객의 구전 광고

15
- 나이
- 가족 규모
- 직업
- 성별
- 소득
- 학력

16
시장 세분화

17
질문지(설문지)

※ 실제 시험에 나왔던 기출문제들입니다. 문제가 주어졌을 때 얼마나 빨리 풀 수 있을지, 문제의 유형은 어떤 식으로 출제되고 있는지 확인해 보세요.

※ ★표로 표시한 문제는 2회 이상 출제된 문제이므로 반드시 익히고 넘어가도록 합니다.

★
01 마케팅믹스 4P를 쓰시오.

★
02 고객 충성도 촉진 방안 네 가지를 쓰시오.

03 소비자 구매행동의 결정 요인 중 개인적 요인과 환경적 요인에 해당하는 것을 쓰시오.

★

04 인바운드 마케팅 활용 분야 다섯 가지를 쓰시오.

★

05 다음 설명에 해당하는 마케팅은 무엇인지 쓰시오.

> 기업이 하나의 제품이나 서비스를 가지고 시장 전체에 진출하여 가능한 한 다수의 고객을 유치하려는 전략으로, 시장 세분화의 필요성이 없게 된다.

★

06 시장 세분화 기준의 변수 세 가지를 쓰시오.

★
07 인바운드 상담 절차를 바르게 배열하시오.

A. 전화 응답(첫인사)	B. 상담 준비
C. 해결 방안 제시	D. 종결
E. 문의 내용 파악	F. 통화 내용 재확인

08 CRM 실행 시 전제 조건 세 가지를 쓰시오.

09 층화표본추출방법의 정의와 종류 두 가지를 쓰시오.

★
10 커뮤니케이션 수신자에 의한 장애 요인을 쓰시오.

11 콜센터 상담원이 재택근무를 할 경우의 장점 두 가지를 쓰시오.

12 제조업자를 위해 도매상이 수행하는 기능 다섯 가지를 쓰시오.

13 설문지 배열 시 유의 사항 세 가지를 쓰시오.

14 표본 단위를 집단으로 하여 무작위로 표출하는 방법은 무엇인지 쓰시오.

15 응답자의 입장에서 전화조사의 장점을 쓰시오.

16 조사자가 편리한 대로 표출하는, 편의성을 토대로 표본을 추출하는 방법은 무엇인지 쓰시오.

> 월드컵을 앞두고 축구에 대한 시민들의 생각을 조사하기 위해 지나가는 사람을 상대로 무작위로 물었다.

★
17 아웃바운드 텔레마케팅의 특징을 서술하시오.

★
18 CRM의 목적은 무엇인지 쓰시오.

01
- Price(가격)
- Promotion(촉진)
- Place(유통)
- Product(제품)

02
- 마일리지 또는 포인트 누적 혜택 제공
- 고객 등급화에 따른 혜택 차등 적용
- 커뮤니티 활동 지원
- 우수 고객 이벤트 진행

03
- 개인적 요인: 라이프스타일, 연령, 직업, 라이프사이클 등
- 환경적 요인(사회적 요인): 준거 집단, 가족 역할과 사회적 지위, 문화, 하위 문화, 사회 계층 등

04
- 상품 주문 접수
- 예약 업무
- A/S
- 클레임 응대
- 생활 정보 서비스

05
비차별화 마케팅

06
- 지리적 변수
- 인구통계학적 변수
- 심리분석적 변수
- 행동분석적 변수

07
B → A → E → C → F → D

08
- 고객 통합 데이터베이스 구축
- 고객 특성 분석을 위한 데이터마이닝 도구 준비
- 마케팅 활동 대비를 위한 캠페인 관리용 도구 필요

09
- 정의: 일정한 특성에 의해 모집단을 층화하고, 각 층에서 일정수를 무작위 표출하는 방법이다.
- 종류: 비례층화표본추출법, 불비례층화표본추출법

해설

층화표본추출의 예로 고등학교 급식에 대한 만족도를 100명의 표본을 추출하여 조사하고자 할 때 1, 2, 3학년 비율이 3:4:3이라고 가정하면 비례층화표본추출은 30명:40명:30명으로 비율에 맞추어 추출하는 것이고, 불비례층화표본추출은 비율과 상관없이 각 층에서 임의대로 추출하는 방법이다.

10
- 수신자의 선입견
- 수신자의 속단적인 평가
- 선택적 청취
- 반응과 피드백의 부족
- 수신자에 의한 편견
- 수용성 부족

11
- 우수 직원을 유인하고 유지할 수 있다.
- 기상 악화 등으로 인한 위험 요소를 감소시킨다.
- 설비 비용을 절약할 수 있다.

12
- 시장 확대 기능
- 재고 유지 기능
- 주문 처리 기능
- 시장 정보 제공 기능
- 고객 서비스 대행 기능

13

- 응답자의 흥미를 유발하거나 쉽게 대답할 수 있는 질문을 질문지의 앞부분에 놓는 것이 좋다.
- 질문은 전반적인 질문에서 구체적이거나 특수한 질문으로 진행하는 것이 좋다.
- 나이, 성별, 출신지, 교육 수준, 직업, 소득 등 인구사회학적 특성에 대한 질문이나 개인의 사생활에 대한 질문 또는 민감한 질문은 가급적 질문지의 끝으로 보내는 것이 좋다.
- 대화와 마찬가지로 질문들을 내용별로 묶어 주어야 하며, 자연스러우면서 논리적인 순서에 따라 이어지게 하는 것이 좋다.
- 내용이 같거나 척도가 동일한 질문은 모아서 함께 묻는 것이 좋고, 동일한 질문 및 응답 범주는 가능한 한 동일한 면에 있도록 배열한다.

14

군집표본추출방법

15

- 소요 시간이 짧은 편이다.
- 비교적 대답하기 간편하다.
- 거절하기 용이하다.
- 거리상의 제한이 없다.

16

편의표본추출방법

17

- 기업이 잠재 고객이나 기존 고객에게 전화를 거는 기업 주도형 마케팅 기법이다.
- 적극적이고, 능동적인 마케팅 기법이다.
- 목표 지향적인 마케팅 기법이다.
- 명확한 고객 데이터베이스를 갖추고 진행해야 한다.
- 아웃바운드 텔레마케팅은 스크립트의 활용도가 높다.

18

- 신규 고객 확보 및 기존 고객 유지를 통한 고객 수 증대
- 고객 가치 증진을 통한 매출 및 고객 충성도 향상
- 고객 운영 비용 효율화를 통한 비용 절감
- 고객 유지 비용의 최적화를 통한 마케팅 비용 효율화 등으로 기업의 수익 증대 및 비용 절감

※ 실제 시험에 나왔던 기출문제들입니다. 문제가 주어졌을 때 얼마나 빨리 풀 수 있을지, 문제의 유형은 어떤 식으로 출제되고 있는지 확인해 보세요.

※ ★표로 표시한 문제는 2회 이상 출제된 문제이므로 반드시 익히고 넘어가도록 합니다.

★

01 작성된 스크립트를 바탕으로 두 사람이 전화 응대 연습을 하는 것으로서, 스크립트의 문제점을 발견하고, 텔레마케팅의 대화 연습을 실제 상황과 같은 방식으로 시행하는 것은 무엇인지 쓰시오.

02 포지셔닝 전략 수립 시 각 분석에서 얻을 수 있는 정보 중, 자사 제품에 대한 분석으로 알 수 있는 것 세 가지를 쓰시오.

03 기업은 표적(목표)시장에서 원하는 반응을 얻을 수 있도록 4P를 사용한다. 최근에는 인터넷의 발달과 함께 기업들이 3C를 활용하는 마케팅 활동에 주목하기 시작했다. 빈칸에 들어갈 3C의 구성 요소를 쓰시오.

3C: Company, Competitor, (　　　　)

04 척도를 나타내는 수가 등간일 뿐 아니라 의미 있는 절대 영점을 가지고 있는 경우에 이용되는 척도는 무엇인지 쓰시오.

★
05 스크립트 작성 시 유의 사항 네 가지를 쓰시오.

06 계통표본추출방법의 장단점을 한 가지씩 쓰시오.

07 BCG 매트릭스에서 높은 시장 점유율과 낮은 시장 성장률의 상품이나 사업 영역으로서 낮은 투자, 높은 수익으로 자금 투입보다 자금 산출이 많은 것은 무엇인지 쓰시오.

08 시장 세분화 변수 중 행동분석적 변수 다섯 가지를 쓰시오.

★
09 RFM에서 각 글자가 무엇을 뜻하는지 쓰시오.

10 고객 로열티(충성도) 형성에 영향을 주는 네 가지를 쓰시오.

★
11 고객이 어떤 기업의 상품을 최초로 구입한 날로부터 현재 그리고 미래까지 그 기업에 제공하게 될 것으로 예상되는 순이익 가치를 무엇이라 하는지 쓰시오.

★
12 기업이 재포지셔닝을 필요로 하는 구체적인 상황을 세 가지 쓰시오.

★
13 다음이 설명하는 텔레마케팅 유형은 무엇인지 쓰시오.

> 고객 관련 정보를 전달하기 위해 기존에 가지고 있는 고객 데이터를 활용하여 상담사가 고객에게 전화를 걸어 상담하는 텔레마케팅

★
14 인바운드 텔레마케팅의 활용 분야를 세 가지 쓰시오.

★

15 개방형 질문의 장단점을 각각 세 가지씩 쓰시오.

★

16 다른 조사 목적과 관련하여 조사 내부 혹은 외부의 특정한 조사 주체에 의해 기존에 이미 작성된 자료는 무엇인지 쓰시오.

★

17 제품수명주기를 도입기, 성장기, 성숙기, 쇠퇴기로 구분할 때 성숙기의 시장 특성과 그에 따른 전략을 각각 세 가지 쓰시오.

18 설문지 작성에서 질문의 순서를 결정할 때 고려해야 할 사항을 세 가지 쓰시오.

01
역할연기

02
- 자사 제품의 시장 내 위치를 분석
- 현재 포지션의 장단점과 문제점 파악
- 경쟁 우위 선점 요소들 확인
- 경쟁력 강화 방안 모색
- 기업 내부 환경 분석(인적 자원, 기술상의 노하우, 기업의 성장률 등)

03
Customer

04
비율 척도

05
- 이해하기 쉽게 작성되어야 한다.
- 간단명료하게 작성되어야 한다.
- 논리적으로 작성되어야 한다.
- 회화체로 작성되어야 한다.
- 고객 중심으로 작성되어야 한다.

06
- 장점
  - 표본추출이 용이하다.
  - 모집단이 클 경우에 효과적이다.
- 단점
  - 선정된 매 k번째 조사 단위 사이의 표본은 무시된다.
  - 표본이 일정한 주기성(Periodicity)과 특정 경향성을 보일 때는 그 특성을 반영하기 어렵다.

07
캐시카우(Cash cow)

08
- 추구하는 편익
- 구매 준비 단계
- 사용 경험
- 사용량
- 상표 애호도

09
- R(Recency): 구매 최근성
- F(Frequency): 구매 횟수 정도, 구매 빈도
- M(Monetary): 구매 금액

10
- 구매 횟수
- 이용 기간 및 이용 실적
- 회사 기여도
- 주위 고객 추천 및 소개 정도

11
고객생애가치(LTV)

12
- 판매 침체로 기존 제품의 매출액이 감소하였을 경우
- 소비자의 취향이나 욕구가 변화한 경우
- 시장에서의 위치 등 경쟁 상황의 변화로 전략의 수정이 필요한 경우
- 유망한 새로운 시장 적소나 기회를 발견하였을 경우
- 기존의 포지션이 진부해져 매력을 상실하였을 경우
- 경쟁자의 진입으로 시장 내의 차별적 우위 유지가 힘들어진 경우

13
아웃바운드 텔레마케팅

14
- 상품 주문 접수
- 고객 클레임 응대

- 애프터서비스
- 예약 업무
- 생활 정보 서비스

15
- 장점
  - 응답자의 다양한 의견을 수렴할 수 있다.
  - 고객 상황에 대한 명확한 이해가 용이하여 고객의 니즈 탐색이 가능하다.
  - 응답자가 상세한 부분까지 언급할 수 있어 새로운 정보 획득이 가능하다.
  - 응답자가 생각나는 대로 어떤 형식 없이 응답할 수 있다.
  - 폐쇄형 질문보다 자료를 모으는 데 효과적이다.
  - 대답이 불명확하면 설명을 요구할 수 있어 오해 제거 및 친밀감을 향상시킬 수 있다.
- 단점
  - 코딩이 어렵다.
  - 너무 간단하게 대답하는 경우가 있다.
  - 고객이 응답에 대한 부담을 느껴 무응답을 하는 빈도가 높다.
  - 응답 자체를 거절하는 경우도 많다.

16
2차 자료

17
- 시장 특성
  - 판매가 절정에 이르다가 감소하기 시작한다.
  - 많은 잠재 고객 혹은 시장 참가자가 이미 그 제품이나 프로그램을 구매했을 뿐 아니라 경쟁이 높아져서 증가율이 떨어지는 시기이다.
  - 경쟁이 치열하고 강진약퇴 현상이 나타난다.
  - 제품 가격의 인하와 판매촉진비 증대로 매출액은 최고이나 이익은 성장기보다 하락한다.
- 기업 전략
  - 시장 점유율 방어와 이윤 유지
  - 상표 재활성화(시장 확대 전략, 제품 수정 전략, 상표 재포지셔닝 전략)
  - 경쟁사 대응의 방어적 가격, 광범위한 유통망 구축

18
- 응답자의 흥미를 유발하거나 쉽게 대답할 수 있는 질문은 앞부분에 놓는 것이 좋다.
- 전반적인 질문에서 구체적이거나 특수한 질문으로 진행하는 것이 좋다.
- 나이, 성별, 출신지, 교육 수준, 직업, 소득 등 인구사회학적 특성에 대한 질문이나 개인의 사생활에 대한 질문, 또는 민감한 질문은 가급적 질문지의 끝으로 보내는 것이 좋다.

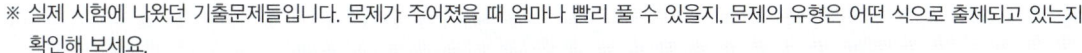

※ 실제 시험에 나왔던 기출문제들입니다. 문제가 주어졌을 때 얼마나 빨리 풀 수 있을지, 문제의 유형은 어떤 식으로 출제되고 있는지 확인해 보세요.
※ ★표로 표시한 문제는 2회 이상 출제된 문제이므로 반드시 익히고 넘어가도록 합니다.

01 우편조사의 회수율을 높이는 방법을 세 가지 이상 쓰시오.

★
02 스크립트 작성이 필요한 이유는 무엇인지 쓰시오.

★
03 상품 관리 시 품목 구성과 매출액 관계의 20:80 법칙에 대해 설명하시오.

04 마케팅 전화 20,000건 가운데 420건의 주문이 들어왔다. OR(Order Rate)은 얼마인가?

05 In-house 텔레마케팅의 장단점을 각각 두 가지씩 쓰시오.

★
06 RFM 분석이 무엇인지 쓰시오.

★
07 다음은 판매촉진 방안에 대한 표이다. 빈칸 A~E에 들어갈 말을 쓰시오. (단, '미약, 좋음, 뛰어남'에서 골라서 쓸 것)

구분	쿠폰	프리미엄	끼워 팔기	샘플	가격 할인
지각된 위험 감소	(A)	미약	미약	(D)	뛰어남
상품 자산 구축	미약	(B)	뛰어남	미약	미약
구매 가능성 증대	뛰어남	미약	좋음	좋음	(E)
긍정적 구전 자극	미약	좋음	(C)	좋음	미약

08 상담원 평가 시 '한 가지 항목이 나쁘면 나머지 항목도 모두 나쁠 것이다'라고 생각하는 오류는 무엇인지 쓰시오.

★
09 기업의 강점과 약점 및 외부의 기회와 위협에 대해 분석하는 기법은 무엇인지 쓰시오.

★
10 구매 능력은 가지고 있으나 구매로 이어질지 여부는 알 수 없는 고객은 무엇인지 쓰시오.

★
11 아웃바운드 활용 분야 중 비판매 분야 다섯 가지를 쓰시오.

★
12 데이터마이닝이란 무엇인지 쓰시오.

★
13 제품이나 서비스 제공 과정에서 고객이 자사의 다른 제품이나 서비스를 추가적으로 구매하도록 유도하는 마케팅 기법은 무엇인지 쓰시오.

★
14 설문조사 질문 작성 시 유의해야 할 점을 다섯 가지 이상 쓰시오.

15 동일한 대상에 동일한 측정 도구를 이용하여 반복적으로 측정해 측정값들 사이의 차이를 분석하는 방법은 무엇인지 쓰시오.

★

16 비표본 오류의 개념과 세 가지 예시를 쓰시오.

★

17 CRM 4단계 중, 시스템 구축과 고객 관리 단계는 무엇인지 쓰시오.

★

18 마케팅믹스 4P 요소를 쓰시오.

01
- 조사의 목적과 활용과 관련해 공익성을 부각한다.
- 질문지 발송 후 응답을 촉구하는 우편을 추가로 발송한다.
- 응답에 대한 대가로 선물이나 쿠폰, 조사 결과 보고서 제공 등 보상을 제공한다.
- 응답지를 보낼 경우 자선 단체에 기부금을 전달하는 방식을 채택하여 질문지에 기재한다.
- 연구 주체와 조사 기관을 명확히 제시한다.
- 표지 등의 디자인에 신경을 써서 가시성을 높인다.

02
- 표준화된 언어표현과 상담방법으로 모든 고객을 대할 수 있도록 도와줄 수 있다.
- 콜센터 내의 생산성 관리를 도와줄 수 있다.
- 고객에게 전화 목적에 대한 효율적인 전달과 일관된 흐름에 입각한 논리적인 상담이 진행될 수 있다.
- 상담원 스킬 향상에도 많은 영향을 미치게 된다.
- 텔레마케터 간의 상담 능력 차이를 좁혀 일관성 있는 업무를 수행할 수 있다.

03
파레토 법칙으로서, 기업의 상품 중 20%의 대표 상품이 전체 매출액의 80%를 창출한다는 의미이다.

04
2.1%

해설

OR은 총발신수에 대한 주문 비율이다.
$(420/20,000) \times 100 = 2.1$

05
- 장점
  - 직원을 직접 관리 · 통제할 수 있다.
  - 기업 내부 기밀 데이터 유출을 방지할 수 있다.
  - 텔레마케팅 노하우를 축적할 수 있다.
- 단점
  - 초기 투자 비용이 많이 든다.
  - 시스템 구축이 어렵다.
  - 전문 텔레마케터의 부재로 인해 마케팅 활동의 효율이 저하된다.
  - 인력 고정에 의해 투자 비용이 지출된다.

06
고객의 성향을 분석하여 고객의 등급을 계산하는 점수 기준으로, 고객이 얼마나 최근에 구입했는가(Recency), 제품 또는 서비스를 얼마나 자주 구매하는가(Frequency), 고객이 구매한 총금액(Monetary)이 얼마인가를 나타낸다.

07
A: 뛰어남, B: 좋음, C: 미약, D: 좋음, E: 뛰어남

08
각인 효과

09
SWOT 기법

10
구매 용의자(잠재 고객)

11
- 고객 만족도 조사
- 해피콜
- 현장 판매 지원
- DB 정리 및 보완
- 연체 대금 회수 촉진
- 여론 조사
- 제품 배송과 같은 서비스 진행 과정 안내 전화
- 방문 약속 전화
- 시장조사

12
고객 관련 데이터에 숨겨진 규칙이나 패턴을 찾아내는 데이터 분석 기법이다.

13

교차 판매

14

- 간단명료하게 작성한다.
- 답을 유도하지 않는다.
- 한 항목에 한 질문만 한다.
- 알기 쉬운 표현으로 작성한다.
- 중립적인 질문으로 작성한다.

15

재검사법(재조사법)

16

- 개념: 자료 수집 과정에서 발생하는 문제나 조사원의 실수 등으로 발생하는 오류로, 표본추출 외의 과정에서 나타나는 표집 오차를 제외한 모든 오류를 말한다.
- 예시
  - 분석 시 잘못 입력하는 경우
  - 조사원이 응답자에게 문제를 잘못 설명하는 경우
  - 응답자가 질문을 잘못 이해하는 경우

17

CRM 확산

18

- 제품(Product)
- 가격(Price)
- 유통(Place)
- 촉진(Promotion)

※ 실제 시험에 나왔던 기출문제들입니다. 문제가 주어졌을 때 얼마나 빨리 풀 수 있을지, 문제의 유형은 어떤 식으로 출제되고 있는지 확인해 보세요.
※ ★표로 표시한 문제는 2회 이상 출제된 문제이므로 반드시 익히고 넘어가도록 합니다.

★
01 설문지 작성 시 주의할 사항을 다섯 가지 쓰시오.

★
02 고객에게 동일한 제품이나 서비스를 판매하되 더 업그레이드된 고가의 상품이나 서비스를 구매하도록 유도하여 판매 금액을 높이는 기법은 무엇인지 쓰시오.

★
03 확률표본추출법의 종류 세 가지를 쓰시오.

★
04 정성조사와 정량조사에 대해 설명하시오.

★
05 내부 고객과 외부 고객에 대해 설명하시오.

06 조사자가 6~8명의 소수의 응답자를 대상으로 특정 장소에 모여 자유로운 토론을 하도록 하여 탐색조사를 하는 방법은 무엇인지 쓰시오.

★
07 다음은 CRM의 목적에 관한 설명이다. 빈칸 A~D에 알맞은 단어를 쓰시오.

CRM은 (A) 고객을 유지하고 (B) 고객을 확보해 (C) 절감, 기업의 (D) 증대를 획득하는 것을 목적으로 한다.

★
08 다음의 고객 유형을 설명하시오.

> • 기존 고객:
>
> • 신규 고객:
>
> • 이탈 고객:

★
09 효과적인 시장 세분화의 요건 네 가지를 쓰시오.

★
10 성장기의 특성과 마케팅 목표를 각각 세 가지씩 쓰시오.

★
11 이전에 접촉이 없었던 고객과의 첫 통화로, 고객이 상담원의 전화를 냉담하게 받는 것을 무엇이라고 하는지 쓰시오.

12 ★ 텔레마케팅 운용 주체가 외부의 잠재 고객 및 기존 고객에게 전화를 거는 것으로, 기업 주도형이고 능동적이며 목표 지향적인 마케팅은 무엇인지 쓰시오.

13 ★ 포지셔닝 전략을 세 가지 쓰시오.

14 ★ AIO 분석에 대해 쓰시오.

15 ★ 인바운드 텔레마케팅을 활용할 수 있는 분야 세 가지를 쓰시오.

16 관습 가격결정법이 무엇인지 쓰시오.

★
17 스크립트를 작성하는 이유 세 가지를 쓰시오.

18 기업 내 의사결정지원 애플리케이션들을 위한 정보 기반을 제공하는 하나의 통합된 데이터 저장 공간을 무엇이라 하는지 쓰시오.

01
- 간단명료하게 작성한다.
- 답을 유도하지 않는다.
- 한 항목에 한 질문만 한다.
- 알기 쉬운 표현으로 작성한다.
- 중립적인 질문으로 작성한다.

02
업셀링 또는 격상 판매

03
- 단순무작위표본추출방법
- 층화표본추출방법
- 군집표본추출방법
- 계통표본추출방법

04
- 정성조사: 심층면접조사, 표적집단면접조사(FGI), 투사법 등
  - 수치로 표현할 수 없지만 대상의 특징을 나타낼 수 있는 질적 자료를 획득하기 위한 조사
  - 형식에 얽매이지 않고 유연한 조사 가능
  - 조사 대상 및 내용에 대해 깊은 이해 가능
  - 합리적인 설명이 불가능한 내용에 대하여 답변을 얻을 수 있음
  - 소비자의 독창적 아이디어를 얻을 수 있음
- 정량조사: 갱서베이, 방문조사, 우편조사, 전화조사, 패널조사 등
  - 수치로 계량화할 수 있는 양적 자료를 얻을 목적으로 진행하는 조사
  - 통계적·수치적인 측정 가능
  - 통계학적 견본이 될 수 있는 대량의 표본 사용
  - 분석할 수 있는 정보 제공
  - 일정한 간격을 두고 조사를 반복할 수 있어야 함

05
- 내부 고객: 함께 일하면서 만나는 기업 내부의 사람들
- 외부 고객: 기업 외부에서 부딪히는 고객

06
집단심층면접조사(FGI)

07
A: 기존, B: 신규, C: 비용, D: 매출

08
- 기존 고객: 이전에 구매 이력이 있는 고객(반복 구매자)
- 신규 고객: 최초로 구매한 고객(최초 구매자)
- 이탈 고객: 더 이상 구매를 하지 않는 고객

09
- 내부적 동질성과 외부적 이질성
- 접근 가능성
- 측정 가능성
- 규모의 경제성
- 행동 가능성
- 유효 정당성

10
- 성장기 특성
  - 시장 수용이 이루어져 판매와 이익이 현저히 증가함
  - 모방 제품으로 새로운 경쟁자들이 시장에 진입
  - 제품 원가는 생산량 증가로 인해 도입기보다 급락함
  - 수요의 급증으로 판매촉진 비중 감소
- 마케팅 목표
  - 상표 강화로 시장 점유율 확대
  - 저가격 전략
  - 자사 제품 취급 점포 확대
  - 브랜드 선호도 개발

11
콜드콜

12
아웃바운드 마케팅

13
- 가격과 제품 속성에 의한 포지셔닝: 어떤 제품을 속성, 특징이나 고객의 편익, 경제성과 관련짓는 것으로, 가장 자주 사용되는 포지셔닝 방법
- 이미지 포지셔닝: 제품의 추상적 편익으로써 소구하는 포지셔닝 방법 예 보석, 고급 브랜드의 의류, 구두, 화장품 등
- 사용 상황 포지셔닝: 제품이 적절히 사용될 수 있는 상황을 묘사하는 포지셔닝 방법
  예 이온음료, 특정 기능을 강조하고자 하는 제품군
- 제품 사용자 포지셔닝: 표적(목표)시장 내의 전형적 소비자를 겨냥해 자사 제품이 그들에게 적절한 제품이라고 소구하는 포지셔닝 방법
- 경쟁 제품 포지셔닝: 소비자의 지각 속에 자리 잡은 경쟁 제품과 묵시적으로 비교해 자사 제품의 편익을 부각시키는 포지셔닝 방법

14
AIO는 라이프스타일을 분석하는 방법으로, 사람들의 활동(Activity), 관심(Interest), 의견(Opinion)을 기준으로 세분화하는 것을 의미하며 앞 글자를 따서 AIO 분석이라고 한다.

15
- 주문 접수
- 예약 업무
- 상담 접수
- A/S
- 클레임 처리
- 생활 정보 서비스

16
소비자들이 오랜 기간 일정 금액으로 구매하기 때문에 원가가 상승하더라도 동일한 가격대를 유지하는 정책

17
- 표준화된 언어표현과 상담방법으로 모든 고객을 대할 수 있도록 도와줄 수 있다.
- 콜센터 내의 생산성 관리를 도와줄 수 있다.
- 고객에게 전화 목적에 대한 효율적인 전달과 일관된 흐름에 입각한 논리적인 상담이 진행될 수 있다.
- 상담원 스킬 향상에도 많은 영향을 미치게 된다.
- 텔레마케터 간의 상담 능력 차이를 좁혀 일관성 있는 업무를 수행할 수 있다.

18
데이터 웨어하우스

※ 실제 시험에 나왔던 기출문제들입니다. 문제가 주어졌을 때 얼마나 빨리 풀 수 있을지, 문제의 유형은 어떤 식으로 출제되고 있는지 확인해 보세요.

※ ★표로 표시한 문제는 2회 이상 출제된 문제이므로 반드시 익히고 넘어가도록 합니다.

★

01 전화조사의 장점을 세 가지 쓰시오.

02 집단면접의 장단점을 각각 두 가지씩 쓰시오.

★

03 효과적인 시장 세분화의 요건을 쓰시오.

★
04 서비스의 특징을 쓰시오.

---

05 CRM 투자의 한계를 쓰시오.

---

06 다음은 설문지 작성 순서이다. 빈칸 A와 B에 들어갈 말을 쓰시오.

> 개별 항목의 내용 결정 → 질문 형태의 결정 → (A) → (B) → 설문지 외형 결정 → 설문지의 사전 조사 → 설문지의 완성

★
07 텔레마케팅에서 스크립트란 무엇인지 정의하시오.

★
08 중간상의 개입으로 거래의 총량이 감소하게 되어 제조업자와 소비자 모두에게 실질적인 비용 감소를 제공하는 원칙은 무엇인지 쓰시오.

★
09 기업이 고객정보를 수집하는 접촉 시점의 예를 다섯 가지 쓰시오.

★
10 시장 세분화의 분류 기준 중 인구통계학적 변수의 종류 세 가지를 쓰시오.

★
11 데이터마이닝의 정의를 쓰시오.

★
12 기존 고객 리스트 중에서 판매 목적에 맞는 우량(가망) 고객만을 추출하는 것을 무엇이라 하는지 쓰시오.

★
13 포지셔닝의 정의를 쓰시오.

★
14 핵심 제품, 유형 제품, 확장 제품의 개념을 쓰시오.

★
15 확률표본추출방법과 비확률표본추출방법의 종류를 각각 두 가지씩 쓰시오.

★
16 모니터링의 목적은 무엇인지 쓰시오.

17 스크립트의 한계점을 보완한 것으로 인바운드 상담에서 주로 사용하는 것은 무엇인지 쓰시오.

★
18 1차 자료와 2차 자료의 차이점을 쓰시오.

01
- 면접조사에 비해 시간과 비용을 절약할 수 있다.
- 짧은 시간에 먼 거리의 사람과 소통이 가능하다.
- 면접조사에 비해 조사자의 편견이 개입될 가능성이 더 적다.
- 시간적 · 공간적 제약이 적다.
- 면접 기피자에게도 조사가 가능하다.
- 우편조사에 비해 응답률이 높다.

02
- 장점
  - 개인 면접에 비해 비용이 적게 든다.
  - 조사가 간편하고, 조사원의 수를 줄일 수 있다.
  - 응답자들과 동시에 직접 대화할 기회가 있어 질문서에 대한 오류를 줄일 수 있다.
  - 조사에 대한 설명이나 조사의 조건을 똑같이 할 수 있다. 즉, 조사 조건을 표준화할 수 있다.
- 단점
  - 응답자들을 한곳에 집합시키는 것이 쉽지 않다.
  - 응답자의 개인별 차이를 무시하여 조사 자체의 타당성이 낮아지기 쉽다.
  - 응답자들끼리 다른 사람의 영향을 받을 가능성이 있다.
  - 판단표본추출에 의한 대상이므로 응답자들이 모집단을 적절하게 대표할 수 없다.
  - 피조사자에게 일당이나 교통비를 지불해야 할 경우 비용이 많이 든다.
  - 질문지에 잘못 기입하는 경우 오기를 시정하기 어렵다.
  - 질문이 개인적인 문제이거나 비정상적인 문제이면 중립적인 응답의 가능성이 있다.
  - 다른 곳에 조사 결과가 이용될 것이라고 인식하여 왜곡된 응답이 나올 가능성이 있다.

03
- 내부적 동질성과 외부적 이질성
- 측정 가능성
- 접근 가능성
- 행동 가능성
- 규모의 경제성
- 유효의 정당성

04
- 소멸성
- 가변성(변화성, 이질성)
- 무형성
- 동시성(비분리성, 불가분성)

05
- CRM 투자 비용 대비 높은 비확실성
- 데이터 통합의 어려움
- 고객 데이터의 질에 대한 우려
- 실제로 사용할 종업원들의 새로운 시스템에 대한 거부 반응에 대한 우려
- 기업 내부에서 CRM의 도입으로 상대적으로 소외되는 부서가 생길 시 기업 내의 정치적 갈등에 대한 우려
- 고객 프라이버시의 문제

06
A: 개별 문항의 완성, B: 질문 수와 순서의 결정

07
고객과의 원활한 상담을 위해 사전에 잘 짜 놓은 대화 대본이다.

08
총거래수 최소화의 원칙

09
- 고객이 회원가입 카드를 작성할 때
- 고객이 홈페이지에서 회원가입을 할 때
- 고객이 기업의 이벤트에 참여할 때
- 고객이 예약 및 구매를 위해 콜센터에 접촉할 때
- 니즈 파악을 위해 시장조사를 할 때
- 고객 클레임을 접수할 때
- 제품 A/S를 신청할 때
- 만족도 조사할 때
- 해피콜을 할 때

10

- 나이
- 가족 규모
- 소득
- 학력
- 성별
- 가족생활 주기
- 직업
- 종교

11

많은 데이터 가운데 유용한 상관관계를 발견하여, 이전에는 알려지지 않은 정보를 추출해 내는 지식 발견 과정이다.

12

리스트 스크리닝(List screening)

13

목표 소비자의 마음속에서 자사 제품을 경쟁 제품 대비 유리한 위치(Position)에 정립시키는 것이다.

14

- 핵심 제품: 소비자들이 제품을 구입할 경우 그들이 실제로 구입하고자 하는 핵심적인 이익이나 문제를 해결해 주는 서비스
- 유형 제품: 소비자들에게 핵심 제품의 이익을 전달할 수 있도록 결합되는 제품의 부품, 스타일, 특성, 상표명 및 포장, 기타 속성 등
- 확장 제품: 핵심 제품과 실체 제품에 추가적으로 따르는 품질 보증, 애프터서비스, 설치 등의 서비스와 이익들

15

- 확률표본추출방법
  - 단순무작위표본추출방법
  - 층화표본추출방법
  - 군집(집락)표본추출방법
  - 계통표본추출방법
- 비확률표본추출방법
  - 편의(임의)표본추출방법
  - 판단(목적)표본추출방법
  - 할당표본추출방법
  - 눈덩이표본추출방법

16

- 통화품질 향상
- 상담원의 통화 능력 체크
- 상담원 예절 및 친절성 체크
- 상담원 발음의 정확성 체크
- 상담원 평가를 통한 코칭

17

Q&A

18

1차 자료는 연구자가 문제 해결을 위해 조사 설계를 하고 그 설계에 근거하여 직접 수집한 자료이고, 2차 자료는 다른 조사 목적과 관련하여 조사 내부 혹은 외부의 특정한 조사 주체에 의해 기존에 이미 작성된 자료이다.

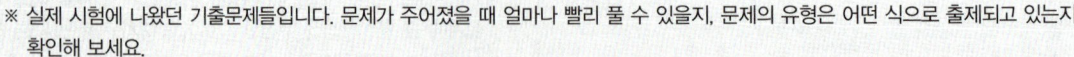

※ 실제 시험에 나왔던 기출문제들입니다. 문제가 주어졌을 때 얼마나 빨리 풀 수 있을지, 문제의 유형은 어떤 식으로 출제되고 있는지 확인해 보세요.
※ ★표로 표시한 문제는 2회 이상 출제된 문제이므로 반드시 익히고 넘어가도록 합니다.

★
01 AIO에서 각 글자가 뜻하는 것과 그 예를 두 가지씩 쓰시오.

★
02 CRM의 특징을 쓰시오.

03 CRM의 효과를 쓰시오.

★
04 텔레마케팅 모니터링과 통화품질 관리의 차이에 대해 쓰시오.

05 거래 마케팅과 관계 마케팅의 차이에 대해 쓰시오.

★
06 1차 자료와 2차 자료의 차이에 대해 쓰시오.

★
07 제품의 수명주기 단계 중 성장기의 특성에 대해 쓰시오.

08 서비스 특징 중 동시성에 대해 쓰시오.

★
09 Cold call(콜드콜)이 무엇인지 쓰시오.

10 상품 회전율에 대해 쓰시오.

★
11 고객 데이터를 사용한 아웃바운드의 순서를 다섯 단계로 기술하시오.

★

12 RFM의 의미에 대해 쓰시오.

★

13 질문서 작성 시 유의 사항 두 가지를 쓰시오

★

14 아웃바운드 활용 분야 중 비판매 분야의 활용 사례를 쓰시오.

★

15 재포지셔닝이 필요한 상황을 네 가지 쓰시오.

★

16 조사의 신뢰도 향상법 두 가지를 쓰시오.

★

17 운영적, 분석적, 협업적 CRM에 대해 쓰시오.

01

- 활동(Activity): 일, 취미, 쇼핑, 동호회 등
- 관심(Interest): 패션, 가족, 직업 등
- 의견(Opinion): 자아, 정치, 문화, 브랜드 등

02

- 고객과의 관계를 관리하는 데에 초점을 맞추는 고객 지향적, 고객 중심적인 마케팅 전략이다.
- 장기적으로 고객과의 관계를 유지함으로써 지속적인 기업의 이윤을 추구한다.
- 기업과 고객 사이의 신뢰를 쌓고 고객과 평생 동안 거래를 하고자 한다.
- 고객 맞춤형 마케팅 전략을 구사할 수 있다.
- 고객의 요구사항을 자세히 파악할 수 있고 더욱 능동적으로 대처할 수 있다.
- 고객관계 관리에 연관된 모든 부분이 고객관계 관리를 수행하는 데 적합하도록 통합이 이뤄져야 한다.

03

- 산재되어 있는 고객 DB를 통합하여 고객 서비스 프로세스 개선 및 다양한 고객 요구에 적극적으로 대처할 수 있다.
- 대용량 데이터에 신속하게 접근할 수 있다.
- 고객 DB를 적극적으로 활용할 수 있다.
- 다양한 데이터 분석 능력을 수행할 수 있다.
- 마케팅 프로그램의 실효성 평가가 체계적으로 이루어진다.

04

- 통화품질 관리는 종합적인 평가 체제이고, 텔레마케팅 모니터링은 상담원과 고객 간의 통화 자체에서 느껴지는 상담의 질 정도를 평가한다.
- 통화품질 관리는 종합 품질과 경쟁력을 동시에 평가하며, 텔레마케팅 모니터링은 콜센터 자체의 커뮤니케이션 능력의 정도를 평가한다.
- 통화품질 관리의 궁극적 목적은 콜센터 경영의 질을 향상시키는 것이며, 텔레마케팅 모니터링은 상담원의 상담의 질을 향상시키는 것이다.

05

- 거래 마케팅은 시장 점유율에 중점을 두고, 관계 마케팅은 고객 점유율에 중점을 둔다.
- 거래 마케팅은 제품 판매에 중점을 두고, 관계 마케팅은 고객 관계에 중점을 둔다.
- 거래 마케팅은 고객 획득에 중점을 두고, 관계 마케팅은 고객 유지에 중점을 둔다.

06

1차 자료는 연구자가 문제 해결을 위해 조사 설계를 하고 그 설계에 근거하여 직접 수집한 자료인 반면, 2차 자료는 다른 조사 목적과 관련하여 조사 내부 혹은 외부의 특정한 조사 주체에 의해 기존에 이미 작성된 자료이다.

해설

구분	1차 자료	2차 자료
장점	신뢰도, 타당도 면에서 연구 목적의 수행에 적합하고, 수집된 자료를 의사결정이 필요한 시기에 적절하게 이용 가능	신속하게 수집이 가능해 시간과 비용의 절약 가능
단점	자료 수집에 비용과 시간이 많이 소요되고, 조사 방법에 관한 지식과 기술이 필요	자료를 수집한 목적이 다르기 때문에 자료의 유용성 및 실효성이 제한을 받는 경우가 많음
수집 목적	당면한 조사 문제 해결	다른 조사 문제 해결
수집 과정	고관여	저관여
수집 비용	고비용	저비용
수집 기간	장기	단기
종류	관찰조사, 실험조사, 질문조사, 전화조사, 면접조사, 우편조사	신문, 잡지, 정부 통계 자료, 논문, 기업 내부 자료, 학문 분야의 전문 서적

07
- 시장 수용이 급속하게 이루어져 판매와 이익이 현저히 증가한다.
- 모방 제품을 가지고 새로운 경쟁자들이 시장에 진입한다.
- 제품 원가는 생산량의 증가에 따라 도입기보다 급격하게 하락한다.
- 수요의 급성장에 따라 판매촉진의 비중이 감소한다.

08
비분리성, 불가분성이라고도 하며, 생산과 소비가 동시에 이루어진다.

09
고객이 텔레마케터의 전화를 냉담하게 받는 것을 가리키는 말로, 이런 경우에는 텔레마케터가 부드럽고 진지하게 대화를 유도함으로써 소비자의 주의를 끌어 소비자가 관심을 갖도록 해야 한다.

10
평균 재고 판매액이 일정 기간 동안 회전해서 판매액을 형성하는 회전 도수. 즉 연간 매출액을 평균 상품 재고액으로 나눈 것이다.

11
① 첫인사(본인 소개 및 상대방 확인)
② 도입(통화 가능 여부 확인, 전화 용건 전달)
③ 상담 진행(니즈 파악을 위한 탐색질문, 상품 서비스 제안)
④ 반론 극복(고객의 반론 극복)
⑤ 마무리 및 끝인사(통화 종결 및 감사 인사)

12
고객의 성향을 분석하여 고객의 등급을 계산하는 점수 기준으로, R(Recency)은 구매 최근성, F(Frequency)는 빈도성, M(Monetary)은 총구매액을 나타낸다.

13
- 다지선다형 응답에서는 가능한 응답을 모두 제시해 주어야 한다.
- 응답 항목들 간에 내용이 중복되지 않도록 한다.
- 이중 질문을 지양하고, 유도 질문과 편견이 들어 있는 질문, 위협적 질문은 하지 않는다.
- 조사자의 가치 판단을 배제하고 중립적인 질문이 되도록 한다.
- 개념이 오해를 불러일으키지 않도록 명확한 것을 사용해야 한다.
- 질문이 너무 길거나 복잡해서는 안 된다.

- 전문용어를 사용하지 말고 응답자의 수준에 맞는 언어를 사용한다.

14
- 고객 만족도 조사
- 해피콜
- 시장조사
- 현장 판매 지원
- DB 정리 및 보완
- 연체 대금 회수 촉진

15
- 경쟁자의 진입으로 시장 내의 차별적 우위 유지가 힘들어졌을 경우
- 기존의 포지션이 진부해져 매력을 상실했을 경우
- 판매 침체로 기존 제품의 매출이 감소했을 경우
- 소비자의 취향이나 욕구가 변화한 경우
- 시장에서의 위치 등 경쟁 상황의 변화로 전략의 수정이 필요한 경우
- 유망한 새로운 시장 적소나 기회를 발견하였을 경우

16
- 측정 항목의 수를 늘린다.
- 측정 항목의 모호성을 제거한다.
- 중요한 질문의 경우 동일하거나 유사한 질문을 2회 이상 한다.
- 조사 대상자가 잘 모르거나 전혀 관심이 없는 내용은 측정하지 않는다.
- 설문지의 문항별 설명을 명확히 하여 응답자별로 해석상의 차이가 발생하지 않도록 한다.
- 조사원들에 대한 교육을 강화하여 설문을 명확히 이해하도록 하고, 질문 방식 등을 표준화한다.
- 성의가 없거나 일관성 없게 응답한 경우 설문지 자체를 폐기하여 위험 요소를 없앤다.

17
- 운영적 CRM: CRM의 구체적인 실행을 지원하는 시스템이다. 기존의 전사적 자원 관리 시스템이 조직 내부 관리 효율화를 담당하는 시스템인 데에 반하여 운영 CRM은 조직과 고객 간의 관계 향상, 즉 전사적 자원 관리 시스템의 기능 중에서 고객 접촉과 관련된 기능을 강화하여 조직의 전방위 업무를 지원하는 시스템이다.
- 분석적 CRM: 데이터 웨어하우스나 데이터마트에서 나온 유용한 CRM 자료를 토대로 고객정보를 추출하고 이를 통해 고객들의 움직임이나 향후 동향을 모델링하고 분석하는 부문이다.
- 협업적 CRM: 운영적 CRM과 분석적 CRM의 통합을 의미하며, 고객과의 접점에서 고객과 기업 간의 상호작용을 촉

진시키기 위해 고안된 메일링, 전자 커뮤니티, 개인화된 인쇄 등이 있다. 파트너 네트워크의 구축, 고객과의 상호작용 관리, 고객과 비즈니스 조직 간의 지속적인 협업을 위한 채널 제휴 전략을 포함한다.

※ 실제 시험에 나왔던 기출문제들입니다. 문제가 주어졌을 때 얼마나 빨리 풀 수 있을지, 문제의 유형은 어떤 식으로 출제되고 있는지 확인해 보세요.

※ ★표로 표시한 문제는 2회 이상 출제된 문제이므로 반드시 익히고 넘어가도록 합니다.

★
01 한계 고객에 대해 쓰시오.

★
02 시장조사의 신뢰도 향상 방안을 네 가지 쓰시오.

★
03 CRM의 목표 다섯 가지를 쓰시오.

★
04 표준화 면접과 심층 면접에 대해 쓰시오.

★
05 시장 세분화 변수를 네 가지 쓰시오.

★
06 전화조사의 장점과 단점을 각각 네 가지씩 쓰시오.

07 다이렉트 마케팅의 예를 네 가지 쓰시오.

★
08 고객생애가치에 영향을 미치는 요소를 네 가지 쓰시오.

★
09 가격결정에 영향을 미치는 요인을 쓰시오.

★
10 계약형, 관리형, 회사형 VMS를 통합도가 낮은 것에서 높은 순서대로 기술하시오.

11 조사 대상의 집단을 나누고 각 집단별 무작위로 표본을 추출하는 방법을 무엇인지 쓰시오.

★
12 효과적인 시장 세분화의 요건을 쓰시오.

13 합리적인 고객의 상담 전략 네 가지를 쓰시오.

★
14 상담원의 경청에 방해가 되는 요소 다섯 가지를 쓰시오.

★
15 탐색조사의 종류 네 가지를 쓰시오.

16 포지셔닝의 수립 절차를 쓰시오.

★

17 아웃바운드 스크립트 구성의 여덟 가지 단계를 쓰시오.

★

18 베스의 변혁적 리더 요소 세 가지를 쓰시오.

01
고객에게서 얻는 수익보다 기업이 지불하는 비용이 더 많이 드는 고객이다.

02
- 측정 항목을 늘린다.
- 측정 항목의 모호성을 제거한다.
- 중요한 질문의 경우 동일하거나 유사한 질문을 2회 이상 한다.
- 성의가 없거나 일관성이 없는 응답은 조사에서 제외한다.
- 조사 대상자가 잘 모르거나 전혀 관심이 없는 내용은 측정 하지 않는다.
- 설문지의 문항별 설명을 명확히 하여 응답자별로 해석상의 차이가 없도록 한다.
- 조사원들에 대한 교육을 강화하여 설문을 명확히 이해하도 록 한 후 질문 방식 등을 표준화한다.

03
- 신규 고객 확보 및 기존 고객 유지를 통한 고객의 수 증대
- 고객 가치 증진을 통한 매출 및 고객 충성도 향상
- 고객 운영 비용 효율화를 통한 비용 절감
- 기업의 수익 증대 및 비용의 절감
- 고객 유지 비용의 최적화를 통한 마케팅 비용 효율화

04
- 표준화 면접: 엄격히 정해진 면접조사표에 의하여 그대로 면접을 하는 것으로, 사전에 질문 내용, 순서, 형식이 정해져 있어 조사자의 행동이 통일성을 갖게 된다.
- 심층 면접: 진행에 앞서 미리 수집될 정보가 확정된 후 면 접의 순서와 내용을 담은 면접 지침이 작성되며 이를 통해 정보를 얻어내는 면접법이다.

05
- 지리적 변수
- 인구통계학적 변수
- 심리분석적 변수
- 행동분석적 변수

06
- 장점
  - 비용이 적게 든다.
  - 신속한 조사가 가능하다.
  - 우편조사에 비해 응답률이 높다.
  - 거리 제약이 없다.
  - 조사자의 편견을 통제할 수 있다.
  - 면접 기피자에게도 조사가 가능하다.
- 단점
  - 전화번호가 정확하지 않을 수 있다.
  - 상세한 정보 획득이 어렵다.
  - 전화 중단의 문제가 있을 수 있다.
  - 시간 제약의 문제가 있다.
  - 보조 도구의 사용이 곤란하다
  - 간단한 질문 및 답변만 할 수 있다.

07
- 다이렉트 메일(우편)
- 카탈로그
- 텔레마케팅(TM)
- TV
- 전자 상거래
- 방문 판매

08
- 고객 반응률
- 고객 신뢰도
- 고객 기여도
- 고객 성장성

09
- 기업 내부 요인
  - 기업의 가격 정책
  - 마케팅 목표
  - 원가
  - 마케팅믹스 전략
  - 조직의 특성
- 기업 외부 요인
  - 수요 상황
  - 경쟁자의 상황

– 법적 · 제도적 요인

10
관리형 VMS, 계약형 VMS, 회사형 VMS

해설 유통경로 마케팅 시스템

통합 방식	회사형	계약형	관리형	동맹형
	소유	계약	경로 리더 의존	상호 의존
독립성	소유	독립	독립	독립
수직적 통합의 정도	비독립	높음	낮음	매우 낮음 (대등 관계)
상호 의존성	매우 높음	높음	낮음	높음
• 공식화 • 정보 공유도 • 연관성	매우 높음	높음	낮음	높음

11
층화표본추출방법

12
• 내부적 동질성과 외부적 이질성
• 측정 가능성
• 접근 가능성
• 규모의 경제성(실질성, 유지 가능성)
• 행동 가능성
• 유효 정당성

13
• 안전하고 호감을 줄 수 있는 상담으로 고객의 욕구에 초점을 맞춘다.
• 제품이나 서비스를 추천할 때 신중한 접근법을 취한다.
• 정보를 논리적 연속성을 갖도록 조직화하고 배경 자료를 제공한다.
• 고객 개개인과 그들의 견해에 진심으로 관심을 보인다.
• 제품과 서비스가 고객의 관계와 시스템을 어떻게 단순화하고 지원하는 데 도움을 줄 수 있는지 설명한다.
• 보증, 보장, 이용 가능한 지원 시스템 등을 알려준다.
• 의견을 존중하는 사람과 같이 확인해 보도록 권유한다.
• 위험 부담이 적고 이익이 있음을 강조한다.
• 변화가 생길 때 고객이 적응할 시간을 주고 변화가 필요한 이유를 설명한다.

14
• 속단적 청취(선택적 청취) · 평가

• 상대방에 대한 편견
• 상대방에 대한 선입견
• 집중하지 않고 다른 생각에 잠겨 있음
• 전화 장치 및 주변의 소음

15
• 전문가 의견조사(경험조사)
• 문헌조사
• 사례조사
• 심층면접법
• 표적집단면접법

16
시장 분석(소비자 분석 및 경쟁자 확인) → 경쟁 제품의 포지션 분석 → 자사 제품의 포지셔닝 개발 → 포지셔닝의 확인 → 재포지셔닝

17
① 첫인사 및 자기소개
② 고객 확인
③ 양해 · 허락
④ 용건 전달
⑤ 상품 서비스 제안
⑥ 반론 극복
⑦ 내용 재확인
⑧ 종결

18
• 카리스마(이상적 영향력)
• 분발 고취(영감적 동기 부여)
• 개별적 배려
• 지적 자극

※ 실제 시험에 나왔던 기출문제들입니다. 문제가 주어졌을 때 얼마나 빨리 풀 수 있을지, 문제의 유형은 어떤 식으로 출제되고 있는지 확인해 보세요.

※ ★표로 표시한 문제는 2회 이상 출제된 문제이므로 반드시 익히고 넘어가도록 합니다.

01 가격 세분화에 대한 기준을 네 가지 쓰시오.

★
02 판매촉진 수단 중 소비자 판매촉진 수단을 다섯 가지 쓰시오.

★
03 다음 인바운드 상담 절차의 순서를 올바르게 나열하시오.

문의(고객 니즈) 파악, 통화 내용 재확인, 상담 준비, 종결, 전화 받기(첫인사), 해결 방안 제시, 결과 정리

★
04 대화를 원활하게 진행하기 위한 스크립트의 목적을 세 가지 쓰시오.

★
05 코틀러(Kotler)에 따르면 제품은 핵심 제품, 유형 제품, 확장 제품으로 구분할 수 있다. 이 중 확장 제품에 포함되는 내용을 네 가지 쓰시오.

★
06 VOC 관리를 통해 기업이 얻을 수 있는 효과를 세 가지 쓰시오.

★
07 인바운드 콜센터에서 사용되는 성과 평가 항목을 세 가지 쓰시오.

08 시장조사에서 발생할 수 있는 불포함 오류, 무응답 오류의 개념을 설명하시오.

09 타당성을 저해하는 요인을 세 가지 쓰시오.

★

10 인바운드 텔레마케팅의 활용 분야를 다섯 가지 쓰시오.

11 커뮤니케이션 매체 중 비언어적 메시지 종류를 세 가지 쓰시오.

★
12 효과적인 세분시장의 조건을 여섯 가지 쓰시오.

13 수직적 마케팅 시스템(VMS)의 주요 유형을 세 가지 쓰시오.

★
14 고객관계 관리(CRM)의 목적은 고객 가치를 최적화함으로써 기업의 수익 증대 및 비용 절감을 획득하는 것이다. 이러한 목적을 달성하기 위한 CRM의 특징을 세 가지 쓰시오.

★
15 고객생애가치(LTV)에 영향을 미치는 요소를 네 가지 쓰시오.

★

16 확률표집방법(확률표본추출방법)과 비확률표집방법(비확률표본추출방법)의 종류를 각각 두 가지씩 쓰시오.

★

17 설문지를 작성할 때 폐쇄형 질문의 장점과 단점을 각각 세 가지씩 쓰시오.

01
- 경쟁사들이 더 낮은 가격으로 판매할 수 없어야 한다.
- 세분된 시장별 수요의 강도가 달라야 한다.
- 가격 세분화로 인한 수익이 비용보다 커야 한다.
- 정부의 규제(법적·제도적 요인)에 따라야 한다.
- 세분시장에서 저가격에 사서 다른 곳에서 고가격에 판매할 수 없어야 한다.
- 가격 세분화로 인한 고객의 불만족한 감정이 유발되지 않아야 한다.

02
- 샘플링
- 사은품
- 보너스 팩
- 환불
- 쿠폰
- 경연과 추첨
- 가격 할인

03
상담 준비 → 전화 받기(첫인사) → 문의(고객 니즈) 파악 → 해결 방안 제시 → 통화 내용 재확인 → 종결 → 결과 정리

04
- 표준화된 언어 표현과 상담 방법으로 모든 고객을 대할 수 있도록 도와줄 수 있다.
- 콜센터 내의 생산성 관리를 도와줄 수 있다.
- 고객에게 전화 목적에 대한 효율적인 전달과 일관된 흐름에 입각한 논리적인 상담이 진행될 수 있다.
- 상담원 스킬 향상에도 많은 영향을 미친다.
- 텔레마케팅 전문가의 경험과 지식을 활용할 수 있다.
- 텔레마케터 간의 상담 능력 차이를 좁혀 일관성 있는 업무를 수행할 수 있다.
- 텔레마케터의 능력을 일정 수준 이상으로 유지·관리한다.

05
- 운반
- 설치
- 품질 보증
- 사용 방법(매뉴얼)
- 애프터서비스

해설 **코틀러(Kotler, P)의 제품 세 가지 수준**
- 핵심 제품(Core product): 소비자가 어떤 제품을 구매할 때 추구하는 편익(효용)을 의미하며, 소비자의 욕구를 충족해 주는 가장 본질적인 요소
- 실체(유형) 제품(Tangible product): 유형화(형상화)를 위한 물리적인 요소로서, 소비자의 감각적·상징적 욕구를 충족해 주는 포장, 상표명, 품질 및 디자인 등과 같은 구체적인 제품
- 확장(포괄) 제품(Augmented product): 물리적인 제품에 대한 추가적·부가적 서비스로 운반, 설치, 품질 보증, 사용 방법(매뉴얼), 애프터서비스 등의 서비스 편익

06
- 자사의 서비스 및 제품의 문제점 파악 후, 향후 고객 관리나 마케팅에 반영하여 2차, 3차로 발생할 수 있는 고객의 불만을 미연에 방지할 수 있다.
- 불만 고객에 대한 빠르고 효과적인 응대로 기존의 기업 이미지를 긍정적으로 바꿈으로써 불만 고객이 충성 고객으로 발전할 수 있다.
- 기존 고객 유지에 드는 비용보다 새로운 고객 확보에 드는 비용이 더 많으므로 기존 고객 유지가 더욱 중요한데, 이는 VOC를 통해 해결 가능하다.

07
- 콜 포기율
- 서비스 레벨
- 평균 통화처리시간

08
- 불포함 오류: 표본추출 과정에서 모집단 일부가 표본에서 제외됨으로써 발생하는 오류
- 무응답 오류: 비접촉(응답자의 거절, 부재중 등)으로 인하여 데이터를 조사할 수 없어서 발생하는 관찰 불능에 의한 오류

09
- 내적 타당도 저해 요소: 통계적 회귀, 외적 사건(역사적 요소 또는 우연한 사건), 검사 효과, 성장 효과(성숙 또는 시간적 경과), 도구 효과

- 외적 타당도 저해 요소: 반작용 효과(Reactive Effects), 실험 대상자 선정에서 오는 편향, 독립 변수 간의 상호작용

10
- 주문 접수
- 예약 업무
- 상담 접수
- A/S
- 클레임 처리
- 생활 정보 서비스

11
- 음성의 고저(억양, 톤)
- 의상 및 표정
- 몸짓
- 자세
- 상대방과의 거리

12
- 내부적 동질성과 외부적 이질성
- 측정 가능성
- 접근 가능성
- 규모의 경제성
- 행동 가능성
- 유효 정당성

13
- 회사형 VMS
- 계약형 VMS
- 관리형 VMS
- 동맹형 VMS

해설 유통경로 마케팅 시스템

통합 방식	회사형	계약형	관리형	동맹형
	소유	계약	경로 리더 의존	상호 의존
독립성	소유	독립	독립	독립
수직적 통합의 정도	비독립	높음	낮음	매우 낮음 (대등 관계)
상호 의존성	매우 높음	높음	낮음	높음
• 공식화 • 정보 공유도 • 연관성	매우 높음	높음	낮음	높음

14
- 고객과의 관계를 관리하는 데에 초점을 맞추는 고객 지향적, 고객 중심적인 마케팅 전략이다.
- 장기적으로 고객과의 관계를 유지함으로써 지속적인 기업의 이윤을 추구한다.
- 기업과 고객 사이의 신뢰를 쌓고 고객과 평생 동안 거래를 하고자 한다.
- 고객 맞춤형 마케팅 전략을 구사할 수 있다.
- 고객의 요구사항을 자세히 파악할 수 있고 더욱 능동적으로 대처할 수 있다.
- 고객관계 관리에 연관된 모든 부분이 고객관계 관리를 수행하는 데 적합하도록 통합이 이뤄져야 한다.

15
- 고객 반응률
- 고객 신뢰도
- 고객 기여도
- 고객 성장성

16
- 확률표본추출방법
  - 단순무작위표본추출방법
  - 층화표본추출방법
  - 군집표본추출방법
  - 계통표본추출방법
- 비확률표본추출방법
  - 편의표본추출방법
  - 판단표본추출방법
  - 할당표본추출방법
  - 눈덩이표본추출방법

17
- 장점
  - 응답이 표준화되어 있어 비교가 가능하다.
  - 부호화와 분석이 용이하여 시간과 경비를 절약할 수 있다.
  - 전체 상담 시간 조절이 용이하다.
  - 채점과 코딩이 간편하다.
  - 응답 항목이 명확하고 신속한 응답이 가능하다.
  - 조사자의 편견이 개입되는 것을 방지할 수 있다.
  - 응답자 입장에서 질문이 간단하여 대답하기 편하다.
- 단점
  - 상세한 정보 획득이 어렵다.
  - 응답자의 다양한 의견 반영이 어렵다.
  - 응답 항목의 배열에 따라 응답이 달라질 수 있다.
  - 설문지 작성 과정이 어렵다.

※ 실제 시험에 나왔던 기출문제들입니다. 문제가 주어졌을 때 얼마나 빨리 풀 수 있을지, 문제의 유형은 어떤 식으로 출제되고 있는지 확인해 보세요.

※ ★표로 표시한 문제는 2회 이상 출제된 문제이므로 반드시 익히고 넘어가도록 합니다.

★
01 확률표본추출방법 세 가지를 쓰시오.

★
02 2차 자료에 대해 설명하고 종류 세 가지를 쓰시오.

★
03 변혁적 리더십에 대해 설명하고 그에 대한 요소 세 가지를 쓰시오.

★

04 실험 설계의 내적 타당성과 외적 타당성을 저해하는 외생 변수 중에 우연적 상황, 성숙 효과를 설명하시오.

---

05 라인 확장에 대해 설명하고 그 종류를 두 가지 쓰시오.

★

06 수신자에 의한 장애 요인 세 가지를 쓰시오.

★

07 설문지 작성 시 질문 순서로 고려해야 할 세 가지를 쓰시오.

★
08 아웃바운드 텔레마케팅의 특징 네 가지를 쓰시오.

09 기업에 대한 CRM의 기대 효과 네 가지를 쓰시오.

★
10 소비자가 서비스 품질을 평가하는 요소 다섯 가지를 쓰시오.

11 유통 전략의 갈등 세 가지를 쓰시오.

12 지리적 변수 세 가지를 쓰시오.

★
13 마케팅 촉진 전략 네 가지를 쓰시오.

★
14 상층흡수가격 정책의 조건 네 가지를 쓰시오.

★
15 아웃바운드의 비판매 활용 분야를 두 가지 쓰시오.

★

16 직무 평가 방법 세 가지를 쓰시오.

★

17 지금까지 유지되어 온 현재의 위치를 버리고 새로운 포지션을 찾아가는 방법을 무엇이라고 하는지 쓰시오.

★

18 비표본 오류가 발생하는 상황 네 가지를 쓰시오.

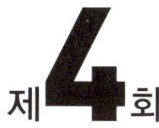
01
- 단순무작위표본추출방법
- 층화표본추출방법
- 군집표본추출방법
- 계층표본추출방법

02
- 정의: 다른 조사 목적과 관련하여 조사 내부 혹은 외부의 특정한 조사 주체에 의해 기존에 이미 작성된 자료이다.
- 종류
  - 신문
  - 정부 기관 간행물
  - 기업 내부 자료
  - 신디케이트 자료
  - 잡지
  - 연구 문헌 및 논문
  - 학문 분야의 전문 서적
  - 편람

03
- 정의: 직원들에게 동기부여를 함으로써 업무 효율을 고취시키는 리더십이다.
- 요소
  - 카리스마(이상적 영향력)
  - 분발 고취(영감적 동기 부여)
  - 개별적 배려
  - 지적 자극

04
- 우연적 상황: 조사자의 의도와는 관계없이 어떤 사건이 우연히 발생하여 종속 변수에 영향을 미치는 경우이다.
- 성숙 효과: 조사 기간 중에 시간의 경과에 따라 조사 집단의 속성이 자연적으로 변화함으로써 종속 변수에 영향을 미치는 경우이다.

05
- 정의: 기존에 존재하는 브랜드명을 가지고, 동일 제품군 내에서 새로운 제품을 도입하는 전략이다.
- 종류
  - 수평적 라인 확장 전략
  - 수직적 라인 확장 전략

06
- 수신자의 선입견
- 속단적인 평가
- 선택적 청취
- 반응과 피드백 부족

07
- 응답자의 흥미를 유발하거나 쉽게 대답할 수 있는 질문을 질문지의 앞부분에 놓는 것이 좋다.
- 질문은 전반적인 질문에서 구체적이거나 특수한 질문으로 진행하는 것이 좋다.
- 나이, 성별, 출신지, 교육 수준, 직업, 소득 등 인구사회학적 특성에 대한 질문이나 개인의 사생활에 대한 질문, 또는 민감한 질문은 가급적 질문지의 끝으로 보내는 것이 좋다.
- 대화와 마찬가지로 질문들을 내용별로 묶어 주어야 하며, 자연스러우면서 논리적인 순서에 따라 이어지게 하는 것이 좋다.
- 내용이 같거나 척도가 동일한 질문은 모아서 함께 묻는 것이 좋고, 가능한 한 동일한 질문 및 응답 범주는 동일한 면에 있도록 배열한다.

08
- 기업이 잠재 고객이나 기존 고객에게 전화를 거는 기업 주도형 마케팅 기법이다.
- 적극적이고, 능동적인 마케팅 기법이다.
- 목표 지향적인 마케팅 기법이다.
- 명확한 고객 데이터베이스를 갖추고 진행해야 한다.
- 인바운드 텔레마케팅이 Q&A의 활용도가 높은 것에 비해, 아웃바운드 텔레마케팅은 스크립트의 활용도가 높다.

09
- 고객 서비스 프로세스 개선
- 고객 DB의 적극적 활용
- 고객 이탈을 방지하여 장기적 수익성 확보를 통한 이익 증가
- 고객을 효율적으로 관리하여 운영비 절감
- 충성 고객의 구전 광고
- 종업원 이직률 감소의 간접 효과

10

- 신뢰성
- 확신성
- 유형성
- 공감성
- 대응성

[해설] 소비자가 서비스 품질을 평가하는 요소(SERVQUAL 모형)

- 신뢰성(Reliability): 약속한 서비스를 믿게 하며 정확하게 제공하는 능력
- 확신성(Assurance): 서비스 제공자들의 지식, 정중, 믿음, 신뢰를 전달하는 능력
- 유형성(Tangibles): 서비스 환경의 외형·물리적인 시설, 장비, 사람, 커뮤니케이션 도구
- 공감성(Empathy): 고객에게 개인적인 배려를 제공하는 능력, 관심 및 친절
- 대응성(Responsiveness): 기꺼이 고객을 돕고 신속한 서비스를 제공하는 능력, 자발성

11

- 수평적 경로 갈등
- 수직적 경로 갈등
- 경로 형태 간 갈등

[해설]

- 수평적 경로 갈등: 유통경로상 동일한 수준(단계)의 구성원들 간의 갈등
- 수직적 경로 갈등: 유통경로상 서로 다른 수준(단계)의 구성원들 간의 갈등
- 경로 형태 간 갈등: 유통경로 내 동일 수준에 있는 서로 다른 형태의 중간상 간의 경쟁으로 인한 갈등

12

- 지역
- 인구 밀도
- 도시의 규모
- 기후

13

- 광고
- 판매촉진
- 인적 판매
- 홍보

14

- 시장 수요의 가격 탄력성이 낮을 때
- 시장에 경쟁자의 수가 적을 것으로 예상될 때
- 규모의 경제 효과를 통한 이득이 미미할 때
- 진입 장벽이 높아 경쟁 기업의 진입이 어려울 때

- 높은 품질로 새로운 소비자층을 유인하고자 할 때
- 품질 경쟁력이 있을 때

[해설] 상층흡수가격 정책(Skimming pricing, 초기고가격 정책)

신제품을 시장에 도입하는 초기에 고가격을 설정함으로써 가격에 대하여 민감한 반응을 보이지 않는 고소득 계층을 흡수한 후 연속적으로 가격을 인하시킴으로써 저소득 계층에게도 침투하고자 하는 가격 정책

15

- 고객 만족도 조사
- 시장조사
- 소비자 조사
- 방문 약속
- 해피콜

16

- 서열법
- 분류법
- 점수법
- 요소 비교법

[해설]

- 서열법(Ranking method): 각 직무의 난이도 및 책임성 등을 평가하여 서열을 매기는 방법
- 분류법(Grading method): 직무의 가치를 단계적으로 구분하는 등급표를 만들고 직무 평가를 그에 맞는 등급으로 분류하는 방법
- 점수법(Point method): 직무를 각 구성 요소로 분해한 뒤 평가한 점수의 합계를 통해 직무의 가치를 평가하는 방법
- 요소 비교법(Factor−comparison method): 객관적으로 가장 타당하다고 인정되는 기준 직무를 설정하고, 이를 기준으로 평가 직무를 그에 비교함으로써 평가하는 방법

17

재포지셔닝(=리포지셔닝)

[해설]

소비자 욕구의 변화, 상권 내 역학 구조의 변화, 소매 기업 내 각종 상황의 변화 등의 요인에 의하여 그동안 유지해 왔던 마케팅믹스 및 영업 방법상의 특징을 본질적으로 변화시킴으로써 상권의 범위와 내용, 목표 소비자를 새롭게 조정하는 활동이다.

18

- 자료 수집이나 처리 과정에서 발생하는 문제나 조사원의 실수 등이 발생했을 때
- 분석 시 잘못 입력했을 때
- 조사원이 문제를 잘못 설명했을 때
- 응답자가 질문을 잘못 이해했을 때

※ 실제 시험에 나왔던 기출문제들입니다. 문제가 주어졌을 때 얼마나 빨리 풀 수 있을지, 문제의 유형은 어떤 식으로 출제되고 있는지 확인해 보세요.

※ ★표로 표시한 문제는 2회 이상 출제된 문제이므로 반드시 익히고 넘어가도록 합니다.

01 명목 척도, 서열 척도, 등간 척도, 비율 척도에 대해 설명하고, 숫자에 내포하는 정보를 쓰시오.

★
02 다음은 소비재 유형에 대한 표이다. 빈칸 A~C에 들어갈 말을 쓰시오.

항목	(A)	(B)	(C)
구매 전 지식	많다	적다	많다
구매 노력	적다	보통	많다
대체품 수용도	많다	보통	적다
구매 정보 탐색 정도	적다	많다	적다

★
03 초기고가격 전략을 활용할 수 있는 조건을 쓰시오.

★
04 SERVQUAL 평가 항목은 무엇인지 쓰시오.

★
05 인바운드 마케팅의 활용 분야를 쓰시오.

★
06 아웃바운드 텔레마케팅의 특징은 무엇인지 쓰시오.

★
07 격상 판매와 교차 판매의 정의를 쓰시오.

★
08 효과적인 시장 세분화를 하기 위한 요건은 무엇인지 쓰시오.

★
09 집단조사법(집단조사 면접법)의 장단점을 각각 두 가지씩 쓰시오.

10 구조화 면접과 비구조화 면접의 정의와 장단점을 각각 쓰시오.

★
11 스크립트의 작성 목적을 설명하시오.

....

12 우리나라 소매점의 종류를 네 가지 쓰시오.

....

★
13 RFM 분석에 대해 설명하시오.

....

14 피들러의 상황 이론의 세 가지 요인을 쓰시오.

....

★
15 CRM의 목표 세 가지를 쓰시오.

★
16 상담 내용을 모니터링하는 이유는 무엇인지 쓰시오.

17 다음 설문지에서 질문이 잘못된 이유는 무엇인지 쓰시오.

> 당신의 신용카드 사용 항목 중 사용빈도가 가장 높은 것은 무엇인가?
> ⓐ 의복비   ⓑ 의료비   ⓒ 교육비   ⓓ 식료품비   ⓔ 주거비   ⓕ 식자재비   ⓖ 기타 (   )

★
18 촉진 전략 수단 네 가지를 쓰시오.

01

- 명목 척도: 숫자에 양적인 개념이 전혀 내포되어 있지 않으며 단지 확인과 분류에 관한 정보만을 내포한다.
  예 인종, 성별 등
- 서열 척도: 순서에 대한 정보를 포함한다.
  예 순위, 등급 등
- 등간 척도: 명목 척도와 서열 척도에 포함된 정보와 측정값 간의 양적 차이에 관한 정보를 포함한다.
  예 온도, 지능 지수(배수 개념 의미 없음) 등
- 비율 척도: 척도를 나타내는 수가 등간일 뿐 아니라 의미 있는 절대 영점을 가지고 있는 경우에 이용된다.
  예 투표율, 월 소득액, 무게, 길이, 높이, 부양가족 수(배수 개념 의미 있음) 등

02

A: 편의품, B: 선매품, C: 전문품

03

- 시장 수요의 가격 탄력성이 낮을 때
- 시장에 경쟁자의 수가 적을 것으로 예상될 때
- 규모의 경제 효과를 통한 이득이 적을 때

해설 고가 전략과 저가 전략의 조건

고가 전략의 조건	• 시장 수요의 가격 탄력성이 낮을 때 • 시장에 경쟁자의 수가 적을 것으로 예상될 때 • 규모의 경제 효과를 통한 이득이 적을 때 • 진입 장벽이 높아 경쟁 기업의 진입이 어려울 때 • 높은 품질로 새로운 소비자층을 유인하고자 할 때 • 품질 경쟁력이 있을 때
저가 전략의 조건	• 시장 수요의 가격 탄력성이 높을 때 • 시장에 경쟁자의 수가 많을 것으로 예상될 때 • 소비자의 본원적인 수요를 자극하고자 할 때 • 원가 우위를 확보하고 있어 경쟁 기업이 자사 제품의 가격만큼 낮추기 힘들 때 • 가격 경쟁력이 있을 때

04

- 대응성
- 확신성
- 유형성
- 공감성
- 신뢰성

05

- 상품 주문 접수
- 예약 업무
- A/S
- 클레임 응대
- 생활 정보 서비스

06

- 기업이 잠재 고객이나 기존 고객에게 전화를 거는 기업 주도형 마케팅 기법
- 적극적이고, 능동적인 마케팅 기법
- 목표 지향적인 마케팅 기법
- 명확한 고객 데이터베이스 필요
- 인바운드 텔레마케팅이 Q&A의 활용도가 높은 것에 비해, 아웃바운드 텔레마케팅은 스크립트의 활용도가 높음

07

- 격상 판매: 고객이 어떤 제품이나 서비스를 구매할 때 업그레이드된 고가의 상품이나 서비스를 구매하도록 유도하여 판매 금액을 높이는 기법이다.
- 교차 판매: 고객이 구매한 상품이나 서비스와 비슷한 자사의 상품 또는 서비스를 추가 구매하도록 유도하는 판매 기법이다.

08

- 내부적 동질성과 외부적 이질성
- 측정 가능성
- 접근 가능성
- 규모의 경제성(실질성, 유지 가능성)
- 행동 가능성
- 유효 정당성

09
- 장점
  - 개인 면접조사법에 비해 비용이 적게 든다.
  - 조사가 간편하고, 조사원의 수를 줄일 수 있다.
  - 질문지의 오류가 적다.
  - 조사 조건을 표준화할 수 있다.
- 단점
  - 응답자들을 한곳에 집합시키기 어렵다.
  - 개인차가 무시되어 조사 자체의 타당성이 낮아지기 쉽다.
  - 응답자 간에 영향을 받을 수 있다.
  - 판단표본추출법에 의한 대상이므로 응답자들이 모집단을 적절하게 대표할 수 없다.
  - 피조사자에게 일당이나 교통비를 지불해야 할 경우 비용이 많이 든다.
  - 질문지에 잘못 기입하는 경우 오기를 시정하기 어렵다.
  - 질문이 개인적이거나 비정상적인 문제이면 중립적인 응답의 가능성이 있다.
  - 다른 곳에 조사 결과가 이용될 것이라고 인식하여 왜곡된 응답이 나올 가능성이 있다.

10
- 구조화 면접(표준화 면접): 엄격히 정해진 면접조사표에 의하여 그대로 면접을 하는 것이다.
  - 장점: 신뢰도가 높다. 반복적인 면접이 가능하다. 조사자의 행동이 통일성을 갖게 된다. 면접 결과의 수치화가 용이하다.
  - 단점: 면접 결과의 타당도가 낮다. 면접 상황에 대한 적응도가 낮다. 새로운 사실 및 아이디어의 발견 가능성이 낮다.
- 비구조화 면접(비표준화 면접): 질문의 내용 및 그 순서가 미리 정해져 있지 않으며 면접 상황에 따라 임의로 질문을 변경할 수 있다.
  - 장점: 면접 상황에 대한 적응도가 높다. 면접 결과의 타당도가 높다. 새로운 사실 및 아이디어의 발견 가능성이 높다.
  - 단점: 조사자의 행동에 통일성을 기할 수 없다. 반복적인 면접이 불가능하다. 면접 결과의 수치화가 어렵다.

11
- 표준화된 언어표현과 상담방법으로 모든 고객을 대할 수 있도록 도와줄 수 있다.
- 콜센터 내의 생산성 관리를 도와줄 수 있다.
- 고객에게 전화 목적에 대한 효율적인 전달과 일관된 흐름에 입각한 논리적인 상담이 진행될 수 있다.
- 상담원 스킬 향상에도 많은 영향을 미친다.
- 텔레마케팅 전문가의 경험과 지식을 활용할 수 있다.
- 텔레마케터 간의 상담 능력 차이를 좁혀 일관성 있는 업무를 수행할 수 있다.
- 텔레마케터의 능력을 일정 수준 이상으로 유지·관리한다.

12
- 편의점
- 슈퍼마켓
- 전문점
- 백화점
- 할인점

13
고객의 성향을 분석하여 고객의 등급을 계산하는 점수 기준으로, 고객이 얼마나 최근에 구입했는가(Recency), 제품 또는 서비스를 얼마나 자주 구매하는가(Frequency), 고객이 구매한 총금액(Monetary)이 얼마인가를 나타낸다.

14
- 리더와 구성원의 관계: 종업원들이 리더를 지원하는 정도로, 얼마나 관계가 좋은지를 의미
- 종업원들의 업무의 구조화: 업무의 목표나 처리 절차 등이 얼마나 체계화되어 있는지의 정도
- 리더의 지위에 부여된 권력: 보상이나 통제 등의 지휘를 행사할 수 있는 재량권의 정도

15
- 신규 고객 확보, 기존 고객 유지를 통한 고객 수 증대
- 고객 가치 증진을 통한 매출 및 고객 충성도 향상
- 고객 운영 비용 효율화를 통한 비용 절감
- 마케팅 비용 효율화 등의 고객 유지 비용의 최적화를 통하여 기업의 수익 증대 및 비용 절감

16
- 통화품질 향상
- 상담원의 통화 능력 체크
- 상담원 예절 및 친절성 체크
- 상담원 발음의 정확성 체크
- 상담원 평가를 통한 코칭

17
응답 항목 간 내용이 중복된다.

18
- 홍보
- 인적 판매
- 광고
- 판매촉진

※ 실제 시험에 나왔던 기출문제들입니다. 문제가 주어졌을 때 얼마나 빨리 풀 수 있을지, 문제의 유형은 어떤 식으로 출제되고 있는지 확인해 보세요.

※ ★표로 표시한 문제는 2회 이상 출제된 문제이므로 반드시 익히고 넘어가도록 합니다.

★

01 전화조사의 장단점을 두 가지씩 쓰시오.

02 스크립트 작성 방법의 유형을 세 가지 쓰시오.

03 스크립트 구성의 네 단계를 쓰고 설명하시오.

★

04 제품수명주기의 네 단계를 쓰시오.

★

05 기술조사의 종류를 세 가지 쓰시오.

---

06 텔레마케터가 고객에게 전화조사할 때 고려해야 할 사항을 세 가지 쓰시오.

---

07 자료 처리 중 코딩이란 무엇인지 쓰시오.

---

08 기업이 재포지셔닝을 하는 경우를 다섯 가지 쓰시오.

09 다음에서 설명하는 가격조정 전략 A~C가 무엇인지 각각 쓰시오.

> - A: 제품 가격의 끝자리를 단수로 표시하여 소비자들이 저렴하다고 인지하는 가격(예 200,000원짜리 제품을 199,000원에 판매함)
> - B: 소비자들이 제품 구입 시 적정하다고 생각하는 가격
> - C: 소비자가 어떤 제품에 대해 지불할 의사가 있는 최고가격

10 확률표본추출방법과 비확률표본추출방법을 세 가지씩 쓰시오.

11 개방형 질문의 장단점을 두 가지씩 쓰시오.

12 화난 고객 응대법을 네 가지 쓰시오.

★
13 스크립트를 바탕으로 두 사람이 전화 응대 연습을 하는 것으로서, 실제 상황에 맞춰 연습, 평가하고 피드백하는 과정이 무엇인지 쓰시오.

14 고객정보 분석 방법을 세 가지 쓰시오.

★
15 성과목표 중 SMART의 의미를 각 글자별로 쓰시오.

★

16 Push 전략이 무엇인지 쓰시오.

★

17 인구통계학적 변수를 다섯 가지 쓰시오.

---

18 유통경로 설정에서 갈등의 유형을 세 가지 쓰시오.

★

19 고객생애가치(LTV)에 영향을 주는 요소를 네 가지 쓰시오.

01

- 장점
  - 비용이 적게 든다.
  - 신속한 조사가 가능하다.
  - 우편조사에 비해 응답률이 높다.
  - 거리 제약이 없다.
  - 조사자의 편견을 통제할 수 있다.
  - 면접 기피자에게도 조사가 가능하다.
- 단점
  - 시간의 제약이 있다.
  - 보조 도구의 사용이 곤란하다.
  - 전화 중단의 문제가 있을 수 있다.
  - 간단한 질문 및 답변만 할 수 있다.
  - 상세한 정보 획득이 어렵다.

02

- 차트식: '예', '아니요'에 따라 다음 질문이나 설명이 달라지는 경우에 활용한다.
- 회화식: 상대방과 대화하면서 진행하는 경우에 활용한다.
- 혼합식: 차트식과 회화식을 혼합한 방식이다.

03

① 도입부: 자기소개 및 첫인사, 상대방 확인, 전화를 건 목적 전달 및 상대방 양해, 부재 시 대응
② 상담 진행: 고객정보 수집을 위한 탐색, 고객 이점 위주의 제안 및 설명, 고객 거절 시 응대(혜택 강조, 재권유)
③ 마무리 및 감사: 고객의 의사결정 내용 확인, 지속적인 거래와 소개 등의 부탁, 감사 내용 전달 및 마지막 인사
④ 데이터베이스 정리: 상담 내용을 정리하고 고객 반응, 상담 결과를 분류하여 데이터베이스화 진행

04

도입기 → 성장기 → 성숙기 → 쇠퇴기

05

- 서베이조사
- 패널조사
- 횡단조사
- 종단조사

06

- 고객에게 통화 가능 여부를 확인한다.
- 너무 늦은 시간에 전화를 걸지 않는다.
- 식사 시간에 전화하지 않는다.

07

조사 항목별로 전산 처리에 의한 분석을 편리하게 하기 위해 각 항목에 대한 응답을 숫자나 기호로 부여하는 과정이다.

08

- 판매 침체로 기존 제품의 매출액이 감소되었을 경우
- 소비자의 취향이나 욕구가 변화한 경우
- 시장에서의 위치 등 경쟁 상황의 변화로 전략의 수정이 필요한 경우
- 유망한 새로운 시장 적소나 기회가 발견되었을 경우
- 기존의 포지션이 진부해져 매력이 상실되었을 경우
- 경쟁자의 진입으로 시장 내의 차별적 우위 유지가 힘들어졌을 경우

09

A: 단수 가격, B: 준거 가격, C: 유보 가격

10

- 확률표본추출방법
  - 단순무작위표본추출방법
  - 층화표본추출방법
  - 군집표본추출방법
  - 계통표본추출방법
- 비확률표본추출방법
  - 편의표본추출방법
  - 판단표본추출방법
  - 할당표본추출방법
  - 눈덩이표본추출방법

11

- 장점
  - 응답자의 다양한 의견을 수렴할 수 있다.
  - 고객 상황에 대한 명확한 이해가 용이하여 고객의 니즈

탐색이 가능하다.
- 응답자가 상세한 부분까지 언급할 수 있어 새로운 정보의 획득이 가능하다.
- 응답자가 생각나는 대로 어떤 형식 없이 응답할 수 있다.
- 폐쇄형 질문보다 자료를 모으는 데 효과적이다.
- 대답이 불명확하면 설명을 요구할 수 있어 오해 제거 및 친밀감을 향상시킬 수 있다.
- 단점
  - 코딩이 어렵다.
  - 너무 간단하게 대답하는 경우가 있다.
  - 고객이 응답에 대한 부담을 느껴 무응답을 하는 빈도가 높다.
  - 응답 자체를 거절하는 경우도 많다.

12
- 자사의 제품에 대한 불만을 토로하거나 화를 내더라도 같이 화를 내서는 안 된다.
- Yes, but 화법으로 정중히 사과한다.
- 화내는 이야기에 공감하면서 경청한다.
- 원인을 정확하게 분석·규명하고 질문과 불만을 종합적으로 분석하며 원인에 대한 책임 소재를 파악한다.
- 침착하게 응대한다.
- 긍정적 자세로 소비자를 안심시키도록 노력한다.

13
역할연기

14
- 회귀 분석
- 판별 분석
- 군집 분석
- RFM 분석

15
- S(Specific): 구체적이어야 한다.
- M(Measurable): 측정할 수 있어야 한다.
- A(Achievable, Attainable): 달성 가능한 지표여야 한다.
- R(Result-oriented): 전략 과제를 통해 구체적으로 달성하는 결과물이어야 한다.
- T(Timely, Time-bound): 일정한 시간 내에 달성 여부를 확인할 수 있어야 한다.

16
기업이 중간 상인이나 판매자들을 대상으로 인센티브 지급 또는 특별 이벤트 등의 각종 프로모션 역량을 펼쳐 직접적으로 소비자들에게 구입을 권유하는 적극적인 마케팅 전략이다.
■ 길거리 신용카드 판촉, 화장품 방문 판매 등

17
- 나이
- 가족 규모
- 직업
- 종교
- 성별
- 소득
- 학력

18
- 수평적 경로 갈등
- 수직적 경로 갈등
- 경로 형태 간 갈등

19
- 고객 반응률
- 고객 신뢰도
- 고객 기여도
- 고객 성장률

※ 실제 시험에 나왔던 기출문제들입니다. 문제가 주어졌을 때 얼마나 빨리 풀 수 있을지, 문제의 유형은 어떤 식으로 출제되고 있는지 확인해 보세요.

※ ★표로 표시한 문제는 2회 이상 출제된 문제이므로 반드시 익히고 넘어가도록 합니다.

01 구매의사결정의 과정을 순서대로 쓰시오.

02 확률표본추출방법의 종류를 세 가지 쓰시오.

★

03 2차 자료의 정의와 특성 및 한계점을 쓰시오.

04 묶음 가격의 정의와 효과를 쓰시오.

★
05 기업이 재포지셔닝을 하는 경우를 쓰시오.

★
06 인하우스 텔레마케팅 장단점을 각각 두 가지씩 쓰시오.

★
07 AIO 분석에서 각 글자의 의미를 쓰시오.

08 유통경로 최적의 조건을 두 가지 쓰시오.

09 고객이 제품·서비스에 대해 관심을 가지고 전화를 거는 인바운드 상담은 Q&A 시트를 활용하는 반면, 기업이 잠재 고객이나 기존 고객에게 전화를 거는 기업 주도형 마케팅 기법인 아웃바운드는 (   )의 활용도가 높다. 빈칸에 들어갈 알맞은 말을 쓰시오.

10 기업의 가격결정에 영향을 미치는 요인을 내부 요인과 외부 요인으로 나누어 두 가지씩 쓰시오.

11 FGI(표적집단면접조사)의 특성은 무엇인지, 그리고 어디에 활용할 수 있는지 쓰시오.

★

12 전화조사의 장단점을 각각 두 가지씩 쓰시오.

★

13 스크립트 작성 시 유의 사항 네 가지를 쓰시오.

14 텔레마케팅이 등장하게 된 배경을 기업의 사회문화적 측면에서 쓰시오.

15 리더십을 의사결정 방식에 따라 구분할 때 속하는 리더십을 세 가지 쓰시오.

★
16 비관찰 오류의 종류를 두 가지 쓰시오.

17 교차 판매와 심비오틱 마케팅의 의미를 쓰시오.

18 다입지 · 다세분시장 전략의 장단점을 각각 한 개씩 쓰시오.

★
19 탐색조사의 종류를 세 가지 쓰시오.

01
문제 인식 → 정보 탐색 → 대안의 평가 → 구매 → 구매 후 평가

02
• 단순무작위표본추출방법
• 층화표본추출방법
• 군집표본추출방법
• 계통표본추출방법

03
• 정의: 다른 조사 목적과 관련하여 조사 내부 혹은 외부의 특정한 조사 주체에 의해 기존에 이미 작성된 자료이다.
• 특성 및 한계점: 신속하게 수집이 가능하여 시간과 비용의 절약이 가능하지만 자료를 수집한 목적이 다르기 때문에 자료의 유용성 및 실효성이 제한을 받는 경우가 많다.

04
• 정의: 본래의 주상품만 파는 것이 아니라 보조 상품을 세트식으로 끼워 팔거나 용기나 용량이 적은 제품을 부가적으로 파는 방법이다.
• 효과
 – 기업 측면: 소량 구매할 고객들이 더 많은 비용을 지불하도록 유도하여, 보다 낮은 가격으로 제품 또는 서비스를 제공한다.
 – 소비자 측면: 단일 품목을 구매하는 것보다 묶음 제품을 구입하는 것이 값이 저렴하다.

05
• 경쟁자의 진입으로 시장 내의 차별적 우위 유지가 힘들어졌을 때
• 기존의 포지션이 진부해져 매력이 상실되었을 때
• 판매 침체로 기존 제품의 매출이 감소되었을 때
• 소비자의 취향이나 욕구가 변화하였을 때
• 시장에서의 위치 등 경쟁 상황의 변화로 전략의 수정이 필요할 때
• 유망한 새로운 시장 적소나 기회가 발견되었을 때

06
• 장점
 – 직접 직원을 관리 · 통제할 수 있다.
 – 기업 내부 기밀 데이터 유출을 방지할 수 있다.
 – 텔레마케팅 노하우를 축적할 수 있다.
• 단점
 – 초기 투자 비용이 많이 든다.
 – 시스템 구축이 어렵다.
 – 전문 텔레마케터의 부재로 인해 마케팅 활동의 효율이 저하된다.
 – 인력 고정에 의해 투자 비용이 지출된다.

07
• Activity(활동)
• Interest(관심)
• Opinion(의견)

08
• 경제성
• 통제성
• 유연성

해설
• 경제성: 유통경로가 창출할 수 있는 매출액과 투입되는 유통비를 고려하여 수익성이 극대화될 수 있는 유통 구조
• 통제성: 메이커가 계획하고 지시하는 마케팅 정책을 잘 따르고 실행할 수 있는 유통 구조
• 유연성: 시장과 유통환경의 변화에 따라 신축성 있게 대응하고 변화할 수 있는 유통 구조

09
스크립트

10
• 내부 요인
 – 기업의 가격 정책
 – 마케팅 목표
 – 원가
 – 마케팅믹스 전략

- 외부 환경 요인
  - 수요 상황
  - 경쟁자의 상황
  - 법적 · 제도적 요인

11
어떤 장소에 6~12명의 소비자들을 모아놓고 조사하고자 하는 주제에 대해 서로 토론하도록 하는 정성적 탐색조사 방법이다. 신제품에 대한 아이디어, 소비자의 제품 구매 및 사용 실태에 대한 이해, 제품 사용의 문제점 등을 파악할 수 있고, 소비자의 독창적 아이디어를 이끌어 낼 수 있다.

12
- 장점
  - 비용이 적게 든다.
  - 신속한 조사가 가능하다.
  - 우편조사에 비해 응답률이 높다.
  - 거리 제약이 없다.
  - 조사자의 편견을 통제할 수 있다.
  - 면접 기피자에게도 조사가 가능하다.
- 단점
  - 시간의 제약이 있다.
  - 보조 도구의 사용이 곤란하다.
  - 전화 중단의 문제가 있을 수 있다.
  - 간단한 질문 및 답변만 할 수 있다.
  - 상세한 정보 획득이 어렵다.

13
- 스크립트는 회화체로 작성해야 한다.
- 스크립트는 고객의 상황과 기업 · 상담사 입장에서 작성해야 한다.
- 스크립트는 실전에서 고객과 응대 시 활용되는 내용으로 역할연기를 통하여 사전에 충분히 학습해야 한다.
- 스크립트는 기본 스크립트 작성 후 상황별 스크립트와 반론 스크립트를 작성해야 한다.
- 스크립트는 큰 형식을 바꿀 수는 없으나, 상담사 자신에게 적합한 표현으로 수정할 수 있다.

14
- 소비자 욕구가 변화되면서 산업 사회의 대량 마케팅으로부터 소외감을 느꼈던 소비자들은 자신의 존재를 인정받기를 원하게 되었다.
- 소비자는 획일적인 상품 기능을 추구하는 것에서 자신의 개성을 추구하게 되었다.
- 수동적이며 소극적인 자세에서 능동적이고 적극적인 참여로 고객의 태도가 변화되었다.
- 편리성과 시간 가치가 증대되면서 편하고 신속하게 이루어지는 것을 추구하게 되었다.

15
- 독재형 리더십
- 민주적 리더십
- 방임적 리더십

16
- 무응답 오류
- 불포함 오류

17
- 교차 판매: 하나의 제품이나 서비스 제공 과정에서 고객이 자사의 다른 제품이나 서비스를 추가적으로 구매하도록 유도하는 마케팅 기법으로, 자사의 매출 증대나 고객에 대한 관계를 강화하기 위해 쓰이는 방식이다.
- 심비오틱 마케팅: 둘 또는 그 이상의 독립된 기업이 공동으로 추진하고 활용하는 판촉 기법으로, 두 회사에서 동시에 이용할 수 있는 쿠폰이나 리베이트 판매촉진 수단 등이 있다.

18
- 장점: 빠른 성장을 통한 매출액의 증대, 신시장 개척, 시장에 대한 정확한 정보 제공, 마케팅 기회 탐지, 마케팅 자원의 효율적 배분
- 단점: 고비용, 시장 상황에 맞는 즉각적 대응 어려움, 유지 및 관리 비용 추가 발생

19
- 전문가 의견조사
- 문헌조사
- 사례조사

※ 실제 시험에 나왔던 기출문제들입니다. 문제가 주어졌을 때 얼마나 빨리 풀 수 있을지, 문제의 유형은 어떤 식으로 출제되고 있는지 확인해 보세요.

※ ★표로 표시한 문제는 2회 이상 출제된 문제이므로 반드시 익히고 넘어가도록 합니다.

01 고객과의 상담에서 마무리 단계의 지침 두 가지를 쓰시오.

★
02 다음은 서비스 품질 요소에 대한 표이다. 빈칸 A와 B에 해당하는 것을 쓰시오.

유형성	시설, 장비, 사람, 커뮤니케이션 도구 등의 외형 · 물리적 도구
(A)	약속한 서비스를 믿을 수 있도록 하고 정확하게 제공하는 능력
(B)	기꺼이 고객을 돕고 신속한 서비스를 제공하는 능력, 자발성
확신성	서비스 제공자들의 지식, 정중, 믿음을 전달하는 능력

★
03 설문지 작성 시 유의 사항 두 가지를 쓰시오.

04 조직 내에서의 발생하는 집단 갈등 상황의 원인 두 가지를 쓰시오.

★
05 폐쇄형 질문과 개방형 질문의 장점을 각각 두 가지씩 쓰시오.

★
06 다음은 소비재의 분류에 대한 표이다. 빈칸 A와 B에 들어갈 말을 쓰시오.

구분	(A)	(B)	전문품
구매 전 지식	많음	적음	많음
구매 노력	적음	보통(적음)	많음
대체 제품 수용도	많음	보통	적음
구매 정보 탐색 정도	적음	많음	적음
구매 빈도	높음	보통	낮음

★
07 다음 〈보기〉에서 시장 세분화 변수 중 인구통계학적 변수 세 가지를 골라 쓰시오.

┌〈보기〉───┐
│   종교   교육 수준   라이프스타일   │
│   직업   성격   사회계층   도시 규모   │
└──┘

08 고객 데이터베이스를 분석하는 기법 중 마케팅 분석 방법을 〈보기〉에서 한 가지 골라 쓰시오.

┌〈보기〉───┐
│   상관 분석   집단 분석   교차 분석   │
│   컨조인트 분석   회귀 분석   판별 분석   │
└──┘

09 하나의 제품이나 서비스에 대한 수요를 일시적이나 영구적으로 감소시키는 마케팅 기법을 〈보기〉에서
한 가지 골라 쓰시오.

┌〈보기〉───┐
│   관계 마케팅   노이즈 마케팅   디 마케팅   │
│   매스 마케팅   심비오틱 마케팅   유지 마케팅   │
└──┘

10 다음은 서비스 레벨(Service Level)을 계산하는 공식이다. 빈칸에 들어갈 알맞은 내용을 쓰시오.

> (Y초 내 응답 콜 수+Y초 내 포기 콜 수)/[응답 콜 수+(   )]

★
11 소비자의 라이프스타일 변수인 AIO는 무엇을 의미하는지 쓰시오.

> A – (   ), I – (   ), O – (   )

12 다음 척도의 특징을 쓰시오.

> 등간 척도   명목 척도   비율 척도

★

13 다른 제품이나 서비스에 대해 판매를 빠르고 강하게 촉진시키는 소비자 판매촉진 방안 두 가지를 쓰시오.

....

14 충성 고객의 확보가 기업 입장에서 유리한 점을 두 가지 쓰시오.

....

★

15 다음 특징에 해당하는 것을 〈보기〉에서 한 가지 골라 쓰시오.

> • 데이터베이스에 저장되어 있는 데이터 가운데 의사결정에 필요한 데이터를 추출한 후, 이를 통일된 형식으로 변환하여 저장해 놓은 읽기 전용 데이터베이스이다.
> • 기업 내 의사결정지원 애플리케이션들을 위한 정보 기반을 제공하는 하나의 통합된 데이터 저장 공간이다.
> • 주제지향성, 통합성, 시계열성, 비소멸성 등의 특징을 가진다.

> ┌〈보기〉
> | 데이터마이닝 | 데이터 웨어하우스 | 데이터베이스 |
> | 데이터마트 | 데이터시트 | 빅데이터 |

....

16 다음은 스크립트의 4단계이다. 빈칸에 들어갈 알맞은 용어를 쓰시오.

> 도입 – (   ) – 마무리 및 감사 – 데이터베이스 정리

17 시장 커버리지(Market coverage) 전략에 대해 쓰시오.

★
18 아웃바운드 텔레마케팅에서 비판매(Non selling) 분야의 유형을 다섯 가지 쓰시오.

★
19 인바운드 텔레마케팅을 활용할 수 있는 분야를 세 가지 쓰시오.

20 다음 설명을 읽고 해당하는 표본추출방법을 〈보기〉에서 골라 한 가지 쓰시오.

> 모집단을 일정한 특성에 따라 몇 개의 층으로 나눈 후, 각 층으로부터 단순무작위추출을 하는 방법이다. 집단 내에는 동질적인 특성을 지니며, 집단 간에는 이질적인 특성을 지닌다.

〈보기〉

군집표본추출방법   층화표본추출방법
할당표본추출방법   계통표본추출방법

★
21 다음은 주요 자료 조사 방법의 특징을 나타낸 표이다. 빈칸 A~C에 들어갈 말을 쓰시오.

구분	(A)	(B)	(C)	인터넷
자료 수집 기간	짧다	짧다	길다	짧다
응답률	낮다	높다	높다	낮다
조사원 통제	불가능하다	가능하다	가능하다	가능하다
조사 비용	적다	적다	많다	적다

22 가격결정 방법에는 명성 가격결정법, 단수 가격결정법, 준거 가격결정법 등이 있다. 다음 표에서 빈칸 A~C에 들어갈 가격결정 방법을 쓰시오.

(A)	가격이 품질과 제품의 지위를 반영한다고 믿는 소비자의 심리를 활용하여 시장에서 제시된 가격 중 가장 높게 설정한 가격
(B)	제품 가격의 끝자리를 단수로 표시하여 소비자들이 저렴하다고 인지하는 가격(예 200,000원짜리 제품을 199,000원에 판매함)
(C)	소비자들이 제품 구입 시 적정하다고 생각하는 가격
유보 가격결정법	소비자가 어떤 제품에 대해 지불할 의사가 있는 최고가격

23 소비자가 어떤 제품을 구매하고자 할 때 정보 탐색에 많은 시간과 노력을 투입하지 않으며, 정보 탐색의 결과 획득되는 이득이 정보 탐색을 위해 소요한 비용에 미치지 못한다고 지각하여 외적 정보 탐색도 하지 않게 되는 제품은 무엇인지 쓰시오.

24 다음에서 설명하는 인사고과 방법은 무엇인지 〈보기〉에서 골라 쓰시오.

기업 목표 달성의 성패에 영향을 미치는 요소 중 큰 중요 사실을 중점적으로 기록 · 검토하여 피고과자의 직무 태도, 업무수행 능력을 개선하도록 유도하는 고과 방법

〈보기〉

평정척도법　　　　중요사건 기록법　　　　체크리스트　　　　강제할당법

01
- 상담 내용 및 처리내용 재확인
- 끝인사

02
A: 신뢰성, B: 대응성

03
- 다지선다형 응답에서는 가능한 응답을 모두 제시해 주어야 한다.
- 응답 항목들 간에 내용이 중복되지 않도록 한다.
- 이중 질문을 지양하고, 유도 질문과 편견이 들어 있는 질문, 위협적 질문은 하지 않는다.
- 조사자의 가치 판단을 배제하고 중립적인 질문이 되도록 한다.
- 개념이 오해를 불러일으키지 않도록 명확한 것을 사용해야 한다.
- 질문이 너무 길거나 복잡해서는 안 된다.
- 전문용어를 사용하지 말고 응답자의 수준에 맞는 언어를 사용한다.

04
- 업무의 상호 의존성
- 지각의 불일치
- 한정된 자원의 분배

05
- 폐쇄형 질문
  - 응답이 표준화되어 있어 비교가 가능하다.
  - 전체 상담 시간의 조절이 용이하다.
- 개방형 질문
  - 응답자의 다양한 의견을 수렴할 수 있다.
  - 고객 상황에 대한 명확한 이해가 용이하여 고객의 니즈를 탐색할 수 있다.

06
A: 편의품, B: 선매품

07
- 종교
- 교육 수준
- 직업

08
컨조인트 분석

09
디 마케팅

해설

디 마케팅(Demarketing)은 기업이 자사의 상품을 판매하기보다는 오히려 고객들의 구매를 의도적으로 줄임으로써 적절한 수요를 창출하고, 장기적으로는 수익의 극대화를 꾀하는 마케팅 전략을 말한다. 요즘에는 소위 돈이 안 되는 고객과의 거래를 끊고 우량 고객에게 차별화된 서비스를 제공하는 마케팅 기법으로 범위가 확대되었다.

10
포기 콜 수

11
A – Activity, I – Interest, O – Opinion

해설

AIO는 소비자의 라이프스타일을 분석하는 방법으로서, 시장 세분화의 변수 중 심리분석적 변수에 해당한다. 사람들의 활동(Activity), 관심(Interest), 의견(Opinion)을 기준으로 세분화하는 것을 의미하며 앞 글자를 따서 AIO 분석이라고 한다.

12
- 등간 척도: 구간 척도라고도 하며, 측정의 대상인 사물이나 현상을 분류하고 서열을 정할 수 있을 뿐만 아니라 이들이 분류된 범주 간의 간격까지도 측정할 수 있다. 예 온도, 지능지수, 태도, 의견, 광고 인지도, 상표 선호도, 주가 지수 등
- 명목 척도: 가장 간단한 척도로, 각 반응에 대해 무작위로 수를 할당하여 개체나 사람이 다르다는 것을 보이기 위해 이름이나 범주를 대표하는 숫자로 부여하는 방식이다. 예 인종, 성별, 상품 유형별 분류, 시장 세분 구역 분류 등

- 비율 척도: 척도를 나타내는 수가 등간일 뿐만 아니라 의미 있는 절대 영점을 가지고 있는 경우에 이용된다.
  예 투표율, 월 소득액, 매출액, 구매 확률, 무게, 소득, 나이, 시장 점유율 등

13
- 샘플링
- 쿠폰
- 사은품
- 경연과 추첨
- 보너스 팩
- 가격 할인

14
- 해당 기업의 상품이나 서비스를 반복 구매한다.
- 주변 사람에게 기업 제품이나 서비스를 추천한다.
- 구매 금액이 높다.
- 자사 상품이나 서비스에 대한 신뢰가 높다.
- 경쟁사의 마케팅 활동에도 쉽게 이탈하지 않는다.

15
데이터 웨어하우스

16
상담 진행

17
기업이 목표시장을 선정한 후 활용할 수 있는 전략으로 비차별화 마케팅, 차별화 마케팅, 집중화 마케팅이 있다.

해설
- 비차별화 마케팅: 기업이 하나의 제품이나 서비스를 가지고 시장 전체에 진출하여 가능한 한 다수의 고객을 유치하려는 전략으로, 시장 세분화가 필요하지 않다.
- 차별화 마케팅: 두 개 혹은 그 이상의 시장 부문에 진출할 것을 결정하고 각 시장 부문별로 별개의 제품 또는 마케팅 프로그램을 세우는 것으로, 각 시장 부문에서 더 많은 판매고와 확고한 위치를 차지하려고 하며 시장 부문별로 소비자들에게 해당 제품과 회사의 이미지를 강화하려고 하는 전략이다.
- 집중화 마케팅: 한 개 또는 몇 개의 시장 부문에서 집중적으로 시장을 점유하려는 전략으로, 기업의 자원이 한정되어 있을 때 이용하는 전략이다.

18
- 고객 만족도 조사
- 해피콜

- 현장 판매 지원
- DB 정리 및 보완
- 연체 대금 회수 촉진

19
- 고객 서비스
- 클레임 처리
- 관계 마케팅

20
층화표본추출방법

21
A: 우편조사, B: 전화조사, C: 대인면접조사

22
A: 명성 가격결정법, B: 단수 가격결정법, C: 준거 가격결정법

23
저관여

24
중요사건 기록법

※ 실제 시험에 나왔던 기출문제들입니다. 문제가 주어졌을 때 얼마나 빨리 풀 수 있을지, 문제의 유형은 어떤 식으로 출제되고 있는지 확인해 보세요.

※ ★표로 표시한 문제는 2회 이상 출제된 문제이므로 반드시 익히고 넘어가도록 합니다.

01 이전에 일체의 접촉이 없었던 고객에게 전화를 통해 판매 또는 프로모션을 하는 것은 무엇인지 쓰시오.

★
02 SAS(스칸디나비아항공사)의 얀 칼슨 회장이 주장한 것으로, 고객이 기업과 만나는 모든 장면에서 기업에 대한 고객의 경험과 인지에 영향을 미치는 결정적인 순간을 뜻하는 것은 무엇인지 쓰시오.

★
03 자사 제품을 반복적으로 구매하고 다른 사람에게 추천하는 고객을 무엇이라고 하는지 쓰시오.

★
04 전통적 마케팅과 CRM 중심 마케팅의 차이점을 쓰시오.

★
05 상담원 수를 계산한다고 했을 때 Erlang C에서 필요한 변수 네 가지를 쓰시오.

06 각 용어의 알맞은 개념을 쓰시오.

모집단	표집 단위	표집률	표집틀

★
07 각 용어의 알맞은 개념을 쓰시오.

시장 점유율	고객 점유율

★
08 2차 자료의 정의와 종류 두 가지를 쓰시오.

★
09 텔레마케팅 스크립트 작성이 필요한 이유를 한 가지 쓰시오.

10 비표본 오류의 정의와 예시 두 가지를 쓰시오.

★

11 다음은 고객과의 접촉 시 정보를 얻는 주요 자료 수집 방법의 비교표이다. 우편조사, 전화조사, 대인면접조사 중에서 빈칸 A~C에 들어갈 말을 골라 쓰시오.

구분	(A)	(B)	(C)
면접자 편향	낮다	없다	높다
익명성	낮다	높다	낮다
조사원 통제	가능하다	불가능하다	가능하다
응답률	높다	낮다	높다
조사 비용	적다	적다	많다

12 소비자 구매행동의 결정 요인 중 빈칸 A와 B에 들어갈 말을 쓰시오.

> 1) 개인적 요인
>   연령, 직업, (A   ), 라이프사이클 등
> 2) 심리적 요인
>   동기, 지각, 학습, 신념과 태도 등
> 3) (B   )
>   가족 역할과 사회적 지위, 준거 집단 등
> 4) 문화적 요인
>   문화, 하위문화, 사회 계층 등

13 아웃바운드 업무처리의 순서에 맞게 〈보기〉에서 알맞은 단계를 찾아 빈칸 A~F를 채우시오.

(A) → (B) → (C) → (D) → (E) → (F)

〈보기〉

반론 극복 / 도입 / 니즈 탐색 / 가치 설득 / 사후 관리 / 종결

★
14 CRM의 목적에 맞게 빈칸 A와 B를 채우시오.

CRM의 목적은 (A) 고객의 확보와 기존 고객의 유지를 통한 고객 수 증대, 그리고 고객 가치 증진을 통한 매출 및 고객 충성도 향상, 고객 운영 비용의 효율화를 통한 기업의 (B) 절감 등이다.

15 소비재 유통경로의 세 가지 유형에 맞게 빈칸 A~C를 채우시오.

제조업자 → (C)
제조업자 → (B) → (C)
제조업자 → (A) → (B) → (C)

★
16 축적된 고객관련 데이터에 숨겨진 규칙이나 패턴을 찾아내는 것을 무엇이라 하는지 〈보기〉에서 찾아 쓰시오.

〈보기〉

데이터 웨어하우스	데이터쉐어	데이터마이닝
데이터마트	데이터베이스	데이터시트

17 리더십 유형 중 낮은 지시행동, 낮은 지원행동을 보이며 수행 업무에 대한 합의가 이루어지면 수행 방법의 결정과 직무 책임을 부하에게 위양하며 영향력을 거의 행사하지 않는 리더십은 무엇인지 〈보기〉에서 골라 쓰시오.

〈보기〉

지시형 리더	위임형 리더
지원형 리더	참가형 리더

★
18 RFM 분석에서 각 글자의 의미를 쓰시오.

19 자동차 구입을 위해 작성한 다속성 매트릭스 보완적 평가 모형에 의해 자동차 평가 시 최종적으로 선택할 차종은 무엇인지 쓰시오.

차종	가격(40%)	연비(30%)	사후 관리(20%)	옵션(10%)
A	6	7	9	8
B	9	6	8	9
C	6	8	7	7
D	7	6	10	7

20 인사평가 기법 중 가장 대중적인 인식과 방법으로, 종업원의 자질을 직무 달성 정도에 따라 사전에 마련된 척도를 근거로 하여 평가하는 방법은 무엇인지 쓰시오.

★
21 표본추출과정이 아닌 자료 수집과정에서 발생하는 측정 오차를 줄이기 위해 측정의 신뢰성을 향상시키는 방법을 쓰시오.

★
22 성장기 특성과 이와 관련된 마케팅 전략을 한 가지씩 쓰시오.

★
23 기업이 고객과 접촉하는 시점 네 가지를 쓰시오.

24 다음은 산업재의 특성에 관한 표이다. 소모품, 부품, 원자재 중에서 빈칸 A~C에 알맞은 것을 골라 쓰시오.

구분	(A)	(B)	(C)
구매결정자의 지위	낮다	낮다	매우 낮다
단위당 가격	낮다	낮다	매우 낮다
소비 속도	높다	높다	높다
최종 제품으로 변화 여부	변화 있다	변화 없다	변화 없다
형태의 변화 여부	변화 있다	변화 없다	변화 없다

25 다음 설명에 해당하는 마케팅의 종류를 쓰시오.

> 판매업자가 모든 구매자를 대상으로 하나의 제품을 대량 생산하여 대량 유통하고, 대량 촉진하는 형태의
> 마케팅이다. 하나의 회사가 한 제품에 대하여 전체 시장을 대상으로 이 마케팅을 주장하는 이유는 최소의
> 원가와 가격으로 최대의 잠재 시장을 창출해 낼 수 있기 때문이다.

01
콜드콜

02
MOT(Moments Of Truth)

03
충성 고객

04
- 전략 기반: 전통적 마케팅은 제품을 기반으로 하는 반면, CRM 중심 마케팅은 고객을 기반으로 하여 마케팅 활동과 전략을 진행한다.
- 성과 지표: 전통적 마케팅은 가격 중심의 제품별 판매량이나 매출액을 기준으로 삼는 반면, CRM 중심 마케팅은 고객별 순자산 가치를 기준으로 한다.
- 이론적 기반: 전통적 마케팅은 4P(제품, 가격, 유통, 판매촉진)에 이론적 기반을 두는 반면, CRM 중심 마케팅은 4R(적절한 고객·제품·시점·채널)에 이론적 기반을 둔다.
- 기획 방식: 전통적 마케팅은 주로 한 명 혹은 소수의 마케터의 직감에 의존하는 반면, CRM 중심 마케팅은 명확한 분석 결과와 전략적 체계에 의한 과학적 방법으로 접근한다.
- 실행 방식: 전통적 마케팅은 사업단위별 혹은 제품단위별로 부분 최적화된 활동을 전개하는 반면, CRM 중심 마케팅은 전사적 관점에서 전체 최적화된 마케팅 활동을 수행한다.

05
- 평균 통화시간(ATT)
- 평균 마무리시간
- 예상 인입콜 수
- 목표 서비스 레벨

해설 Erlang C
1900년대 네덜란드 수학자 얼랑(Erlang)이 개발한 확률 통계 모형으로, 고객이 서비스를 받기 위해 대기할 것으로 예측되는 평균 대기시간 또는 평균 대기자 수를 수학적으로 계산하고, 필요한 상담사 수를 계산할 때 많이 사용되는 방법

06
- 모집단(母集團, Population): 시장조사를 진행하고자 하는 대상 전체
- 표집 단위(Sampling unit): 표집 과정에서 각 단계에서의 표집 대상
- 표집률(Sampling ratio): 모집단에서 개별 요소가 선택될 비율
- 표집틀(Sampling frame): 표본을 뽑기 위해 사용하는 요소의 목록 또는 유사 목록

07
- 시장 점유율: 표적(목표)시장 내 전체 거래량 중에서 자사 제품을 사용하는 고객의 비율이다.
- 고객 점유율: 한 고객이 소비하는 서비스나 제품군 중에서 특정 기업의 상품을 구매하는 데 드는 금액이 차지하는 비율로, 고객 지갑의 점유율을 의미한다.

08
- 정의: 다른 조사 목적과 관련하여 조사 내부 혹은 외부의 특정한 조사 주체에 의해 기존에 이미 작성된 자료이다.
- 종류: 신문, 잡지, 정부 통계 자료, 논문 등

09
- 콜센터 내 상담원들이 표준화된 언어 표현과 상담 방법으로 고객을 대할 수 있도록 돕는다.
- 콜센터 내의 생산성 관리를 도와줄 수 있다.
- 상담원들은 고객에게 전화 목적에 대해 효율적으로 전달할 수 있으며, 논리적인 상담을 진행할 수 있다.
- 상담원 스킬 향상에 많은 도움을 준다.

10
- 정의: 비표본 오류란 표본추출 과정에서 유발되는 오차가 아니라 자료를 수집하는 과정에서 발생되는 오류인 측정 오류이다.
- 예시
  - 분석 시 자료를 잘못 입력한 경우
  - 조사원이 문제를 잘못 설명한 경우
  - 응답자가 질문을 잘못 이해한 경우
  - 조사 결과를 잘못 작성한 경우

11
A: 전화조사, B: 우편조사, C: 대인면접조사

12
A: 라이프스타일, B: 사회적(환경적) 요인

13
A: 도입 – B: 니즈 탐색 – C: 가치 설득 – D: 반론 극복 – E: 종결 – F: 사후 관리

14
A: 신규, B: 비용

15
A: 도매상, B: 중간상(소매상), C: 소비자

16
데이터마이닝

17
위임형 리더

18
• R – Recency, 구매 최근성(가장 최근에 구입한 시점)
• F – Frequency, 구매 빈도(일정 기간 동안 구매한 빈도수)
• M – Monetary, 구매 금액(일정 기간 동안 구매한 총금액)

19
B 자동차

[해설]
A: 6X40%+7X30%+9X20%+8X10%=7.1
B: 9X40%+6X30%+8X20%+9X10%=7.9
C: 6X40%+8X30%+7X20%+7X10%=6.9
D: 7X40%+6X30%+10X20%+7X10%=7.3

20
평정척도법

21
• 측정 항목의 수를 늘린다.
• 측정 항목의 모호성을 제거한다.

• 중요한 질문의 경우 동일하거나 유사한 질문을 2회 이상 한다.
• 조사 대상자가 잘 모르거나 전혀 관심이 없는 내용은 측정하지 않는다.

22
• 특성
 – 시장 수용이 급속하게 이루어져 판매와 이익이 현저히 증가한다.
 – 모방 제품을 가지고 새로운 경쟁자들이 시장에 진입한다.
 – 제품 원가는 생산량의 증가에 따라 도입기보다 급격하게 하락한다.
 – 수요의 급성장에 따라 판매촉진의 비중이 감소한다.
• 마케팅 전략
 – 상표 강화를 통해 시장 점유율을 급속히 확대한다.
 – 브랜드 선호도 제고에 주력한다.

23
• 고객이 회원가입 카드를 작성할 때
• 고객이 홈페이지에서 회원가입을 할 때
• 고객이 기업의 이벤트에 참여할 때
• 고객이 예약 및 구매를 위해 콜센터에 접촉할 때
• 기업이 니즈 파악을 위해 시장조사를 할 때
• 제휴사의 정보, 고객 클레임을 접수할 때
• 제품 A/S를 신청할 때
• 만족도 조사, 해피콜을 위해 접촉할 때

24
A: 원자재, B: 부품, C: 소모품

25
대량 마케팅

※ 실제 시험에 나왔던 기출문제들입니다. 문제가 주어졌을 때 얼마나 빨리 풀 수 있을지, 문제의 유형은 어떤 식으로 출제되고 있는지 확인해 보세요.

※ ★표로 표시한 문제는 2회 이상 출제된 문제이므로 반드시 익히고 넘어가도록 합니다.

★

01 "판매원은 상품을 파는 것이 아니라 혜택(Benefits)을 파는 것이다."는 무엇에 대한 내용인지 쓰시오.

02 다음 설명을 읽고 관련 있는 유통전략을 〈보기〉에서 골라 쓰시오.

> 중간상, 소매상이 자사 제품을 취급하도록 허용하여 취급점포의 수를 최대한으로 높이는 유통경로를 뜻하며, 이것의 이점으로는 충동구매의 증가, 상품에 대한 소비자 인식의 고취, 소비자의 편의성 제고 등을 들 수 있다.

┌─〈보기〉──────────────────────────────────
│   전속적 유통경로   집약적(개방적) 유통경로   선택적 유통경로
└───────────────────────────────────────

★
03 한계 고객에 대해 설명하시오.

★
04 콜센터 인력 산정 시 고려해야 하는 결손율(RSF)의 중점 요인을 세 가지 쓰시오.

★
05 하나의 제품이나 서비스를 제공하는 과정에서 고객에게 비슷한 상품군이나 서비스에 대해 추가 판매를 유도하는 마케팅 기법은 무엇인지 쓰시오.

06 다음 설명을 읽고 빈칸 A와 B에 들어갈 말은 무엇인지 쓰시오.

> 소비재는 소비, 사용 기간을 중심으로 (A)와/과 (B)(으)로 분류한다. (A)은/는 소비, 사용 기간이 짧으며 많은 편의품이 이에 해당한다. (B)은/는 소비, 사용 기간이 길며 많은 선매품이 이에 해당한다.

★

07 다음 아웃바운드 스크립트의 여덟 가지 판매 단계 중 A와 B에 들어갈 단계를 쓰시오.

> 도입 단계 → (A) → 해석 · 요약 단계 → 특징 · 혜택 제시 단계 → 접근 시도 단계 → (B) → 확신 보증 단계 → 연결 판매 단계

08 데이터를 활용한 아웃바운드 텔레마케팅 순서를 쓰시오.

09 다음 설문지 작성 순서 중 빈칸 A와 B에 들어갈 알맞은 내용을 쓰시오.

> 개별 항목의 내용 결정 → (A) → 개별 문항의 완성 → 질문 순서의 결정 → 설문지 외형 결정 → (B) → 설문지의 완성

10 의사소통(Communication)하려는 생각을 문자, 그림, 말로 상징화하는 과정을 무엇이라 하는지 쓰시오.

★
11 DM 30,000건을 발송하여 문의 건수가 800건, 주문 건수가 400건일 때 CRR을 계산하시오.

★
12 다음은 CRM의 목적에 대한 내용이다. 빈칸 A~C에 들어갈 내용을 쓰시오.

> CRM은 (A) 고객 확보, (B) 고객 유지를 통해 고객의 수 증대 및 고객 (C)을/를 방지하고, 고객과의 관계 구축과 고객 가치 증진을 함으로써 매출 및 고객 충성도를 향상시키고, 고객 유지비용의 최적화를 통해 기업의 수익을 극대화하는 데에 목적이 있다.

★
13 AIO의 요소를 쓰고 각각 예를 두 가지씩 쓰시오. (단, 요소는 관심, 활동, 의견에서 골라 쓰시오.)

★
14 기존 고객 리스트에서 상품 판매 목적에 맞는 우량 고객만을 선별하는 작업을 무엇이라 하는지 쓰시오.

15 다음은 자료 조사에 대한 내용이다. 빈칸 A와 B에 들어갈 알맞은 말을 쓰시오.

> 조사 연구의 유형에는 탐색조사, 기술조사, 인과관계조사가 있으며, 그중 (A)은/는 문제에 대한 이해를 돕고 공식적으로 조사할 필요가 있는 것이 무엇인지 제시하기 위한 조사이다. (A)의 종류 중 조사와 관련된 주제나 변수와 관련된 이전의 연구, 보고서, 관련 서적을 이용하는 조사는 (B)이다.

16 시장조사 단계를 계획, 실시, 분석 및 보고의 3단계로 나눌 때 '설문지 설계'는 어느 단계에 해당하는지 쓰시오.

★
17 콜센터에 통화 시도된 콜로 분류되며, 고객이 전화를 했으나 콜센터 교환기까지 도달되지 못한 콜의 비율을 의미하는 용어를 쓰시오.

★

18 기업이 농구, 축구, 야구 등 종목별로 별개의 운동화를 판매하는 전략으로 각 시장 부문에서 더 많은 판매고와 확고한 위치를 차지하려는 전략은 어떤 마케팅 전략인지 〈보기〉에서 골라 쓰시오.

┌─〈보기〉──┐

비차별화 마케팅   차별화 마케팅   집중화 마케팅

└──┘

19 다음은 어떤 유형의 고객에 대한 대응 자세인지 쓰시오.

┌──┐
│ • 고객이 만족할 수 있는 방법을 제시한다.
│ • 전문 기관을 알선한다.
│ • 개방형 질문을 한다.
│ • 충분히 배려한다.
│ • 보상받기를 원하는 것이 무엇인지 질문한다.
│ • 공감을 하면서 경청한다.
│ • 긍정하면서 상담원 측의 이야기를 한다.
└──┘

20 유사한 측정 도구 또는 동일한 측정 도구를 사용하여 동일한 개념을 반복 측정하였을 때 일관성의 정도를 나타내는 것은 무엇인지 쓰시오.

21 다음의 응답 형태를 가지는 설문 형식에 대한 예시를 각각 쓰시오.

자유응답형	다지선다형	양자택일형

22 CRM 유형 중 다음 설명에 해당하는 것을 〈보기〉에서 골라 쓰시오.

- 이 유형의 예로는 고객과 기업 간의 상호작용을 촉진시키기 위해 고안된 메일링, 전자 커뮤니티, 개인화된 인쇄 등이 있다.
- 파트너 네트워크의 구축, 고객과의 상호작용 관리, 고객과 비즈니스 조직 간의 지속적인 협업을 위한 채널 제휴 전략을 포함한다.

〈보기〉

운영적 CRM	분석적 CRM	협업적 CRM

23 다음은 콜센터의 성과분석에서 업무 점유율을 구하는 식이다. 빈칸에 들어갈 알맞은 내용을 쓰시오.

(상담사 통화시간＋처리시간)/[상담사 통화시간＋처리시간＋(   )]

★

24 기업 마케팅 환경의 외부 환경은 크게 두 가지로 나눌 수 있는데 (A)은/는 고객, 공급업자, 기업 내부, 경쟁사, 중간상을 포함하며 (B)은/는 정부, 기술, 경제, 인구, 사회문화를 포함한다. 빈칸 A와 B에 들어갈 말을 쓰시오.

★

25 중간상이 개입하면 거래의 총량이 감소하여 제조업자와 소비자 양자에게 실질적인 비용 감소를 제공할 수 있다. 즉, 중간상의 개입으로 제조업자와 소비자 사이의 거래가 보다 효율적으로 이루어지므로 중간상의 개입이 정당화될 수 있다는 논리이다. 이 논리가 해당하는 유통경로의 원칙은 무엇인지 쓰시오.

01
고객 만족(Customer satisfaction)

02
집약적(개방적) 유통경로

해설
- 전속적 유통경로: 일정한 상권 내에 제한된 수의 소매점으로 하여금 자사 상품만을 취급하게 하는 전략
- 집약적(개방적) 유통경로: 희망하는 소매점이면 누구나 자사의 상품을 취급할 수 있도록 하는 전략
- 선택적 유통경로: 집약적 유통경로와 전속적 유통경로의 중간 형태로 일정 지역 내에 일정 수준 이상의 이미지, 입지, 경영 능력을 갖춘 소매점을 선별하여 이들에게 자사 제품을 취급하도록 하는 전략

03
고객에게서 얻는 수익보다 기업이 지불하는 비용이 더 많이 드는 고객이다.

04
- 이직
- 휴가
- 교육
- 결근
- 휴식
- 회의

해설
'결손율'이란 목표 서비스 레벨과 응답시간을 얻기 위해 필요한 기본 인력 이상으로 일정 동안 필요한 최소의 인력을 산출하는 지수이다. (예를 들어 어느 콜센터에 하루 500콜이 들어오고, 한 상담원당 100콜을 처리한다고 가정할 때 5명의 상담원이 필요하다. 그런데 갑자기 상담원 1명이 결근을 한다면 이런 상황을 고려해서 최소 예비 인원이 1명 정도 더 있어야 하는데, 이 비율을 계산하는 것이 결손율이다.) 결손율을 계산할 때 고려해야 하는 것으로, '갑작스런 이직, 휴가, 휴식, 회의, 교육, 상담 외 잡무 시간' 등이 있다.

05
교차 판매

06
A: 비내구재, B: 내구재

07
A: 탐색 단계, B: 접근 계약 단계

08
고객 데이터 수집 · 분석 → 통화 준비 및 통화 시도 → 고객과의 통화 → 관련 데이터 처리 → 종료

09
A: 질문 형태의 결정, B: 설문지의 사전조사

10
부호화(코딩)

해설
코딩은 전산 처리를 통한 조사 항목별 분석을 편리하게 처리하기 위하여 각 항목에 대한 응답을 숫자나 기호로 부여하는 과정이다.

11
4%

해설
CRR이란 콜 응답률로, (총반응수/총발신수)×100이므로, [(800+400)/30,000]×100＝4%이다.

12
A: 신규, B: 기존, C: 이탈

13
- A – 활동: 일, 취미, 쇼핑, 동호회
- I – 관심: 가족, 직업, 패션
- O – 의견: 정치, 문화, 브랜드, 자아

14
리스트 스크리닝(List screening)

15
A: 탐색조사, B: 문헌조사

16
계획

17
불통률

18
차별화 마케팅

19
불만 고객

20
신뢰도

21
- 자유 응답형: 귀하의 취미는 무엇입니까?
- 다지선다형: 다음 중 귀하가 가장 선호하는 교통수단은 무엇입니까?
  - 자동차 - 지하철 - 택시 - 버스 - 자전거 - 기타
- 양자택일형: 귀하는 최근 3년 동안 국립박물관에 가본 적이 있습니까?
  - 예 - 아니요

해설
- 자유 응답형: 응답의 형태에 제약을 가하지 않고 자유롭게 표현하도록 함으로써, 응답자의 가능한 의견을 모두 얻을 수 있다.
- 다지선다형: 응답 내용을 몇 가지로 제약하는 방법으로 응답의 항목들은 상호 배타적이고 모든 응답을 포괄할 수 있어야 한다.
- 양자택일형: 두 가지 중 하나를 선택하게 하는 극단적인 방법이다.

22
협업적 CRM

23
상담사 콜 대기시간

해설 업무 점유율(Occupancy rate)
상담사가 콜을 응대할 준비가 되어 있는 시간 중에서 실제로 고객과의 통화를 처리(후처리 포함)하는 데 투입된 시간의 비율이다.
업무 점유율＝(상담시간＋처리시간)/(상담시간＋처리시간＋상담사 콜 대기시간)

24
A: 미시적 환경, B: 거시적 환경

25
총거래수 최소화의 원칙

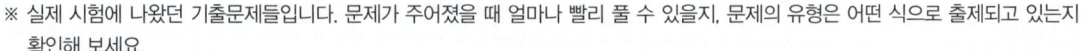

※ 실제 시험에 나왔던 기출문제들입니다. 문제가 주어졌을 때 얼마나 빨리 풀 수 있을지, 문제의 유형은 어떤 식으로 출제되고 있는지 확인해 보세요.

※ ★표로 표시한 문제는 2회 이상 출제된 문제이므로 반드시 익히고 넘어가도록 합니다.

★

01 인바운드 또는 아웃바운드에서 스크립트를 작성하는 목적을 두 가지 쓰시오.

02 소비자 구매행동 결정 요인으로는 개인적 요인, 문화적 요인, 심리적 요인, 사회적 요인, 마케팅 요인이 있다. 그중 심리적 요인에 해당하는 것을 〈보기〉에서 골라 네 가지 쓰시오.

〈보기〉					
라이프스타일	동기	지각	사회 계층	하위 문화	마케팅 전략
준거집단	신념	직업	태도	사회적 지위	가족 역할

★
03 통화품질 관리와 모니터링의 차이점을 두 가지 쓰시오.

04 콜센터 상담원 평가에 대한 일반적 오류 중 하나가 뒤떨어지면 다른 것도 나쁘게 평가하는 것은 무엇인지 쓰시오.

★
05 인바운드 활용 분야를 두 가지 쓰시오.

★
06 합리적인 고객의 상담 전략을 세 가지 쓰시오.

07 아웃바운드 텔레마케팅의 특성을 두 가지 쓰시오.

08 마케팅믹스의 4P 중 다음 〈보기〉의 내용이 해당되는 요소를 한 가지 쓰시오.

〈보기〉

상표	상품 개발	색상	스타일	디자인
반품	서비스	장소	포장	아이디어

09 텔레마케터가 고객과 상담 시 판매 종결 방법으로 활용하는 종결 화법을 한 가지 쓰시오.

10 다음 내용은 제품수명주기에서 어떤 시기에 대한 내용인지 〈보기〉에서 고르시오.

> • 모방 제품을 가지고 새로운 경쟁자들이 시장에 진입함
> • 시장 수용이 급속하게 이루어져 판매와 이익이 현저하게 증가함
> • 수요의 급성장에 따라 판매촉진의 비중이 감소함

---〈보기〉---

도입기   성장기   성숙기   쇠퇴기

---

11 도매상이 제조업체에게 제공하는 기능을 다섯 가지 쓰시오.

---

12 다음 〈보기〉에서 고객 데이터를 활용해서 분석하여 고객 행동을 예측하는 CRM의 유형을 한 가지 고르시오.

---〈보기〉---

분석 CRM   협업 CRM   운영 CRM

13 다음 〈보기〉에서 확률표본추출방법에 해당하는 것을 고르시오.

---〈보기〉---
편의표본추출방법	판단표본추출방법
할당표본추출방법	단순무작위표본추출방법

★
14 측정의 신뢰도를 높이는 방법을 두 가지 쓰시오.

★
15 인터넷조사의 단점을 세 가지 쓰시오.

★
16 설문지를 작성할 때 사용할 수 있는 응답 형태의 종류를 세 가지 쓰시오.

17 다음 〈보기〉 중 애매모호한 것에 대해 아이디어를 줌으로써 문제 정의와 가설 설정을 하고 예비 정보를 수집하는 조사는 무엇인지 쓰시오.

┌─〈보기〉───┐
│   탐색조사   기술조사   인과조사   │
└──┘

18 대인면접법과 비교하여 전화조사의 단점을 두 가지 쓰시오.

19 다음 〈보기〉에서 대용량의 데이터베이스에서 유용한 정보를 추출하는 도구로, 고객 관련 데이터에 숨겨진 규칙이나 패턴을 찾아내는 데이터 분석 기법을 고르시오.

┌─〈보기〉───┐
│   데이터마이닝   데이터 웨어하우스   진실의 순간   리스트 클리닝   │
└──┘

★

20 다음은 STP 전략에 대한 내용이다. 빈칸에 알맞은 말을 쓰시오.

S(Segmentation): 시장 세분화
T(Targeting): (   )
P(Positioning): 포지셔닝

21 소비자 구매의사결정단계에 맞게 〈보기〉의 A~E를 순서대로 쓰시오.

〈보기〉
A. 정보 탐색   B. 문제 인식   C. 구매
D. 대안의 평가   E. 구매 후 평가

(   ) → (   ) → (   ) → (   ) → (   )

22 마이클 포터의 5 Force Model에서 시장 수익성 결정 요인 중 세 가지를 쓰시오.

23 다음은 RFM 분석에서 각 글자의 의미이다. 빈칸에 들어갈 말을 쓰시오.

R: (   )
F: 구매 빈도
M: 구매 금액

24 CRM의 목적에 맞게 빈칸 A~C에 들어갈 내용을 쓰시오.(단, 매출, 비용, 고객 유지로 쓸 것)

- (A) 및 신규 고객 확보
- (B)의 증대
- (C)의 절감

25 다음 내용과 관련된 것을 〈보기〉에서 고르시오.

- 기업체를 대상으로 제품 서비스를 효율적으로 판매하거나 판매 경로와 상권 확대를 도모함
- 기업 간의 여러 가지 수 · 발주 업무의 원활한 처리를 위해 전화를 조직적으로 이용하는 텔레마케팅

┌─〈보기〉
│
│   B to B telemarketing   B to C telemarketing
│
│   Agency telemarketing   In-house telemarketing

01
- 표준화된 언어 표현과 상담 방법으로 모든 고객을 대할 수 있도록 도와줄 수 있다.
- 콜센터 내의 생산성 관리를 도와줄 수 있다.
- 고객에게 전화 목적에 대한 효율적인 전달과 일관된 흐름에 입각한 논리적인 상담이 진행될 수 있다.
- 상담원 스킬 향상에도 많은 영향을 미친다.
- 텔레마케팅 전문가의 경험과 지식을 활용할 수 있다.
- 텔레마케터 간의 상담 능력 차이를 좁혀 일관성 있는 업무를 수행할 수 있다.
- 텔레마케터의 능력을 일정 수준 이상으로 유지 · 관리한다.

02
- 동기
- 지각
- 신념
- 태도

03
- 통화품질 관리는 종합적인 평가 체제이고, 텔레마케팅 모니터링은 상담원과 고객 간의 통화 자체에서 느껴지는 상담의 질 정도를 평가하는 것이다.
- 통화품질 관리는 종합 품질과 경쟁력을 동시에 평가하며, 텔레마케팅 모니터링은 콜센터 자체의 커뮤니케이션 능력의 정도를 평가한다.
- 통화품질 관리의 궁극적 목적은 콜센터 경영의 질을 향상시키는 것이며, 텔레마케팅 모니터링은 상담원의 상담의 질을 향상시키는 것이다.

04
각인 효과

해설 피고과자가 한 가지 측면에서 뒤떨어지면 나머지 모두를 나쁘게 평가하는 경향이다.

05
- 주문 접수
- 예약 업무
- 상담 접수
- A/S

- 클레임 처리
- 생활 정보 서비스

06
- 안전하고 호감을 주는 관계로 고객의 욕구에 초점을 맞춘다.
- 제품이나 서비스를 추천할 때 신중한 접근법을 취한다.
- 정보를 논리적 연속성을 갖도록 조직화하고 배경 자료를 제공한다.
- 고객 개개인과 그들의 견해에 진심으로 관심을 보인다.
- 제품과 서비스가 고객의 관계와 시스템을 어떻게 단순화하고 지원하는 데 도움을 주는지 설명한다.
- 보증, 보장, 이용 가능한 지원 시스템 등을 알려준다.
- 의견을 존중하는 사람과 같이 확인해 보도록 권유한다.
- 위험 부담이 적고 이익이 있음을 강조한다.
- 변화가 생길 때 고객이 적응할 시간을 주고 변화가 필요한 이유를 설명한다.

07
- 기업이 잠재 고객이나 기존 고객에게 전화를 거는 기업 주도형 마케팅 기법
- 적극적이고, 능동적인 마케팅 기법
- 목표 지향적인 마케팅 기법
- 명확한 고객 데이터베이스 필요
- 인바운드 텔레마케팅이 Q&A의 활용도가 높은 것에 비해, 아웃바운드 텔레마케팅은 스크립트의 활용도가 높음

08
제품

09
- 통화내용 재확인
- 추가 권유
- 끝인사

10
성장기

11
- 시장 확대 기능
- 재고 유지 기능
- 주문 처리 기능
- 시장 정보 제공 기능
- 고객 서비스 대행 기능

12
분석 CRM

해설 분석적 CRM
데이터 웨어하우스나 데이터마트에서 나온 유용한 CRM 자료를 토대로 고객정보를 추출하고 이를 통해 고객들의 움직임이나 향후 동향을 모델링하고 분석하는 부문이다.

13
단순무작위표본추출방법

14
- 측정 항목의 수를 늘린다.
- 신뢰성이 인정된 기존 측정도구를 사용한다.
- 측정자들의 면접 방식과 태도의 일관성을 취한다.
- 측정 항목의 모호성을 제거한다.
- 중요한 질문의 경우 동일하거나 유사한 질문을 2회 이상 한다.
- 조사 대상자가 잘 모르거나 전혀 관심이 없는 내용은 측정하지 않는다.
- 설문지의 문항별 설명을 명확히 하여 응답자별로 해석상의 차이가 발생하지 않도록 한다.
- 조사원들에 대한 교육을 강화하여 설문을 명확히 이해하도록 하고, 질문 방식 등을 표준화한다.

15
- 인터넷 사용자로 표본이 편중되는 측면이 있다.
- 조사에 능동적으로 응대하는 사람만 조사가 가능하며 대표성이 상실될 가능성이 있다.
- 응답자를 정확하게 통제·확인할 수 없다.

16
- 자유응답형
- 양자택일형
- 다지선다형

해설
- 자유응답형: 응답의 형태에 제약을 가하지 않고 자유롭게 표현하도록 함으로써, 응답자의 가능한 의견을 모두 얻을 수 있다.
- 양자택일형: 두 가지 중 하나를 선택하게 하는 극단적인 방법이다.

- 다지선다형: 응답 내용을 몇 가지로 제약하는 방법으로 응답의 항목들은 상호 배타적이고 모든 응답을 포괄할 수 있어야 한다.

17
탐색조사

18
- 보조 도구의 사용이 곤란하다.
- 전화 중단의 문제가 있을 수 있다.
- 응답자가 특정 주제에 대한 응답을 회피할 수 있다.
- 간단한 질문 및 답변만 할 수 있다.
- 상세한 정보 획득이 어렵다.

19
데이터마이닝

20
목표시장 선정

21
B → A → D → C → E

22
- 산업(시장) 내 경쟁 강도
- 새로운 기업의 잠재적 진출력
- 대체품의 대체력
- 공급업체의 협상력
- 구매자의 협상력

23
구매 최근성

24
A: 고객 유지, B: 매출, C: 비용

25
B to B telemarketing

※ 실제 시험에 나왔던 기출문제들입니다. 문제가 주어졌을 때 얼마나 빨리 풀 수 있을지, 문제의 유형은 어떤 식으로 출제되고 있는지 확인해 보세요.

※ ★표로 표시한 문제는 2회 이상 출제된 문제이므로 반드시 익히고 넘어가도록 합니다.

★

01 다음은 조사 방법에 대한 설명이다. 빈칸 A와 B에 해당하는 것을 〈보기〉에서 골라 쓰시오.

> - (A): 6~12명의 소비자를 일정 자격 기준에 따라 선발하며 조사 당일 진행자가 면접을 진행한다. 면접 진행 중에는 대화 내용을 기록하고, 면접이 끝난 후 면접 내용을 정리하여 의뢰 기업에 전달한다.
> - (B): 연구자가 관심 대상의 사람들에게 설문 문항 내지는, 면접 절차를 사용하여 정보를 수집하는 가장 보편적 · 체계적인 과학적 조사 방법이다.

―〈보기〉――

표적집단면접조사   관찰조사   서베이조사

★

02 상품을 구매할 능력은 있으나, 구매의사 여부를 알 수 없는 고객을 어떤 고객이라고 부르는지 쓰시오.

★
03 구매 전 커뮤니케이션의 목표를 세 가지 쓰시오.

★
04 CRM 프로세스의 4단계를 쓰시오.

05 저가격 정책은 가격 탄력성이 (A), 생산량이 (B) 유리하다. 빈칸에 들어갈 말을 〈보기〉에서 골라 쓰시오.

〈보기〉

| 많을수록 | 적을수록 | 높을수록 | 낮을수록 |

★
06 콜센터에서 행하는 콜 모니터링 방법 두 가지를 쓰시오.

07 특정 조사 대상들을 선정한 뒤 시간 간격을 두고 반복적으로 조사하여 마케팅 변수의 반응을 측정하는 방법은 무엇인지 〈보기〉에서 골라 쓰시오.

> ─〈보기〉─
>
> 종단조사　　　　횡단조사　　　　인과조사

★
08 개방형 질문의 장점을 세 가지 쓰시오.

★
09 CRM을 통해 기업이 얻는 긍정적인 효과를 세 가지 쓰시오.

10 응답자와 질문자 간 상호작용 과정에서 발생하는 오류의 의미를 쓰시오.

★
11 텔레마케터 모니터링의 이유를 두 가지 쓰시오.

12 다음은 산업재의 특성에 관한 표이다. 설비품, 보조장비, 원자재 중에서 빈칸 A~C에 알맞은 것을 골라 쓰시오.

구분	(A)	(B)	(C)
구매결정자의 지위	낮다	높다	보통
단위당 가격	낮다	높다	보통
소비 속도	높다	매우 낮다	낮다
최종 제품으로 변화 여부	가끔 변화	변화 없다	변화 없다
형태의 변화 여부	변화 있다	변화 없다	변화 없다

★
13 고객이 상담원과 연결되기까지 기다린 시간을 무엇이라고 하는지 쓰시오.

14 다음과 같은 장점을 가진 조사 방법은 무엇인지 〈보기〉에서 골라 쓰시오.

> • 면접조사에 비해 시간과 비용을 절약할 수 있다.
> • 짧은 시간에 먼 거리의 사람과 소통이 가능하다.
> • 면접조사에 비해 조사자의 편견이 개입될 가능성이 더 적다.
> • 응답률이 높다.

〈보기〉

전화조사　　　　우편조사　　　　인터넷조사

★

15 고객 상담 시 상담원이 고객의 입장에서 고객의 기분과 감정을 이해하며 듣는 것을 무엇이라고 하는지 쓰시오.

★

16 설문지를 작성한 뒤, 소수의 응답자를 대상으로 조사를 실시하여 설문지의 타당성을 검토하는 조사를 무엇이라고 하는지 쓰시오.

★
17 내부 고객과 외부 고객에 대해 설명하시오.

★
18 고객 구매행동 모델로 최근 구매일, 구매 빈도, 구매 금액에 대한 고객의 거래 속성을 분석하고, 마케팅에 활용하는 것은 무엇인지 쓰시오.

★
19 스크립트 작성이 필요한 이유를 쓰시오.

20 무점포 소매점의 형태를 세 가지 쓰시오.

21 서비스 품질 측정 방법이 아닌 것은 무엇인지 〈보기〉에서 골라 쓰시오.

〈보기〉

상담원 근속기간	콜 전환율	모니터링 점수	첫 번째 콜 해결률

★
22 축적된 고객 관련 데이터에 숨겨진 규칙이나 패턴을 찾아내는 것을 무엇이라 하는지 〈보기〉에서 찾아 쓰시오.

〈보기〉

데이터 웨어하우스	데이터쉐어	데이터마이닝
데이터마트	데이터베이스	데이터시트

★
23 기존 고객 리스트에서 상품 판매 목적에 맞는 우량 고객만을 선별하는 작업을 무엇이라고 하는지 쓰시오.

★
24 아웃바운드 비판매 분야를 세 가지 쓰시오.

....

★
25 상품 관리 시 품목 구성과 매출액 관계의 20:80 법칙에 대해 설명하시오.

....

01
A: 표적집단면접조사, B: 서베이조사

02
잠재 고객

03
- 구매 위험의 감소
- 상표 인지의 증대
- 구매 가능성의 증대
- 기업 이미지 개발

04
고객 선별 단계 → 고객 획득 단계 → 고객 개발 단계 → 고객 유지 단계

05
A: 높을수록, B: 많을수록

06
- Side-by-side monitoring: 상담원 옆에 앉아서 실시간으로 모니터링하는 방법
- Self monitoring: 상담원 자신이 본인의 상담 내용을 모니터링하는 방법
- Peer monitoring: 상담사가 동료의 콜을 모니터링해서 그들의 성과에 피드백을 제공하는 방법
- Real time monitoring: 판매상담 직원이 모니터링 여부를 모르도록 무작위로 추출된 상담내용을 듣고 정해진 평가표에 의해 표준화를 평가하는 방법
- Recording monitoring: 판매상담 직원 모르게 무작위로 추출된 판매상담 내용을 평가자가 녹음하여 평가 결과를 해당 직원과 공유할 수 있도록 하는 방법

07
종단조사

08
- 응답자가 형식에 얽매이지 않고 편하게 응답할 수 있다.
- 응답자의 다양한 의견을 수렴할 수 있다.
- 폐쇄형 질문보다 자료를 모으는 데 효과적이다.
- 고객 상황에 대한 명확한 이해로 고객의 니즈 탐색이 가능하다.
- 응답자가 상세한 부분까지 언급할 수 있어 새로운 정보획득이 가능하다.
- 대답이 불명확하면 설명을 요구할 수 있다.

09
- 고객 서비스 프로세스를 개선할 수 있다.
- 고객 DB를 적극적으로 활용할 수 있다.
- 고객 이탈을 방지하여 장기적인 수익성 확보를 통해 이익을 증가시킬 수 있다.
- 고객을 효율적으로 관리하여 운영비를 절감할 수 있다.
- 충성 고객으로 인해 구전 광고의 효과를 얻을 수 있다.

10
응답자와 질문자 간 상호작용에 의한 오류는 응답자와 질문자의 성별, 직업, 출신 지역이 상이하여 측정이 정확히 이루어지지 않는 경우로 비표본 오류에 해당한다.

11
- 통화품질 향상
- 상담원의 통화 능력 체크
- 상담원 예절 및 친절성 체크
- 상담원 발음의 정확성 체크
- 상담원 평가를 통한 코칭

12
A: 원자재, B: 설비품, C: 보조장비

13
고객 콜 대기시간

14
전화조사

15
공감적 경청

16
사전조사

17
• 내부 고객: 함께 일하면서 만나는 기업 내부의 사람들
• 외부 고객: 기업 외부에서 부딪히는 고객

18
RFM 분석

19
• 표준화된 언어표현과 상담방법으로 모든 고객을 대할 수 있
  도록 도와줄 수 있다.
• 콜센터 내의 생산성 관리를 도와줄 수 있다.
• 고객에게 전화 목적에 대한 효율적인 전달과 일관된 흐름에
  입각한 논리적인 상담이 진행될 수 있다.
• 상담원 스킬 향상에도 많은 영향을 미치게 된다.
• 텔레마케터 간의 상담 능력 차이를 좁혀 일관성 있는 업무
  를 수행할 수 있다.

20
홈쇼핑, 방문판매, 텔레마케팅

21
상담원 근속기간

22
데이터마이닝(Data maining)

23
리스트 스크리닝(List screening)

24
• 고객 만족도 조사
• 해피콜
• 현장 판매 지원

• DB 정리 및 보완
• 연체 대금 회수 촉진
• 여론조사
• 제품 배송과 같은 서비스 진행과정 안내 전화
• 방문 약속 전화

25
파레토 법칙으로서, 기업의 상품 중 20%의 대표 상품이 전체
매출액의 80%를 창출한다는 의미이다.

※ 실제 시험에 나왔던 기출문제들입니다. 문제가 주어졌을 때 얼마나 빨리 풀 수 있을지, 문제의 유형은 어떤 식으로 출제되고 있는지 확인해 보세요.

※ ★표로 표시한 문제는 2회 이상 출제된 문제이므로 반드시 익히고 넘어가도록 합니다.

01 다음은 판매 방법에 대한 설명이다. 빈칸 A와 B에 들어갈 말을 쓰시오.

> 고객에게 다른 제품을 추가적으로 구매하도록 유도하는 마케팅 전략은 (A)이고, 고객에게 동일한 제품을 판매하되 더 고가의 제품을 구매하도록 유도하는 마케팅 전략은 (B)이다.

★

02 인바운드 상담 절차에 맞게 〈보기〉에서 골라 순서대로 쓰시오.

> ─〈보기〉─
> A. 고객정보 확인   B. 첫인사 및 자기소개   C. 고객 니즈 파악
> D. 상담 준비   E. 문제 해결   F. 동의와 재확인

03 SWOT 분석은 제품의 특성을 분석하여 강점과 (A)을/를 구분하고 제품에 영향을 미치는 외부 환경 요인을 분석하여 (B)와/과 (C)을/를 찾는 분석 방식이다. 빈칸 A~C에 들어갈 말을 쓰시오.

★
04 상품을 구매할 능력은 있으나, 구매의사 여부를 알 수 없는 고객을 어떤 고객이라고 부르는지 쓰시오.

05 다음은 직무평가 방법의 내용이다. 빈칸 A~D에 해당하는 것을 〈보기〉에서 찾아 쓰시오.

구분	장점	단점
(A)	평가가 간편하고 비용이 적게 든다.	주관 개입의 소지가 크고 평가 기준이 명확하지 않다.
(B)	등급이 적을 경우 매우 간편하고 비용이 적게 든다.	등급을 정의하기 어려우며, 등급 부여 과정이 주관적이고 자의적이다.
(C)	비교적 객관적이며 평정자의 주관을 최소화할 수 있다.	• 직무의 공통요소를 선정하는 것이 어렵다. • 개발하는 과정이 복잡하고 비용이 많이 발생한다.
(D)	• 유사한 직무 및 기업 내 전체 직무를 평가할 수 있다. • 다른 평가방법보다 타당성과 신뢰성이 우수하다.	• 기준 직무에 대한 서열을 정할 때 주관성이 개입할 수 있다. • 평가과정이 복잡하여 근로자를 이해시키기가 힘들고 수용도가 낮을 수 있다.

〈보기〉

분류법   서열법   점수법   요소비교법

06 연구자가 현재 연구 중인 문제를 해결하는 것을 목적으로 관찰조사, 실험조사, 면접조사 등의 방법으로 직접 조사하는 방법은 무엇인지 쓰시오.

07 주로 응답자의 태도를 측정하는 태도 척도로, 한 덩어리의 태도 문항으로 되어 있는데 각각의 문항은 거의 동일한 태도 가치를 갖는다고 인정되는 척도는 무엇인지 다음 〈보기〉에서 골라 쓰시오.

┌─〈보기〉─────────────────────────────────────┐
│   리커트 척도   서스톤 척도   거트만 척도   │
└───┘

★
08 제품수명주기의 네 단계를 쓰시오.

09 세분화된 시장 중에서 목표시장을 정한 후 정해진 목표시장 내 고객들의 마음속에 전략적 위치를 계획하는 것은 무엇인지 쓰시오.

★
10 RFM 분석에서 각 글자가 무엇을 뜻하는지 쓰시오.

11 다음 설명을 보고 CRM 시스템 분류 유형 세 가지를 쓰시오.

> - (A) CRM 유형: CRM 자료를 토대로 고객정보를 추출하고 이를 통해 고객들의 움직임이나 향후 동향을 모델링하고 분석하는 시스템이다.
> - (B) CRM 유형: CRM의 구체적인 실행을 지원하는 시스템이다.
> - (C) CRM 유형: 기업과 고객이 상호작용을 통해 상호가치를 극대화할 수 있도록 하는 시스템이다.

12 기업이 목표시장에서 원하는 반응을 얻을 수 있도록 하기 위해 사용하는 마케팅믹스의 구성 요소 4P 중 하나는 유통이다. 유통 외 나머지 구성 요소를 쓰시오.

13 최근 은행에서 많이 도입하고 있는 전략으로, 아래 그림과 같이 두 개 혹은 그 이상의 시장 부문에 진출할 것을 결정하고 각 시장 부문별로 별개의 제품 또는 마케팅 프로그램을 세우는 전략은 무엇인지 〈보기〉에서 골라 쓰시오.

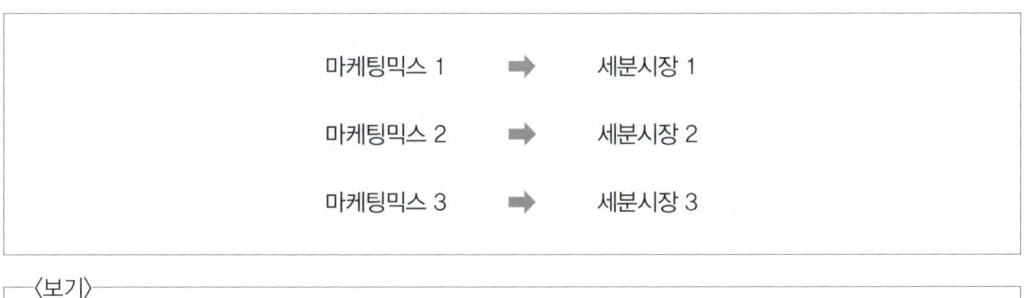

마케팅믹스 1	➡	세분시장 1
마케팅믹스 2	➡	세분시장 2
마케팅믹스 3	➡	세분시장 3

〈보기〉

비차별화 마케팅   차별화 마케팅   집중화 마케팅

14 아웃바운드 텔레마케팅의 성공 요소를 세 가지 쓰시오.

15 다음은 시장 세분화의 내용이다. 시장 세분화 변수의 내용에 맞게 빈칸 A~C에 들어갈 말을 쓰시오.

시장 세분화 변수	내용
(A) 변수	지역, 인구 밀도, 도시의 규모, 기후 등
(B) 변수	나이, 성별, 가족 규모, 소득, 직업, 학력, 종교 등
(C) 변수	라이프스타일, 사회 계층, 개성, 관심, 활동 등
행동분석적 변수	추구하는 편익, 구매 준비 단계, 사용 경험, 사용량, 상표 애호도 등

16 명시적인 역할과 요구사항에 따르도록 부하들을 이끌고 동기화시키는 리더십으로, 대부분 지도자와 부하 간의 타협이나 거래적인 활동으로 보며, 일을 잘하면 긍정적 강화나 승진 또는 금전적 보상을 더해 주고 양자 간의 협의나 타협 과정을 통해 이를 조정하는 관계에 있다고 보는 리더십은 무엇인지 다음 〈보기〉에서 골라 쓰시오.

┌〈보기〉──────────────────────────────────┐
│ 교환적 리더십   거래적 리더십   자율적 리더십   변혁적 리더십 │
└───┘

★
17 고객 상담 시 스크립트를 작성해야 하는 이유를 두 가지 쓰시오.

18 전화조사의 단점을 두 가지 쓰시오.

19 컴퓨터와 전화를 통합한 시스템으로, 인바운드 전화의 분류 · 처리 · 관리 등의 기능을 컴퓨터를 통해 이뤄지게 하는 것은 무엇인지 쓰시오.

20 다음은 소비재 분류에 대한 표이다. 빈칸 A~F에 들어갈 말을 택 1에서 골라 쓰시오.

항목	편의품	선매품	전문품	택 1
구매 전 지식	(A)	(B)	많다	(많다/적다)
구매 노력과 시간	(C)	적다	많다	(많다/적다)
구매 정보 탐색 정도	(D)	(E)	(F)	(낮다/높다)

21 다음 공식이 의미하는 것이 무엇인지 〈보기〉에서 골라 쓰시오.

$$(\qquad) = \frac{총주문수}{총발신수} * 100$$

〈보기〉

| 콜 응답률 | 계약률 | 주문 획득률 | 콜 접촉률 | 1인당 매출액 |

22 일정한 특성에 의해 모집단을 층화하고 각 층에서 일정 수를 무작위로 표출하는 방법은 무엇인지 쓰시오.

23 다음 내용을 보고 맞으면 O, 틀리면 X를 쓰시오.

- 마일리지 제도는 우수 고객을 대상으로 다양한 금전적 및 비금전적 혜택을 제공하는 우대 프로그램이다.   (   )
- 우수 고객 우대 전략을 뒷받침하는 이론으로 파레토 법칙이 있다.   (   )
- 마일리지 제도는 범용적으로 쓰일 수 있다.   (   )

24 다음에서 설명하는 가격조정 전략이 무엇인지 〈보기〉에서 찾아 쓰시오.

(A)	20,000원짜리 제품을 19,000원에 판매하는 것처럼 제품 가격의 끝자리를 단수로 표시하여 소비자들이 저렴하다고 인지하는 가격
(B)	소비자들이 제품 구입 시 적정하다고 생각하는 가격
(C)	소비자가 어떤 제품에 대해 지불할 의사가 있는 최고 가격

〈보기〉

| 명성 가격 | 단수 가격 | 준거 가격 | 최저수용가능 가격 | 유보 가격 |

25 커뮤니케이션 매체 중 비언어적 표현을 세 가지 쓰시오.

01
A: 교차 판매(크로스셀링), B: 격상 판매(업셀링)

02
D. 상담 준비 → B. 첫인사 및 자기소개 → A. 고객정보 확인
→ C. 고객 니즈 파악 → E. 문제 해결 → F. 동의와 재확인

03
A: 약점, B: 기회 요소/위협 요소, C: 위협 요소/기회 요소

04
잠재 고객

05
A: 서열법, B: 분류법, C: 점수법, D: 요소비교법

06
1차 자료 조사

07
리커트 척도

08
도입기 → 성장기 → 성숙기 → 쇠퇴기

09
포지셔닝

10
• R(Recency): 구매 최근성(가장 최근에 구매한 시점)
• F(Frequency): 구매 빈도(일정 기간 동안 구매한 횟수)
• M(Monetary): 구매 금액(일정 기간 동안 구매한 총금액)

11
A: 분석적, B: 운영적, C: 협업적

12
제품, 가격, 촉진

13
차별화 마케팅

14
• 정확한 대상 고객의 선정
• 고객의 니즈에 맞는 전용 상품
• 판매 이후의 신뢰성 확보와 사후 관리
• 잘 정리되고 업그레이드된 데이터베이스

15
A: 지리적, B: 인구통계학적, C: 심리분석적

16
거래적 리더십

17
• 콜센터 내 상담원들이 표준화된 언어 표현과 상담 방법으로
고객을 대할 수 있도록 돕는다.
• 콜센터 내의 생산성 관리를 도와줄 수 있다.
• 상담원들은 고객에게 전화 목적에 대해 효율적으로 전달할
수 있으며, 논리적인 상담을 진행할 수 있다.
• 상담원 스킬 향상에도 많은 도움을 준다.

18
• 전화번호가 정확하지 않을 수 있다.
• 상세한 정보 획득이 어렵다.
• 전화 중단의 문제가 있을 수 있다.
• 시간 제약의 문제가 있다.
• 보조 도구의 사용이 곤란하다
• 간단한 질문 및 답변만 할 수 있다.

19
CTI

20
A: 많다, B: 적다, C: 적다, D: 낮다, E: 높다, F: 낮다

21
주문 획득률

22
층화표본추출방법

23
X, O, O

해설

마일리지 제도는 금전적 혜택을 제공하는 포인트 프로그램
이다.

24
A: 단수 가격, B: 준거 가격, C: 유보 가격

25
음성의 고저, 표정, 의상, 몸짓이나 자세, 상대방과의 거리

※ 실제 시험에 나왔던 기출문제들입니다. 문제가 주어졌을 때 얼마나 빨리 풀 수 있을지, 문제의 유형은 어떤 식으로 출제되고 있는지 확인해 보세요.

※ ★표로 표시한 문제는 2회 이상 출제된 문제이므로 반드시 익히고 넘어가도록 합니다.

★
01 텔레마케팅에서 인하우스 텔레마케팅의 장단점을 한 가지씩 쓰시오.

★
02 다음은 제품수명주기의 단계이다. 〈보기〉에서 골라 순서대로 쓰시오.

┌─〈보기〉─────────────────────────────────┐
│   쇠퇴기   도입기   성숙기   성장기   │
└──────────────────────────────────────┘

★

03 다음 특징에 해당하는 것을 〈보기〉에서 한 가지 골라 쓰시오.

> • 데이터베이스에 저장되어 있는 데이터 가운데 의사결정에 필요한 데이터를 추출한 후, 이를 통일된 형식으로 변환하여 저장해 놓은 읽기 전용 데이터베이스이다.
> • 기업 내 의사결정지원 애플리케이션들을 위한 정보 기반을 제공하는 하나의 통합된 데이터 저장 공간이다.
> • 주제지향성, 통합성, 시계열성, 비소멸성 등의 특징을 가진다.

〈보기〉

데이터마이닝	데이터 웨어하우스	데이터베이스
데이터마트	데이터시트	빅데이터

★

04 텔레마케팅에서 스크립트란 무엇인지 정의하시오.

★

05 교차 판매(Cross-selling)에 대하여 설명하시오.

★

06 고객이 제품이나 서비스에 대해 관심을 가지고 전화를 거는 인바운드 상담은 Q&A 시트를 활용하는 반면, 기업이 잠재 고객이나 기존 고객에게 전화를 거는 기업 주도형 마케팅 기법인 아웃바운드는 (   )의 활용도가 높다. 빈칸에 들어갈 알맞은 말을 쓰시오.

★

07 고객생애가치(LTV)에 영향을 끼치는 요인을 네 가지 쓰시오.

08 다음은 데이터를 활용한 아웃바운드 텔레마케팅의 단계이다. 〈보기〉에서 골라 순서대로 쓰시오.

┌─〈보기〉─────────────────────────────────────┐
│   고객과의 통화   고객 데이터 수집 · 분석   │
│   통화 준비 및 통화 시도   상담 종료   관련 데이터 처리   │
└──┘

★

09 푸시(Push) 전략이란 무엇인지 쓰시오.

10 실험 설계의 내적 타당성과 외적 타당성을 저해하는 외생 변수의 종류 중 네 가지를 쓰시오.

11 우편조사의 장점을 두 가지 쓰시오.

★

12 커뮤니케이션 수신자에 의한 장애 요소를 세 가지 쓰시오.

13 피들러의 상황 이론의 상황 우호성 변수를 〈보기〉에서 세 가지 골라 쓰시오.

> 〈보기〉
>
> 리더와 구성원의 관계   과업구조
> 구성원의 성숙도   리더의 지위 권력

14 아이오와 대학에서 구분한 리더십 유형을 〈보기〉에서 세 가지 골라 쓰시오.

> 〈보기〉
>
> 권위형   민주형   자유방임형   참가형

★

15 기업 마케팅 환경은 크게 두 가지로 나눌 수 있는데 (A)은/는 고객, 공급업자, 기업 내부, 경쟁사, 중간상을 포함하며 (B)은/는 정부, 기술, 경제, 인구, 사회문화를 포함한다. 빈칸 A와 B에 들어갈 말을 쓰시오.

★
16 개방형 질문의 장단점을 두 가지씩 쓰시오.

★
17 2차 자료 이용 중 탐색조사를 이용하는 조사를 세 가지 쓰시오.

★
18 화난 고객 응대법을 네 가지 쓰시오.

19 다음 소비자 구매의사결정 6단계 중 빈칸에 들어갈 말을 쓰시오.

구매 계획 → (A) → 정보 탐색 → (B) → 구매 → 구매 후 평가

★
20 콜센터 운영 시 고려해야 할 점을 네 가지 쓰시오.

---

21 다음은 고객관계관리(CRM) 시스템 구축의 5단계이다. 빈칸 A, B에 들어갈 말을 〈보기〉에서 찾아 쓰시오.

> • 1단계: 고객 전략 수립
> • 2단계: CRM (A)
> • 3단계: (B)을/를 통한 고객 분석과 마케팅
> • 4단계: 판매 과정에 활용
> • 5단계: 고객 유지를 위한 서비스와 피드백 관리

┌─〈보기〉──┐
  고객 전략 수립   관계   데이터마이닝   인프라 구축
└──┘

★
22 재포지셔닝이 필요한 상황을 네 가지 쓰시오.

---

23 기술조사의 장점을 두 가지 쓰시오.

24 상품 판매 후 사후관리의 중요성에 대해서 쓰시오.

★
25 초기 고가격 전략이 유리한 경우를 네 가지 쓰시오.

01
- 장점
  - 직접 직원을 관리 · 통제할 수 있다.
  - 기업 내부 기밀 데이터 유출을 방지할 수 있다.
  - 텔레마케팅 노하우를 축적할 수 있다.
- 단점
  - 초기 투자 비용이 많이 든다.
  - 시스템 구축이 어렵다.
  - 전문 텔레마케터의 부재로 인해 마케팅 활동의 효율이 저하된다.
  - 인력 고정에 의해 투자 비용이 지출된다.

02
도입기 → 성장기 → 성숙기 → 쇠퇴기

03
데이터 웨어하우스

04
고객과의 원활한 상담을 위해 사전에 잘 짜 놓은 대화 대본이다.

05
하나의 제품이나 서비스 제공 과정에서 고객이 자사의 다른 제품이나 서비스를 추가적으로 구매하도록 유도하는 마케팅 기법을 말한다. 또는 고객의 구매 기록을 바탕으로 먼저 구매한 상품과 관련된 상품을 연계하여 구매할 수 있도록 홍보하는 일을 말한다.

06
스크립트

07
- 고객 반응률
- 고객 신뢰도
- 고객 기여도
- 고객 성장률

08
고객 데이터 수집 · 분석 → 통화 준비 및 통화 시도 → 고객과의 통화 → 관련 데이터 처리 → 상담 종료

09
기업이 중간 상인이나 판매자들을 대상으로 인센티브를 지급하거나 특별 이벤트 등의 각종 프로모션 역량을 펼쳐 직접적으로 소비자들에게 판매를 권유하는 적극적인 마케팅 전략이다.
예 길거리 신용카드 판촉, 화장품 방문 판매 등

10
- 우연적 사건
- 성숙 효과
- 시험 효과
- 측정수단의 변화
- 통계적 회귀

11
- 어떤 지역이라도 조사 대상이 될 수 있고, 직업 · 인종 · 국적 · 계층에 관계없이 응답자를 선정할 수 있다.
- 개별면접법에 비해서 비용이 적게 든다.
- 면접원이 없으므로 면접원들 사이의 차이에서 발생할 수 있는 편견적 오류가 나타나지 않는다.
- 전국적 조사나 국제적 조사의 경우 시간 절약 효과를 볼 수 있다.
- 조사자가 응답자를 직접 상대하지 않고 우편이라는 비대면 수단을 통해 자료를 수집하므로 익명성이 높고, 응답자들로부터 솔직한 답변을 얻어 낼 수 있다.
- 응답자가 자신에게 적당한 시간을 택해 응답할 수 있으므로 질문을 여유 있게 검토해서 대답할 수 있다.

12
- 수신자의 선입견
- 수신자의 속단적인 평가
- 선택적 청취
- 반응과 피드백의 부족
- 수신자에 의한 편견
- 신뢰도의 결핍

13
- 리더와 구성원의 관계
- 과업구조(구성원들의 업무 구조화)
- 리더의 지위 권력

14
- 권위형
- 민주형
- 자유방임형

15
A: 기업 내부(미시적) 환경
B: 기업 외부(거시적) 환경

16
- 장점
  - 응답자의 다양한 의견을 수렴할 수 있다.
  - 고객 상황에 대한 명확한 이해가 용이하여 고객의 니즈를 탐색할 수 있다.
  - 응답자가 상세한 부분까지 언급할 수 있어 새로운 정보를 획득할 수 있다.
  - 응답자가 생각나는 대로 어떤 형식 없이 응답할 수 있다.
  - 폐쇄형 질문보다 자료를 모으는 데 효과적이다.
  - 대답이 불명확하면 설명을 요구할 수 있어 오해를 제거하고 친밀감을 향상시킬 수 있다.
- 단점
  - 코딩이 어렵다.
  - 너무 간단하게 대답하는 경우가 있다.
  - 고객이 응답에 대한 부담을 느껴 무응답을 하는 빈도가 높다.
  - 응답 자체를 거절하는 경우도 많다.

17
- 전문가 의견조사
- 문헌조사
- 사례 연구

18
- 자사의 제품에 대한 불만을 토로하거나 화를 내더라도 같이 화를 내서는 안 된다.
- Yes, but 화법으로 정중히 사과한다.
- 화내는 이야기에 공감하면서 경청한다.
- 원인을 정확하게 분석·규명하고 질문과 불만을 종합적으로 분석하며 원인에 대한 책임 소재를 파악한다.
- 침착하게 응대한다.
- 긍정적 자세로 소비자를 안심시키도록 노력한다.

19
A: 문제 인식   B: 대안의 평가

20
- 주요 대상 고객의 데이터 확보와 관리 방안이 필요하다.
- 직원 채용 방법과 관리 방안을 마련해야 한다.
- 콜센터 운영에 따른 지속적 비용을 관리해야 한다.
- 콜센터 성과 관리 방안을 마련해야 한다.

21
A: 인프라 구축   B: 데이터마이닝

해설

고객관계관리(CRM) 시스템 구축 5단계
기업의 특성에 맞는 고객전략 수립 → CRM 인프라 구축 → 데이터마이닝을 통한 고객 분석과 마케팅 → 고객 분석 결과를 실질적으로 판매과정에 활용 → 고객 유지를 위한 서비스와 피드백 관리

22
- 경쟁자의 진입으로 시장 내의 차별적 우위 유지가 힘들어진 경우
- 기존의 포지션이 진부해져 매력을 상실했을 경우
- 판매 침체로 기존 제품의 매출이 감소했을 경우
- 소비자의 취향이나 욕구가 변화된 경우
- 시장에서의 위치 등 경쟁 상황의 변화로 전략의 수정이 필요한 경우
- 유망한 새로운 시장 적소나 기회를 발견하였을 경우

23
- 상대적으로 많은 정보를 획득할 수 있다.
- 비교적 신뢰성 있는 정보를 얻을 수 있다.
- 조사 대상의 변화를 추적할 수 있다.

24
- 고객과의 장기적인 관계가 유지될 수 있도록 할 수 있다.
- 기업 이미지 제고의 역할을 한다.
- 제품과 서비스의 문제점을 찾아서 개선할 수 있다.
- 교차 판매를 유도할 수 있다.

25
- 시장 수요의 가격 탄력성이 낮을 때
- 시장에 경쟁사의 수가 적을 것으로 예상될 때
- 규모의 경제 효과를 통한 이득이 미미할 때
- 진입 장벽이 높아 경쟁 기업의 진입이 어려울 때
- 높은 품질로 새로운 소비자층을 유인하고자 할 때
- 품질 경쟁력이 있을 때

※ 실제 시험에 나왔던 기출문제들입니다. 문제가 주어졌을 때 얼마나 빨리 풀 수 있을지, 문제의 유형은 어떤 식으로 출제되고 있는지 확인해 보세요.

※ ★표로 표시한 문제는 2회 이상 출제된 문제이므로 반드시 익히고 넘어가도록 합니다.

★
01 아웃바운드 스크립트 작성 시 고객과의 편안한 대화를 위해 유의해야 할 점을 세 가지 쓰시오.

02 다음은 아웃바운드 텔레마케팅의 비판매 분야 업무이다. 빈칸에 들어갈 말을 하나 쓰시오.

> • 서베이(조사 업무): 고객 만족도 조사, 시장조사, 소비자조사, 여론조사
> • 판매 지원: 방문 약속, 리드 발굴
> • 고객 관리: (   )
> • 연체 대금 회수 촉진
> • 리스트 정비: 리스트 클리닝, 리스트 스크리닝

03 다음은 드위어(Dwyer)가 구분한 관계 마케팅의 5단계이다. 〈보기〉에서 골라 순서대로 쓰시오.

〈보기〉

관계 인식   관계 해지   관계 탐색
관계 확장   관계 결속

04 다음 특징에 해당하는 것을 〈보기〉에서 한 가지 골라 쓰시오.

- 사용자가 정보에 직접 접근하여 대화 형태로 정보를 분석하고 의사결정에 활용하는 것을 말한다.
- 의사결정에 필요한 정보를 추출하기 위한 데이터 분석에 주목적이 있다.

〈보기〉

데이터마케팅   OLAP   데이터 웨어하우스   컨조인트 분석

05 외부 모집과 비교했을 때 내부 모집의 장점을 〈보기〉에서 골라 쓰시오.

┌─〈보기〉───┐
│ • 기업 홍보 효과가 있다.   │
│ • 조직에 활력을 불어넣을 수 있다.   │
│ • 승진 기회의 향상으로 사기가 향상된다.   │
│ • 모집 범위가 넓어 유능한 인재를 획득할 수 있다.   │
└──┘

★
06 다음은 아웃바운드 텔레마케팅 전개 순서이다. 빈칸에 들어갈 알맞은 말을 쓰시오.

┌──┐
│ 첫인사 → 도입 → (   ) → 반론 극복 → 마무리 및 끝인사 │
└──┘

07 서비스 품질 측정 지표(SERVQUAL) 중 빈칸 A, B에 알맞은 단어를 〈보기〉에서 골라 쓰시오.

R: 신뢰성(Reliability)
A: (　A　)(Assurance)
T: 유형성(Tangibles)
E: (　B　)(Empathy)
R: 대응성(Responsiveness)

〈보기〉
개방성　　　　공감성　　　　신속성　　　　확신성

★
08 성과 목표 설정 시 중요한 고려 사항으로서, SMART가 의미하는 다섯 가지 요소는 무엇인지 쓰시오.

09 다음은 고객생애주기(CLC ; Customer Life Cycle)의 3단계이다. 〈보기〉에서 골라 순서대로 쓰시오.

〈보기〉
결정　　　　인지　　　　고려

10 불만 고객 응대 원칙을 세 가지 쓰시오.

11 계통표본추출방법의 장단점을 각각 하나씩 쓰시오.

12 다음 내용은 CRM의 발전 단계에 대한 내용이다. 〈보기〉 중 어디에 해당하는 내용인지 골라 쓰시오.

> • 기술과 IT의 발전으로 고객정보를 효율적으로 관리할 수 있는 CRM 시스템이 구축되면서 CRM이 널리 전파되었다.
> • CRM 시스템 구축과 기업전략을 중심으로 고객을 관리하는 단계이다.

〈보기〉

CRM 도입 준비	CRM 도입
CRM 확산	CRM 통합

13 데이터베이스 마케팅의 성공 요인을 한 가지 쓰시오.

★

14 핵심 제품, 실체 제품, 확장 제품의 의미를 설명하시오.

★

15 설문지 작성 시 유의해야 할 점 세 가지를 쓰시오.

16 여러 대상을 동질성을 지닌 것끼리 묶는 분석 방법은 무엇인지 쓰시오.

★
17 VOC(Voice Of Customer) 관리를 통해 얻을 수 있는 효과 세 가지를 쓰시오.

★
18 시장 세분화의 분류 기준 중 인구통계학적 변수 다섯 가지를 쓰시오.

19 탐색조사 중 다른 조사 목적과 관련하여 조사 내부 혹은 외부의 특정한 조사 주체에 의해 기존에 이미 작성된 자료는 무엇인지 쓰시오.

20 인바운드 텔레마케팅의 특징을 세 가지 쓰시오.

21 성숙기의 전략을 쓰시오.

22 인바운드 콜센터의 성과지표에 해당하지 않는 것을 〈보기〉에서 골라 쓰시오.

〈보기〉

| 평균 통화시간 | 상당한 에러 | 콜 처리율 | 서비스 레벨 |

★
23 소비자의 구매 습관에 의한 소비재 분류에 따르면, 제품에 대하여 완전한 지식이 있어 최소한의 노력으로 빠르고 쉽게 적합한 제품을 구매하는 구매의 편의성이 높은 소비재는 무엇인지 쓰시오.

24 텔레마케터의 성과 관리 평가지표로 거리가 먼 것을 〈보기〉에서 골라 쓰시오.

〈보기〉
평균 통화시간	표준작업일 평균 통화 수	대기 관리	평균 통화처리시간

※ '공선성'과 관련한 문제는 완벽하게 복원되지 못한 관계로 정확한 문제 및 답안 제시가 어렵습니다. 이에, 정답 및 해설에서 공선성에 대하여 설명하는 것으로 갈음합니다.

2024년 제2회 정답 및 해설

01
- 이해하기 쉽게 작성한다.
- 간단명료하게 작성한다.
- 논리적으로 작성한다.
- 회화체로 작성한다.
- 고객 중심으로 작성한다.

02
해피콜, 정보 서비스

03
관계 인식 → 관계 탐색 → 관계 확장 → 관계 결속 → 관계 해지

해설

드위어(Dwyer)의 관계 마케팅 5단계
- 관계 인식: 고객과 판매자 간에 아직 상호작용이 일어나지 않는 단계이다.
- 관계 탐색: 주의를 끌기 위해 여러 방면으로 상호작용이 발생하되, 아직 독립성을 유지하는 단계이다.
- 관계 확장: 서로 간에 신뢰가 확장되고, 관계를 통하여 획득한 혜택과 상호의존성을 지속적으로 증가시키는 단계이다.
- 관계 결속: 상호 교환하는 과정에서 관계의 영속성에 대한 확신성을 가지며, 고객과 판매자 서로에 대한 충성도가 형성되는 관계이다.
- 관계 해지: 관계로부터의 철회 및 붕괴의 단계이다.

04
OLAP

05
승진 기회의 향상으로 사기가 향상된다.

06
상담 진행

07
A: 확신성
B: 공감성

08
- S(Specific): 구체적이어야 한다.
- M(Measurable): 측정할 수 있어야 한다.
- A(Achievable, Attainable): 달성가능한 지표여야 한다.
- R(Result): 전략 과제를 통해 구체적으로 달성하는 결과물이어야 한다.
- T(Timely, Time-bound): 일정한 시간 내에 달성 여부를 확인할 수 있어야 한다.

09
인지 → 고려 → 결정

10
- 피뢰침의 원칙: 고객은 직원에게 개인적인 감정이 있어서 화를 내는 것이 아니라 일 처리가 불만스러워 규정과 제도에 대해 항의하는 것이므로 직원은 자신에 대한 분노가 아님을 의식하여 감정적인 상처나 분노를 최소화한다.
- 책임 공감의 원칙: 책임을 다른 부서로 떠넘겨서는 안 되며, 직원은 조직 구성원의 일원으로서 자신이 한 행동의 결과이든 다른 사람의 일 처리 결과이든 고객 불만에 대한 책임을 같이 져야 한다.
- 감정 통제의 원칙: 감정에 의해 일을 처리해서는 안 되며, 사람과의 만남에서 오는 부담감을 극복하고 자기 감정을 통제할 수 있어야 한다.
- 언어 통제의 원칙: 고객보다 말을 많이 하는 경우 고객의 입장보다 자기 입장을 먼저 고려하게 되므로, 고객의 말을 많이 들어 주는 태도를 가져야 한다.
- 역지사지 원칙: 항상 고객의 입장에서 고객을 이해하고 고객 불만을 해결하려고 노력해야 하며, 고객의 가치관을 바꾸려고 하지 않는다.

11
- 장점
  - 표본추출이 간편하다.
  - 모집단의 정보를 골고루 포함할 수 있다.
- 단점
  - 정확한 표본 오차를 계산할 수 없다.
  - 비효율성이 초래되기도 한다.
  - 선정된 매 k 번째 사이의 표본이 무시될 수 있다.

12
CRM 확산

13
· 끊임없는 정보 갱신
· 고객평생가치(LTV; Life Time Value) 최대화
· 창의적인 마케팅 능력

14
· 핵심 제품: 소비자들이 제품을 구입할 경우 그들이 실제로
  구입하고자 하는 핵심적인 이익이나 문제를 해결해 주는 서
  비스이다.
· 실체 제품: 소비자들에게 핵심 제품의 이익을 전달할 수 있
  도록 결합되는 것으로, 부품, 스타일, 특성, 상표명 및 포장,
  기타 속성 등이 있다.
· 확장 제품: 핵심 제품과 실체 제품에 추가적으로 따르는 서
  비스와 이익들로서 품질 보증, 애프터서비스, 설치 등이 있다.

15
· 다지선다형 응답에서는 가능한 응답을 모두 제시해 주어야
  한다.
· 응답 항목들 간에 그 내용이 중복되지 않도록 한다.
· 이중 질문을 지양한다.
· 조사자의 가치 판단을 배제하고 중립적인 질문이 되도록
  한다.
· 유도 질문과 위협적 질문의 사용에 유의한다.
· 개념이 오해를 불러일으키지 않도록 명확한 것을 사용해야
  한다.
· 질문이 너무 길거나 복잡해서는 안 된다.
· 응답자의 수준에 맞는 언어를 사용해야 한다.

16
군집 분석

17
· VOC를 통해 자사의 서비스 및 제품의 문제점을 파악하고
  향후 고객 관리나 마케팅에 반영하면 2차, 3차로 발생될 수
  있는 고객의 불만을 미연에 방지할 수 있다.
· VOC를 통해 불만 고객을 빠르고 효과적으로 응대하여 고
  객의 기업에 대한 기존의 생각들을 훨씬 긍정적으로 바꿀
  수 있어, 불만 고객이 충성 고객으로 발전할 수 있다.
· 기존 고객 유지 비용보다는 새로운 고객 확보를 위해 드는
  비용이 더 많다. 따라서 기존 고객의 유지가 더욱 중요함을
  알 수 있는데, 이는 VOC를 통해 해결 가능하다.

18
· 나이   · 성별
· 가족 규모   · 소득
· 직업   · 학력
· 종교

19
2차 자료

20
· 상품의 판매나 주문으로 결부시켜 가는 것이 비교적 쉽다.
· 기업의 이미지 형성 및 고객 만족 향상에 크게 공헌할 수
  있다.
· 주어진 상황을 잘 반영해야 한다.
· 고객이 주도하는 고객 주도형 텔레마케팅이다.
· 고객들의 질문에 응답하기 위한 Q&A 시트를 많이 활용한다.

21
· 시장 점유율 방어와 이윤 유지
· 상표 재활성화(시장 확대 전략, 제품 수정 전략, 상표 재포지
  셔닝 전략)
· 경쟁사 대응의 방어적 가격, 광범위한 유통망 구축

22
상당한 에러

23
편의품

24
대기 관리

※ 공선성(Collinearity): 하나의 독립 변수가 다른 하나의 독립
  변수로 잘 예측되는 경우 또는 서로 상관이 높은 경우이다.

※ 실제 시험에 나왔던 기출문제들입니다. 문제가 주어졌을 때 얼마나 빨리 풀 수 있을지, 문제의 유형은 어떤 식으로 출제되고 있는지 확인해 보세요.

※ ★표로 표시한 문제는 2회 이상 출제된 문제이므로 반드시 익히고 넘어가도록 합니다.

★

01 기업은 표적(목표)시장에서 원하는 반응을 얻을 수 있도록 4P를 사용한다. 최근에는 인터넷의 발달과 함께 기업들이 3C를 활용하는 마케팅 활동에 주목하기 시작했다. 빈칸에 들어갈 3C의 구성 요소를 쓰시오.

> 3C: Company, Competitor, (   )

02 고객생애가치(LTV)의 의미를 쓰시오.

★
03 다음은 인바운드 상담의 절차이다. 〈보기〉에서 골라 순서대로 쓰시오.

〈보기〉

문제 해결	상담 준비	첫인사 및 자기소개
고객정보 확인	고객 니즈 파악	동의와 재확인

....

★
04 스크립트 작성 시 유의 사항 네 가지를 쓰시오.

....

05 다음은 마케팅의 발전 단계이다. 〈보기〉에서 골라 순서대로 쓰시오.

〈보기〉

직접 마케팅	고객관계 마케팅
데이터베이스 마케팅	제품중심 마케팅

....

06 다음 〈보기〉에서 인바운드 활용 분야에 해당하는 것을 세 가지 골라 쓰시오.

〈보기〉

| 불만 처리 | 신상품 판매 | 상품 주문 접수 | 연체 대금 회수 촉진 |
| 가망 고객 획득 | 반복 구매 촉진 | 예약 업무 처리 | 서베이(조사) 업무 |

★
07 실험 설계의 내적 타당성과 외적 타당성을 저해하는 외생 변수 중에 우연적 상황, 성숙 효과를 설명하시오.

★
08 정성조사와 정량조사에 대해 설명하시오.

09 아웃바운드 텔레마케팅은 고객데이터베이스에 의존하여 제품이나 서비스를 판매하고 (   )을/를 설득하는 마케팅 기법이다.

★
10 전화조사의 장단점을 두 가지씩 쓰시오.

★
11 확률표본추출방법의 종류 네 가지를 쓰시오.

★

12 다음은 판매촉진 방안에 대한 표이다. 빈칸 A~E에 들어갈 말을 쓰시오. (단, '미약, 좋음, 뛰어남'에서 골라서 쓸 것)

구분	쿠폰	프리미엄	끼워 팔기	샘플	가격 할인
지각된 위험 감소	(A)	미약	미약	(D)	뛰어남
상품 자산 구축	미약	(B)	뛰어남	미약	미약
구매 가능성 증대	뛰어남	미약	좋음	좋음	(E)
긍정적 구전 자극	미약	좋음	(C)	좋음	미약

13 세분화된 시장 중에서 목표시장을 정한 후 정해진 목표시장 내 고객들의 마음속에 전략적 위치를 계획하는 것은 (A)이고, 여러 가지 요인에 의하여 그동안 유지해 온 마케팅믹스 및 영업 방법상의 특징을 본질적으로 변화시킴으로써 상권의 범위와 내용, 목표 소비자를 새롭게 조정하는 활동은 (B)이다. 빈칸 A, B에 들어갈 말을 쓰시오.

★

14 설문조사를 위한 질문 문항을 작성한 후 설문지를 효과적으로 배열하는 방법 네 가지를 쓰시오.

★

15 하나의 제품이나 서비스 제공 과정에서 고객이 자사의 다른 제품이나 서비스를 추가적으로 구매하도록 유도하는 마케팅 기법으로, 자사의 매출 증대나 고객에 대한 관계를 강화하기 위해 쓰이는 방식은 무엇인지 쓰시오.

★

16 고객이 서비스 품질을 평가하는 요소 다섯 가지를 쓰시오.

★

17 설문지 작성 시 유의해야 할 점을 다섯 가지 쓰시오.

18 매슬로우(Maslow)의 욕구 다섯 단계를 순서대로 쓰시오.

★
19 직무 평가 방법 세 가지를 쓰시오.

20 BCG 매트릭스에서 높은 시장 점유율과 낮은 시장 성장률의 상품이나 사업 영역으로서 낮은 투자, 높은 수익으로 자금 투입보다 자금 산출이 많은 것은 무엇인지 쓰시오.

21 시장 세분화의 분류 기준 중 인구통계학적 변수와 행동분석학적 변수를 네 가지씩 쓰시오.

★
22 상담원 수를 계산한다고 했을 때 Erlang C에서 필요한 변수 네 가지를 쓰시오.

★
23 포지셔닝 전략의 유형을 세 가지 쓰시오.

★
24 효과적인 성과 목표 설정 시 고려사항을 세 가지 쓰시오.

★
25 고객별 특성, 구매행동의 데이터베이스를 통해 장래의 구매 패턴을 예상하고 고객의 상품 구입 의사결정을 강화시키기 위한 마케팅을 무엇이라고 하는지 쓰시오.

01
Customer

02
한 고객이 특정 기업의 상품 또는 서비스를 최초로 구매한 시점부터 마지막으로 구매할 것으로 예상되는 시점까지의 누적액의 평가 가치이다.

03
상담 준비 → 첫인사 및 자기소개 → 고객정보 확인 → 고객 니즈 파악 → 문제 해결 → 동의와 재확인

04
• 이해하기 쉽게 작성되어야 한다.
• 간단명료하게 작성되어야 한다.
• 논리적으로 작성되어야 한다.
• 회화체로 작성되어야 한다.
• 고객 중심으로 작성되어야 한다.

05
제품중심 마케팅 → 직접 마케팅 → 데이터베이스 마케팅 → 고객관계 마케팅

06
• 불만 처리
• 상품 주문 접수
• 예약 업무 처리

07
• 우연적 상황: 조사자의 의도와는 관계없이 어떤 사건이 우연히 발생하여 종속 변수에 영향을 미치는 경우이다.
• 성숙 효과: 조사 기간 중에 시간의 경과에 따라 조사 집단의 속성이 자연적으로 변화함으로써 종속 변수에 영향을 미치는 경우이다.

08
• 정성조사: 심층 면접법, 표적 집단 면접법(FGI), 투사법 등
  – 수치로 표현할 수 없지만 대상의 특징을 나타낼 수 있는 질적 자료를 획득하기 위한 조사이다.
  – 형식에 얽매이지 않고 유연한 조사가 가능하다.
  – 조사 대상 및 내용에 대해 깊은 이해가 가능하다.
  – 합리적인 설명이 불가능한 내용에 대하여 답변을 얻을 수 있다.
  – 소비자의 독창적 아이디어를 얻을 수 있다.
• 정량조사: 갱서베이, 방문조사, 우편조사, 전화조사, 패널조사 등
  – 수치로 계량화 할 수 있는 양적 자료를 얻을 목적으로 진행하는 조사이다.
  – 통계적 · 수치적 측정을 할 수 있다.
  – 통계학적 견본이 될 수 있는 대량의 표본을 사용한다.
  – 분석할 수 있는 정보를 제공한다.
  – 일정한 간격을 두고 조사를 반복할 수 있어야 한다.

09
가치

10
• 장점
  – 비용이 적게 든다.
  – 신속한 조사가 가능하다.
  – 우편조사에 비해 응답률이 높다.
  – 거리 제약이 없다.
  – 조사자의 편견을 통제할 수 있다.
  – 면접 기피자에게도 조사가 가능하다.
• 단점
  – 시간과 공간의 제약이 있다.
  – 보조 도구의 사용이 곤란하다.
  – 전화 중단의 문제가 있을 수 있다.
  – 간단한 질문 및 답변만 할 수 있다.
  – 상세한 정보 획득이 어렵다.

11
• 단순무작위표본추출방법
• 층화표본추출방법
• 군집표본추출방법

- 계통표본추출방법

12
A: 뛰어남, B: 좋음, C: 미약, D: 좋음, E: 뛰어남

13
A: 포지셔닝
B: 재포지셔닝

14
- 응답자의 흥미를 유발하거나 쉽게 대답할 수 있는 질문을 앞부분에 제시한다.
- 전반적인 질문에서 구체적이거나 특수한 질문의 순서로 제시한다.
- 나이, 성별, 출신지, 교육 수준, 직업, 소득 등 인구사회학적 특성에 대한 질문이나 개인의 사생활에 대한 질문, 또는 민감한 질문은 가급적 질문지의 끝으로 보내는 것이 좋다.
- 대화와 마찬가지로 질문들을 내용별로 묶어 주어야 하며, 자연스러우면서 논리적인 순서에 따라 이어지게 하는 것이 좋다.
- 내용이 같거나 척도가 동일한 질문은 모아서 함께 묻는 것이 좋고, 동일한 질문 및 응답 범주는 가능한 한 동일한 면에 있도록 배열한다.

15
교차 판매

16
- 신뢰성
- 확신성
- 유형성
- 공감성
- 대응성

해설

소비자가 서비스 품질을 평가하는 요소(SERVQUAL 모형)
- 신뢰성(Reliability): 약속한 서비스를 믿게 하며 정확하게 제공하는 능력이다.
- 확신성(Assurance): 서비스 제공자들의 지식, 정중, 믿음, 신뢰를 전달하는 능력이다.
- 유형성(Tangibles): 외형·물리적인 시설, 장비, 사람, 커뮤니케이션 도구이다.
- 공감성(Empathy): 고객에게 개인적인 배려를 제공하는 능력, 관심 및 친절 등이다.
- 대응성(Responsiveness): 기꺼이 고객을 돕고 신속한 서비스를 제공하는 능력이다.

17
- 다지선다형 응답에서는 가능한 응답을 모두 제시해 주어야 한다.
- 응답 항목들 간에 그 내용이 중복되지 않도록 한다.
- 이중 질문을 지양한다.
- 조사자의 가치 판단을 배제하고 중립적인 질문이 되도록 한다.
- 유도 질문과 위협적 질문을 하지 않도록 유의한다.
- 개념이 오해를 불러일으키지 않도록 명확한 것을 사용해야 한다.
- 질문이 너무 길거나 복잡해서는 안 된다.
- 응답자의 수준에 맞는 언어를 사용해야 한다.

18
생리적 욕구 → 안정 욕구 → 사회적 욕구 → 존경 욕구 → 자아 실현 욕구

19
- 서열법
- 분류법
- 점수법
- 요소 비교법

해설
- 서열법(Ranking method): 각 직무의 난이도 및 책임성 등을 평가하여 서열을 매기는 방법이다.
- 분류법(Grading method): 직무의 가치를 단계적으로 구분하는 등급표를 만들고 직무 평가를 그에 맞는 등급으로 분류하는 방법이다.
- 점수법(Point method): 직무를 각 구성 요소로 분해한 뒤 평가한 점수의 합계를 통해 직무의 가치를 평가하는 방법이다.
- 요소 비교법(Factor-comparison method): 객관적으로 가장 타당하다고 인정되는 기준 직무를 설정하고, 이를 기준으로 평가 직무를 그에 비교함으로써 평가하는 방법이다.

20
캐시카우(Cash cow)

21
- 인구통계학적 변수
  - 나이   - 성별
  - 가족 규모   - 소득
  - 직업   - 학력
- 행동분석적 변수
  - 추구하는 편익   - 구매 준비 단계
  - 사용 경험   - 사용량
  - 상표 애호도

22

- 평균 통화시간(ATT)
- 평균 마무리시간
- 예상 인입콜 수
- 목표 서비스 레벨

해설

Erlang C

1900년대 네덜란드 수학자 얼랑(Erlang)이 개발한 확률 통계 모형으로, 고객이 서비스를 받기 위해 대기할 것으로 예측되는 평균 대기시간 또는 평균 대기자 수를 수학적으로 계산하고, 필요한 상담사 수를 계산할 때 많이 사용되는 방법이다.

23

- 가격과 제품 속성에 의한 포지셔닝
- 이미지 포지셔닝
- 사용 상황 포지셔닝
- 제품 사용자 포지셔닝
- 경쟁 제품 포지셔닝

24

- 구체적이어야 한다(Specific).
- 측정할 수 있어야 한다(Measurable).
- 달성 가능한 지표여야 한다(Achievable, Attainable).
- 전략 과제를 통해 구체적으로 달성하는 결과물이어야 한다(Result).
- 일정한 시간 내에 달성 여부를 확인할 수 있어야 한다(Timely, Time—bound).

25

데이터베이스 마케팅

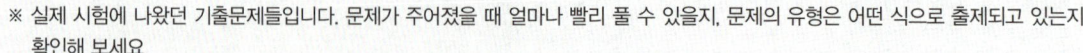
기출문제

※ 실제 시험에 나왔던 기출문제들입니다. 문제가 주어졌을 때 얼마나 빨리 풀 수 있을지, 문제의 유형은 어떤 식으로 출제되고 있는지 확인해 보세요.

※ ★표로 표시한 문제는 2회 이상 출제된 문제이므로 반드시 익히고 넘어가도록 합니다.

★
01 아웃바운드 텔레마케팅의 특징 네 가지를 쓰시오.

---

02 Big five 성격 요인(OCEAN)에 해당하는 다섯 가지 성격 특성을 쓰시오.

---

03 스크립트의 한계점을 보완한 것으로 인바운드 상담에서 주로 사용하는 것은 무엇인지 쓰시오.

04 다음 상황에서 고객에게 안내할 내용과 대안책을 쓰시오.

> 고객이 우리 회사의 A부서로 전화를 걸어왔다. 그러나 고객의 요구사항을 확인해 보니, 실제 담당 부서는 B부서였다.

★
05 설문지 작성 시 질문 순서로 고려해야 할 세 가지를 쓰시오.

06 다음에서 설명하는 리더십 유형은 무엇인지 〈보기〉에서 골라 쓰시오.

- 부하들에게 장기적 비전을 제시하고, 비전 성취에 대한 자신감을 고취시킴으로서 조직에 대한 몰입을 강조하며 부하를 성장시키는 리더십이다.
- 리더가 부하들로 하여금 신뢰와 존경, 충성심을 느끼도록 하여 부하들이 기대한 것 이상의 능력을 발휘할 수 있도록 동기화시키는 지도력을 가진다.
- 어떤 장애물도 스스로의 능력으로 극복할 수 있다고 신뢰하며, 고민을 새로운 관점에서 생각해 볼 수 있게 해 주고 필요한 경우에는 부하들을 코치한다.

┌〈보기〉──
교환적 리더십   거래적 리더십   자율적 리더십   변혁적 리더십
└───

★
07 인바운드 상담 절차에 맞게 〈보기〉에서 골라 순서대로 쓰시오.

A. 고객정보 확인   B. 첫인사 및 자기소개   C. 고객 니즈 파악
D. 상담 준비   E. 문제 해결   F. 동의와 재확인

08 1차 자료와 2차 자료의 차이에 대해 쓰시오.

---

09 다음은 목표시장 선정 전략의 유형이다. 각 A~C 유형에 맞는 전략을 〈보기〉에서 찾아 쓰시오.

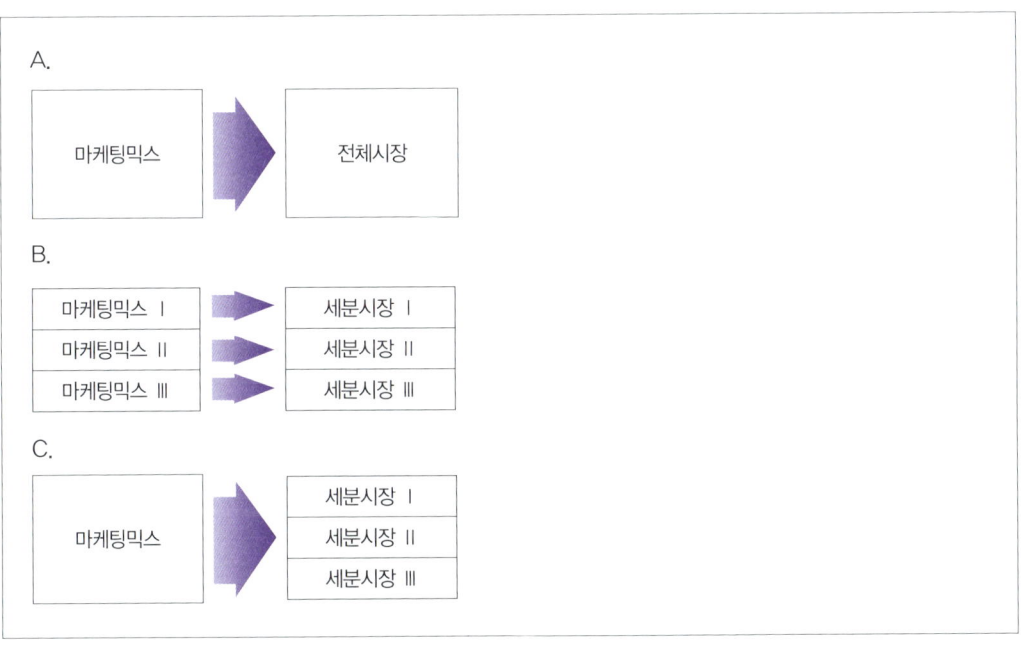

〈보기〉

집중화 전략   비차별화 전략   차별화 전략

10 하나의 제품이나 서비스 제공 과정에서 고객이 원하는 제품이 없을 때 고객이 자사의 다른 제품이나 서비스를 추가적으로 구매하도록 유도하는 마케팅 기법으로, 자사의 매출 증대나 고객에 대한 관계를 강화하기 위해 쓰이는 방식은 무엇인지 〈보기〉에서 골라 쓰시오.

┌─〈보기〉───┐
│   │
│   격상 판매   인적 판매   교차 판매   로그 분석   전환 비용   │
│   │
└───┘

11 다음 설명과 관련 있는 고객을 쓰시오.

┌───┐
│ • 한 기업의 상품이나 서비스를 반복 구매한다.   │
│ • 주변 사람에게 제품이나 서비스를 홍보한다.   │
│ • 상품을 지속적으로 이용한다.   │
│ • 경쟁사의 마케팅 활동에도 쉽게 이탈하지 않는다.   │
└───┘

★
12 다음 질문 문항의 문제점을 쓰시오.

┌───┐
│ 환경부에 따르면 쓰레기 분리수거를 하면 자원 재활용에 상당한 도움을 줄 수 있다고 합니다. 이러한 상황 │
│ 을 고려할 때 귀하는 쓰레기 분리수거에 찬성하십니까? 아니면 반대하십니까?   │
│ ⓐ 예   ⓑ 아니요   ⓒ 잘 모르겠다   │
└───┘

★
13 다음은 STP 전략에 대한 내용이다. 빈칸에 알맞은 말을 쓰시오.

- S(Segmentation): 시장 세분화
- T(Targeting): (   )
- P(Positioning): 포지셔닝

★
14 마케팅 촉진 전략 네 가지를 쓰시오.

★
15 전화조사의 장단점을 각각 두 가지씩 쓰시오.

16 특정 집단의 조사를 위해 조사자가 적절하다고 판단하는 조사 대상자들을 선정한 다음 그들로 하여금 또 다른 대상자들을 추천하도록 하는 표본추출방법은 무엇인지 〈보기〉에서 골라 쓰시오.

〈보기〉
할당표본추출방법　　　　　스노우볼표본추출방법　　　　　판단표본추출방법
편의표본추출방법　　　　　층화표본추출방법

★
17 마케팅 전화 20,000건 가운데 400건의 주문이 들어왔다. OR(Order Rate)은 얼마인지 쓰시오.

18 다음과 같은 방식으로 고객 충성도를 조사하고자 한다. 각 설명에 해당하는 척도의 명칭을 쓰시오.

A. 충성 고객을 '충성 고객, 비충성 고객'과 같이 범주로 나누어 분류하고자 한다.
B. 충성도를 "전혀 그렇지 않다(1점) ~ 매우 그렇다(7점)"와 같은 척도로 측정하고자 한다.

19 아웃바운드 활용 분야 중 비판매 분야의 활용 사례를 쓰시오.

---

20 시장 세분화의 변수 중 인구통계학적 변수 두 가지를 쓰시오.

---

21 소비자들이 오랜 기간 일정 금액으로 구매하기 때문에 원가가 상승하더라도 동일한 가격대를 유지하는 정책은 무엇인지 쓰시오.

---

22 제품수명주기를 〈보기〉에서 골라 순서대로 쓰시오.

┌〈보기〉───┐
│   A. 성숙기   B. 도입기   C. 성장기   D. 쇠퇴기   │
└───┘

★
23 구매의사결정의 과정을 순서대로 쓰시오.

- -

★
24 RFM 분석에 대해 쓰시오.

- -

25 데이터 웨어하우스나 데이터마트에서 나온 유용한 CRM 자료를 토대로 고객정보를 추출하고 이를 통해 고객들의 움직임이나 향후 동향을 모델링하고 분석하는 CRM 유형은 무엇인지 쓰시오.

- -

01

- 기업이 잠재 고객이나 기존 고객에게 전화를 거는 기업 주도형 마케팅 기법이다.
- 적극적이고, 능동적인 마케팅 기법이다.
- 목표 지향적인 마케팅 기법이다.
- 명확한 고객 데이터베이스를 갖추고 진행해야 한다.
- 인바운드 텔레마케팅이 Q&A의 활용도가 높은 것에 비해, 아웃바운드 텔레마케팅은 스크립트의 활용도가 높다.

02

- 개방성(Openness)
- 성실성(Conscientiousness)
- 외향성(Extraversion)
- 우호성(Agreeableness)
- 신경성(Neuroticism)

03

Q&A 시트

04

고객님, 여기는 A부서입니다. 말씀해 주신 내용은 B부서에서 담당하고 있습니다. 번거로우시겠지만 잠시만 기다려 주시면 바로 B부서로 연결해 드리겠습니다.

05

- 응답자의 흥미를 유발하거나 쉽게 대답할 수 있는 질문을 질문지의 앞부분에 놓는 것이 좋다.
- 질문은 전반적인 질문에서 구체적이거나 특수한 질문으로 진행하는 것이 좋다.
- 나이, 성별, 출신지, 교육 수준, 직업, 소득 등 인구사회학적 특성에 대한 질문이나 개인의 사생활에 대한 질문, 또는 민감한 질문은 가급적 질문지의 끝으로 보내는 것이 좋다.
- 대화와 마찬가지로 질문들을 내용별로 묶어 주어야 하며, 자연스러우면서 논리적인 순서에 따라 이어지게 하는 것이 좋다.
- 내용이 같거나 척도가 동일한 질문은 모아서 함께 묻는 것이 좋고, 가능한 한 동일한 질문 및 응답 범주는 동일한 면에 있도록 배열한다.

06

변혁적 리더십

07

D. 상담 준비 → B. 첫인사 및 자기소개 → A. 고객정보 확인 → C. 고객 니즈 파악 → E. 문제 해결 → F. 동의와 재확인

08

1차 자료는 연구자가 문제 해결을 위해 조사 설계를 하고 그 설계에 근거하여 직접 수집한 자료인 반면, 2차 자료는 다른 조사 목적과 관련하여 조사 내부 혹은 외부의 특정한 조사 주체에 의해 기존에 이미 작성된 자료이다.

구분	1차 자료	2차 자료
장점	신뢰도, 타당도 면에서 연구 목적의 수행에 적합하고, 수집된 자료를 의사결정이 필요한 시기에 적절하게 이용 가능	신속하게 수집이 가능해 시간과 비용의 절약 가능
단점	자료 수집에 비용과 시간이 많이 소요되고, 조사 방법에 관한 지식과 기술이 필요	자료를 수집한 목적이 다르기 때문에 자료의 유용성 및 실효성이 제한을 받는 경우가 많음
수집 목적	당면한 조사 문제 해결	다른 조사 문제 해결
수집 과정	고관여	저관여
수집 비용	고비용	저비용
수집 기간	장기	단기
종류	관찰조사, 실험조사, 질문조사, 전화조사, 면접조사, 우편조사	신문, 잡지, 정부 통계 자료, 논문, 기업 내부 자료, 학문 분야의 전문 서적

09
- A: 비차별화 전략
- B: 차별화 전략
- C: 집중화 전략

10
교차 판매

11
충성 고객

12
질문에 조사자의 가치 판단이 들어가 있어 가치중립적이지 않다.

13
목표시장 선정

14
- 광고
- 판매촉진
- 인적 판매
- 홍보

15
- 장점
  - 비용이 적게 든다.
  - 신속한 조사가 가능하다.
  - 우편조사에 비해 응답률이 높다.
  - 거리 제약이 없다.
  - 조사자의 편견을 통제할 수 있다.
  - 면접 기피자에게도 조사가 가능하다.
- 단점
  - 전화번호가 정확하지 않을 수 있다.
  - 상세한 정보 획득이 어렵다.
  - 전화 중단의 문제가 있을 수 있다.
  - 시간 제약의 문제가 있다.
  - 보조 도구의 사용이 곤란하다.
  - 간단한 질문 및 답변만 할 수 있다.

16
스노우볼표본추출방법

17
2%

해설

OR은 총발신수에 대한 주문 비율이다.
$(400/20,000) \times 100 = 2$

18
- A: 명목 척도
- B: 등간 척도

19
- 고객 만족도 조사
- 해피콜
- 시장조사
- 현장 판매 지원
- DB 정리 및 보완
- 연체 대금 회수 촉진

20
- 나이
- 성별
- 가족 규모
- 소득
- 직업
- 학력
- 종교

21
관습 가격결정법

22
B. 도입기 → C. 성장기 → A. 성숙기 → D. 쇠퇴기

23
문제 인식 → 정보 탐색 → 대안의 평가 → 구매 → 구매 후 평가

24
고객의 성향을 분석하여 고객의 등급을 계산하는 점수 기준으로, 고객이 얼마나 최근에 구입했는가(Recency), 제품 또는 서비스를 얼마나 자주 구매하는가(Frequency), 고객이 구매한 총금액(Monetary)이 얼마인가를 나타낸다.

25
분석적 CRM

※ 실제 시험에 나왔던 기출문제들입니다. 문제가 주어졌을 때 얼마나 빨리 풀 수 있을지, 문제의 유형은 어떤 식으로 출제되고 있는지 확인해 보세요.

※ ★표로 표시한 문제는 2회 이상 출제된 문제이므로 반드시 익히고 넘어가도록 합니다.

★

01 커뮤니케이션의 장애 요인 중 수신자에 의한 장애 요인 세 가지를 쓰시오.

02 패널조사의 장점 두 가지를 쓰시오.

03 고객 충성도의 유형을 두 가지 쓰시오.

★
04 시장세분화 기준의 변수를 세 가지 쓰시오.

★
05 스크립트 작성이 필요한 이유는 무엇인지 두 가지를 쓰시오.

06 텔레마케팅에서의 고객 응대의 특징을 세 가지 쓰시오.

★
07 다음은 소비재에 대한 표이다. 빈칸 A~C에 들어갈 내용을 쓰시오.

항목	편의품	선매품	전문품
구매 전 지식	(A)	적음	많음
대체 제품 수용도	높음	보통	(B)
구매 정보 탐색 정도	낮음	(C)	낮음
구매 빈도	높음	보통	낮음

★
08 VMS(Vertical Marketing System, 수직적 마케팅 시스템) 중에서 통합도가 낮은 것부터 높은 순서대로 〈보기〉에서 찾아 쓰시오.

〈보기〉

계약형 VMS   관리형 VMS   회사형 VMS

★
09 2차 자료 이용 중 탐색조사를 이용하는 조사 세 가지를 쓰시오.

10 커크패트릭의 교육훈련 평가 4단계 모형 중 교육훈련에 대한 피훈련자의 만족도나 반응을 측정하는 것을 〈보기〉에서 골라 쓰시오.

〈보기〉

반응평가   학습평가   행동평가   결과평가

11 다음은 BCG 매트릭스의 표이다. 빈칸 A~D에 들어갈 알맞은 말을 쓰시오.

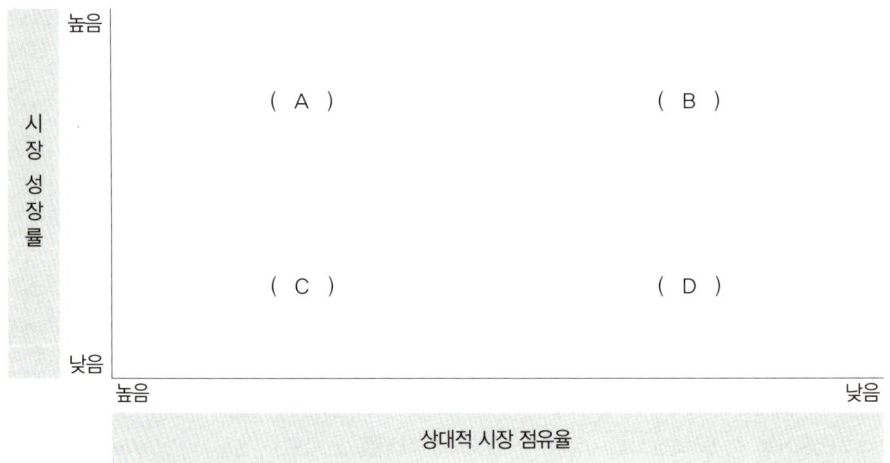

★
12 층화표본추출방법의 정의와 종류 두 가지를 쓰시오.

★
13 이전에 접촉이 없었던 고객에게 처음 거는 전화로, 고객이 냉담하게 반응할 수 있는 통화는 무엇인지 쓰시오.

14 인바운드 텔레마케팅의 고객 응대 시 유의사항을 세 가지 쓰시오.

★
15 제품수명주기를 도입기, 성장기, 성숙기, 쇠퇴기로 구분할 때 성숙기의 시장 특성과 그에 따른 전략을 각각 세 가지 쓰시오.

★

16 CRM을 구현하기 위한 전제 조건을 3가지 쓰시오.

....

17 다음 빈칸에 공통적으로 들어갈 말은 무엇인지 〈보기〉에서 골라 쓰시오.

( )마이닝은 ( ) 자료를 통해 기업의 의사결정에 필요한 정보를 추출 · 분석하는 기법이다.

〈보기〉

텍스트	수치	표본	모집단

....

18 광범위한 모집단을 대상으로 여러 변수의 특성과 상호관계를 조사하여 현상을 체계적으로 분석하는 조사 유형은 무엇인지 〈보기〉에서 골라 쓰시오.

〈보기〉

탐색조사	기술조사	인과조사

....

19 다음과 같이 정보의 수준이 낮은 척도의 순서대로 나열한다고 할 때, 빈칸에 들어갈 척도를 〈보기〉에서 찾아 순서대로 쓰시오.

| ( ) → ( ) → ( ) → 비율 척도 |

〈보기〉

서열 척도　　　명목 척도　　　등간 척도

★
20 다음 아웃바운드 스크립트의 여덟 가지 판매 단계 중 A와 B에 들어갈 단계를 쓰시오.

| 도입 → (A) → 해석 · 요약 → 특징 · 혜택 제시 → 접근 시도 → (B) → 확신 보증 → 연결 판매 |

★
21 다음 설명을 읽고 관련 있는 유통 전략을 〈보기〉에서 골라 쓰시오.

> 중간상, 소매상이 자사 제품을 취급하도록 허용하여 취급점포의 수를 최대한으로 높이는 유통경로를 뜻하며, 이것의 이점으로는 충동구매의 증가, 상품에 대한 소비자 인식의 고취, 소비자의 편의성 제고 등을 들수 있다.

〈보기〉

전속적 유통경로   개방적 유통경로   선택적 유통경로

22 아웃바운드 마케팅에서 시장조사를 하는 이유를 쓰시오.

★
23 CRM 프로세스의 4단계를 쓰시오.

★
24 텔레마케터 모니터링의 이유를 세 가지 쓰시오.

★
25 설문지의 사전조사에 대해서 쓰시오.

01
- 수신자의 선입견
- 수신자의 속단적인 평가
- 선택적 청취
- 반응과 피드백의 부족
- 수신자에 의한 편견
- 수용성 부족

02
- 동일한 조사대상자를 반복적으로 조사하므로 시간에 따른 변화 추이를 분석할 수 있다.
- 응답자의 배경, 특성을 미리 파악하고 있어 심층적이고 정밀한 분석이 가능하다.

03
- 행동적 충성도
- 태도적 충성도

04
- 지리적 변수
- 인구통계학적 변수
- 심리분석적 변수
- 행동분석적 변수

05
- 표준화된 언어표현과 상담 방법으로 모든 고객을 대할 수 있도록 도와줄 수 있다.
- 콜센터 내의 생산성 관리를 도와줄 수 있다.
- 고객에게 전화 목적에 대한 효율적인 전달과 일관된 흐름에 입각한 논리적인 상담이 진행될 수 있다.
- 상담원 스킬 향상에도 많은 영향을 미치게 된다.
- 텔레마케터 간의 상담 능력 차이를 좁혀 일관성 있는 업무를 수행할 수 있다.

06
- 쌍방향 커뮤니케이션이다.
- 전화 장치를 이용한 비대면 중심의 커뮤니케이션 행위이다.
- 언어적 메시지와 비언어적 메시지를 동시에 사용한다.
- 상호 거래적이며 피드백이 즉각적이다.

07
- A: 많음
- B: 낮음
- C: 높음

08
관리형 VMS, 계약형 VMS, 회사형 VMS

해설 유통경로 마케팅 시스템

통합 방식	회사형	계약형	관리형	동맹형
	소유	계약	경로 리더 의존	상호 의존
독립성	소유	독립	독립	독립
수직적 통합의 정도	비독립	높음	낮음	매우 낮음 (대등 관계)
상호 의존성	매우 높음	높음	낮음	높음
• 공식화 • 정보 공유도 • 연관성	매우 높음	높음	낮음	높음

09
- 전문가 의견조사
- 문헌조사
- 사례조사

10
반응평가

11
- A: 별
- B: 물음표
- C: 현금 젖소
- D: 개

12

- 정의: 일정한 특성에 의해 모집단을 층화하고, 각 층에서 일정수를 무작위 표출하는 방법이다.
- 종류: 비례층화표본추출법, 불비례층화표본추출법

13

Cold call(콜드콜)

14

- 고객의 입장에서 말하고 들어야 한다.
- 고객의 불만 원인을 정확히 파악해야 한다.
- 문의 내용을 정확히 이해하고 상황에 맞게 대응해야 한다.
- 고객의 문의사항을 요약 · 정리하며 상담한다.

15

- 시장 특성
  - 판매가 절정에 이르다가 감소하기 시작한다.
  - 많은 잠재 고객 혹은 시장 참가자가 이미 그 제품이나 프로그램을 구매했을 뿐 아니라 경쟁이 높아져서 증가율이 떨어지는 시기이다.
  - 경쟁이 치열하고 강진약퇴 현상이 나타난다.
  - 제품 가격의 인하와 판매촉진비 증대로 매출액은 최고이나 이익은 성장기보다 하락한다.
- 기업 전략
  - 시장 점유율 방어와 이윤 유지
  - 상표 재활성화(시장 확대 전략, 제품 수정 전략, 상표 재포지셔닝 전략)
  - 경쟁사 대응의 방어적 가격, 광범위한 유통망 구축

16

- 고객 통합 데이터베이스 구축
- 고객 특성 분석을 위한 데이터마이닝 도구 준비
- 마케팅 활동 대비를 위한 캠페인 관리용 도구 필요

17

텍스트

18

기술조사

19

명목 척도, 서열 척도, 등간 척도

20

- A: 탐색
- B: 접근 계약

21

개방적 유통경로

22

고객의 구매 행동과 고객이 선호하는 성향을 분석해 목표 고객을 명확히 하고, 효율적인 아웃바운드 마케팅 전략을 수립하기 위해 실시한다.

23

고객 선별 단계 → 고객 획득 단계 → 고객 개발 단계 → 고객 유지 단계

24

- 통화품질 향상
- 상담원의 통화 능력 체크
- 상담원 예절 및 친절성 체크
- 상담원 발음의 정확성 체크
- 상담원 평가를 통한 코칭

25

질문지가 완성되면 본조사를 실시하기 전에 질문지 내용의 실용성, 조사의 문제점 등을 검토하기 위하여 소수의 표본을 대상으로 실시하는 시험적인 조사이다.

※ 실제 시험에 나왔던 기출문제들입니다. 문제가 주어졌을 때 얼마나 빨리 풀 수 있을지, 문제의 유형은 어떤 식으로 출제되고 있는지 확인해 보세요.

※ ★표로 표시한 문제는 2회 이상 출제된 문제이므로 반드시 익히고 넘어가도록 합니다.

01 인바운드 콜센터의 성과지표에 해당하는 것을 〈보기〉에서 세 가지 골라 쓰시오.

┌〈보기〉─────────────────────────────────
│
│   평균 통화시간   콜 처리율   평균 후처리시간   1인당 매출액   콜 접촉률
│
└─────────────────────────────────────

★
02 고객의 충성도 촉진 방안을 네 가지 쓰시오.

★
03 소비자가 서비스 품질을 평가하는 요소 다섯 가지를 쓰시오.

04 고객과의 통화 내용과 상담 내용 등을 정확하게 기록하는 노트는 무엇인지 〈보기〉에서 골라 쓰시오.

05 다음은 교육훈련과정개발을 위한 교수모형설계의 순서이다. 빈칸에 들어갈 알맞은 것을 〈보기〉에서 찾아 쓰시오.

분석 → 설계 → (   ) → 실행 → 평가

06 피크타임 시(콜센터 업무가 많아질 때) 콜센터에서 할 수 있는 조치를 〈보기〉에서 세 가지 골라 쓰시오.

★
07 AIDA 이론은 고객이 구매를 결정하기까지의 심리 과정을 분석한 것이다. 다음 빈칸에 들어갈 말을 영어로 쓰시오.

(A   ) → (I   ) → (Desire) → (A   )

08 포지셔닝을 위해 시장 환경을 분석할 때 사용할 수 있는 기법을 세 가지 쓰시오.

★
09 정보를 수집하기 위한 방법 중 다음 내용과 관련 있는 방법은 무엇인지 쓰시오.

어떤 장소에 6~12명의 소비자들을 모아 놓고 조사 주제에 대해 토론하도록 하는 방법으로 자연스러운 분위기 속에서 조사 목적과 관련된 대화를 유도하여 응답자들이 자유롭게 의사를 표시하도록 하는 방법을 말한다.

10 다음은 타당도에 대한 내용이다. 빈칸에 들어갈 말을 〈보기〉에서 골라 쓰시오.

- ( ): 서로 다른 개념들을 측정하였을 때 얻어진 측정 문항들 간의 상관관계가 낮게 나타나야 한다.
- ( ): 측정 도구가 연구자가 의도한 내용을 정확하게 측정하고 있어야 한다.

〈보기〉

| 고객 타당도 | 집중 타당도 | 내용 타당도 | 판별 타당도 |

★
11 기존 고객 리스트에서 상품 판매 목적에 맞는 우량 고객만을 선별하는 작업을 무엇이라 하는지 쓰시오.

★
12 고객 구매행동 모델로 최근 구매일, 구매 빈도, 구매 금액에 대한 고객의 거래 속성을 분석하고, 마케팅에 활용하는 것은 무엇인지 쓰시오.

13 소비자의 구매 습관에 의한 소비재 분류 세 가지를 쓰시오.

★
14 제품의 수명주기 단계 중 성장기의 특성을 세 가지 쓰시오.

★
15 상담원의 경청에 방해가 되는 요소 다섯 가지를 쓰시오.

16 조직이나 팀에서 달성한 성과와 관련 있는 것을 〈보기〉에서 두 가지를 골라 쓰시오.

┌〈보기〉─────────────────────────────────┐
│   업적   태도   역량   적성   │
└─────────────────────────────────────┘

17 폐쇄형 질문과 개방형 질문의 장점을 각각 두 가지씩 쓰시오.

18 소비자의 의사결정과정 5단계를 순서대로 나열하시오.

19 전화조사의 장점을 세 가지 쓰시오.

20 CRM 시스템 분류 유형 세 가지를 쓰시오.

21 다음은 산업재에 대한 설명이다. 빈칸에 들어갈 말을 골라 차례대로 쓰시오.

> 산업재 시장은 (많은 / 적은) 수의 (큰 / 작은) 규모의 고객이 있고 밀집되어 있으며, 대부분 (탄력적 / 비탄력적)이며 변동이 심하지 않다. 정량 구매가 (많은 / 적은) 편이며 고객은 전문 지식을 바탕으로 구매를 결정한다.

★
22 중간상이 개입하면 거래의 총량이 감소하여 제조업자와 소비자 양자에게 실질적인 비용 감소를 제공할수 있다. 즉, 중간상의 개입으로 제조업자와 소비자 사이의 거래가 보다 효율적으로 이루어지므로 중간상의 개입이 정당화될 수 있다는 논리이다. 이 논리가 해당하는 유통경로의 원칙은 무엇인지 쓰시오.

23 스크립트 작성 시 유의 사항(4C) 네 가지를 쓰시오.

★
24 비슷한 성향의 소비자를 하나로 묶어 그룹핑하는 것을 무엇이라고 하는지 쓰시오.

25 다음 고객 유형의 의미를 각각 쓰시오.

잠재 고객	신규 고객	기존 고객	핵심 고객	이탈 고객

01
- 평균 통화시간
- 콜 처리율
- 평균 후처리시간

02
- 마일리지 또는 포인트 누적 혜택 제공
- 고객등급화에 따른 혜택 차등 적용
- 커뮤니티 활동 지원
- 우수 고객 이벤트

03
- 신뢰성
- 확신성
- 유형성
- 공감성
- 대응성

해설

소비자가 서비스 품질을 평가하는 요소(SERVQUAL 모형)
- 신뢰성(Reliability): 약속한 서비스를 믿게 하며 정확하게 제공하는 능력
- 확신성(Assurance): 서비스 제공자들의 지식, 정중, 믿음, 신뢰를 전달하는 능력
- 유형성(Tangibles): 서비스 환경의 외형 · 물리적인 시설, 장비, 사람, 커뮤니케이션 도구
- 공감성(Empathy): 고객에게 개인적인 배려를 제공하는 능력, 관심 및 친절
- 대응성(Responsiveness): 기꺼이 고객을 돕고 신속한 서비스를 제공하는 능력, 자발성

04
데이터 시트

05
개발

해설

교육훈련과정개발을 위한 교수모형설계의 5단계
분석(Analysis) → 설계(Design) → 개발(Development) → 실행(Implementation) → 평가(Evaluation)

06
- 아웃바운드 · 인바운드 인원 조정
- 초과 근무 확대
- 임시직 활용

07
- A: Attention
- I: Interest
- A: Action

08
- PEST 분석
- SWOT 분석
- 5 Forces Model

09
표적집단면접(FGI)

10
판별 타당도, 내용 타당도

11
리스트 스크리닝(List screening)

12
RFM 분석

13
편의품, 선매품, 전문품

14
- 판매가 절정에 이르다가 감소하기 시작한다.
- 많은 잠재 고객 혹은 시장 참가자가 이미 그 제품이나 프로그램을 구매했을 뿐 아니라 경쟁이 높아져서 증가율이 떨어지는 시기이다.

- 경쟁이 치열하고 강진약퇴 현상이 나타난다.
- 제품 가격의 인하와 판매촉진비 증대로 매출액은 최고이나 이익은 성장기보다 하락한다.

15
- 속단적 청취(선택적 청취) · 평가
- 상대방에 대한 편견
- 상대방에 대한 선입견
- 집중하지 않고 다른 생각에 잠겨 있음
- 전화 장치 및 주변의 소음

16
업적, 역량

17
- 폐쇄형 질문
  - 응답이 표준화되어 있어 비교가 가능하다.
  - 전체 상담 시간의 조절이 용이하다.
  - 채점과 코딩이 간편하다.
  - 응답 항목이 명확하고 신속한 응답이 가능하다.
  - 조사자의 편견이 개입되는 것을 방지할 수 있다.
  - 응답자 입장에서 질문이 간단하여 대답하기 편하다.
- 개방형 질문
  - 응답자의 다양한 의견을 수렴할 수 있다.
  - 고객 상황에 대한 명확한 이해가 용이하여 고객의 니즈를 탐색할 수 있다.
  - 응답자가 상세한 부분까지 언급할 수 있어 새로운 정보를 획득할 수 있다.
  - 응답자가 생각나는 대로 어떤 형식 없이 응답할 수 있다.
  - 폐쇄형 질문보다 자료를 모으는 데 효과적이다.
  - 대답이 불명확하면 설명을 요구할 수 있어 오해를 제거하고 친밀감을 향상시킬 수 있다.

18
문제 인식 → 정보탐색 → 대안의 평가 → 구매 → 구매 후 평가

19
- 비용이 적게 든다.
- 신속한 조사가 가능하다.
- 우편조사에 비해 응답률이 높다.
- 거리적 제약이 없다.
- 조사자의 편견을 통제할 수 있다.
- 면접 기피자에게도 조사가 가능하다.

20
- 분석적 CRM
- 운영적 CRM
- 협업적 CRM

21
적은, 큰, 비탄력적, 많은

해설

산업재 고객의 특성
- 수요의 고객집중도가 높음: 적은 고객 수로 인해 고객의존도가 높다.
- 수요가 지역적으로 집중되어 있음: 고객이 특정한 지역에 집중되어 있다.
- 고객의 규모가 큼: 산업재 고객의 수는 적지만 거래 규모는 대체로 크다.
- 주문량과 주문 시기가 규칙적임: 일정한 양을 반복적으로 구매하는 정량 구매가 많다.

22
총거래수 최소화의 원칙

23
- 이해하기 쉽게 작성되어야 한다(Clear).
- 간결 · 명료하게 작성되어야 한다(Concise).
- 논리적으로 설득력 있게 작성되어야 한다(Convincing).
- 회화체로 작성되어야 한다(Conversational).

24
시장 세분화

25
- 잠재 고객: 자사의 제품이나 서비스를 모르거나, 관심이 없는 고객이다. 현재는 거래하고 있지 않지만 미래에 자사의 제품이나 서비스를 구매할 잠재력을 가지고 있다.
- 신규 고객: 자사의 제품이나 서비스를 처음으로 구매한 고객이다.
- 기존 고객: 자사의 제품이나 서비스를 반복적으로 구매하는 고객이다.
- 핵심 고객: 자사의 제품이나 서비스를 지속적으로 구매하면서, 지인에게 자사의 제품이나 서비스를 추천하는 고객이다.
- 이탈 고객: 자사의 제품이나 서비스를 더 이상 구매하지 않고 타사의 제품이나 서비스를 구매하는 고객이다.

특별 부록

실전 모의고사

교육은 우리 자신의 무지를
점차 발견해 가는 과정이다.

- 윌 듀란트 -

제 **1** 회 **모의고사**

01 데이터베이스 마케팅의 장점을 세 가지 쓰시오.

....

02 2차 자료(기존 자료)의 장단점을 각각 두 가지씩 쓰시오.

....

03 다음은 무엇에 대한 설명인지 쓰시오.

> • 고객에게 관심을 갖고 고객의 욕구를 파악함으로써, 친밀감을 형성하여 고객이 신뢰감을 느끼도록 하는 기법이다.
> • 상품 또는 서비스의 판매에 대해 긍정적이고 호의적인 감정을 형성하여, 판매 체결 및 지속적인 거래관계를 유도하는 연결 고리가 된다.
> • 고객의 말을 긍정적으로 받아들이고 성의 있게 관심을 표출했을 때 극대화된다.

04 다음은 질문 기법에 대한 설명이다. 빈칸 A와 B에 들어갈 말을 순서대로 쓰시오.

> 응답자가 주관식으로 답변을 할 수 있는 질문 기법으로 고객이 자유롭게 본인의 의견을 답변할 수 있는 것은 (A) 질문이며, 응답자에게 한정된 내용을 질문하고 응답자는 한정된 내용 속에서 답변을 선택하는 것은 (B) 질문이다.

05 RFM 분석에서 고객의 거래 속성을 분석하고, 마케팅에서 활용할 때 사용할 수 있는 것을 〈보기〉에서 모두 골라 쓰시오.

> ─〈보기〉─────
>
> 제품 생산량   구매 금액   최근 구매일
> 구매 횟수   구매 빈도   최초 구매일

06 다음은 소비자의 구매 습관에 따라 소비재를 분류한 것이다. 빈칸 A~C에 알맞은 말을 쓰시오.

> - (A): 제품이 가지고 있는 전문성이나 독특한 성격 때문에 대체품이 존재하지 않으며 브랜드 인지도가 높은 제품
> - (B): 제품에 대하여 완전한 지식이 있으므로 최소한의 노력으로 빠르고 쉽게 적합한 제품을 구매하며 강한 상품 애호도를 가지는 제품
> - (C): 제품을 구매하기 전에 가격, 품질, 형태, 욕구 등의 적합성을 충분히 비교하여 선별적으로 구매하는 제품으로 편의품에 비해 구매 단가가 높고 구매 횟수가 적은 제품

07 다음은 탐색조사의 종류에 대한 내용이다. 빈칸 A와 B에 들어갈 알맞은 말을 쓰시오.

- (A): 조사와 관련된 주제나 변수와 관련된, 기존에 발간되어 있는 각종 2차 자료를 이용한 간접 경험 조사 방법을 말한다.
- (B): 분석하는 사례와 주어진 문제 사이의 유사점과 차이점을 찾아내어 깊이 있는 분석을 함으로써 현 상황에 대한 논리적인 유추를 하는 데 도움을 얻는 시장조사 방법이다.

08 차별화 마케팅과 비차별화 마케팅에 관해 설명하시오.

09 다음은 제품수명주기 중 어느 단계에 대한 설명이다. 어떤 단계인지 쓰고 그 단계의 마케팅 목표를 서술하시오.

- 많은 잠재 고객 혹은 참가자들이 이미 그 제품이나 프로그램을 구매했을 뿐 아니라 경쟁이 치열해져서 증가율이 떨어지는 시기이다.
- 판매량이 평준화되고 매우 강력한 경쟁이 나타나 경쟁력이 약한 기업은 도태된다.

10 판매 활동을 원활하게 하며, 매출액을 증대시키기 위하여 실시하는 모든 마케팅 활동을 촉진 전략이라고 하는데, 이 촉진 전략의 구성 요소 중 하나는 판매촉진이다. 나머지 구성 요소를 쓰시오.

11 고객 불만 응대 시 기대 효과를 세 가지 쓰시오.

12 목표시장 선정 마케팅 전략 중 한 개 또는 몇 개의 시장 부문에서 집중적으로 시장을 점유하려는 전략으로, 기업의 자원이 한정되어 있을 때 이용하는 전략은 무엇인지 쓰시오.

13 다음 설명에서 빈칸 A와 B에 공통으로 들어갈 말이 무엇인지 쓰시오.

- (A)의 목적
  - 신입 종업원의 조직과 직무에 대한 이해를 돕는다.
  - 종업원들이 원활한 직무수행을 할 수 있도록 도와준다.
  - 종업원들에게 미래직무에 대한 배움의 기회를 제공한다.
  - 조직의 변화에 대한 정보를 종업원들에게 제공한다.
  - 종업원 개인의 발전을 위한 기회를 제공한다.

- (B)의 필요성
  - 종업원의 능력 저하를 방지하기 위해 필요하다.
  - 직무 변화에 적응하기 위해 필요하다.
  - 승진을 하기 위해 필요하다.
  - 종업원의 자율적 통제와 조정을 위해 필요하다.
  - 종업원의 올바른 가치관을 확립하기 위해 필요하다.

14 다음 설명이 뜻하는 용어를 쓰시오.

- 훈련된 면접 진행자가 소수의 응답자들을 일정한 장소에 모이게 한 후, 비체계적이고 자연스러운 분위기 속에서 조사 목적과 관련된 대화를 유도하여 응답자들이 자유롭게 의사를 표시하도록 하는 면접 방식을 말한다.
- 면접 진행자가 대화의 주제를 자연스레 원하는 방향으로 유도하고, 주목할 만한 발언에 대해서는 심도 있게 다룰 수 있는 숙련된 기술을 가지고 있어야 좋은 품질의 결과를 얻을 수 있다.

15 다음은 포지셔닝의 수립 절차이다. 빈칸 A와 B에 들어갈 알맞은 내용을 쓰시오.

시장 분석(소비자 분석 및 경쟁자 확인) → (A) → 자사 제품의 포지셔닝 개발 → 포지셔닝의 확인 → (B)

16 고객 센터의 통화 품질을 향상시키기 위하여 고객과 텔레마케터 간 실제 통화 내용의 샘플을 듣는 것을 뜻하는 용어를 쓰시오.

17 제품의 특징을 분석하여 강점과 약점을 구분하고 제품에 영향을 미치는 외부 환경 요인을 분석하여 기회 요소와 위협 요소를 찾는 분석 방식은 무엇인지 쓰시오.

18 다음은 시장 세분화의 변수 중 어느 변수에 속하는지 쓰시오.

• 지역	• 인구 밀도
• 도시의 규모	• 기후

19 효과적인 시장 세분화의 요건을 다섯 가지 쓰시오.

20 소비재의 분류 중 다음 내용은 어떤 소비재에 대한 설명인지 쓰시오.

> • 소비자에게 완전히 새롭거나 소비자가 잘 알고 있지만 평상시에는 구매 욕구를 느끼지 않기 때문에 특별한 탐색 노력을 하지 않는 제품이다.
> • 수요 수준이 낮으므로 대체로 높은 이윤 폭, 낮은 회전율, 높은 가격의 특성을 보인다.
> • 공격적인 인적 판매 노력이 효과적이다.

21 마케팅믹스의 4p를 쓰시오.

---

22 다음과 같은 구매를 유도하는 방법들은 어떤 마케팅 기법인지 쓰시오.

> • 카드 교체 또는 추가 발급
> • 자동차 종합보험 가입 시 운전자보험 추가 가입
> • 정장 구매 시 와이셔츠 또는 넥타이 추가 구매
> • 운동복 구매 시 다른 운동화 추가 구매

---

23 유통경로 중 다음에서 설명하는 것은 무엇인지 쓰시오.

> • 자사의 제품을 누구나 취급할 수 있도록 개방하는 유통경로이다.
> • 스낵, 음료수, 신문, 캔디, 껌과 일상 생활용품이나 타이어처럼 소비자들이 자주 구매하거나 다양한 곳에서 취급하도록 한다.

---

24 다음 요소들은 시장 세분화의 변수 중 어느 변수에 속하는지 쓰시오.

> • 나이
> • 가족 규모
> • 직업
> • 학력
>
> • 성별
> • 소득
> • 종교

25 개방형 질문과 폐쇄형 질문의 예시를 각각 하나씩 쓰시오. (단, 문장은 '고객님,'으로 시작해야 함)

01
- 신규 사업 진출에 유리하며 기존 고객 중 우수 고객을 발굴할 수 있다.
- 텔레마케팅과 같은 다양한 마케팅 기법을 활용한다.
- 고객 지향적인 마케팅을 구사한다.

02
- 장점
  - 시간과 비용을 절약할 수 있다.
  - 수집 과정이 용이하다.
- 단점
  - 자료를 수집한 목적이 달라 자료의 유용성 및 실효성이 제한될 수 있다.
  - 의사결정에서 요구하는 대로 정리되어 있지 않은 경우가 많아 자료의 적합성, 타당성, 신뢰성 등을 신중하게 검토해야 한다.

03
라포(Rapport)

04
A: 개방형, B: 폐쇄형

05
- 최근 구매일
- 구매 빈도
- 구매 금액

06
A: 전문품, B: 편의품, C: 선매품

07
A: 문헌조사, B: 사례조사

08
- 차별화 마케팅: 두 개 혹은 그 이상의 시장 부문에 진출할 것을 결정하고 각 시장 부문별로 별개의 제품 또는 마케팅 프로그램을 세우는 전략이다.
- 비차별화 마케팅: 대량 마케팅이라고도 하며, 기업이 하나의 제품이나 서비스를 가지고 시장 전체에 진출하여 가능한 한 다수의 고객을 유치하려는 전략이다.

09
- 성숙기
- 마케팅 전략: 시장 점유율 방어와 이윤 유지, 상표 재활성화, 경쟁사 대응에 대한 방어적 가격, 광범위한 유통망 구축

10
- 광고
- 홍보
- 인적 판매

11
- 제품이나 서비스의 문제점을 조기에 발견하여 문제가 확산되기 전에 신속히 처리할 수 있다.
- 고객이 부정적 경험을 지인에게 확산시키는 것을 막아 기업 이미지에 주는 타격을 줄일 수 있다.
- 제품에 대한 불편 사항을 개선해 새로운 제품을 탄생시킬 수 있는 아이디어를 얻을 수 있다.
- 고객 불만을 만족스럽게 처리한 경우, 고객과의 관계를 강화하고 충성도를 높일 기회를 얻을 수 있다.

12
집중화 마케팅

13
교육훈련

14
표적집단면접조사(FGI; Focus Group Interview)

15

A: 경쟁 제품의 포지션 분석, B: 재포지셔닝

16

모니터링

17

SWOT 분석

18

지리적 변수

19

- 내부적 동질성과 외부적 이질성
- 측정 가능성
- 접근 가능성
- 규모의 경제성
- 행동 가능성
- 유효 정당성

20

비탐색품

21

- Product(제품)
- Place(유통)
- Promotion(촉진)
- Price(가격)

22

교차 판매

23

개방적 유통경로

24

인구통계학적 변수

25

- 개방형 질문: 고객님, 어떤 형태의 제품을 찾고 계십니까?
- 폐쇄형 질문: 고객님, 저희 제품을 사용해 보신 적이 있으십니까?

01 다음 설명이 뜻하는 용어를 쓰시오.

> 한 고객이 특정 기업의 상품이나 서비스를 최초 구매하는 시점부터 마지막으로 구매할 것이라고 예상되는 시점까지의 누적액의 평가를 뜻한다. 고객과의 장기적인 관계 구축을 통해 고객의 가치를 극대화하고, 수익성을 높일 수 있는 CRM과 가장 관계가 깊다.

02 다음 〈보기〉에서 시장 세분화의 변수 중 심리분석적 변수에 해당하는 것을 네 가지 골라서 쓰시오.

〈보기〉

지역	나이	라이프스타일	추구하는 편익	가족 규모	사회 계층
개성	사용 경험	종교	상표 애호도	관심	도시의 규모

03 가격결정에 영향을 미치는 요인 중 내부 요인과 외부 요인을 각각 세 가지씩 쓰시오.

04 다음 내용은 저가 전략이 필요한 시기이다. 빈칸 A~C에 들어갈 알맞은 말을 〈보기〉에서 골라 쓰시오.

- 시장 수요의 가격 탄력성이 (A) 때
- 시장에 경쟁자 수가 (B) 것으로 예상될 때
- 원가 우위를 확보하고 있어 경쟁기업이 자사 제품의 가격만큼 (C) 힘들 때
- 소비자들의 본원적인 수요를 자극하고자 할 때
- 가격 경쟁력이 있을 때

〈보기〉

| 높을 | 낮을 | 많을 | 적을 | 높이기 | 낮추기 |

05 다음은 어느 인사평가 방법에 대한 설명이다. 어떤 인사평가에 대한 내용인지 쓰시오.

- 정의: 직속상사뿐만 아니라 동료, 부하직원, 고객 등 여러 사람이 여러 각도에서 평가하는 것을 의미한다.
- 목적
  - 부서 간의 커뮤니케이션을 통해 조직 활성화를 도모함
  - 평가 결과를 통해 부하 직원이나 동료로부터 자신의 장단점을 피드백받아 자기역량 강화에 도움이 됨
  - 평가과정에 부하직원이나 동료가 함께 참여함으로써 직속상사나 부하직원을 일방적으로 평가하는 데서 나타날 수 있는 부작용을 최소화하고 평가의 납득성을 제고함

06 다음은 고객 충성도에 따라 고객을 분류한 내용 중 일부분이다. 빈칸 A와 B에 들어갈 알맞은 말을 쓰시오.

> • (A): 자사 상품을 구매할 능력이 있는 모든 사람으로, 자사 상품을 이용할 것인지의 여부가 불확실한 상태의 고객이다.
> • (B): 자사 제품이나 서비스를 알고는 있으나 아직 구매행동으로 연결하지 않은 사람으로, 마케팅이나 접촉 활동 전개 시 고객 확보가 가능할 것으로 예상되는 고객이다.

07 AIDA 이론에 대해 설명하시오.

08 다음이 설명하고 있는 시장 커버리지 전략을 쓰시오.

> 대량 마케팅이라고도 하며, 기업이 하나의 제품이나 서비스를 가지고 시장 전체에 진출하여 가능한 한 다수의 고객을 유치하려는 전략으로 시장 세분화가 필요 없다.

09 기업이 시장에서 재포지셔닝을 검토하는 경우를 다섯 가지 쓰시오.

10 비표준화 면접의 장단점을 각각 세 가지 쓰시오.

11 다음은 아웃바운드 상담의 흐름을 순서대로 나열한 것이다. 빈칸 A와 B에 들어갈 알맞은 것을 쓰시오.

> 첫인사 및 자기소개 → 상대방 확인 및 전화 양해 → (A) → 정보수집 및 니즈 탐색 → 상품, 서비스 제안(반론 극복) → (B) → 종결

12 서비스의 특징 중 다음 내용과 관련 있는 특징은 무엇인지 빈칸 A와 B에 들어갈 말을 쓰시오.

> • (A): 서비스는 저장하거나, 재판매하거나 돌려받을 수 없으며 생산된 뒤 곧바로 소멸되는 성격을 가지고 있다.
> • (B): 서비스는 생산과 소비가 분리되지 않고 동시에 일어난다.

13 상층흡수가격 정책과 시장침투가격 정책이 무엇인지 쓰시오.

14 개방형 질문의 단점을 세 가지 쓰시오.

15 다음은 어떤 유형의 고객에 대한 특성인지 쓰시오.

> • 화가 나는 상황에도 불평 없이 한참 동안 기다린다.
> • 관계 중심적인 1:1 또는 소규모 집단을 선호한다.
> • 자신의 의견을 말하기보다는 주로 듣고 관찰하며, 질문을 한다.
> • 자신의 질문에 대한 구체적이고 완전한 설명을 원한다.

16 다음 〈보기〉의 화법에서 고객과 상담 시 사용해야 할 화법을 모두 골라 쓰시오.

┌─〈보기〉──
│   I-message   You-message   Do-message   Be-message
└──

17 네티즌 간의 구전 효과를 이용한 판촉 기법으로, 인터넷 이용자들 사이의 확산 효과를 노린 마케팅 기법은 무엇인지 쓰시오.

18 단호한 유형의 고객을 상담하는 전략을 세 가지 쓰시오.

19 직무평가의 방법 중 조직 내 핵심이 되는 몇 개의 직무를 대상으로 중요하게 여겨지는 가치들에 근거하여 사전에 평가 요소를 선정하고, 각 평가 요소마다 직무들의 상대적 가치를 비교하여 서열을 정하는 방법은 무엇인지 쓰시오.

20 다음은 소비재에 대한 표이다. 빈칸 A~C에 들어갈 내용을 쓰시오.

항목	편의품	선매품	전문품
구매 전 지식	많음	적음	(A)
구매 노력과 시간	(B)	보통(적음)	많음
대체 제품 수용도	많음	보통	적음
구매 정보 탐색 정도	낮음	(C)	낮음
가격	대체로 낮음	높음	아주 높음
구매 빈도	높음	보통	낮음

21 다음은 유통경로의 조직에 대한 내용이다. 어떤 시스템에 대한 내용인지 〈보기〉에서 골라 쓰시오.

> • 생산에서 소비에 이르기까지의 유통 과정을 체계적으로 통합하고 조정하여 하나의 통합된 체제를 유지하는 것을 의미한다.
> • 중앙 통제적 조직구조를 가지며 유통경로를 전문적으로 관리하고 규모의 경제를 실행할 수 있으며 경로 구성원 간의 조정을 기할 수 있는 시스템이다.

> ─〈보기〉──────
>
> 전통적 마케팅 시스템　　　　　수직적 마케팅 시스템
> 수평적 마케팅 시스템　　　　　복수 마케팅 시스템

22 다음 내용은 무엇에 대한 설명인지 쓰시오.

> • 데이터 웨어하우스를 구축한 다음 정보 분석 과정을 거쳐 경영 전략을 지원하는 정보를 추출하는 것이다.
> • 일종의 데이터 분석 기법으로, 축적된 고객 관련 데이터에 숨겨진 규칙이나 패턴을 찾아낸다.
> • 대용량의 데이터베이스로부터 용이하고 효율적으로 유용한 비즈니스 정보를 추출할 수 있도록 해 준다.

23 다음에서 설명하는 자료는 무엇인지 쓰시오.

> • 문제 해결을 위해 조사자가 직접 수집하는 자료이다.
> • 시장 결정, 표적 고객의 결정, 의사결정 등 기업의 마케팅 목적의 수행을 위해 적절하게 이용할 수 있다.

24 다음의 내용은 어떤 조사에 대한 내용인지 쓰시오.

> • 조사 대상자를 대면하여 일련의 질문을 통해 자료를 수집하는 방법이다.
> • 다른 자료 수집 방법과의 중요한 차이는 조사원이 조사 과정에 직접 참여한다는 점이다.
> • 조사 과정에서 조사원이 응답자에게 가장 많은 영향을 미칠 수 있는 조사 방법이다.

25 제품수명주기 중 도입기와 쇠퇴기에 대한 특성과 그에 따른 마케팅 목표를 서술하시오.

01
고객생애가치(고객평생가치, LTV; Life Time Value)

02
라이프스타일, 사회 계층, 개성, 관심

03
• 내부 요인: 마케팅 목표, 마케팅믹스 전략, 원가, 조직의 특성, 기업의 가격 정책
• 외부 요인: 수요 상황, 경쟁자의 상황, 법적·제도적 요인

04
A: 높을, B: 많을, C: 낮추기

05
다면평가

06
A: 잠재 고객(구매 용의자), B: 가망 고객(예상 고객)

07
고객이 구매를 결정하기까지의 심리과정을 분석한 이론으로 '주목(Attention) → 흥미 유발(Interest) → 욕구(Desire) → 행동(Action)'의 반응 순서를 의미한다.

08
비차별화 마케팅

09
• 경쟁자의 진입으로 시장 내의 차별적 우위 유지가 힘들게 된 경우
• 기존의 포지션이 진부해져 매력이 상실된 경우
• 판매 침체로 기존 제품의 매출이 감소된 경우
• 소비자의 취향이나 욕구가 변화한 경우

• 시장에서의 위치 등 경쟁 상황의 변화로 전략의 수정이 필요한 경우

10
• 장점
 – 면접 상황에 대한 적응도가 높다.
 – 면접 결과의 타당도가 높다.
 – 새로운 사실이나 아이디어의 발견 가능성이 높다.
• 단점
 – 조사자의 행동에 통일성을 기할 수 없다.
 – 반복적인 면접이 불가능하다.
 – 면접 결과의 수치화가 어렵다.

11
A: 전화를 건 목적 안내, B: 동의와 확인

12
A: 소멸성, B: 동시성(비분리성, 불가분성)

13
상층흡수가격 정책은 상품이 시장에 도입되는 초기 단계에 고가로 출시하여 점차 가격을 하락시켜 나가는 방법이고, 침투 가격 정책은 신제품을 도입하는 초기에 저가로 시작하여 점차 가격을 높여 나가는 방법이다.

14
• 코딩이 어렵다.
• 응답자가 너무 간단하게 대답하는 경우가 있다.
• 응답자가 응답에 부담을 느껴 무응답 빈도가 높다.
• 응답자가 응답 자체를 거절하는 경우도 많다.

15
합리적인 유형의 고객

16
- I-message
- Do-message

17
바이러스 마케팅

18
- 고객의 요구사항을 빠르게 파악하는 것이 가장 중요하므로 고객 니즈에 초점을 맞춘다.
- 변명은 절대 하지 않으며, 결과 중심적인 간결한 설명으로 해결안을 제시한다.
- 고객 질문에 간결하고, 직접적으로 대답한다.
- 상담의 목표를 염두에 두고 상담을 진행하되 시간을 낭비하지 않도록 한다.
- 대안을 제시할 때 너무 많은 대안을 제공하지 않도록 주의한다.
- 말하기를 좋아하는 고객이므로 충분히 말할 수 있도록 기회를 제공한다.
- 고객과 상담 전에 정보와 필요한 양식, 세부적인 사항 등을 준비한다.
- 증거를 제시할 수 있는 대안을 제공하되, 문제 해결안이 고객의 돈과 시간, 노력에 직접적으로 미치는 영향을 설명한다.

19
요소비교법

20
A: 많음, B: 적음, C: 높음

21
수직적 마케팅 시스템

22
데이터마이닝(Data mining)

23
1차 자료

24
면접조사

25
- 도입기
  - 특성: 제품이 처음으로, 시장에 도입되는 기간으로 원가가 높으며 경쟁자가 거의 없다.
  - 마케팅 전략: 상표구축 전략, 소비자의 시용 구매를 유도하기 위한 강력한 판매촉진, 상표인지도 구축 광고 전략
- 쇠퇴기
  - 특성: 대체품의 출현으로 인해 점차 쇠퇴하며 판매량과 이익이 매우 낮다.
  - 마케팅 전략: 투자 감소와 현금 흐름 증가, 단계적 철수와 최소한의 이익을 유지하는 저가격 전략

좋은 책을 만드는 길, 독자님과 함께하겠습니다.

2026 시대에듀 텔레마케팅관리사 2차 실기 실무

개정24판1쇄 발행	2026년 01월 05일 (인쇄 2025년 11월 27일)
초 판 인 쇄	2002년 09월 20일
발 행 인	박영일
책 임 편 집	이해욱
편 저	텔레마케팅자격연구소
편 집 진 행	구설희 · 이영주
표지디자인	현수빈
본문디자인	조은아 · 고현준
발 행 처	(주)시대고시기획
출 판 등 록	제10-1521호
주 소	서울시 마포구 큰우물로 75 [도화동 538 성지 B/D] 9F
전 화	1600-3600
팩 스	02-701-8823
홈 페 이 지	www.sdedu.co.kr

I S B N	979-11-434-0554-8 (13320)
정 가	27,000원

내 취향에 따라

텔레마케팅관리사
완벽 공략하기!

실력과 취향에 맞는 학습 방법을 골라 보세요.

🔍 기초튼튼형

기본서의 중요한 내용 위주로
기초를 다지고 싶다면?

텔레마케팅관리사 한권으로 끝내기

➕

텔레마케팅관리사 2차 실기 실무

🔍 실력탄탄형

정석대로 **꼼꼼하게**,
실패 없이 **확실하게** 학습하고 싶다면?

텔레마케팅관리사 한권으로 끝내기

➕

텔레마케팅관리사 1차 필기 기출문제해설

➕

텔레마케팅관리사 2차 실기 실무

🔍 시간절약형

어느 정도 **기초가 있는 상태**에서
빠르게 끝내고 싶다면?

텔레마케팅관리사 1차 필기 기출분석 단기완성

➕

텔레마케팅관리사 2차 실기 실무

🔍 기출중시형

기출문제 중심으로
실전 감각을 키우고 싶다면?

텔레마케팅관리사 1차 필기 기출분석 단기완성

➕

텔레마케팅관리사 1차 필기 기출문제해설

➕

텔레마케팅관리사 2차 실기 실무

24년 연속 판매량, 선호도 1위 도서로 준비하세요!

※ 도서의 구성은 변경될 수 있습니다.

24년 연속 텔레마케팅관리사 부문 1위

텔레마케팅관리사 도서 안내

www.sdedu.co.kr

1차 시험 기출문제집

기출문제 정복으로 실력 다지기

기출문제해설

나왔던 문제가 또 나오는 텔레마케팅관리사 시험!
무엇보다도 기출문제가 중요합니다.
5개년 기출문제와 알찬 해설로 개념을 정리하고
실전 감각을 키울 수 있습니다.

2차 시험 기본서

2차 대비 핵심 이론과 기출문제 한 번에 정리하기

실무

실무 용어부터 핵심 이론, 그리고
10개년 기출문제와 실전 모의고사까지!
2차 시험에 대한 모든 것을 완벽하게 정리하였습니다.

※ 도서의 이미지 및 구성은 변경될 수 있습니다.